현대 영화이론의 모든 것

이 책은 교육부와 한국연구재단이 시행하는
이화여자대학교 대학인문역량강화사업(CORE)의 지원을 받아 출간하였음

Moderne Film Theorie: Eine Einführung
© 2004 Jürgen Felix /Knut Hickethier /Frank Kessler/ Hermann Kappelhoff/ Heike Klippel /
Britta Hartmann /Hans J. Wulff/ Lorenz Engell/ Oliver Fahle/ Drehli Robnik /Joachim Paech
All Right reserved.

Korean translation edition © 2018 LPbook Co.
Authorized translation from German language
Arranged by authors
All rights reserved.

이 책의 한국어 판권은 저작권자와 독점 계약한 도서출판 앨피에 있습니다.
저작권법에 의해 한국 내에서 보호를 받는 저작물이므로
어떠한 형태로든 무단 전재와 무단 복제를 금합니다.

앨피
Long Playing Book

편저자 한국어판 서문

학생들이 영화이론에 쉽게 진입하는 데 도움이 될 만한 길을 찾아 영화학 전공 문헌들을 찾고 있던 1990년대 말의 일이다. 비록 당시에도 프란츠 요제프 알버스마이어Franz Josef Albersmeier의 《영화이론에 대한 텍스트들Texte zur Theorie des Films》(1998)과 카르스텐 비테Karsten Witte의 이데올로기 비판적인 《영화의 이론Theorie des Kinos》(1972)이 있었고, 프랑크푸르트의 지역공동체 영화관에서 1977년에 출간하여 지금은 절판된 앤드류 튜더Andrew Tudor의 《영화이론Film Theories》(1974) 독일어 번역본도 어렵게 발견했지만, 독일어로 된 영화이론 개론서는 찾을 수 없었다! 영어 출판물이 다수를 차지하는 상황에서 결핍된 바를 해결하고 빈 곳을 채울 필요가 있었고, 우리는 이를 바로 이 책《현대 영화이론의 모든 것Moderne Film Theorie》으로 시도했다. 당시에는 이 개론서가 이렇게 성공할 줄 예감하지 못했다. 이 책이 영화학과 매체학 연구기관들에서 커다란 호응을 받고, 많은 학생들에게도 도움이 되었던 게 틀림없는 모양이다. 그리고 아직도 그러해서, 그사이에 4판이 출간되었다.

경제적인 이유에서 우리는 당시 작가영화에 대한 기고문으로 책을 시작했다. 프랑스, 미국, 독일 영화의 '새로운 물결'이 전후 시기 현대영화의 시작을 표시하기 때문이다. 애초에 책은 포스트모던 영화들에 대한 숙고로 끝날 계획이었다. 하지만 이 기고문은 포기할 수밖에 없었다. 그래서 나는 일종의 보완으로서 읽기 교재인《영화에서의 포스트모더니즘Die Postmoderne im Kino》(2003)을 엮어 냈다.

현대영화이론에 이어 그 전사前史가 뒤따를 예정이었다. 그렇게 약속이 되어 있었다. 노버트 그롭Norbert Grob과 나는《고전적 영화이론들 Klassische Filmtheorien》을 엮어 내기로 협의했었다. 하지만 인생의 여정은 우리를 다른 방향으로 이끌었다.

이준서 교수가 나에게 한국어판 문의를 해 왔을 때, 나는 깜짝 놀랐고 당연히 기뻤다. 이 책이 그 세월을 지내고도 여전히 현재성을 띠고 영화학에 도움이 된다니, 그리고 그사이에 그렇게 멀리까지 퍼져 나갔다니, 이 텍스트들이 아시아에서도 읽히게 된다니 말이다. 나는 저자들에게 문의했고, 그들은 선뜻 수락하며 자신들의 약력을 업데이트해 주었다. 그들에게 감사한다. 원래의 텍스트는 수정되지 않았다. 작가영화(위르겐 펠릭스Jürgen Felix), 장르이론(크누트 히케티어Knut Hickethier), 영화기호학(프랑크 E. 케슬러Frank E. Kessler), 영화와 정신분석학(헤어만 카펠호프 Hermann Kappelhoff), 페미니즘 영화이론(하이케 클립펠Heike Klippel), 신형식주의, 인지주의, 영화의 역사 시학(브리타 하르트만Britta Hartmann/한스 J. 불프 Hans J. Wulff), 영화철학(로렌츠 엥엘Lornz Engell/올리버 팔레Oliver Fahle), 신체 경험과 영화현상학(드렐리 로브닉Drehli Robnik), 영화의 상호매체성(요아힘 패히Joachim Peach). 이론에 뒤따르는 영화 분석도 마찬가지다. 여기에서 현격한 변화를 꾀하는 것은 책을 새로 쓰는 것을 의미했을 것이다.

나의 각별한 감사를 받을 이는, 그가 나에게 썼듯이, "오랫동안 텍스트를 이리저리 헤매 다녔던" 이준서 교수이다. 나는 그가 그렇게 "헤매 다니면서" 자신의 목표에 도달했으리라는 데에, 번역이 성공적으로 이루어졌으리라는 데에 한 치의 의심도 없다. 물론 한국어를 모르는 내가 그것을 평가할 수는 없으리라.

나는 2018년 봄에 한국어판을 받게 되기를 기쁜 마음으로 고대한다. 그리고 머나먼 한국과 다른 어딘가에 계신 이 책의 모든 남녀 독자들에게 이 책의 독서가, 그들이 현대영화이론 속에서 이리저리 헤매 다닐 때 기쁨을 주고 도움이 되기를 바란다.

브리타 하르트만, 로렌츠 엥엘, 올리버 팔레, 크누트 히케티어, 헤어만 카펠호프, 프랑크 E. 케슬러, 드렐리 로브닉, 하이케 클립펠, 요아힘 패히, 한스 J. 불프에게, 그리고 이준서 교수에게 감사한다.

2017년 12월 자브뤼켄에서

위르겐 펠릭스

옮긴이의 말

위르겐 펠릭스가 엮은 이 책을 읽은 지는 한참 전이다. 그사이 대학원에서 강의까지 했지만, 번역할 엄두는 도무지 나지 않았다. 하지만 정말 필요한 일이라는 생각 역시 그만큼 오래되었다. 영화이론이 미국과 프랑스의 문헌들을 중심으로 국내에 소개되다 보니 이론의 지형도가 일그러졌다. 더구나 독일어권으로 영화 관련 유학을 시도하는 사람들의 숫자에 비하면(특히 이들을 위해 저자 약력의 업데이트를 요청했다) 독일어권의 영화와 이론, 학자들에 대한 국내 인지도는 가파르게 비대칭을 이룬다. 물론 독일이 영화산업뿐만 아니라 영화이론에서 주도적인 역할을 하지 못했던 탓도 크다. 그러나 이 책을 소개해야 할 이유 또한 그로 인해 더 커졌다.

'할리우드'라는 이름으로 미국이 주도하는 영화계에서 영화이론 또한 유사한 형세가 굳어진 지 오래다. 이 책은 이러한 상황을 제3의 시선에서 바라보면서 자국의 학문적 기여들을 반영하고 있다. 그 과정에서 전에는 보이지 않던 새로운 지형도가 드러난다. 이 점이 우리에게는 이 책의 가장 큰 미덕이 아닐까 싶다.

이 책의 두 번째 미덕은, 개론서라고는 하지만 개론의 수준을 넘어서는 천착이 이루어진다는 점이다. 영미권 개론서에 익숙한 이에게는 이 책을 독파하는 일이 조금 더 지난한 과정이 될지도 모른다. 하지만 그만큼 내실이 있다. 읽다 보면 해당 이론의 문제의식에 깊숙이 들어서 있는 자신을 발견할 수 있다.

세 번째 미덕은, 각 이론에 대한 설명 뒤에 그 이론을 적용한 영화 분석을 직접 시연해 준다는 점이다. 이론과 실천이 어떻게 결합할 수 있는지를 보여 주기에 많은 도움이 되는 기획이라고 생각한다. 분석의 대상이 되는 영화들도 매우 흥미롭고 적절하며 쉽게 구해 볼 수 있으니, 해당 영화를 보고 이 부분을 읽는다면 더욱 효율적일 것이다.

번역에서 가장 곤란을 겪은 부분은 개념어들을 우리말로 옮기는 일이었다. 또 한 가지, 영화이론이 다른 학문 분야의 방법론들을 원용하며 발전해 온지라 상당히 많은 개념들이 유입되었고, 이를 우리말로 옮기기가 쉽지 않았다. 같은 개념도 이론적인 배경에 따라 달리 옮기는 것이 나은 경우가 있고, 우리 학계가 용어 통일에 여전히 어려움을 겪고 있는 경우도 많았다. 후자의 경우 최대한 문맥에 맞는 번역어를 선택했으나, 옮긴이의 학문적인 부족함이 여실히 드러날까 두렵기도 하다.

각종 명칭들은 기존 번역을 최대한 존중하고자 노력했고, 특히 영화 관련 인명과 영화 제목은 통일을 위해 가능한 한 〈씨네21〉의 것을 따랐다. 조금 더 고민이 되었던 부분은, 번역어만으로는 이해가 어려운 경우 원어를 병기했는데 독일어 텍스트이다 보니 독일어 단어들이 많이 등장한다는 점이다. 한편으로는 그렇다고 다른 외국어를 해당 영어 단어로 바꾸어 한글로 표기하는 이상한 관행을 반복하고 싶지 않았고, 다른 한편으로는 인터넷 사전들도 많은 새로운 독서 상황에서 다른, 즉 영어가 아닌 외국어에 대한 부담도 전보다는 줄었다고 판단했다.

10여 년을 망설이던 옮긴이에게 외부적인 계기들이 추진력을 제공해 주었다. 대학인문역량강화사업(CORE)으로 출판비 지원을 받게 되어 출판에 필요한 많은 수고들이 덜어졌다. 연구년을 통해 충분한 시간을 번역에 할애하고 집중할 수 있게 해 준 이화여대에 감사한다. 이번에도 역시 번역 과정에서 옮긴이의 무지를 다른 분들의 지식으로 메우느라 많은 분들을 괴롭혔다. 늘 반복되는 일인 데다 인물 목록도 점점 늘어나니 이번에는 존함들을 생략하지만, 그분들은 아신다. 진심으로 감사하다. 마침 버클리대학에 와 있어서 이 책에 나온 많은 인물들의 '포스'를 느끼며 번역할 수 있었던 것도 정말 감사했다. 낯선 땅에 와서 생기는 온갖 고단함 대신 그럴 여유를 누릴 수 있었던 뒤에는 늘 버클리대학 동아시아도서관의 장재용 선생님이 계셨다. 그리고 우리 가족들도.

2017년 12월

햇살 투명한 캘리포니아 라피엣에서

편저자 초판 서문

프란츠 요제프 알버스마이어가 엮어 펴낸《영화이론에 대한 텍스트들》(1998)이 있지만, 독일어로 된 영화이론 입문서는 없다. 1977년에 프랑크푸르트 지역공동체 영화관에서 출간한 앤드류 튜더의《영화이론》(1974)은 이미 오래전에 절판되었고, 페터 부스Peter Wuss가 내놓은 이론사인《영화의 예술적 가치와 매체의 대중적 성격Kunstwert des Films und Massencharakter des Mediums》(1990) 역시 그사이 절판되었다. 영화이론 모델에 대한 설명을 구하는 사람은 대부분 개별 논문이나 책의 장章, 외국에서 나온 광범위한 이차문헌들로 내몰렸다. 특히나 에이젠슈테인Sergei M. Eisenstein이나 크라카우어Siegfried Kracauer 같은 고전들 말고 새로운 이론 형성에 관한 정보를 얻으려면 더욱 그러했다. 예를 들어, 로버트 스탬Robert Stam의《영화이론 개론Film Theory. An Introduction》(2000)이 제공하는 것과 같은 영화이론에 대한 안내를 독일어권 영화학은 아직도 내놓지 못하고 있다. 이를 독일 영화학자들의 특수한 이론 적대성 탓으로 돌릴 수는 없다. 우리는 그들에게 수많은 고전적인 영화이론 간행물들과 이론에 방향을 맞춘 다수의 영화 연구 결과들을 신세지고 있다. 그런데 이 연구 성과물들이 최근 프랑스와 영국, 미국에서 벌어진 이론 논쟁들의 수용을 막거나, 수용된다 하더라도 너무 뒤늦게 수용되도록 만들었다. 심지어 20년 전부터 확장 일로의 영화학·매체학의 전공 학생들에게조차 말이다. 이러한 상황에서 다음과 같은 프로젝트에 대한 아이디어가 탄생했는데, 이는 곧 실현 불가능한 것으로 입증되었다. 처음부터 현재까지 존재하는 영화이론들에 대한 포괄적인 서술, 아마도 그것은 편집상의 틀을 현저하게 깨뜨렸을 것이다. 이제 우리가 선보이는 것은 전체 프로젝트의 두 번째 부분이나 마찬가지다. 현대영화이론에 대한 입문 말이다. 뮌스터베르크Hugo Münsterberg부터 크라카우어에 이르는 초기 및 고전 영화이론들에 대한 기술은 차후에 이어질 것이다.

〈작가영화〉로 이 책을 시작하는 것은 뜻 깊게 느껴진다. 첫째로, 트뤼포와 그 동료들Truffaut & Co.이 1950년대에 행한 이른바 '작가정치Autorenpolitik'가 누벨바그Nouvelle vague의 선봉으로서 평가되고, 누벨바그는 통상 현대 작가영화의 시초로 평가되기 때문이다. 둘째로, 작가이론이 오늘날에 이르기까지 학문적 영화 담론과 대중적 영화 담론들을 잇는 연결점의 지위를 유지하고 있는 까닭이다. 이어지는 글들 역시 영화이론 논의를 오랫동안 규정했거나 현재까지도 규정하고 있는 패러다임들에 집중되어 있다.

크누트 히케티어의 〈장르 비평과 장르 분석〉은 미국의 '장르 비평genre criticism'의 발전과 독일에서의 그 수용을 설명하고, 장르 개념이 사회의 주도 매체인 텔레비전의 영향을 받으며 어떻게 변화했는지를 보여 준다.

프랑크 케슬러Frank Kessler의 〈영화기호학〉은 소쉬르에서 출발해 '영화기호학'의 창시자인 크리스티앙 메츠에 최대한 집중하는 한편, 영화를 기호 체계로 파악했던 영화기호학의 선구자와 그 과정에서 만들어진 곁길들도 논의한다.

영화이론 논의에서 정신분석학의 구상들이 축소되는 것에 반대하는 헤어만 카펠호프의 〈영화와 정신분석학〉은, 프로이트와 라캉의 저술들을 출발점으로 영화라는 장치와 정신적 장치의 유사성을 기술한다.

하이케 클립펠의 〈페미니즘 영화이론〉은 페미니즘 영화비평의 시초부터 페미니즘 계열로 자리잡은 여성 영화학자들의 최신 영화사적 연구에 이르기까지 기본 노선을 제시한다. 이 여성 영화학자들은 특히 독일과 미국에서 할리우드 고전 영화와 초기 영화에 대한 담론들을 각인했다.

브리타 하르트만과 한스 J. 불프는 〈신형식주의, 인지주의, 영화의 역사적 시학〉에서 요즈음 가장 뜨거운 논쟁이 벌어지는 영화사 기술과 영화이론의 결합에 전념한다. 데이비드 보드웰David Bordwell과 크리스틴 톰슨Kristin Thompson의 '신형식주의 기획'은 1980년대 할리우드 영화를 바라보는 새로운 지평을 제공한다.

로렌츠 엥엘과 올리버 팔레의 〈영화철학〉은 철학자 질 들뢰즈가 영화를 이해하는 방식, 즉 처음엔 극단적으로 내재적으로, 그 다음엔 철저히 시간적으로, 다시 말해 운동 이미지와 시간 이미지로 영화를 파악하는 방식과 그 구체적 접근법을 보여 준다. 그러면서 들뢰즈가 철학 전통으로 회귀한다는 주장을 이를 예증하는 영화 사례들과 함께 제시한다.

드렐리 로브닉은 〈신체 경험과 영화현상학〉이라는 제목 아래 영화에 대한 새로운, 철학적 영감으로 탄생한 사유 방식을 논의한다. 비비안 섭책Vivian Sobchack과 질 들뢰즈뿐 아니라 독일과 미국의 저자들이 지크프리트 크라카우어의 후기 저술과 씨름하며 내놓은 사유 방식들 말이다.

로브닉의 착안점은 예컨대 섭책의 '영화지각학Cinästhetik'이 주제로 삼는 동시대 주류 영화에서 포착되는 변화된 수용 경험인데, 로브닉은 직접 번역한 수많은 미국 연구 문헌들을 인용하며 이를 명료하게 설명한다.

〈영화의 상호매체성〉에서 요아힘 패히는 영화의 복수성에서 출발하여 '영화'를 담론사적으로 상이한 '틀들' 안에 분류해 넣고, 영화의 상호매체성을 다른 매체의 다른 형식Form들과 영화가 결합하는 형태화Figuration로서 논의한다.

모든 기고문 뒤에는 짤막한 '영화 분석'을 실었다. 한 꼭지를 제외하고는 모두 해당 저자들이 쓴 것이다. 이는 각 영화에 대한 포괄적인 설명이 의도한 것이 아니라 오히려 각 영화이론 모델을 통해 '영화적인 시각'이 관점화된다는 점을 예증하고자 했다. 데이비드 보드웰이 쓴 〈그의 연인 프라이데이〉 분석은 보드웰의 저서 《허구 영화에서의 서사Narration in the Fiction Film》(1985)에서 가져다 실었다.

경제적인 이유에서 우리는 '미국식' 인용 방식을 결정했다. 이것은 때로 독서 흐름을 방해할 수도 있지만, 개관이 불가능한 각주 장치를 피할 수 있게 해 주었다. 각 글들에 딸린 풍부한 문헌 목록은 이후의 수많은 발견을 예비하는 연구 영역들을 서지화했다고 할 수 있다. 이런 의미에서 각각의 글들을 완결된 논문이 아니라 다른 영화이론 텍스트들을 더 읽도록 권하고 자극하는 개론으로 이해할 일이다.

마지막으로, 당초 이 책에 싣기로 했던 〈네오마르크시즘과 포스트모던〉이 빠졌다는 사실을 밝혀야겠다. 많은 이들이 아쉬워할지 모르겠으나, 크라카우어에서부터 제임슨에 이르기까지 포스트/모더니즘 영화문화 및 매체문화를 각인했던 이데올로기 비판적 시도들이 포스트모더니즘 이후, 특히 젊은 동시대인들에게 이미 거의 잊혀 버렸다고 말하지는 않더라도 유행이 지난 것처럼 보이는 까닭에 더욱 유감이다. 이에 대한 아쉬움은 곧 출간 예정인 나의 텍스트 모음집《영화에서의 포스트모더니즘》을 언급하는 것으로 달래려 한다. 이 책의 한 장인 〈고전 영화이론〉에서 크라카우어의 영화이론 저술에 대한 내용을 다룰 것이다.

이 책에 참여한 저자들, 특히 데이비드 보드웰에게 감사를 표한다. 사진 자료를 준비해 준 도이체 키네마텍의 볼프강 타이스Wolfgang Theis와, 보드웰의 텍스트를 독일어로 번역하고 신중함과 인내심으로 이 프로젝트를 도맡아 진행해 준 영화학자이자 출판인인 테오 벤더Theo Bender에게 감사해 마지않는다.

2002년 5월

블리스카스텔/ 마인츠

편저자 2판 서문

이 책의 초판이 인쇄되는 동안 우리 편자와 출판사는 목표 발행 부수를 두고 이견을 조율해야 했다. 몇 부를 인쇄해야 할까, 과연 몇 부나 독자들에게 도달시킬 수 있을까? 이제 우리는 만족하고도 남는다. 비단 전체적으로 매우 긍정적이었던 비평들만 우리를 기쁘게 한 것이 아니다(평론가들에게 감사한다). 채 18개월도 지나지 않아 두 번째 판을 선보이게 되었다는 사실 또한 우리를 기쁘게 했으며(초판은 품절되었다), 무엇보다 이로써 너무나도 뚫고 들어가기 어려워 보이던 현대영화이론이라는 밀림에 첫발을 내딛게 하는 입문서를 단지 학생들뿐만 아니라 영화에 관심이 있는 모든 이들에게 제공하려 한 우리 기획의 절박함이 인정받았다는 사실이 기쁘다. 우리 집필진의 열성적이고 세심한 작업이 없었더라면 불가능했을 일이다(다시 한 번 그들 모두에게 수만 번의 감사를 표한다). 이 두 번째 판도 성공을 거두기를 기원하며, 약속했던 영화이론 입문서 프로젝트에 계속해서 노력을 기울이겠다.

2003년 12월

블리스카스텔 / 마인츠

편저자 3판 서문

이 책은 '곤경'에 대한, 즉 영화학 및 매체학이 확장되는 상황에 직면하여 초판 서문에 밝힌 대로 "독일어로 된 영화이론 입문서가 없다"는 치명적인 현실에 대한 반응이었다. 그래서 지금의 결과에 만족하지 않으려 했다. 초판 출간 후 18개월도 지나지 않아 2판이 인쇄된 것은, 우리에게 개인적인 기쁨을 준 것 외에 우리 기획이 지닌 의미를 이중으로 증명해 주었다. 우리 입문서의 출간이 환영받았음이, 이 책의 출간이 특히 학생들에게 필요했음이 분명해지고, 비평계에 우리의 구상이 받아들여진 것이다. 물론 이 책에 대한 일부 불평의 목소리도 있다는 사실은 비밀에 부칠 일이 아니다. 생산적인 제안이 아님은 말할 것도 없고 사소한 불평이 대부분이었다. 다만, 이 책의 초판을 출간한 2002년 당시 마인츠대학 영화학과 동료들이 영화가 처음 시작된 때부터 현재까지의 영화이론 전체를 포괄하는 입문서를 출간하려 한 것은 옳았다. 편집상의 이유로 어쩔 수 없이 '현대영화이론'부터 출간했지만, 애초의 계획에는 변함이 없다. 이 계획은 우리에게 독촉으로서 남아 있다. 우리는 아른하임과 크라카우어, 발라즈와 바쟁, 베르토프나 푸도프킨, 에이젠슈테인을 비롯한 수많은 영화인들(파놉스키나 모랭, 아도르노 같은 '아웃사이더'들도 잊어선 안 된다)의 이론적 구성물에 대한 약속된 입문서가 여전히 없음을 알고 있으며, 곧 우리가 한 약속을 이행할 예정이다. 《고전적 영화이론들》이 2008년에 같은 출판사에서 발간될 예정으로(미발간), 이 책에 대한 책임은 노버트 그롭, 베른트 키퍼Bernd Kiefer, 요제프 라우셔Josef Rauscher가 맡았다.

비록 《현대 영화이론의 모든 것》 3판은 이전 판본과 달라진 내용이 없지만, 이번 판본 역시 성공작이 되기를 바란다. 근래에 거듭 확인되었고 매체철학자들이 개탄했던바 '이론에 대한 피로감'을 우리는 그다지 인지하지 못했고, 이 상태가 이어지기를 바란다.

첨언. 비록 이전 판본들에 들어간 헌사는 빠졌지만, 너무 일찍 요절한 친구이자 동료인 마티아스 크라우스Matthias Kraus는 우리 마음에서 잊히지 않았다.

2007년 10월

블리스카스텔 / 마인츠

차례 Contents

일러두기

원어 표기 인명이나 지명은 외래어 표기용례를 따랐다. 단, 널리 알려진 이름이나 표기가 굳어진 명칭은 그대로 사용했다. 본문에서 주요 인물(생몰연대)이나 도서, 영화 등의 원어명은 맨 처음, 주요하게 언급될 때 병기했다.

작품명 본문에 나오는 영화와 도서 제목은 원 제목을 번역 표기하는 것을 원칙으로 하되, 국내에 소개된 작품의 경우 그 제목을 따랐다.

옮긴이 주 본문 하단에 각주로 처리된 주석은 모두 옮긴이의 설명주이다.

출처와 참고문헌 주요 인용구 뒤에는 괄호를 두어 간략한 출처를 표시했다. 상세한 서지 사항은 각 꼭지 뒤 〈참고문헌〉 참고.

1

작가영화

위르겐 펠릭스

'작가'로서의 영화감독

영화는 '작가의 죽음'을 거의 피해 없이 견뎌 낸 듯이 보인다. 작가영화[1]가 여전히 건재하고, 영화에 관해 이야기할 때면 우리는 작가이론을 실천한다. 이는 무엇보다도 영화산업과 영화인들, 영화비평가와 영화학자들이 지속적으로 작가정치를 행하고 있기 때문이다. 이러한 상황에서는 스티븐 스필버그의 최신 영화가 선전되든 텔레비전에서 프랑수아 트뤼포 회고전 선전이 나오든, 아니면 데이비드 핀처의 인터뷰를 읽든 또는 피터 그리너웨이의 작품 연구를 읽든, 항상 영화감독의 이름이 '상표'로서 기능하고 우리가 수용하는 관점을 각인한다. 같은 맥락에서 우리는 '스티븐 스필버그 영화'에 대해 '우디 앨런 영화'와는 다른 기대를 품고, 빔 벤더스의 영화를 톰 티크베어Tom Tykwer의 최신작이나 '북[2] 영화'와 마찬가지로 그 모티프 및/또는 스타일상의 불변 요소들로 알아낼 수 있다. 우리는 오늘날 데이비드 린치나 장 뤽 고다르, 알프레드 히치콕의 영화들을 매우 자명하게 예술작품이라 여기고, 직접 시나리오를 썼거나 말거나 그 감독들을 작가라고 생각한다. 그러면서 영화감독의 '천재성'을 운운하고, 감독의 '영화적 우주'를 분석하며, 그의 '개인적 스타일'과 '세계관vision du monde'을 탐구한다. 우리는 '작가auteur'와 '감독réalisateur'을 구분하고, 전자를 '영화예술가'로서 존중하고 후자를 주어진 시나리오의 '장인'이나 심하게는 '장식가décoratuer'쯤으로 강등시킨다. 그러니까 우리

1 국내에서는 작가주의 영화와 작가영화가 혼용되고 있는데, 여기에서는 작가영화 개념을 택했다. 여러 이론사적 이유에 더해 개념어는 되도록 짧게 유지하려는 전체적인 번역 방향도 반영하였다.

2 데틀레프 북Detlev Buck(1962~). 베를린독일영화텔레비전아카데미(dffb)를 졸업하고 〈맛 좀 볼래Wir können auch anders〉(1993) 등의 작품을 감독한 영화제작자 겸 배우. 촌스러움을 강조한 특이한 희극성이 특징이다.

는 아직도 여전히 트뤼포와 그 동료들이 1950년대에 시작한 저 '작가의 정치politique des auteurs' 전통 안에 있는 것이다. 달라진 점이 있다면, 이제는 하워드 혹스라는 '천재'(Rivette 1953)보다는 라이너 베르너 파스빈더Rainer Werner Fassbinder라는 '무절제한 천재'(Thomsen 1993)에 관해 더 많이 얘기하고, 히치콕 영화의 도덕적인 '세계 이해'(Rohmer/Chabrol 1957)보다는 짐 자무시의 쿨한 주인공들(Andrews 1999)이나 '린치빌Lynchville'(Seeßlen 2000)의 기괴한 우주를 훨씬 더 흥미로워한다는 것뿐이다. 온갖 위기에 관한 소문과 작별 노래에도 불구하고, 작가영화는 여전히 영화 애호가들의 유망주로 남았다. 이는 단지 작가영화가 할리우드의 '꿈의 공장'이 차지한 전지구적 우위에 저항하기 때문만이 아니라, 그것이 언제나 재차 "영화예술이라는 자칭 원활하고 건강한 조직 속의" 생산적인 방해 요소로 입증되었던 까닭이다(Stiglegger 2000: 11).

오늘날 《알프레드 히치콕의 예술The Art of Alfred Hitchcock》(Sproto 1976)이나 논문 모음집인 《하워드 혹스: 미국의 예술가Howard Hawks: American Artist》 같은 책을 읽을 때면, 우리는 대개 1950년대 《카이에 뒤 시네마Cahiers du Cinéma》지의 영화비평가들이 최초로 청구해야만 했던바, 즉 할리우드 제작물까지 포함한 영화 전체를 단지 영화산업의 대량생산물로서가 아니라 영화감독의 독창적인 예술작품으로 보라는 요구를 의심 없이 전제로 삼는다. 프랑수와 트뤼포는 히치콕에 대한 전설적인 저서의 개정판에 "오늘날 세계 어디에서나 알프레드 히치콕의 작품은 이구동성으로 경탄을 받는다"고 적었다. "그리고 재상영을 계기로 〈이창Rear Window〉이나 〈현기증Vertigo〉, 〈북북서로 진로를 돌려라North by Northwest〉를 발견한 청춘은 아마도 그것이 언제나 그래 왔으리라 믿을 것이다. 하지만 전혀 그렇지 않다"(Truffaut 1999: 7). '작가의 영화cinéma des auteurs'를 말하는 것은 당시 《카이에 뒤 시네마》의 저자들에게 전혀 자명하지 않았고, 근본적으로는 오늘날에도 여전히 그러하다. 사실 지크프리트 크라카우어도 이미 영화는 "결코 개인의 생산물이 아니"라 "익명의 다수"에 방향을 맞추고 "지배적인 대중 욕구"를 만족시키는 집단생산물임을 알고 있었다(Kracauer 1979: 11).

작가라는 문학 모델을 영화의 제작 현실에, 그것도 대중적인 극영화에 옮겨 놓는 것은 일련의 명증들에 명백하게 위배된다. 왜냐하면 "원작자Urheber와 저자Verfasser, 창조자Schöpher, 작품의 중심과 같은, 문학 작가에서 한 다발로 묶이는 상이한 기능들이 영화에서는 한 인물에게 귀속되지 않는다. 더구나 감독에게는 결단코 아니"기 때문이다(Mecke 1999: 109). 비록 노먼 맥라렌Norman McLaren의 '수제영화handmade film'[3] 같은 실험영화들과 '확장영화Expanded Cinema'[4]의 다른 유희 방식들은 비교적 문제없이 문학 모델의 의미에서 작가성으로 분류될 수 있지만, 영화감독이 "작가가 펜으로 하듯이"(Astruc 1964: 114) 카메라로 집필하는 작가라는 가정은, 1948년에 알렉상드르 아스트뤽Alexandre Astruc처럼 '새로운 아방가르드'로서의 영화가 아니라 트뤼포와 그의 동료들처럼 '작가의 영화'로서의 장르영화에 관해 말하는 순간 문제적이 된다.

오늘날에는 '서스펜스의 거장'이 영화사의 전설이 된 지 오래고(Kapsis 1992), 혹스와 히치콕 같은 할리우드 감독의 영화가 누벨바그나 신독일영화Neuer deutscher Film와 마찬가지로 '영화 고전'이다(Koebner 1995). 1960~70년대에 유럽 작가영화라는 '새로운 물결'이 '작가의 정치' 기조 아래 형성되었다면, 포스트고전적 할리우드에서는 '영화 악동movie brats' 세대의

3 문자 그대로 촬영이 아니라 그리기, 긁기, 색칠하기 등의 수작업으로 만든 영화를 뜻한다.

4 기존 영사 방식의 경계를 넘어서 다중스크린, 퍼포먼스, 인터랙션 등의 공감각적 인지를 촉진하는 모든 방식을 지칭한다.

감독들을 중심으로 새로운 스타 숭배가 생겨났다. 블록버스터인 〈대부The Godfather〉(1972)와 〈대부 2The Godfather: Part II〉(1974)로 프랜시스 포드 코폴라Francis Ford Coppola가 뉴 할리우드 최초의 '슈퍼스타 감독'으로 부상했고(Gelmis 1970), 스필버그의 〈죠스Jaws〉(1975)와 조지 루카스George Lucas의 〈스타워즈Star Wars〉(1976)의 흥행 성공은 이러한 "작가주의의 상업성commerce of auteurism"(Corrigan 1992: 101ff.)을 강화시켰다. 그런 뒤에 할리우드가 1980~90년대에 이 세상의 스크린들을 재탈환하고 포스트고전적 할리우드 영화를 전지구적 승리로 이끈 '복수전'(Elsaesser 1998)은, 비단 새로운 기술과 상품화 전략들뿐 아니라(Wyatt 1994) 작가주의자들에 의해 쟁취된, 각 감독의 이름과 동일시된 작가영화에 대한 인정 또한 활용했다. 스필버그가 돈을 지불하고 〈미지와의 조우Close Encounters of the Third Kind〉(1977)에 참여한 다른 (시나리오) 작가들의 이름을 크레딧에서 제거한 후 이 SF 스펙터클을 스필버그 영화로 시장에 선보인 것은 다분히 계획적이었다(Yule 1997: 115).

'작가'라는 수식은 그림이나 소설의 경우처럼 영화에 '서명'을 부여하고 해당 영화를 '이름 모를' 제작물 무더기에서 끄집어내 준다. 심지어 작가란 하나의 구성물이자 미디어의 '문화 산물'로서 결코 영화감독이라는 실제 인물과 동일하지 않다는 사실을 우리가 의식하더라도(Distelmeyer 2001), '작가영화'라는 범주는 영화에 대한 우리의 인지와 평가를 관점화하고, 이런 점에서 장르의 기능과 비교할 만하다. 우리가 이제 레오 카락스Leos Carax의 〈소년, 소녀를 만나다Boy meets Girl〉(1984) 같은 유럽의 작가영화를 논하든, 아니면 올리버 스톤Oliver Stone의 〈7월 4일생Born on the Fourth of July〉(1989) 같은 할리우드 제작물을 논하든, 두 경우 모두 작가감독의 영화에서 자전적 요소들을 발견하고/하거나 영화감독의 전기를 영화의 이해에 끌어들일 가능성이 커 보인다. 단지 영화감독의 전기적인 영화 문헌, 인터뷰 책자와 그 밖의 자기 증언들의 양이 지속적으로 증가하는 것만 작가영화에 대한 이해를 촉진한 것이 아니라, 자기 영화에서 명시적으로 자신의 경험을 주제로 삼거나 심지어 스스로를 스크린의 주인공으로 연출한 작가영화인들도 그렇게 했다. 우디 앨런 같은 영화 코미디언만 자신의 '허구적 등장인물Kunstfigur'에게 자전적 요소들을 공급한 것이 아니라(Felix 1992), 라이너 베르너 파스빈더와 장 뤽 고다르 같은 작가영화인들도 〈가을날의 독일Deutschland im Herbst〉(1978)과 〈카르멘이라는 이름Prénom Carmen〉(1982) 같은 영화에서 그들 자신의 '허구적 등장인물'을 자전적인 제스처(파스빈더)나 반어적인 터치(고다르)로 체현했다. 현대 작가영화는 무엇보다 참여적인 영화예술과 영화애호가적 담론의 동맹을 자양분으로 삼는데, 여기에서 영화감독과 영화비평가들은 자신들이 '미학적 전문가들'이라고 주장한다(Elsaesser 1994: 115ff.). 트뤼포의 《히치콕 씨, 당신은 어떻게 그것을 만드셨나요?Mr. Hitchcock, wie haben Sie das gemacht?》(1973)에서부터 크리스 로들리Chris Rodley의 《린치에 관해서 린치가Lynch on Lynch》(1997)에 이르기까지 수없이 많은 인터뷰 서적들이 증명하다시피, 그렇게 되면 영화예술로서 작가영화가 언급될 때 '작가와 작품'에, 《그 사람과 그의 영화들The Man and His Movies》(Bernard 1995)에 관점이 고착된다. 한 영화비평가가 《스탠리 큐브릭과 그의 영화들Stanley Kubrick und seine Filme》을 쓰면서 "영화에 대한 나의 사랑은 스탠리 큐브릭과 아무 상관이 없다"(Seeßlen/Jung 1999:7)는 문장으로 시작한 것은 그간 영화비평과 영화학에서 이어진 그 모든 작가이론을 고려할 때 거의 스캔들이나 다름없다.

영화사는 오늘날, 전적으로는 아니더라도 특히 그 대중적 변형에서는, 감독의 영화로 기술되고 생산되고 수용되고 역사화된다. '작가'라는 범주는 영화 역사의 연속성에 질서를 불어넣는다. 구조와 체계, 그리고 대부분 위계질서 역시 말이다. 이는 수많은 영화비평과 논문, 책의 장章, 작품 연구서들이 증명해 준다. 한저출판사의 '영화 시리즈Reihe Film'나 '하이네의 영화도서관Heynes Filmbibliothek' 같은 도서 시리즈들은 1970,80년대에 영화사적인 관점에서 작가 원칙을 대중화했으며, 아직도 거의 꺾이지 않는 이 작가영화적 가치 평가는 독일을 포함한 세계 여러 곳에서 광범위하게 '감독과 그의 작품'에 집중하는 영화학을 강화시켰다. 작가는 오로지 구별적인 범주이지 평가적 범주가 아니라고(Grob 1998:128) 믿는 사람은 수십 년 전부터 영화비평과 영화학이 만들어 온 정전을 무시하는 셈이다. 그러므로 곧장 '판테온의 감독들'[5]에 대해 이야기하고 영화사를 작품 범주로 구분할 필요는 없다(Sarris 1968). 또한 영화감독 사전도, 만약 "오인할 여지없는 예술인들"을 인물평하고 "첫눈에는 특색이 덜 뚜렷하지만 그럼에도 불구하고 자신들의 작업을 통해 주목할 만한 감독들"(Koebner 1999: 5)의 진가를 인정한다면, 작가이론의 범주들을 따르는 것이다. 이 지점에서 영화비평가들에 의해 행해지는 작가정치와 영화학자들에 의해 실행되는 작가이론이 명백하게 일치한다. 다시 말해서 작가-감독은 해석의 핵심적인 연관점, 혹은 달리 말하자면 영화 독해의 '권위'이며 앞으로도 그러할 것이다.

1968년에 철학자 롤랑 바르트Roland Barthes는 "독자의 탄생은 **작가**의 죽음으로 대가를 치러야만 한다"(Barthes 2000: 193)는 요구로 '작가' 신화를 전복시키고자 했다. 그러나 오늘날에는 '작가의 귀환'이 이야기되고 있으며, 이는 비단 영화이론에서만이 아니다(Jannidis/Lauer/Martinez/Winko 1999). 하지만 특히나 예술로서의 영화에 관해 말하기/쓰기에는 다음과 같

5 '판테온'은 '모든 신들에게 바쳐진 신전'을 뜻하는 그리스어로, 영화에서 감독의 위치를 '신'의 자리에 올리는 작가영화의 관점을 비꼬는 표현이다.

은 사항이 적용된다. "작가성은 단연코 영화의 가장 잘 알려진 '이론'이다"(Croft 1988: 310). 이때 '이론'이라는 용어에 따옴표가 붙는다는 사실은 작가주의자들이나 그 비판자들에게 똑같이 잘 알려진 가정, 이른바 '작가이론'에서는 완결된 이론보다는 오히려 개인적인 태도가 중요하다는 가정에 주의를 환기시킨다. 하지만 그렇다고 해도 해석 관점으로서 작가원칙이 갖는 유효성은 거의 의심받지 않는다. 마르크스주의, 정신분석학, (후기)구조주의 및 그 밖의 이데올로기 비판적 설명 모델들이 쇠퇴한 이후로 작가-주체는, 특히 예술가-개인은 부활을 즐기고 있다. 이른바 '거대 서사들'(Lyotard 1986), 부르주아 주체의 해방, 역사의 목적론적 진보와 작별한 이후로 '2차 근대'(Klotz 1994)라 불리는 오늘날 다시금 시대에 걸맞게 '작가성'과 '작가 개념', '작가의 귀환'이 이야기된다(예컨대 Kamp 1996, Kleinschmidt 1998, Jannidis/Lauer/Martinez/Winko 1999, 2000 참조). 그러나 이것이 '작가'가 허구가 아니라거나 '작가성'의 문학 모델이 영화 매체에 전용될 수 있다는 뜻은 결코 아니다. 이는 도리어 '작가영화' 범주가 영화와 그 역사를 바라보는 우리의 시선까지 여전히 관점화하고 있음을 의미한다. 무엇보다 부르주아 예술사의 역사주의 및 영웅주의와 단호하게 거리를 취하는 영화 매체사는, 이와 다른 시각도 필요하며 또 의미가 있음을 제시한다(Kreimeier 2001). 다만, 이런 비판적 개입들이 그 실천 과정에서 작가이론의 문제점들은 외면한 채 작가-감독을 슈퍼스타로 추대하는 작가정치에 그리 큰 영향을 주지 못하고 있을 뿐이다. 과거 트뤼포나 앤드류 새리스Andrew Sarris 같은 영화비평가들이 시나리오 작가의 영화에 반대하고 영화감독의 영화를 위해 투쟁했다면, 오늘날에는 스타 감독의 이름으로 영화가 선전된다. 설사 그들이 감독이 아니라 시나리오 작가 및/또는 제작자 역할을 맡았더라도 말이다.

모든 작가이론의 근본적인 질문이 "작가란 무엇인가?"라면, 어쨌거나

"누가 말하는지 누가 상관하는가?"(Foucault 2000: 227)라고 대꾸할 수 있을 것이다. 어쩌면 영화 텍스트의 발언자는 비단 작가뿐 아니라 또한, 그리고 무엇보다도 그들의 옹호자들이기도 하지 않느냐고, 어쩌면 히치콕이나 고다르, 린치 같은 감독들이 자신들의 영화에 기입해 넣은 '작가구성물/자기구성물Auto(r)konstrukte'이 무엇보다도 그 때문에, 그들에게 있다고 간주된 작가 기능들과 반어적인 유희를 벌이고 있지 않느냐고(Müller 2000) 질문해 볼 수도 있겠다. 만약 예술과 예술작품으로서의 영화가 개인적인 창조성의 표명으로, 심지어 독창적인 천재성의 표명으로 분석되거나 정전화된다면, 이는 해석자들 역시 그에 상응하는 조명을 받게 만든다. 영화의 수용이 통상 '두 번째 생산'으로서 고찰된다면(Witte 1982), 그리고 해석자가 영화의 구조와 '삶과 작품'의 조건 구성을 작가-감독 본인보다 더 깊숙이 꿰뚫어 본다면, 영화에 대한 감정이입 능력을 지닌 해석은 때때로 첫 번째 해석과 정신적으로 동등한 새로운 창조가 될 것이다. 실천에 옮겨진 작가이론은 항상 그런 것은 아니지만 자주 영화애호가적인 담론들과 논쟁하는 영화 애호가들의 평가 절상과도 관련되며, 스스로를 명확하게 예술학으로 이해하는 영화학은 대중적인 작가영화를 해석이 필요한 품격 있는 영화예술로 만드는 데서 자양분을 얻는다. 문제는 이미 오래전부터 영화사 기술에 작가이론의 대안이 있는지 혹은 어떤 대안이 있는지가 아니다. 우리가 질문해야 할 것은 오히려 무엇이 작가원칙을 영화사적 관점에서 영화애호가적 담론에 그토록 매력적이게 만드는가이며, 이 질문은 영화와 영화인 그리고 영화사와 영화예술에 대한 우리 자신의 인식과 관심도 동시에 환기시킨다.

작가영화와 아방가르드Autorenfilms und Avantgarde

작가의 이름이 충분히 알려져 있고 그가 본인의 작품을 예술로서의 권리 요구와 결합시키는 한, 작가가 영화를 '고귀하게' 만들거나 예술작품으로 승격시킬 수 있다는 사실을 영화산업은 이미 무성영화 시대에 발견했다. 독일에서는 1913년에 이른바 '작가영화'의 첫 번째 물결이 있었다. 다만 당시에는 이미 감독이 아니라 문학 작가가 영화에 '작가'로서 명망을 부여했다. "작가영화는, 주지하다시피, 인정받는 (…) 극작가에 의해서 그 리브레토libretto가 생겨나는 영화들이다"(Schweinitz 1992: 384에서 재인용). 프리츠 엥엘Fritz Engel이 1913년 12월 24일에 비판적으로 작성한 '영화의 결산Bilanz des Lichtspiels'에 이렇게 씌어 있다. 이러한 '작가영화' 개념은 물론 당시의 예술적 아방가르드 프로그램에 방향을 맞추지 않았지만, 아방가르드들은 이미 1911년에 영화를 새로운 예술 형식으로, 더 나아가 예술과 학문의 종합이라고 칭송했다(Wuss 1990: 37).

초기 독일 '작가영화'의 모범은 프랑스 제작사인 필름 다르Film d'art가 내놓은 모델이었다. 필름 다르의 역사드라마 〈기즈 공작의 암살L'assassinat du Duc de Guise〉에서 처음으로 명망 있는 연극배우들이 영화연기자로서 연기했다면, 몇 년 뒤 독일에서도 이 키네마토그래피[6] 대중매체에 명망 있는 예술가들을 끌어들일 수 있었다. 그것도 막스 라인하르트Max Reinhardt 앙상블의 알버트 바서만Albert Wassermann과 그 밖의 단원들 같은 유명 연극배우뿐 아니라 아르투어 슈니츨러Arthur Schnitzler와 게어하르트 하우프트만Gerhart Hauptmann 같은 저명한 문인들까지 참여했

6 키네마토그래피kinematografie. 활동사진을 촬영하고 재현하는 장치기술의 총칭으로, 오늘날까지도 전문용어로서 사용된다. 초기에는 '영화예술'을 뜻하기도 했다.

다. 이제 문학작품들이 '영화화'에 문을 열었고, 심지어 상당수의 잘 알려진 문필가들이 직접 원작 시나리오를 쓰기도 했다. 슈텔란 리에Stellan Rye가 연출하고 파울 베게너Paul Wegener가 1인 2역을 맡은 〈프라하의 대학생Der Student von Prag〉(1913)은 한스 하인츠 에버스Hans Heinz Ewers의 시나리오로 만들어졌다. 파울 린다우Paul Lindau의 희곡 작품에 따라 〈다른 남자Der Andere〉(1913)가 연출되었는데, 막스 마크Max Mack의 감독 아래 알버트 바서만이 주인공 역으로 출연했다. 같은 해 '연극의 제후' 막스 라인하르트는 직접 두 편의 영화 〈베네치아의 밤Eine venezianische Nacht〉과 〈축복받은 자들의 섬Insel der Selligen〉을 감독했다. 쿠르트 핀투스Kurt Pinthus가 1913년에 출간된 《영화책Kinobuch》에서 결산했다시피, 독일 영화는 "갑자기 사회성, 문학성, 더 나아가 예술성을 지니게" 되었다. 다시 말하자면 "'문화적 치욕Kulturschande'에서 예견할 수 없을 정도의 발전 가능성을 지닌 지극히 주목할 만한 공연으로 상승했다"(Pinthus 1983: 15f.).

영화가 예술로서 사회적인 인정을 받게 된 것은 우선은 기존 예술들, 즉 연극과 문학의 명망 덕분이었다. 이때 관건은 무엇보다도 새로운 관객의 개발, 그러니까 영화산업의 상업적 관심이었다. 영화 드라마들, 예를 들어 오스카 메스터Oskar Messter의 아우토어 필름 게젤샤프트Autor-Film-Gesellschaft가 제작한 문학영화들은 그때까지 '킨톱Kintopp'[7] 혹은 '서민들의 극장'으로 폄훼돼 온 영화를 예술성 있는 대중매체로, 고상한 부르주아들까지 사로잡는 매력적인 매체로 만들어야 했다. 막스 브로트Max Brod와 알프레드 되블린Alfred Döblin 같은 문인들이 1909년까지도 여전히 공공연하게 언론에 대한 관심의 차원에서 자신들의 "키네마토그

7 원래는 베를린 지역의 유행어였으나 이후 1960년대 너머까지 독일어권에서 '영화'(제도, 극장, 작품)를 지칭하는 가장 일반적인 명칭으로 활용되었다.

래피 극장”(Brod 1978: 39ff.) 방문을 보고하고 거기서 “관객이라는 괴물”(Döblin 1978: 38)을 발견했다면, 이제는 “베를린의 정신생활에서 저명한 인사들”(Zglinicki 1956: 382)도 당당하게 머리를 들고 영화관에 갔다.

영화제작자뿐 아니라 문인들도 ‘작가영화’로부터 이익을 보았는데, 이는 비단 영화산업이 작가들에게 돈벌이가 되는 수입원을 제공했기 때문만은 아니다. 영화가 새로운 사회적 주도 매체로서 능력을 발휘하는 시대에, 영화는 그들에게 “폭넓은 관객에게 도달할 가능성, 문학이 여태껏 그럴 수 있었던 것보다 더 영향력 있고 더 공적이 될 가능성”(Brauerhoch 1991: 156)을 제공했다. ‘키네마토그래피’의 이 첫 번째 10년의 말미에 카를로 미렌도르프Carlo Mierendorff가 “영화를 가진 자, 세계를 쓰러뜨릴지어다”(Mierendorff 1978: 146)라고 예측했을 때, 예전의 ‘문화적 치욕’인 킨톱은 이미 국제적 ‘문화 요소’인 영화가 되어 있었다. ―그리고 독일 ‘작가영화’의 첫 번째 물결은 이미 오래전에 쇠퇴했다.

초기의 독일 ‘작가영화’는 프랑스의 ‘필름 다르’도 그랬듯이, 비록 격렬하기는 했으나 결국 덧없는 막간극에 머물렀다(Müller 1994: 221). 영화의 ‘최고 매력’은 당시에도 이미 그것의 예술로서의 권리 요구에 기인하지 않았으며, 다다주의자 발터 제르너Walter Serner가 1913년에 벌써 알아챘다시피 영화 자체의 “교육적 속성과 다른 귀중한 속성들”에는 더더욱 기인하지 않았다. 그것은 오히려 “저급한 수단”을 동원해서라도 “시각적 쾌락Schaulust을 충족시키는” 그 가능성들에 기인했다(Serner 1992: 213). 그러나 작가영화라는 구상은 영화사를 형성했다. 비록 문학 원본의 참조는 영화사가 시작될 때부터 이미 있어 왔지만, ‘작가영화’는 명망 있는 문학의 영화화를 대중적으로 만들었다(Albersmeier/Roloff 1989: 16). 다른 한편으로, ‘작가영화’는 영화를 예술가들의 작품으로, 단순한 오락거리를 넘어 의미도 갖춘 ‘예술작품’으로 보도록 관객들을 가르쳤다. 그러므로 당시에 이미 문학이 영화에 마르지 않는 이야기의 저수지를 제공했다 할지라도, 초기 '작가영화'에서는 이 시기에 형성되고 있던 서사영화에 새로운 소재를 편입시키는 것만이 문제는 아니었다. 초기 '작가영화'는 또한 한편으로 "영화에서 발견한 문학의 새로운 영향 영역으로 도서문학의 위기에 대응할" 전략으로서 기능했으며, 다른 한편으로는 "영화의 집단적, 산업적-기술적 생산 방식을 은폐하고 개인 창조자라는 예술시민층에 부합하는 이상주의적인 비전으로 경도되게 만들" 전략으로도 기능했다 (Brauerhoch 1991: 156).

알렉상드르 아스트뤽은 1948년에 '새로운 아방가르드의 탄생'으로 영화를 언급하며, "마치 오늘날 문학작품들이 있는 것처럼 영화들이 있게 될 것"이라고 쓴 바 있다. "왜냐하면 영화는 사고의 어떤 임의의 영역도 표현할 수 있는 언어와 그리 다른 예술이 아니기 때문이다"(Astruc 1964: 112). 이 시기에는 영화가 '새로운 언어', 새로운 표현 수단일 수 있다는 생각을 진지하게 했던 영화예술이 벌써 오래전에 자리 잡고 있었다. 미래파인 리쵸토 까뉴도Ricciotto Canudo는 1911년에 이미 영화를 새로운 예술이라고 보았다. 그것도 무엇보다도 현실에 충실한 자신의 모사 능력을 통해 두각을 드러내는 예술로서가 아니라, 그러니까 현실에 충실한 그 모사 능력을 통해서가 아니라, 지크프리트 크라카우어가 1960년에 《영화의 이론Theorie des Films》에서 주장했듯이 '외적 현실의 구제'를 위한 매체로서가 아니라, 예술적인 비전의 매체로서, 내적 현실의 영상화로서 말이다. 다시 말하자면 "영화예술가는 자기 내면의 꿈의 이미지에 따라 현실을 변형시켜야만 한다"(Wuss 1990: 38f.에서 재인용). 1920년대에 프랑스의 초현실주의자들은 현실의 이러한 변형을 르네 클레르René Clair의 〈간주곡Entr'acte〉(1925)과 루이 부뉴엘Luis Buñuel·살바도르 달리의 〈안달루시아의 개Un chien andalou〉(1929) 같은 영화로 스크린에 올렸다. 이로써 상업적 서사영화와 최소한의 공통점밖에 없는 작가영화가 실현되었다. 이후에 '저주받은 작가auteur maudit' 오손 웰스의 많은 프로젝트들이 '고전적' 할리우드의 제작 조건들에 부딪혀 실패했듯, 아벨 강스Abel Gance의 〈나폴레옹〉(1927) 같은 기념비적 예술작품이 프랑스 영화산업의 저항에 부딪혀 실패했다면, 프랑스 초현실주의자들의 영화는 스스로를 도상-예술로서 이해하고 상업적인 영화의 구속들에 최대한 손을 타지 않은 '반反영화Gegenkino'의 기초를 세웠다. 비록 이후 '아방가르드의 독창성' 신화가 의문스러워졌고(Krauss 2000), '아방가르드 영화' 개념 자체가 지금까지도 명확하게 정의되지 못했다고 하더라도(O'Pray 1996), 아방가르드 영화로서의 작가영화 전통은 오늘날까지도 이어지고 있다. 대안적 작가영화 발전에, 다시 말해 스스로를 '독립적인 예술 형식'으로 정당화하고 노골적으로 '산업 생산물로서의 영화'와 구분했던 아방가르드적 작가영화에 결정적인 의미를 지녔던 것은 물론 인정받은 문학이 아니라 현대 예술이었다(Richter 1973).

아방가르드 영화는 순수한 작가영화로, 그 구상만 보면 초기의 '작가영화'와 정면으로 대립되었다. 영화는 전래 예술들의 차용을 통해 '고상해'져서는 안 되며, 영화의 서사가 문학적-연극적 관습들로 연출되어서도 안 된다. 오히려 영화라는 매체의 형식적인 가능성들로 실험이 이루어져야 하며, 영화는 예술 형식으로 파악돼야 한다는 것이 아방가르드 영화의 구상이었다. "그 속에서 그리고 그것을 통해서 예술가는 자신의 생각을—아무리 그것이 추상적이더라도—표현하거나 자신의 문제들을 (…) 정확하게 표명할 수 있다"(Astruc 1964: 112). 이것은 내용에 대한 형식의 우위, 서사와의 작별, 그리고 결국 '추상적 영화'로 귀결될 수 있으나, 반드시 그래야만 하는 것은 아니다(Scheugl/Schmidt 1974). 다만, 아방가르드 영화는 어떤 경우에도 작가의 '필체'를 보이게 만든다. '확장영화'의 '수

제영화'에서처럼 영화 재료에 직접 '적혀지든지', 아니면 앤디 워홀Andy Warhol의 영화 〈잠Sleep〉(1963)에서처럼 여섯 시간 동안 잠자는 남자를 보여 주든지 간에 말이다. "소규모 제작에서, (…) 특히 아방가르드 영화 제작에서는 '예술가'라는 관념이, 그리고 예술가의 자기표현으로서의 작품이 언제나 중요했으며, 제작상 더 많은 친밀한 조건들의 가능성을 제공하는 16mm, 8mm, 그리고 비디오로의 기술적인 발전은 이러한 발상을 지원하는 듯하다"(Cook 1999: 271). 제르맹 뒬락Germaine Dulac이나 한스 리히터Hans Richter 같은 아방가르드 영화예술가들은 상업적인 (할리우드) 극영화용 작가주의가 훗날 예술영화와 관련한 자신들의 예술영화 비전이라고 선전하였던바, 작가의 '개인적 필체'가 영화 영상들의 배합과 장면들의 구성에 기입되는 것을 벌써 한참 전에 실현했다. "도상(화면)에 대한 경험들"이 "영화(스크린)에 옮겨졌고", 그러면서 개별 영상 프레임의 중요성과 1초당 24차례 소통 가능성의 경제학이 인식되었다(Schlemmer 1973: 13). 르네 클레르에서 앤디 워홀을 거쳐 발리 엑스포트Valie Export에 이르기까지, 초현실주의 영화에서 현대 언더그라운드 영화를 거쳐 포스트모던 비디오 실험들에 이르기까지, 아방가르드적인 작가영화는 영화라는 매체의 예술 논리에 대한 자기성찰적 탐색일 뿐만 아니라, 상업적인 극영화의 문학적-연극적 관습들과 소비자로서의 관객에 대한 이해, 무엇보다도 상업적인 극영화에 대한 극단적인 거부이기도 하다.

작가의 정치La politique des auteurs

통상 프랑수아 트뤼포의 글 〈프랑스 영화의 어떤 경향Une certaine tendance du Cinéma français〉이 '작가의 정치'를 정립한 문서로 꼽힌다 (Rohmer

2000: 24). 그러나 1953년에 작성되어 1954년《카이에 뒤 시네마》에 실린 이 텍스트를 오늘날 그 출판사와 수용사史를 의식하며 읽어 보면, 이러한 평가 역시 탄생 전설임이 밝혀진다. 처음에는《카이에》필자들이, 나중에는 다른 영화비평가와 영화학자들도 함께, 이 전설을 열심히 써 내려 갔다. 1959년《카이에 뒤 시네마》100호에 자크 도니올-발크로즈Jacques Doniol-Valcroze는 이 글의 출판이《카이에 뒤 시네마》가 현재 대변하고 있는 바의 진짜 출발 시점을 표시하노라고, 그때부터 '작가의 정치'라는 강령이 존재한다고 공표했다(Hillier 1985: 4). 트뤼포 글의 영역본은 1975년 앤드류 새리스가 발간한《영어판 카이에 뒤 시네마Cahiers du Cinéma in English》의 첫 호에 실렸고, 이어서 매우 영향력 있는 선집《영화와 방법들Movies and Methods》에, 그것도 '**작가**비평' 섹션의 첫 글로 수록되었다(Nichols 1976: 224ff.). 아무리 늦춰 잡아도 이로써 트뤼포의 세칭 '선언문'의 역사적 지위가 확고해졌다. 테오도어 코툴라Theodor Kotulla는 1964년 트뤼포 글의 독일어 번역본 주해에서 "그러므로 우리는 **누벨바그**의 선언문으로 보아도 손색이 없는 이 텍스트에서 프랑스인들이 '작가의 영화'라는 개념 아래 이해하는 바의 참된 정의를 발견한다"고 설명했다. "작가의 영화는 문인들이 아니라 영화인들의 영화이다. 이것은 당연히 시인이 영화인일 수 있고 영화인이 시인일 수 있다는 것도 배제하지 않는다"(Kotulla 1964: 382).

그런데 트뤼포가 분명히 '작가의 영화cinéma des auteurs'를 말하기는 하지만, '작가의 정치'는 기껏해야 암시적으로만 언급하는 정도이고, '작가의 영화'에 대한 정의를 제공하는 대신 '작가영화'를 일련의 프랑스 감독들과 동일시하는 선에서 그친다. 장 르누아르Jean Renoir, 로베르 브레송Robert Bresson, 장 콕토Jean Cocteau, 자크 베케르Jacques Becker, 아벨 강스, 막스 오퓔스Max Ophüls, 자크 타티Jacques Tati, 로제 린아르드Roger Leenhardt

가 그들이다. "이것은 어느 정도 **누벨바그** 이전《카이에》의 프랑스 **작가들**을 고갈시킨다"(Hillier 1985: 22). '작가의 영화'의 이 같은 인물화는 의도적이다. 앙드레 바쟁André Bazin이 이미 1940년대에 영화의 가치는 그 작가에게서 유래한다고 밝힌 이래(Bordwell 1989: 45 참조), 1950년대에는 채플린이나 에이젠슈테인, 오손 웰스 같은 존경받는 '거장 감독'의 영화를 작가영화의 관점 아래 논의하는 것이 더 이상 스캔들이 아니었다(Hillier 1985: 7).

할리우드 영화를 자기 작가정치의 주안점으로 삼았던 리베트가 이미 1953년에《카이에》에 기고한 〈하워드 혹스의 천재성Génie de Howard Hawks〉과는 반대로, 1954년 트뤼포가 쓴 〈프랑스 영화의 어떤 경향〉은 동시대의 프랑스 영화에 집중한다. 그리고 무엇보다도 트뤼포 자신이 시나리오 작가들의 작업을 통해, 특히 장 오랑쉬Jean Aurenche와 피에르 보스트Pierre Bost를 통해 특징지어졌다고 파악한 '어떤 경향'에 집중한다. 트뤼포는 "오랑쉬와 보스트의 명성은 전부 두 개의 전제에 기반한다"고 주장했다. "① 그들이 각색하는 작품의 정신에 대한 '충실성', ② 그들이 작업을 완수할 때 동원하는 재능"이 그것들이다. 그는 책과 영화의 여러 장면을 비교한 뒤, 다음과 같은 결론에 도달한다. "사실 오랑쉬와 보스트는 세상의 모든 시나리오 작가들과 마찬가지로 작업한다. (…) 그들의 정신 속에서는 모든 이야기가 A, B, C, D라는 인물들을 포함한다. 저 방정식의 내부에서는 모든 것이 그들에게만 알려진 기준의 함수로 조직된다. 태양은 시계 장치처럼 뜨고 지며, 인물들은 사라지고, 다른 인물들이 고안되며, 시나리오는 차츰 원작에서 벗어나 형태는 없으나 재기 넘치는 하나의 전체가 된다. 즉, 새로운 영화는 한 걸음 한 걸음 장엄하게 '양질의 전통tradition de la qualité'으로 들어간다"(Truffaut 1964: 118, 122).

트뤼포의 공격은 결코 시나리오 작가에 대한 보편적인 불신이나 '문학의 영화화'에 대한 반박할 수 없는 매도를 목표로 하지 않았으며, 프랑스 문학에 대한 폄하는 더더욱 아니다. 트뤼포는 감독으로서 거듭해서 소설 원본들을 각색했다. 데이비드 구디스David Goodis의 장편소설을 각색해 만든 〈피아니스트를 쏴라Tirez sur le pianiste〉(1960)에서부터 찰스 윌리엄스Charles Williams의 장편소설이 밑그림으로 쓰인 마지막 영화 〈일요일이 기다려진다Vivement dimanche!〉(1983)에 이르기까지 말이다. 그리고 데뷔 영화인 〈400번의 구타Les 400 coups〉(1959) 이래로 그는 다른 시나리오 작가들, 즉 마르셀 무세Marcel Moussey, 장 그뤼오Jean Gruault, 장 루이 리샤르Jean-Louis Richard와 함께 작업했으며, 〈아메리카의 밤La nuit amèricaine〉(1973) 이후로는 조수였던 수잔 쉬프망Suzanne Schiffman이 그의 영화들의 항시적인 공동작가가 되었다.

트뤼포가 벌인 논쟁은 프랑스 문학사와 영화사의 '전통'이나 '질'이 아니라 단지 프랑스 현대영화의 '어떤 경향'을 겨냥했을 따름이며, 그는 이것을 도발적으로 '양질의 전통'이라고 칭했다. 이때 트뤼포는 〈전원 교향곡Symphonie pastorale〉(1946, Jean Delannoy 감독)과 〈적과 흑Le Rouge et le Noir〉(1954, Claude Autant-Lara 감독) 같은 영화들을 염두에 두고 있었다. '고급문학'의 명망으로부터 득을 보기 위해 문학 예술작품을 각색했지만, 작품 각색에 요구되는 시나리오 작가의 '작품 충실성'도 감독의 '개인적 스타일'도 찾아보기 어려웠던 영화들 말이다. 이 점은 초기 독일 '작가영화'와 전적으로 비교해 볼 만하다. "사실을 말하자면, 오랑쉬와 보스트는 자신들이 각색한 작품들을 더 무미건조하게 만들었다. 〔시나리오와 문학 원본의〕 '등가성'은 언제나 배반 아니면 수줍음의 경향을 띠기 때문이다"(같은 곳: 122). 그러나 트뤼포에게 문학 예술작품에 대한 '배반'보다 더 결정적인 것은 "머리를 짜낸 쇼트, 복잡한 조명 효과, '깔끔한' 사진 말고는 스크린에 아무런 결과도 낳지 못하는", 고작해야 "살아 있는 양질의 '전통'을 이루는" 연출 방식이나 낳는, 이 '문학'영화들의 스타일이었다(같은 곳).

영화비평가 트뤼포의 반란은—이렇게 표현해 볼 수 있겠다—'문학의 정신'에서 탄생했으나, 서사영화를 문학과 등가의 예술로서 평가절상시키는 것을 목표로 삼았다(그리고 이로써 오늘날 예술학을 자처하는 영화학의 근본적인 전제를 선취했다). 왜냐하면 트뤼포가 영화는 문학 예술작품의 모든 장면을 스크린에 옮겨야 한다고 고집할 때, 이것은 얼핏 영화가 문학의 지배 아래로 들어가는 것처럼 보이지만 실은 정확하게 그 반대를 의도하는 까닭이다. "영화를 겉보기에는 문학 원본에 완전히 종속시키고, 이를 통해서 오로지 문학에게만 열려 있는 듯한 그런 대상들 또한 영화가 구현할 수 있다는 사실을 분명히 함으로써, 트뤼포는 문학의 우세로부터 영화를 해방한다"(Mecke 1999: 105). 트뤼포에게 그러한, 즉 문학과 등가인 영화예술은 두 개의 전제 조건에서 나왔다. 한편으로 (시나리오) 작가는, 오랑쉬나 보스트와 달리, '영화적으로' 생각하거나 써야만 하며, 다른 한편으로 (영화)감독은—모든 기교적인 능력에서 벗어나—고작 시나리오 작가의 하수인이나 시나리오의 '장식가'가 아니어도 된다. 내용과 기교가 공생적인 전체를 형성할 때에야 비로소 영화예술로서의 작가영화가 생겨난다. 혹은 1961년에 자크 리베트가 표현했듯이, "나는 한 영화에서 한편으로는 내용이, 다른 한편으로는 기교가 존재한다고 말하는 것은 미친 짓이라고 생각한다. (…) 내용이 한 편에 있고 기교가 다른 편에 있는 것이 아니라 오로지 '표현Expression'이 있을 뿐이며, 영화가 성공을 거두면 표현이 전체를 형성한다"(Hillier 1986: 3에서 재인용).

이른바 '양질의 영화'에 대한 트뤼포의 공격은 시종일관 작가영화에 대한 재고와 결부되었는데, 작가영화는 이미 시나리오 작가와 영화감독의 겸무가 실현해 낸 것이었다. "그들이 종종 대사를 직접 쓰고 그중 몇몇은 스크린에 올리는 스토리도 직접 창작하는 **작가**라는 일이, 그 기묘한 우연의 일치가 발생한다"(Truffaut 1964: 127). 이 주장은 당시에 이미 르누아르, 브레송, 콕토, 베케르, 강스, 오퓔스, 타티, 린아르드 같은 영화인들에게 유효했고, 《카이에 뒤 시네마》의 비평가들이 나중에 직접 감독으로서 능력을 발휘한 바로 그 영화들이 형성한 '새로운 물결'에도 유효해야 했다. 샤브롤의 〈미남 세르쥬Le beau Serge〉(1958)와 〈사촌들Les Cousins〉(1959), 트뤼포의 〈400번의 구타〉(1959)와 고다르의 〈네 멋대로 해라A bout de souffle〉(1960), 리베트의 〈파리는 우리의 것Paris nous appartient〉(1961), 로메르Eric Rohmer의 〈사자의 신호Le signe du lion〉(1962)와 1950년대 말과 1960년대 초에 '누벨바그'라는 꼬리표 아래 이목을 끈 일련의 영화들에도 말이다. 설령 언론에서 지어 낸 이 집합 개념이 실제로 트뤼포가 1961년에 알아차렸다시피 프랑스 영화의 '새로운 질'을 지칭했더라도, 이 새로운 작가영화는 첫째, 동질적인 운동이 아니었으며(이로부터 결국에는 누벨바그의 잘 알려진 분열과 한때 친구였던 트뤼포와 고다르의 불화가 초래되었다), 둘째, 그것의 발생 또한 특수한 역사적 환경(특히 프랑스 영화경제와 국가의 영화정치,[8] 시네클럽운동의 위기 발생) 덕분이었다는 사실에도 마찬가지로 의문의 여지가 없다. 젊고 '거친' 영화비평가들이 저명한 감독이 될 수 있었던 것은 또한 아나톨 도멍Anatol Doman과 피에르 봄베르제Pierre Baumberger, 조르주 드 보르가르Georges de Beauregard 같은 제작자들과도 관련이 있었다. 그들은 "젊고 비추종주의적인 감독들에게도 기회를 줄 준비가 되어 있었다"(Grob 2002: 424).

특히 짐 힐리어Jim Hillier가 편집한 《카이에 뒤 시네마 1950년대: 네오리얼리즘, 할리우드, 뉴웨이브Cahiers du Cinéma, The 1950s: Neo-Realism,

8 1950년대 초부터 프랑스 정부는 사전제작지원금 제도를 시행했다. 이를 통해서 신진 작가들에게 기회가 주어졌으며, 제작자들 역시 이들을 적극 기용하게 되었다.

Hollywood, New Wave》(1985)를 통해 정전화된 '작가의 정치'의 전개를 돌이켜 보면, '작가의 영화'에 대한 트뤼포의 유명한 옹호 발언은 프랑스 작가정치의 통례라기보다는 차라리 예외에 가까웠다. 동시대의 프랑스 영화가 '작가의 정치'의 핵심적인 초점도 아니었고, '작가'로 간주되려면 감독이 시나리오 작가여야만 한다는 의미에서의 작가성이 《카이에》 저자들에게 일차적으로 중요한 것도 아니었다(이것은 차라리 신독일영화와 잡지 《영화비평Filmkritik》의 성공으로 확립된 '작가의 정치' 이해에 더 유효하다[9]). 비록 알랭 레네의 〈히로시마 내 사랑Hiroshima, mon amour〉(1959), 트뤼포의 〈400번의 구타〉와 그 밖의 누벨바그 성공작들이 새로운 프랑스 작가영화에 대한 관심을 이끌어 내기는 했지만, 장 르누아르와 로베르토 로셀리니Roberto Rossellini를 제외하고는 그때까지 《카이에》 저자들이 '작가의 정치'를 시험한 대상은 니콜라스 레이나 하워드 혹스, 알프레드 히치콕, 프리츠 랑, 샘 풀러의 영화들, 〈이유 없는 반항Rebel without a Cause〉(1953)이나 〈몽키 비즈니스Monkey Business〉(1953), 〈이창〉(1954), 〈이유 없는 의심Beyond a Reasonable Doubt〉(1956), 〈철모Steel Helmet〉(1950) 같은 할리우드 장르영화였다. '작가의 정치'의 원래 목표는 새로운 작가영화의 보편 이론 구상도, 존경받는 '거장 감독'의 영화들에 대한 담론적인 분석도 아니었다. 짐 힐리어가 적었듯이, 무르나우나 부뉴엘, 드레이어Carl Theodor Dreyer, 에이젠슈테인, 르누아르, 콕토, 브레송, 스트로하임, 웰스, 채플린 같은 감독들을 그들 영화의 '작가'로서 논의하는 것은 당시 프랑스나 영국, 미국에서도 스캔들은커녕 새로운 일조차 아니었다. "말하자면 하워드 혹스를 작가라고 주장하는 것은 조금, 아주 조금 다른 문제였다. (…) 혹스

9 독일에서는 '작가의 정치'가 감독이 곧 작가라는 발상으로 축소되어 회자되었던 데에 대한 비판적인 진술이다.

가 서부극, 갱스터 영화, 코미디 작가라는 주장에 관계된 문화적 관점들이 그 용어를 고전 문학이나 철학, 미술사에서 끌어다 쓴다면, 그것은 아마도 심각하게 다른 문제였을 것이다"(Hillier 1985: 7).

'하워드 혹스의 천재성'에 관해서는 자크 리베트가 이미 1953년 5월에 《카이에 뒤 시네마》에 이렇게 쓴 바 있다. "스크린 위의 명백함은 혹스가 지닌 천재성의 증거이며, 〈몽키 비즈니스〉를 보기만 해도 그것이 천재적인 영화임을 알 수 있다"(Hillier 1985: 126에서 재인용). 리베트의 기고문은, 그것이 아무리 캐리 그랜트Cary Grant와 지나 로저스Gina Rogers가 (그리고 마릴린 먼로Marilyn Monroe가) 출연한 스타 캐스팅이더라도 첫눈에는 상당히 별 볼 일 없는 할리우드 코미디에 관한 열광적인 영화비평 그 이상이다. 혹스의 작품을 코미디와 드라마로 분류하는 데서 출발한 리베트는, 우선 혹스의 영화들에 담긴 희극성과 비극성의 호혜적 관계를 강조한다. 〈스카페이스Scarface〉(1932)나 〈명탐정 필립Big Sleep〉(1946), 〈레드 리버Red River〉(1948) 같은 영화에 '효율성'을 부여하는 것이 바로 그 희극적 요소들이라면, 반면에 〈베이비 길들이기Bringing Up Baby〉(1938)나 〈나는 전쟁신부I Was a Male War Bride〉(1949) 같은 코미디는 혹스의 주인공들의 비극적 측면, 특히 그들이 '아동적인 유혹'에 사로잡혀 있음을 보여 주었으며, 이로써 동시에 〈몽키 비즈니스〉의 핵심 주제가 지칭되었다. 그러나 리베트는 오로지 '일대일' 싸움에서만 입증되고 적대자에게서 동시에 미래의 파트너를 발견하는 혹스의 '남성 공동체'의 '원시주의' 같은 모티브를 제시할 때, 이를 주제적 분석에 맡기지 않는다. 리베트는 또한 어떻게 혹스 우주의 '도덕성'이 연출로 구성되는지를 제시한다. 다시 말하자면, 캐리 그랜트의 '표현주의적' 연기 방식은 그의 몸짓을 상징으로 변화시킨다. 이는 〈푸른 천사Der blaue Engel〉(1930)에서 에밀 야닝스Emil Jannings의 연기와 전적으로 비교해 볼 만하다. 그랜트와 침팬지의 연속되는 클로즈업은 그들의 '동족성'을 효과적으로 시각화한다. 연속성은 혹스의 서사 스타일의 기본 원리로 입증되며, 주인공의 드라마는, 전의轉意된 의미와 문자 그대로의 의미에서, 한 걸음 한 걸음 완수된다. 단조로운 전진 운동이 그 폭력의 정점에 도달하고 이로써 단조롭다는 느낌이 외형에 불과했음이 입증될 때까지, 한 걸음 한 걸음씩, 직선으로, 플래시백 없이 말이다. 리베트가 혹스의 '천재성'을 칭송한다면, 그는 한 '지성과 정밀성'의 감독을, 그때까지 전혀 독자적 스타일과 독자적 세계 이해를 지닌 작가로서 인지되지 않았던 거장 감독을 찬양하는 것이다. "그가 영화로 만드는 것은 오로지 행동Aktion일 뿐이며, 그것은 유일하게 현상의 힘을 통해서만 매개된다." 그리고 바로 이것이—리베트가 다름 아닌 이 "행동과 도덕성의 멋들어진 혼합이 아마도 그의 천재성의 비밀인 듯하다"라고 말할 때—그가 혹스에 대해 경탄하는 바이다(같은 곳: 128). 그러므로 리베트에게 혹스는 "미국 영화 최고의 질"을 체현한다. 이 전문가가 "어두운 힘들과 기묘한 매력들의 다발"이기도 하다는 사실을 잘 알면서 말이다(같은 곳). 몰리에르의 희곡 작품과 F. W. 무르나우의 영화에서처럼 혹스의 미친 논리 비틀기 역시 웃음이 목에 걸려 있게 만든다. 리베트가 끝맺음하며 밝히다시피, 그와 그의 동료들은 극단적인 것에, 뻔뻔하고 지나친 모든 것에 매혹되어 있으며, 그들이 보기에는 바로 이 '긍정적 태도'에서 하워드 혹스 영화의 아름다움이 생겨난다. "그것은 숨 쉬기를 통해 실존을 증명하고 걸음을 통해 움직임을 증명하는 아름다움이다"(같은 곳).

《카이에》 저자들의 '작가의 정치'는 또한 영웅 숭배의 한 형태이기도 했으며, 주도 인물들의 발견이자 그들과의 동일시였다. "트뤼포가 알프레드 히치콕의 영화 및 그 주제들과 평생 동안 연애한 것을 보면 확실히 명백하다"(Dixon 1993: 2). 당시 《카이에 뒤 시네마》의 발행인이던 앙드레 바쟁도 이미 1957년에 자신의 젊은 동료들의 '인물 숭배'에 대해 경고한 바 있다. 그는 시선을 이런저런 영화인의 재능이 아니라 영화와 그 제작 맥락에, 즉 "시스템의 천재성"에 두었던 할리우드 영화식 가치 평가를 작가주의자들의 작가정치에 맞세웠다(Bazin 1985: 259). 훗날 토마스 샤츠 Thomas Schatz(1998)는 이 용어를 할리우드 스튜디오 시스템을 다룬 기술에서 증거로 끌어내게 될 것이며, 전통적 할리우드 영화의 '고전적 스타일', 즉 "그 원칙들이 수십 년에 걸쳐 장르와 스튜디오, 인력들 전역에서 제법 항구적으로 남은 스타일"에 관한 보드웰의 진술도 마찬가지다(Bordwell/Staiger/Thompson 1994: 3). 보드웰이 1980년대에 열성적으로 요구했던바, 즉 상급의 구조들, 이른바 '서사적 원칙들과 방법들'에 대한 인식은(Bordwell 1986) '작가주의'로의 역전환이 낳은 결과이다. 바쟁이 할리우드의 자유가 사람들이 말하는 것보다 더 크기는 하지만 다름 아닌 장르영화의 전통이 감독의 창조적 자유의 토대라고 강조했다면, 바쟁은 이미 이러한 역전환을 미리 그려 보였던 셈이다(Bazin 1985: 258). 그래서 바쟁은 미국 영화를 '고전적 예술'이라고 불렀으며, 그래서 그는 이 전통의 풍요로움에, 그것이 새로운 요소들과 접촉하게 될 때의 증식력에 관심을 기울이라고 요구했다. 바쟁은 한 '작가'의 작품들을 동질화하고 영화사를 감독의 영화라는 의미에서 정전화하는 대신에 차이들의 인지, (작가)정전 너머의 '걸작들'에 대한 가치 평가를 옹호했는데, 이는 다시금 그의 관점을 보편적 '고전 스타일'이라는 보드웰의 모델과 결정적으로 구분지었다.

대중적인 장르영화, 특히나 할리우드 영화를 '고급문학'과 등가의 예술로 평가절상한 것은 《카이에》 비평가들의 커다란 업적이었다. 그들은 고다르가 1959년에 트뤼포의 〈400번의 구타〉(1959)에 대한 비평에서 표명했다시피 "예컨대 히치콕의 영화가 아라공의 책과 똑같이 중요하다"는 사실에 도달하고자 했다(Godard 1971: 145). 그들의 다른 업적은 당시에 아직 인정받는 '영화예술' 정전에 편입되지 않았던 감독들의 영화에서 '개인적 필체'를 발견한 것이다. 《카이에》 저자들이 처음에 그들의 작가정치를 거행한 대상은 장 르누아르나 오손 웰스의 '걸작들'이 아니었다. 그것은 혹스와 레이, 풀러, '미국의' 프리츠 랑의 장르영화들이었으며, 그들은 이 영화들에서 감독의 '개인적 필체'를 발견했다. 그저 주어진 시나리오의 '감독réalisateur', 단순한 '연출자metteur en scène'를 넘어선 고유의 '필적écriture'과 고유의 '세계관'을 지닌 '작가' 감독들을 말이다.

리베트는 1961년 12월 《카이에 뒤 시네마》에서 "미넬리Vincent Minnelli에 관해 말하자면 우선 시나리오에 대해 말하게 된다. 왜냐하면 그는 자신의 재능을 언제나 뭔가 다른 것에 종속시켰기 때문이다", "그와 반대로 프리츠 랑에 관해 말하자면 우선 프리츠 랑에 관해 말하고 그 다음에 시나리오에 대해 말한다"라고 확인한 바 있다(Hillier 1986: 19에서 재인용). 작가를 가시화하는 것은 그의 '개인적 스타일'이며, 《카이에》 비평가들은 이를 '미장센mise en scéne'에 의거해 확인했다. 작가의 세계 이해는 그의 개인적 스타일로 구성되는데, 《카이에》 저자들에게는 이것이 우선적으로 새로운 "프레임의 아이디어나 쇼트 순서"의 문제였지, 가령 강령적인 선언의 문제가 아니었다(Rivette 1989: 50). 고유한 세계 이해는 그들의 확신에 따르자면 시각적인 것 안에서 형성되었다. 어떻게 감독이 자신의 인물들을 공간과 시간 속에서 구성하는가에서 말이다. "중요한 것은 톤이나 강세, 뉘앙스이다. 그걸 뭐라고 부르던 간에 말이다. 다시 말해, 자신이 영화로 만드는 것에 대한, 그리고 따라서 상황의 선택이나 플롯의 구성, 대사, 배우의 연기, 또는 아주 단순히 기교로 표현될 수 있는 모든 것과 세상에 대한, 한 인간의 입장 (…) 및 이 인간의 태도 말이다"(같은 곳: 149).

'미장센'은 한 '작가'의 '세계관'을, 그리고 이로써 그의 예술적인 개성 또한 표현해 낸다. 바로 그 때문에, "그것을 미넬리나 다른 열 명의 미국 감독들 같은 사람들에게까지 확대하면" '작가의 정치'는 잘못된 방향으로 인도될 거라고 리베트는 주장한다. "왜냐하면 미넬리는 분명히 재능 있는 **감독**director이지만 결코 **작가**인 적이 없으며 절대 그렇게 되지도 않을 것이기 때문이다"(Grob/Reichart 1989: 15에서 재인용). 그러나 《카이에》 저자들이 출범시킨 작가정치가 실제로 얼마나 멀리까지 가 버릴 수 있었는가는 비단 매년 그들이 출간한 '최고목록'이나 영국의 영화비평가 리처드 로드Richard Roud가 1960년에 논쟁적인 글 〈프렌치 라인The French Line〉에서 비난했던 '맥마옹주의MacMahonism'[10]의 기묘함뿐만 아니라 무엇보다도 미국식 변형이 잘 보여 준다. 그것은 첫째, '작가의 정치'를 손쉽게 '**작가**이론*auteur* theory'으로 양식화하였고, 둘째, 후자를 "국수주의적인 도구"로 바꿔 버렸다(Stam/Miller 2000: 3).

작가이론The auteur Theory

앤드류 튜더는 1970년대에 《영화이론》에서 "현재 영국의 영화이론에서 가장 혼란스러운 결합은 '작가'와 '이론'이라는 두 개념의 결합"이라고 개괄한다. "어떻게 '정치'('politique'의 가장 가까운 번역)가 '이론'이 될 수 있었는지는 이념사의 기묘함에 속한다"(Tudor 1977: 82). 실제로 미국의 영화비평가 앤드류 새리스가 1962년에 '**작가**이론'이라고 명명했던 것은, 프랑스 개념인 '작가의 정치'의, 어쩌면 별로 성공적이지 않을지는 모르지만 지극히 많은 결과들을 초래한 번역이었다. 새리스가 "혼란을

10 파리 맥마옹 5번 가에 위치한 극장 이름에서 비롯된 명칭으로, 제2차 세계대전 뒤 미국 영화들을 주로 상영해서 이곳으로 몰려들던 영화 애호가들을 '맥마옹주의자'라 불렀다. 맥마옹주의는 고유한 연출 방식에 가치를 두는 영화 태도를 지칭한다.

피하려고"(Sarris 1970: 124) 하필이면 이 '번역어'를 선택한 일은 역사의 아이러니나 작가의 도발이라고 볼 수 있겠다. 어쨌거나 그것은 잘못 말한 것은 아니었다.

오늘날 이미 오래전에 '작가이론'의 토대 텍스트로 부상한(예컨대 Mast/Cohen 1985: 527ff; Stam 2000: 89ff. 참조) 《1962년의 **작가**이론에 대한 주해Notes on the *Auteur* Theory in 1962》는 우선 《영화문화Film Culture》(No. 27, Winter, 1962-63)에 게재되었다. 이 잡지는 1955년에 조나스 메카스Jonas Mekas가 창간한 미국 영화잡지로, 처음에는 아방가르드 영화에, 나중에는 독립영화 내지 뉴아메리칸 시네마New American Cinema[11]에 전념했다. "《영화문화》는 거의 처음부터 부제를 '미국의 독립영화 잡지America's Independent Motion Picture Magazine'라고 달았는데, 이는 이 잡지의 비판적 태도뿐만 아니라 주된 관심 영역을 알리려는 의도였다"(Sitney 1970: vii). 이러한 맥락은 새리스의 기고문이 의도한 바에는 사소한 것이 아니었으며, 비록 《카이에》 저자들의 것보다는 덜 알려졌지만 그렇다고 덜 유익하지도 않다. 《카이에 뒤 시네마》에서는 1950년대 초부터—할리우드 영화에 대한 글들뿐 아니라 할리우드 감독들과의 인터뷰에서도—체계적으로 '작가정치'가 행해졌다면, 《영화문화》의 맥락에서는 할리우드 영화에 대한 새리스의 칭찬은 상례가 아니라 예외였다. 그의 동료들은 영화인으로서 대부분의 누벨바그 감독보다 훨씬 더 극단적이고 덜 상업적으로 방향을 잡고 있었으며, "전통적인 미국 영화의 비평가로서 그들은 좀처럼 새리스만큼 열광적이지 않았다"(같은 곳). 《영화문화》에서 새리스가 처한 상황은

11 1950~60년대에 발현한 스타일 방향이자 운동으로, 존 카사베츠, 셜리 클라크 등의 영화인들이 《영화문화》를 중심으로 뭉쳤다. 상업영화에 반대해 16mm 필름이나 일반인 배우 등 단순한 제작 수단들을 동원했다.

"《카이에 뒤 시네마》에서 젊은 트뤼포가 처했던 상황과 비슷하"지 않았으며, 그는 분명히 잡지 간행을 둘러싸고 벌인 간행정치의 의미에서 "어떤 대가를 치르더라도 큰 소리로 주의를 끌" 수밖에 없었을 것이다(Nitsche 2001: 40).

새리스가 "선언이라기보다는 신조로서"(Sarris 1970: 122) 《1962년의 **작가**이론에 대한 주해》를 다음과 같은 일화로 시작하는 것은 우연이 아니다. 언젠가 한 전시회 감독이 그에게 그가 추천했던 영화가 정말로 좋은지 "아니면 **작가**이론에 따라서만 좋은지"를 묻더라는 것이다(같은 곳: 121). 작가정치가 등장한 지 거의 10년이 되자, '작가주의자들'이 2류 영화를 좋게 이야기한다는 악평이 이미 자자했다(Roud 1960). 혹은 새리스의 화려한 언어로 말하자면, "납덩이를 금덩어리로 합리화한다"고들 했다(Sarris 1970: 122). 새리스는 작가주의자들의 판단이 평범한 영화 관객에게는 결코 늘 확신을 주지는 않는다는 사실을 잘 알았으며, 앙드레 바쟁이 강력하게 경고했던 작가주의자들의 '인물 숭배'와 '**작가**이론'의 부조리함도 소상히 알고 있었다. 왜 존 포드의 제일 보잘것없는 영화가 헨리 킹의 가장 훌륭한 영화보다 '더 나은' 영화라야 한다는 말인가? 단지 작가주의자들이 한 감독은 '작가'로서 찬양하고 다른 감독은 그저 '감독' 등급을 매겼다는 이유로? 트뤼포가 1970년에 회고하면서 확언했다시피, "작가의 정치의 요체"는 실제로 이렇게 문장화할 수 있다. "혹스의 덜 훌륭한 영화가 언제나 휴스턴의 제일 훌륭한 영화보다 더 흥미롭다"(Truffaut 1997: 27). 어쨌거나 1950년대의 《카이에》 기고문들에서는 히치콕이나 르누아르, 로셀리니, 랑, 혹스가, 혹은 니콜라스 레이도, 절대로 나쁜 영화를 만들 수 없는 '무오류의 감독들'로 등장했다(Bazin 1985: 248). 하지만 그처럼 어떤 '작가'의 영화를 첫째, 선험적으로 '훌륭한' 것으로, 둘째, 일반적으로 한 '감독'의 어떤 영화보다 '더 나은' 것으로 평가해야 한다면, 우리는 영화를 보기도 전에 모두 집에 갈 수 있다는 말인가? "감독의 서명이 스크린에 비춰지자마자?"(Sarris 1970: 122).

많은 작가주의자들이 '명증성'을 끌어대거나 심지어 자신의 판단 근거는 내놓지 않으면서 '보이거나 보이지 않거나you-see-it-or-you-don't' 식의 태도를 보인 것은 영화비평적 담론이나 자신의 방법에 대한 성찰조차 불필요하게 만들고, 새리스가 지적했듯이 반대 논거를 '시각적인 환영'으로 실격시키는 것처럼 보였다. 클로드 샤브롤이 주장했듯 중요하거나 '커다란' 주제가 사소한 주제보다 더 이상 가치가 없다면(Roud 1960), 그리고 어떤 장르가 문제가 되는지와 무관하게 감독의 이름이 이미 영화의 질을 담보한다면, 《카이에》 저자들의 정전을 들여다보는 것만으로 이미 작가이론의 의미에서의 판단을 내리는 데 충분하지 않은가? 더 나아가 한 영화/감독에 대한 판단이 어차피 확정되어 있다면, 《카이에》 기고문들에 담긴 문학이며 회화며 철학에 대한 참조들이 다 무슨 소용이란 말인가? 영국의 영화비평가 리처드 로드는 1960년에 "〔니콜라스 레이의 〈파티 걸Party Girl〉처럼〕 비지성적이고 비이성적인 영화들을 즐긴 프랑스 비평가들이 항상 그 영화들을 가능한 한 가장 현학적이고 학술적인 방식으로 논하지 않으면 안 된다고 느낀다는 사실은 기묘한 역설"이라고 '프렌치 라인'의 엘리트 영화 애호가들을 논박했다. "우리가 느끼는 문제는 그들이 2류를 좋아하면서도 차마 그것을 시인하지 못하고, 그래서 2류가 칸트며 헤겔 등에 대한 언급으로 과대포장되어야만 한다는 사실이다." 바쟁이 작가주의자들이 작가를 유지하려고 '작가+주제=작품'이라는 방정식에서 주제의 의미를 0으로 감소시켰다는 사실을 지적했다면, 로드 같은 비평가들은 그러한 '작가의 구제'가 비단 오락영화를 영화예술로 만드는 참으로 미심쩍은 가치절상뿐 아니라 예술 애호가의 자기찬양 또한 의도했음을 분명히 했다. "불행하게도, 어떤 비평가가 미넬리의 영화를 논평하면서 헤겔과 칸트를 인용해야 한다면, 그것은 호베이다Fereydoun Hoveyda가 주장하듯 영화가 적어도 문학과 회화와 드라마만큼 중요하기 때문이 아니다. 그것은 그 비평가가 영화와 자신의 연계를 왠지 가장 흠잡을 데 없는 참고문헌들로 품위 있게 만들어야만 한다고 느끼기 때문이다"(Roud 1960). 하지만 1960년 무렵이면 이미 충분히 알려진 작가주의의 부조리함에 대한 그 모든 이의에도 불구하고, 새리스는 '작가의 정치'의 기본 구상을 견지했으며, 더 나아가 이렇게 선언했다. "나는 **작가이론**을 칭송할 작정이다"(Sarris 1970: 122). 그러면서 그는 프랑스 작가정치의 비판적 멘토, 즉 앙드레 바쟁과 그리고 바쟁이 1957년 4월《카이에 뒤 시네마》에 기고한〈작가의 정치에 관하여de la politique des auteurs〉와 씨름했다.

한편으로는 '작가'의 격언을 뒤집어서 작품이 작가를 초월하며 작가의 재능은 오로지 그때마다의 역사적 한정 조건들의 맥락에서만 판단될 수 있다고 해명했더라도, 바쟁은 그래도 다른 한편으로는 작가정치의 전략적 가치를 인정했다. 작가정치가 아직 발견되지 않았거나 심지어 멸시되던 감독들을 영화예술가로 인정받도록 해 주었기 때문이다. 새리스는 바로 이러한 생각을 수용해서 이로부터 정전 형성에 대한 요구를 도출해 냈다. "영화가 예술이라는 사실이 확실히 자리를 잡은 적이 없기 때문에, 영화감독들의 판테온을 세우기 위한 문화적인 대담성이 요구되기"(Sarris 1970: 124) 때문이라는 것이다. 이는 새리스가 1968년《미국 영화사: 감독들과 방향들 1929-1968The American Cinema: Directors and Directions 1929-1968》로 완수한 요구였다. 영화비평의 우선적인 목표는, 영화가 예술로서 인정받는 것이어야 했다. 이 점에서 바쟁과 새리스는 트뤼포나 리베트와 마찬가지로 의견이 일치했다. 바쟁과 훗날 '신형식주의자' 데이비드 보드웰처럼 '고전적 예술'로서의 미국 영화에 관해 말하든, 아니면 리베트와 '작가-구조주의자' 피터 울렌Peter Wollen처럼 하워드 혹스 같은 할리우드 감독의 영화적인 우주를 분석하든 말이다. 작가이론은 언제나 작가정치이기도 하며, 이러한 맥락에서 영화에 대한 사랑은 영화예술에 대한 옹호와 동반해 나타난다. 이는 잘 알려져 있다시피 《카이에》 저자들의 경우에 감독을 높이 평가할 때, 오로지 그럴 때에만, 영화에 관해 글을 쓰는 것으로 귀결되었다. 이런 방식의 작가정치는, 바쟁이 강조하듯, 영화비평이 발명한 것이 아니며, 영화예술이 탄생하기 한참 전에 확립되었다. 이미 18세기 후반의 문학 담론, 특히 보마르셰와 더불어 작가 개념은 유효성을 획득했다. "그의 모든 저작권료, 의무, 책임성과 함께" 말이다(Bazin 1985: 250).

새리스가 보기에는 이러한 작가와 작품의 연결로부터 두 가지 결론이 도출된다. 하나는, 한 작가의 대중성이 교육받지 않은 관객, 즉 "저잣거리 사람"도 예술작품을 인지하고 그 가치를 존중할 줄 알도록 보살핀다는 결론이다. "자크 리베트의 〈파리는 우리의 것〉에서 장 클로드 브리알리Jean-Claude Brialy는 베티 슈나이더Betty Schneider에게 셰익스피어가 사인하지 않았더라도 여전히 《페리클레스Pericles, Prince of Tyre》를 존경했겠느냐고 묻는다"(Sarris 1970: 123). 다른 하나는, 개별 작품에 의미를 부여하는 것은 한 작가의 작품 전체Œuvre라는 결론이다. 부연하자면, "둘 다 (…) 거의 모든 단계에서 실패작"(같은 곳: 125)인 빈센트 미넬리의 〈열정의 랩소디Lust for Life〉(1956)와 존 휴스턴의 〈모비딕〉(1956) 같은 영화는 작품 맥락에서 볼 때 비로소 하나는 감독으로서 휴스턴의 몰락을 표시하고 다른 하나는 "단순히, 흥미로운 스타일리스트의 변덕스러운 이력에서 분리된 에피소드"(같은 곳: 126)밖에는 아무것도 의미하는 바가 없다는 사실이 눈에 보이게 된다는 이야기다. 휴스턴의 〈모비딕〉처럼 어떤 영화가 더 이상 현대적이지 않더라도, 그러므로 창조자의 주관적 영감과 영화 매체의 객관적 상황 사이에 모순이 확인될 수 있더라도(Bazin 1985: 255), 이는 바쟁이 말하듯 영화예술의 진보를 위해서만이 아니라 새리스에게도 영화 예술작품을 그 사회적 결정 요인들로 축소하는 것이 옳지 않음을 말해 준다. "만약 감독과 다른 예술가들이 그들의 역사적 환경으로부터 분리될 수 없다면, 미학은 민족지학의 종속된 분과로 축소되고 만다"(Sarris 1970: 128).

그런데 새리스는 일반적으로 알려져 있듯이 프랑스의 '작가의 정치'를 끌어대어 본인의 '**작가**이론'을 표명했을 뿐만 아니라, 이 '**작가**이론'을 미국의 영화비평에게 겨누기도 했다(이는 다시금 폴린 카엘Pauline Kael의 논쟁적인 반응을 이에 상응하여 알려지게 만들었다). 이 점에서 《카이에》 저자들의 논쟁적인 경향과 비교할 만하다. 미국에는 "불세출의 위대한 영화비평가"(같은 곳: 125)인 앙드레 바쟁과 비슷한 '감수성과 헌신성'을 갖춘 영화비평가만 없는 게 아니고, 오토 프레밍어Otto Preminger의 《황금팔을 가진 사나이The Man with the Golden Arm》(1955) 같은 할리우드 제작물들이 여전히 시나리오 작가의 작품으로 선전되기만 하는 게 아니며, 더 나쁜 것은, "대부분의 미국 영화비평은 스크린 대신 시나리오에 방향이 맞춰져 있다"(같은 곳: 129). 프랑스에서는 이미 오래전에 '~의 영화'라는 문구에 감독의 이름이 오는 것이 자명하고, 펠리니와 베르히만, 구로자와, 안토니오니의 영화가 그사이 미국에서도 감독 이름을 영화비평의 헤드라인에 올려놓았지만, 덜 알려진 미국 감독들은 그저 언급되기만 해도 "자기 이름을 전형적인 평론의 네 번째 단락에서 발견하고서"(같은 곳: 130) 기뻐한다는 것이다.

새리스는 자신의 '**작가**이론'을 소수의 '영화예술가'나 심지어 유럽 '예술영화'의 유명 감독들로 국한하지 않고(이는 주목을 끄는 데 거의 도움이 되지 않았을 것이다), 미국 영화의 근본적인 해석 원칙으로 선언했다.

이미 이것만으로도 충분한 도발이었을 터이다. 그러나 새리스가 "영화면 영화, 감독이면 감독, 미국 영화는 1915년부터 1960년에 이르기까지 나머지 세상의 영화보다 우수했다"(같은 곳)고 선언했을 때, 그는 결정적인 한 걸음을 더 디뎌 버린 셈이다. 《카이에》 저자들이 시작한 할리우드 영화에 대한 가치 평가를 그 이상으로 밀어 올릴 수 있을까? 새리스는 해냈다. "나는 이제 **작가**이론을 일차적으로 미국 영화의 역사, 즉 정상에 있는 소수의 위대한 감독들의 광채의 저변을 심도 있게 탐색할 가치가 있는, 세계에서 유일한 영화의 역사를 기록하기 위한 비평적인 장치로 간주한다"(같은 곳). 이는 미국 영화비평의 통상적인 활동 영역을 겨냥했다기보다는 잡지《영화문화》가 대변했던 독립적인, 아니 아방가르드주의적인 '영화예술'이라는 의미에서의 '작가영화'에 대한 이해를 겨냥한 발언이었다. 1961년 여름 '뉴 아메리칸 시네마 그룹The New American Cinema Group'은《영화문화》에 다음과 같이 '첫 성명'을 발표했다. "세계 도처의 공식적인 영화는 숨을 헐떡이고 있다. 그것은 도덕적으로 부패했으며, 미학적으로 한물갔고, 주제적으로 피상적이며, 기질적으로 지루하다." 그들은 유럽의 '새로운 물결'을 끌어와 독립적인 새로운 미국 영화를 요구했다. 자신들에게는 이 새로운 영화가 영화감독의 '개인적인 표현'과 분리될 수 없노라는 주장이었다(Sidney 1970: 79; 81). 1961년 칸 영화제에서 누벨바그를 알게 되고 이듬해에 파리의 시네마테크에서 수없이 많은 옛날 할리우드 영화를 본(Cook 1995: 137) 새리스는,《1962년의 **작가**이론에 대한 주해》를 진보적인 영화계 동료들을 반박하는 논쟁적인 반대 구상 목적으로도 집필했다. 영화에 대한 그의 애정은 새로운 작가영화나 아방가르드주의적 작가영화가 아니라, 오히려 이 시기에 심한 위기에 빠져 있던 좋았던 옛날 할리우드 영화에 유효했다. 전통적 할리우드 영화에 대한 새리스의 옹호가 얼마나 국수주의적이고 향수에 젖어 있었든 간에, 그의 이 '신앙고백'은 1980년대 미국 '영화학film studies'에서 논쟁할 여지 없는 공리로 농축되는 바를 선취했다. '고전 할리우드 영화'라는 토포스가 그것이다(Bordwell/Staiger/Thompson 1994).

'**작가**이론'에 대한 구속력 있는 정의가 당시 영어권에 존재하지 않는다는 사실을 잘 알면서도, 새리스는 오늘날까지도 "영화학의 대부분의 **작가** 비평"에서 견지되는 '작가이론'의 세 가지 전제를 다음과 같이 언명했다. ① "감독의 기교적 능력", ② "감독의 구별 가능한 개성", ③ "내적 의미"(Sarris 1970: 132ff.)가 그것이다. 새리스는 세 '전제' 모두를 '가치 기준'이라 칭했고, 세 번째이자 최고의 전제는 그에게 예술로서의 영화가 지닐 수 있는 최고의 명성과 직결되어 있었다. 이는 분명히 잘 다듬어진 '이론'이 아니라, 훗날 새리스 본인도 인정했듯 차라리 '태도'에 가까웠으며(Sarris 1976: 237), 이러한 태도는 작가주의자들 사이에서는 거의 '상식'이나 다름없었다. 혹스나 히치콕 같은 할리우드 감독들의 '기교적 능력'에 대해서는 이미 리베트와 트뤼포가 탄복하고, '미장센'에 의거해 작가의 '구별 가능한 개성'도 확인한 바 있었다. 그리고 그것이 지닌 '내적 의미'가 영화를 '예술작품'으로 구성한다는 (그리고 단순한 오락영화들과 구분한다는) 점은 바쟁도 그리고 다른 영화 애호가도, 유럽에서나 미국에서도, 반박하지 않았을 것이다. 새로 창간된 영국의 영화잡지 《무비Movie》의 발간자 중 한 명인 이안 캐머런Ian Cameron은 1962년 9월에 강령적인 기고문인 〈영화, 감독, 그리고 비평가들Films, directors, and critics〉에 이렇게 썼다. "《무비》에 실린 모든 글에 깔려 있는 가정은, 감독이 영화의 저자이자 영화에 그것이 지니고 있을 모든 독특한 질을 부여하는 사람이라는 점이다"(Cameron 1999: 52). 그리고 그는 '작가이론'의 이러한 전제를 할리우드 영화에 대해서도 받아들이겠노라 덧붙였다. "할리우드 영화들을 더 가까이에서 보면 볼수록 그 영화들은 더욱더 우연이 아닌 것으로 보인다. 영화의 질과 감독의 이름 사이에는 상관관계가 있다"(같은 곳: 53).

그 뒤 '**작가**이론'이 악평을 받게 된 것은 1963년 폴린 카엘에 의해 〈원들과 사각형들Circles and Squares〉로 연출된 위장전투가 아니었다. 이 전투는 새리스에게 그의 '작가이론'을 구성하는 비논리적 추론들과 순환논증들을 지적하려 했을 뿐이다(Kael 1985). 악평의 원인은 또한 나쁜 감독이 어떤 좋은 영화를 만들고 좋은 감독이 언젠가 나쁜 영화를 만들 수도 있다는 사실을 거의 생각할 수 없게 만든 "극단의 극단들farthest-out extremes"도 아니었다(Cameron 1999: 53). 그것은 오히려 비판에 부딪힌 모든 작가이론의 근본적인 전제, 즉 도대체 작가가 있으리라는 전제 자체였다. 이러한 '작가의 죽음'과 더불어서 작가의 '구조'로의 변화가 동반되었다.

작가 구조주의 (그리고 그 너머)Auteur-Structuralism (and beyond)

1968년 앤드류 새리스가 쓴 **작가**에 중심을 둔 미국 영화사가 출간되었을 당시에, 유럽에서는 '**작가**이론'이 이미 변혁의 와중에 있었다. 그것은 부분적으로는 철폐에 버금갔다. '작가의 정치'의 원산지인 프랑스에서는 5월 소요에서 정점에 다다른 노동자 파업과 학생 항거가 정치적 기후를 형성하고, 구조주의와 정신분석학, 마르크스주의로 각인된 담론이 지적 기후를 만들어 냈는데, 거기에는 더 이상 자율적인 작가-주체라는 낭만주의적 표상이 차지할 자리란 없어 보였다. 처음에는 롤랑 바르트, 자크 라캉, 루이 알튀세르 같은 이론가들이 '주체'를 관념론적 구상으로서, 더 나아가 부르주아 이데올로기의 표명으로서 해체했다면, 곧 영화이론적인 담론들 또한 '구조주의적 전환'을 완수했다(Stam/Burgoyne/Flitterman-Lewis 1992). 영화는 '텍스트'가 되었고, 그것의 분석은 '읽기Lektür'가

되었다. 그리고 작가는 인물에서 '구조'로, 즉 자율적 심급에서 독자의, 내지는 영화 텍스트에 대한 '작업'의 '구성'으로 바뀌었다.

크리스티앙 메츠의 《영화의 기호학Semiologie des Films》(1972)과 영화기호학자들의 다른 작업들은 구조주의에 토대를 두었는데, 소쉬르와 퍼스를 인용하는 구조주의가 "비평가와 독자/관객이 알고 인식하는 주체로서 이해되는 텍스트 이해에서 출발했다면, 후기구조주의에서는 '통일'이라는 이 전체적인 표상이 작가와 작품에서뿐만 아니라 수용자들에게서도 지양된다"(Kamp 1996: 38). 그래서 바르트는 작가의 '부재'에 관해 이야기하며, 이것은 다시금 텍스트를 '해독'하려는 시도를 불필요하게 만든다. "텍스트는 이제부터 작가가 사라지도록 만들어진다"(Barthes 2000: 189). 작품의 해명을 작성자에게서 찾지도 않고, 그 의미와 전언을 해독할 필요도 없다. "텍스트는 다양한 글들로 조립되어 있고, 그것들은 (…) 서로 대화를 나누며, 스스로를 패러디하고, 서로에게 의문을 제기하며", "이러한 다양성이 조우하는 장소는 (…) (이제까지 사람들이 말해 왔듯) 작가가 아니라 독자이다"(같은 곳: 192). 바르트에게는 텍스트의 통일성이 그것의 근원이 아니라 목표점에 있는데, 바로 그 때문에 '독자의 탄생'은 '작가의 죽음'으로 대가를 치러야만 한다. 이로써 '작가의 지배'뿐만 아니라 '비평가의 지배' 역시 중단된다.

영국에서도 '**작가**이론'에 중대한 전환이 일어나는데, 이것은 '작가 구조주의auteur-structuralism'라는 이름 아래 학파를 형성했다(Stam 2000: 123ff.). 제프리 노웰-스미스Geoffrey Nowell-Smith가 명명했듯이 이 '구조주의적 접근'은 한편으로는 유럽에서 새로이 형성되던 영화학의 '언어학적 전환'에 대한 반응이었으며, 다른 한편으로는 '특별한 구조', 즉 "기초적이며 종종 이해받지 못하는 모티프들의 구조적인 핵심"의 발견을 목표로 했다(Caughie 1999: 137에서 재인용). 《카이에》 저자들의 '작가의 정치'가, 그리고 새리스의 '**작가**이론' 역시 결국에는 규범적인 영화애호가성에 함몰되어 있었다면, '구조주의적 전환'으로 영화애호가적 담론이 학문화되었다. 개인적인 것 대신에 이제는 보편적인 것이 시선에 들어왔고, 감독의 개성 대신 그가 만든 영화의 구조가 주목받았다. '작가의 정치'가 트뤼포가 즐겨 인용했던 지로두Jean Giraudoux의 교의, 즉 "작품이란 없으며 작가들만 있을 따름이다"(Truffaut 1987: 233)에 부합했다면, 피터 울렌과 제프리 노웰-스미스, 짐 키치스Jim Kitses 같은 영국의 작가 구조주의자들은 이제 한 감독의 영화들에서 모티프 및/혹은 스타일의 항수들을 강조했고, 그렇게 불변의 구조들에 의거해 '작가'를 표시하고자 했다. 작가이론은 이제 작가 중심의 구조주의적 분석의 '기본 원칙'이자 '방법'으로 이해되었다. 즉, 영화에는 개인적인 작가성이 존재하리라는 발상으로서, 그리고 한 감독의 작품 전체에 특징적인 주제와 구조 그리고 형식적인 질들에 대한 체계적 연구를 통해 경의를 표해야 할 의무로서 말이다(Kitses 1969: 7).

'작가 구조주의'는 처음부터 혼종 구성물이었다. 한편으로는 루치노 비스콘티 같은 유럽 예술영화에 관해 쓰거나(Nowell-Smith 1967) 하워드 혹스 같은 미국 장르영화에 관해 쓰면서 《카이에》 저자들의 작가정치를 계속 써내려 갔고, 다른 한편으로는 이미 구조주의적 작가이론이 영화인의 작가성이나 영화 텍스트 속 작가성 문제에 오히려 부수적인 관심만을 보인 후기구조주의 영화이론으로의 이행 단계를 표시했다. 1960년대에 감독에 관한 전문 서적의 수가 비약적으로 증가했다면, 1970년대 초에는 작가 개념이 영화이론가들 사이에서 강력한 비판을 받았다(예를 들어서 Buscombe 1999, Heath 1999 참조). 《커뮤니케이션스Communications》와 《애프터이미지Afterimage》, 《스크린Screen》 같은 잡지에 게재된 텍스트들의 대부분은 자신들의 관점을 이미 새롭게, 그리고 종종 정신분석학적으로 정향했다. 키네마토그래피적 디스포지티프Dispositiv를 목표로 하든(Baudry

1986), 가부장제적으로 구조화된 시각적 쾌락의 장소로서의 할리우드 영화를 목표로 하든(Mulvey 1986) 말이다.

《카이에 뒤 시네마》의 발행인들은 이미 1960년 9월 브레히트에 관한 특간호 서문에서 자신들의 과거와 현재 열정의 많은 대상들, 즉 "**작가**, 작품, 그리고 이 작품과 이 **작가**에 대한 접근들"이 파괴되었노라고 확인한 바 있다(Hillier 1986: 10에서 재인용). 이 글에서 그들은 규범적 작가주의로부터의 전향을, 다시 말해 "영화에 관한 플라톤주의, 가톨릭, 관념론적 글쓰기로부터 마르크스주의, 유물론적 접근으로 《카이에 뒤 시네마》의 변화"를 개시했다(Lellis 1980: 129). '고전적 할리우드 영화'와 '작가'로 숭배된 감독들은 더 이상 영화비평 담론의 초점이 될 수 없었다. 이제는 낡은 할리우드 감독들이 아니라 고다르, 로메르, 트뤼포와 누벨바그의 다른 아이콘들을 인터뷰했다(Hillier 1986: 59ff., 84ff, 106ff.). 영화애호가적 심미주의와 작별하고, 예컨대 알랭 레네의 〈뮤리엘Muriel ou le temps d'un retour〉(1963)을 예로 삼아(Comolli u.a. 1963), 형식에 관한 논의들을 거쳐 영화의 '이데올로기적 기능'을 확정하는 정치적 의문 제기에 도달했다. "① 우리는 정치적인 영화를 만들어야만 한다. ② 우리는 영화를 **정치적으로** 만들어야만 한다. ③ ①과 ②는 서로 적대적인 관계를 취하며 세계에 관한 두 개의 대립된 구상들에 속한다"(Godard 1971: 186). 1970년 4월 잡지 《애프터이미지》에 이렇게 쓴 영화인은 다름 아닌 장 뤽 고다르였다. 고다르는 68운동의 실패 이후 제작집단 '지가 베르토프 그룹Gruppe Dziga Vertov'으로 물러났으며, 그의 친구 트뤼포는 1973년 그를 위선적인 '개자식'이라고 불렀다(Truffaut 1994: 460).

장 루이 코몰리Jean-Louis Comolli와 장 나르보니Jean Narboni는 자신들의 기고문에 '시네마/이데올로기/비평Cinéma/Idéologie/Critique'이라는 표제를 달았다. 그들은 이를 1969년 《카이에 뒤 시네마》에 발표하고 1971

년에 이를 영어로 번역하여《스크린》에 다시 실었다. 한편으로는 영화가 일반적으로 현실을 '재생산'하고 다른 한편으로는 '현실'이 이데올로기를 통해 생산된다는 공리에서 출발한 코몰리/나르보니는, 모든 영화를 정치적 범주들에 구분해 넣었다. 지배적 이데올로기를 그저 재생산하는 영화(범주 A), 지배적 이데올로기를 직접적인 정치적 행위를 통해서나 아니면 형식을 경유해 공격하는 영화(범주 B), 재현의 '기본 문제'를 형식적으로 가시화하는 영화(범주 G) 등이 그것이다. 두 사람은 비단 '상업영화' 제작물뿐만 아니라 모든 영화의 월등한 대다수를 '범주 A'로 등급을 매기고, 이 영화들을 지배적 이데올로기의, 즉 이러한 이데올로기를 통해 그것들 자신이 제작되는 이데올로기의 '무의식적 도구'로 분류했다. 그러나 이것이 할리우드 영화에 대한 일반적인 판결을 의미하지는 않았다. "우리는 무엇이 한 영화인이 이데올로기를 자기 영화의 개념들로 바꿔 표현함으로써 이데올로기를 파괴하는 것을 가능하게 만드는지를 발견해 내야만 한다"(Comolli/Narboni 1976: 27). 이러한 종류의 "정치적 비평"(Nicholas 1976: v)은 단순히 이데올로기적 '꿈의 공장'인 할리우드에 대한 사회학적 비판이 아니었으며, 그토록 많은 다른 작가주의자들에게 소송을 제기했던, "매우 개인적 예술"(Sarris 1968: 15)로서의 할리우드 영화에 대한 관점들을 결코 부정하지도 않았다.

'작가'라는 개념, "쉽게 말하자면, 말하는 사람a figure of speech"(Sarris 1970: 123)은 이러한 이데올로기 비판적 접근에서도 여전히 유지되어서, 한편으로는 '시스템'에 편입되어 있으면서 다른 한편으로는 그것을 '내부로부터' 무너뜨린 할리우드 영화와 감독들에 대한 관심도 유효했다. 특히 이러한 '범주 E'에 속하는 영화 한 편이 1970년《카이에》저자 집단의 판례가 되었다. 존 포드의 〈링컨Young Mr. Lincoln〉(1939)이었다. 이 영화는 처음 보면 그저 지배적 이데올로기를 재생산하는 듯하지만, '자세히 읽기close reading'로 접근해서 보면 영화의 전통적 '의미효과'의 사용이 결국에는 지배적 이데올로기의 패러디적 붕괴로, 즉 "텍스트의 기만적으로 고요한 표면의 전복"을 유발한다는 것이 드러난다(Nichols 1976: 529). 표층구조와 심층구조의 이 같은 긴장 관계는 텍스트에서의 능동적인 역할을 감독에게 양도한다. 피에르 우다르Pierre Oudart는 공동논문의 맺음말에서 이를 '기입l'inscription'이라고 칭했다. 이것은 다시금 바르트의 '글쓰기écriture' 개념을 환기시킨다. "이 기호학적 개념은 천재적인 또는 영감을 받은 예술가라는 표상을 철회한다. 하지만 그럼에도 질서를 부여하거나 재조직하면서 영화 텍스트에 개입하는 심급의 활동을 부인하지는 않는다"(Kamp 1996: 42). 작가는 영화 텍스트 구조 안의 '기입'으로서 '구조주의적 전환' 이후에도 여전히 살아 있다. 작가의 '필체'는 또한 앞으로도 영화의 '서명'을 규정한다. 또는 언어학적 범주인 '언명ènoncé'과 '언명행위ènonciation'(진술 행위)에 근거해 말하자면, 1977년 레이몽 벨루Raymond Bellour가 "언명행위 히치콕"을 예로 삼아 설명했듯이 작가는 '언명행위자'가 된다.

"《카이에》의 〔〈링컨〉〕 읽기는 포드의 영화를 열어젖힌다", "히스와 벨루 모두 자신들이 '읽은' 텍스트들을 궁극적으로 폐쇄시킨다. 부연하자면, 그 텍스트들은 또다시 똑같은 예전의 '고전적 서사 텍스트'로 판명된다"(Wood 1991: 19). 로빈 우드Robin Wood는《히치콕의 영화들: 재검토 Hichcock's Films: Revisited》를 '작가성 문제'에 대한 숙고로 시작한 뒤에 이렇게 썼다. 우드로서는 이러한 방법론적-이론적 서문이 불가피해 보였다. 그가《히치콕의 영화들》(1965)의 초판을《카이에》 저자들의 수정되지 않은 원래 '작가이론'을 성찰 없이 넘겨받았던 시절에 썼기 때문이다. "《히치콕의 영화들》의 저자는 어떠한 개념의 이데올로기에도 완전히 결백했다. 그는 정말이지 그 용어가 무엇을 의미하는지 알지 못했다"(Wood 1991: 3).

이 영국 영화비평가가 '작가이론'에 관한 견해를 수정해야만 했던 유일한 사람은 아니다. 《영화에서의 기호와 의미Signs and Meaning in the Cinema》(1969)에서 '작가이론'에 한 장을 할애하고 이를 혹스와 포드의 영화들로 예증했던 피터 울렌 또한 1972년 개정증보판에서, 자신이 미국 영화의 비판적인 연구와 판단을 위한 '이론적 토대'라고 진술했던 작가이론을 비판적으로 재검토해야 할 필요성을 느꼈다(Wollen 1972: 15). 다른 점이 있다면, 우드가 "나는 매우 영국적"이라면서 새로운 프랑스의 '권위'를 "신들의 퍼레이드 ―바르트, 라캉, 푸코, 데리다"(Wood 1991: 7, 8)라고 격렬하게 논박하고 '작가이론'의 '마르크스주의적 해석' 비슷한 것을 시도했다면, 울렌은 현대 예술과 누벨바그, (후기)구조주의 이론가들을 끌어대어 작가이론의 '고전적 모델'을 해체했다는 것이다. "고전 미학들은 언제나 모든 작품에 본질적인 통일성과 응집성을 상정해 왔으며, 이는 균일하고 철저한 디코딩decoding을 허용했다"(Wollen 1972: 162). 이와 반대로 현대 예술작품들은 더 이상 '구심적zentripetal'이지 않고 '원심적zentrifugal'으로 조직되어 있으며, 이로써 독자를 작품 밖으로, 그리고 다른 작품 속으로 내던지리라는 것이다. 바로 이 현대 예술의 상호텍스트성이 한편으로는 작품을 해독할 올바른 코드를 발견하는 것을 불가능하게 만들며, 다른 한편으로는 읽기를 문제적으로 그리고 작가와의 협업 속에서 텍스트의 의미들을 생산하는 독자의 작업이 되게 만든다고 한다. "내가 상상하는 **작가**이론은 관객이 텍스트를 읽으려고 노력해야만 한다고 주장한다"(같은 곳: 169).

그럼에도 불구하고, 울렌은 영화가 동등한 '작가들' 사이의 소통이 아니라 "특정한 방식으로 **무의식적으로** 구조화된" 인공물Artefakt이라고 보았다(같은 곳: 168, 글쓴이 강조). 그래서 이따금 알아채지 못할 정도로 제 표면('영화 외면film facade') 아래 감춰져 있더라도 잠재적으로 영화에 존재하는 이 무의식적인 바를 밝혀 낼 필요가 있다. 어떤 응집성 있는 의미나 세계 이해를 위해서가 아니라, 영화에 제 형태를 부여하는 구조를 부각시키기 위함이다. "**작가** 분석이 영화로부터 분리해 내는 것이 바로 이 구조이다"(같은 곳: 167). 어떤 감독의 영화들 속에 있는 이 구조가 이제 작가를 확인하는 수단이 된다. "풀러나 혹스나 히치콕, 즉 감독들은 '풀러'나 '혹스'나 '히치콕', 즉 그들의 이름을 딴 구조들로부터 제법 분리되어 있으며, 방법론적으로 혼동되어서는 안 된다"(같은 곳: 168). 그래서 작가를 구조로 축소하는 것은 한편으로는 영화의 본질적 의미라는 발상의 평가절하를 동반한다. 다시 말해, 이제 작가영화는 그 작가의 의도를 파악해야만 하는 한 감독의 개인적 비전의 예술적 표현이 아니라, 서로 중첩되고 모순되며 영화 텍스트 작업에서 드러내야 하는 상이한 진술들의 네트워크로서 이해된다. "**작가** 분석은 영화를 그것의 기원을 향해, 그것의 창조적 원천을 향해 되짚어 가는 것으로 이루어져 있지 않다. 그것은 작품 안에서 (메시지가 아니라) 구조를 추적하는 것으로 이루어져 있으며, 그런 다음에 그것은 **사후에***post factum* 경험적 토대 위의 한 개인, 즉 감독에게 배속될 수 있다"(같은 곳).

무엇이 잘못되었던 걸까? 1960년대 말과 1970년대 초의 정치적 추진력이 어떻게 사라져 버릴 수 있단 말인가? 로빈 우드는 《'해체'에 관한 주석Note on 'Deconstruction'》에서 이렇게 물었다. 이는 바르트, 라캉을 비롯한 후기구조주의자들이 지배하던 학문적 담론들을 겨냥한 물음이었다. 만약 모든 텍스트가 해체될 수 있었다면, 보수적 텍스트를 해체하든지 아니면 극단적 텍스트를 해체하든지, 《나의 투쟁》이든 《자본론》이든, 무슨 차이가 여전히 남아 있을 수 있느냐는 말이다. "아무것도 궁극적으로 무엇인가를 의미할 수 없고 아무것도 궁극적으로 문제가 되지 않는다. (…) 우리는, 당연히, 해체를 해체할 수 있고, 그런 다음에는 해체의 해체를 해체할 수 있다. 당대 미학의 러시아 인형을 말이다”(Wood 1991: 28). 기호학자라는 대상隊商이 해체의 황무지에 자리한 ‘약속의 땅’에 들어서며 종말을 맞이한 이후, 문화적 변환이, 즉 “저항에서 회복으로의 이동”(같은 곳: 27)이 혁명적 마르크스주의 미학과 조우할 시간이 되었으며, 후자에게는 F. R. 리비스Leavis가 롤랑 바르트 같은 구조주의 이론가보다 훨씬 더 중요한 역할을 했노라는 것이다.

설사 ‘비교秘敎적이고 학술적인 담론’에 대한 우드의 거친 공격이 의심할 나위 없이 논쟁적인 단순화였다 하더라도, 그것은 1980년대의 ‘지성적인 기후’에 대한 전반적으로 불편한 심기를 분명하게 표현했다. 한편으로는 끝도 없는 ‘해체들’이 실제로 ‘구조주의자들’과 ‘후기구조주의자들’ 사이의 불명확한 구분선만큼이나 혼란스럽고 뒤죽박죽이라고 여겨졌다. 말하자면, “롤랑 바르트는 구조주의자인가 아니면 후기구조주의자인가? 그는 철회하고 후기구조주의자가 된 구조주의자인가? 만약 그렇다면, 언제 그러한 변화가 일어났는가?”(Culler 1988: 25). 다른 한편으로는 포스트모던한 ‘복고의 10년Retro-Dakade’에 오인할 나위 없이 마르크스주의적 특징인 후기자본주의적 소비사회에 대한 비판의 목소리가 점점 더 커졌다. 다만, 여기서는 F. R. 리비스가 아니라 프레드릭 제임슨Fredric Jameson이라는 미국 문화이론가가 핵심 인물이 되었다. 그는 라캉과 윈덤 루이스Wyndham Lewis, ‘정치적 무의식’뿐 아니라 한스 위르겐 지버베어크Hans-Jürgen Syberberg, 알프레드 히치콕, 장 자크 베넥스Jean-Jacques Beineix에 관해서도 글을 썼다.

포스트모던 작가들Postmodern Auteurs

'언어적 전환'과 더불어 형성되던 영화학은 처음에는 새로운 이론들을 향해 활짝 열려 있었는데(Carroll 1988), 그것이 **포스트모던**POSTMODERN(E)의 패러다임을 기껏해야 단초로만 수용했다는 사실은 그토록 자주 죽었다고 선언된 역사의 아이러니라고 볼 수도 있겠다. '포스트모던'이라는 용어가 미국의 문학/비평에 늦어도 1960년대 말엽에 자리를 잡고 1970년대의 건축/이론에서 국제적 쟁점이 되었다면, 장 프랑수아 리오타르Jean-François Lyotard의 《포스트모던의 조건Le condition postmoderne》(1979)과 이어진 '신보수주의'(Habermas 1985)를 둘러싼 논쟁과 더불어 포스트모더니즘 논의가 눈사태처럼 터져 나왔다. 이 논의는 비단 수없이 많은 문화와 지식 영역들을 관통하는 수준을 넘어, 독일에서는 포스트모던을 새로운 시대 개념으로 확립시켰다. '근대 대 탈근대' 논쟁에 걸려 있던, 혹은 한동안 걸렸던 것처럼 보인 문제는 다름 아니라 '새로운 시대의 시작'이었다. '현 시대의 서명'을 둘러싼 담론에서 '미래를 둘러싼 싸움'도 승부가 가려졌다. 이로써 이미 오래전에 명사화되고 상대화하는 이음표 없이 쓰이는 포스트모던은 '문화적 변화의 징표' 또는 적어도 '미국의 인터내셔널Internationale'[12](Huyssen/Scherpe 1986)로 간주되었다. 이런 상황은 외견상 놀라울 정도로 짧게 지속되었다. 이미 1990년대 초에 우리는 '2차 근대'에 도달했다(Klotz 1994). 혹시라도 이를 알아챈 사람들은 홀가분한 마음으로 '포스트모던의 유령'이 다시 홀연히 사라져 버렸다는 사실을 확인했다. 그래서 "많은 포스트모던적 수정들, 즉 근대의 변형과 대체들이 오

12 국제노동자동맹Internationale Arbeiterassoziation의 약어이나 여기서는 〈인터내셔널가〉를 뜻한다.

늘날 이미 오래전부터 자명한 것에 속한다"(Bohrer/Scheel 1998: 755)는 의식 아래 1990년대 말에 비판적 결산이 이루어질 수 있었다. 이 결산은 한 영화사학자에게는 확정된 일이었음이 틀림없다. 요약하자면, 첫째로 〈타이타닉〉(1997)은 "'포스트모던'의 흥행작"이며, 둘째로 "액션영화는 '포스트모던'하게 다뤄지는 영화의 가장 널리 유포된 형태인 것으로 보이며", 셋째로 이것은 "실제로 장르영화의 상속자이자 파괴자"라는 것이다(Rother 1998: 853, 855, 858).

이러한 평가에서 포스트모던이 아직도 현 시대로 파악되고, 포스트모던 영화가 미국에서는 이미 '포스트고전 할리우드'의 맥락에서 논의된 액션영화로 축소된다는 사실은 그다지 놀라운 일이 아니다(Neale/Smith 1998). 놀라운 점은, 오히려 이런 방식의 영화사 서술이 이론적 담론들을 여유만만하게 무시하고 바로 이를 통해 독일 영화학의 트렌드에 속했다는 사실이다. 1990년대의 영미권 '영화학'이 '영화 분석'과 '영화이론'의 종합이라는 특성을 지녔다면(예를 들어 Cook 1995, Nelmes 1996, Bordwell/Carroll 1996, Gledhill/Williams 2000, Elsaesser/Buckland 2002 참조), 독일에서는 1980년대 들어서도 곳곳에서 《카이에》 저자들이 1950년대에 행한 '작가이론'에 고착된 영화학이 성장했다. 영화감독과 그들의 작품에 대한 수없이 많은 '영화 연구들'은 이러한 전개의 눈에 보이는 표현일 뿐만 아니라 영화이론 잡지와 필독서들의 간과할 수 없는 결손이기도 하다. 잡지 《몽타주/avmontage/av》(Beilenhoff u.a. 1992ff.)와 프란츠 요제프 알버스마이어의 《영화이론에 대한 텍스트들》(1998)은 일단 예외로 하고 말이다. '현대영화moderner Film'의 시대 구분과 관련해서도 이미 '영화내재적'에 가깝게 행동했듯이(Gregor/Patalas 1965; 이에 반해 Friedberg 1993 참조), 독일의 영화학자들은 포스트모던 논쟁의 이론적 논의들과 가능한 한 거리를 두었다(Elsaesser 1986을 제외하고). '포스트모던 영화'라는 용어는 '시네마 뒤 룩Cinéma du look'

과 이른바 '클립 미학Clip-Ästhetik'의 성공으로, 그것도 영화비평의 경멸적인 꼬리표로 비로소 널리 유포되었다(Felix 1991). 노먼 K. 덴진Norman K. Denzin(1991)과 스티븐 샤비로Steven Shaviro(1993) 같은 영화학자들과 문화이론가들이 포스트모더니즘의 이론 구성물을 작가영화에 생산적으로 전환/활용했던 사실을 독일에서는 부수적으로만 인지했던 듯하다(예를 들어 Bruno 1987, Hayward/Kerr 1987, Kaplan 1988, Sobchack 1993, Brooker/Brooker 1997, Cook/Gemünden 1997, Degli-Esposito 1998, Hill 1998 등 참조). 프레드릭 제임슨의 에세이 〈포스트모더니즘 혹은 후기자본주의의 문화적 논리Postmodernism, or The Cultural Logic of Late Capitalism〉(1984)와 이를 증보한 같은 제목의 도서 판본(1991)이 영미권의 '영화학'에서 유발한 '포스트모던적 전환'도 마찬가지다. 그렇지만 포스트모던의 이론 구성물들에 대한 적대적 태도를 독일의 영화학에만 국한시켜선 안 된다. 비단 '해체의 해체'에 대한 로빈 우드의 논박뿐 아니라, 특이하게도 《포스트모던의 영화유령들Die Filmgespenster der Postmoderne》(Bordwell u.a. 1998)이라는, 이 주제를 다룬 지금까지 유일한 독일어 논문 모음집의 태도도 그랬다.

프레드릭 제임슨의 수많은 비판자들 중에서는 분명히 데이비드 보드웰이 영화학 진영에서 가장 유명한 인물이다. 그리고 보드웰이 뚜렷하게 비판한 바는, 예컨대 제임슨의 후기자본주의적 소비사회 분석이 아니라 오히려 그의 해명모델 요구이다. 제임슨에 따르면, 포스트모더니즘은 스타일의 경향이나 문화운동이 아니라 "문화적인 지배적 특징Dominante"이며, 이러한 착상은 "완전히 상이한, 하지만 특정한 우위에 종속된 스타일들의 스펙트럼의 현존과 공존을 파악하는 것"(Jameson 1986: 48)을 가능하게 해 준다고 한다. 바로 이러한 보편타당성의 요구와 다의성의 종합에서 보드웰의 비판이 착수된다. "그토록 포괄적인 개념, 다형적 개념이 어떻게 우리가 제기할 법한 모든 임의적 질문들에 대한 근본적인 대답이 아닐 수 있겠는가? 그러나 만약 우리가 쥔 실마리가 그 정도로 불분명한 보편성이라면, 어떤 특수한 현상을 이해하고자 하는 일은 우스꽝스러운 것이다"(Bordwell 1998: 31). 보드웰이 보기에 제임슨이 주장한 "영화와 문화의 일치들은 (…) 참으로 비전문적이고 모호한 것으로서" 드러난다. 보드웰은 "유효기한"마저 벌써 한참 전에 지난 "거대이론" 대신 "정확하게 윤곽이 잡힌 문제들을 표현해 내고", "계속해서 새로운 시도로 잘 다듬어진 질문들을 제기하고, 증거 자료를 논의하고, 경쟁하는 답들을 저울질해 봄으로써" 해답들에 도달하기를 요청한다(같은 곳: 34, 38, 29, 39). 보드웰은 이를 다른 맥락에서 포스트모던 이론의 연역적인 '탑-다운top-down' 관점들로부터의 전향과, 현대 유럽 예술영화에서의 평면기하학적 영상 같은 '중간 단계' 현상 연구로의 방향 전환이라고 칭한다(Bordwell 1997). 무엇보다 〈다이 하드Die Hard〉(1987)에 대한 경합하는 분석 또는 독법들을 '고전적' 아니면 '포스트고전적' 할리우드 영화에 대한 것으로 제시하는 데서 드러나듯이(Bordwell 1995; Robnik/Reicher 2002; Elsaesser/Buckland 2002: 26ff), 보드웰의 실증주의적 형식주의 역시 연역적 방법으로 진행된다는 사실을 도외시한다면, 보드웰은 다름 아닌 영화 텍스트를 분석하는 작업의 이데올로기 비판적 관점들을 배제한다. 그런데 제임슨의 포스트모던 (영화)문화의 비판적 분석은 바로 이것을, 즉 이데올로기를 "자신의 실제 실존 조건들에 대한 주체의 상상적 관계의 재현"으로서 파악하는 것을 목표로 한다(Jameson 1986: 97).

제임슨은 '문화적으로 지배적인 특징'으로서 포스트모더니즘이 갖는 네 가지 구성적 특징을 다음과 같이 거명한다. ① "새로운 피상성", ② "그 결과로서 나타나는 역사성의 상실", ③ "'강렬성Intensität'이라는 단어로 기술될 수 있는 완전히 새로운 감정적 기본 정조", ④ "완전히 새로운 기교에 대한 현상들의 근본적 의존성"이 그것이다(Jameson 1986: 50). 린치의

〈광란의 사랑Wild at Heart〉(1982) 같은 포스트모던 작가영화나 스필버그의 〈인디아나 존스Indiana Jones〉(1981ff.) 같은 포스트고전 할리우드 제작물에서 나타나는 이러한 '구성적 특징들'을 설명하기는 어렵지 않을 것이다. 그러나 작가성과 작가이론, 작가정치에 관한 문제들로 넘어가면, 여기서 한 발 더 들어가 무엇보다 제임슨의 이른바 '심층모델'의 해체가 관심사가 된다. 비록 최근 이론에서는 받아들여지지 않지만, '내부와 외부의 해석학적 모델'을 제외하고도 최소한 네 개의 다른 '심층모델'이 있다고 한다. '본질과 현상의 변증법적 모델', '프로이트의 잠재적인 것과 현징顯徵적인 것의 모델 내지 억압Verdrängung의 모델', '진정성과 비진정성의 실존주의적 모델', '기의와 기표의 기호학적 대립'이 그것이다(같은 곳: 56f.). 그러나 만약 이 모든 '심층모델'이 유효성을 상실한다면, '작가의 영화'에 무엇이 여전히 남아 있겠는가? 만약 영화에서 더 이상 아무런 '심층적 의미'도 탐지되지 못한다면, 만약 영화가 더 이상 '거짓된 의식'을 성찰하지 않고 '개인적 필체'가 단지 인용들과의 유희에 불과함이 입증되고 영화적 기호가 그저 다른 영화들과 기호들을 지시하기나 한다면? 그렇다면 개인적 스타일과 더불어 작가-주체 또한 사라질 테고 포스트모던 미학은 시뮬라크룸simulacrum, 즉 "원본이 결코 존재한 적이 없는 무엇인가의 동일한 복제" 외에 아무것도 아닐 것이다(같은 곳: 63).

〈달빛 그림자La Lune dans le caniveau〉(1983)와 〈럼블 피쉬Rumble Fish〉(1983), 〈나쁜 피Mauvais sang〉(1986)와 〈블루 벨벳Blue Velvet〉(1986), 〈유로파Europa〉(1991)와 〈바톤 핑크Barton Fink〉(1991)처럼 그러한 추측들을 불러일으키는 포스트모던한 '복고 10년'의 영화들이 있다. 그러나 그럼에도 이 영화들은 베넥스와 코폴라, 카락스, 린치, 라스 폰 트리에Lars von Trier, 코엔 형제Joel Coen/Ethan Coen의 영화임을 알 수 있고 앞으로도 그러할 것이다. 이 영화들은 모두 '심층의 상실'을, 그리고 이로써 '역사성의 상실'도 성찰하기는 하지만, 그것들의 '강렬성'은 말 그대로의 그리고 전의된 의미에서 '영화의 세계'의 장면화 방식을 통해 결정되기 때문이다. 포스트모던 미학은 정말로, 제임슨이 생각하듯이, 우선적으로 혼성모방이 아니며, 그렇지만 단순한 패러디도 아니다. '뭐든 된다anything goes'라는 포스트모던의 격언, 즉 많이들 읊어 댄 우리의 포스트모던한 근대의 '다양성'은 포스트모던 예술의 다채로운 스펙트럼에 주의를 환기시킨다. 하지만 이것이 우리의 자기상과 세계상의 매체화를 "여러 영화인들을 엄습한 공동의 충동으로서 받아들이는 것"을 배제하지는 않는다(Bordwell 1997: 24). 포스트고전 할리우드 영화가 1980년대 이래로 점점 더 스펙터클해지고 자기성찰적이 되고 패러디적이 되었던 반면에, 린치나 에고이얀Atom Egoyan 같은 포스트-모던 작가영화인들은 혼란Irritation의 현대적 전략과 문화비판자로서의 포스트-모던 예술가라는 구상을 견지했다. 게오르크 제슬렌Georg Seeßlen은《데이비드 린치와 그의 영화들David Lynch und seine Filme》에서 "포스트모던 영화의 극사실성은 꿈의 공장의 물질성에 대한 정확한 반대상像"이라고 쓴다. 부연하자면, "포스트모던의 예술작품은 (…) 일종의 분열증-기계이며, 그것은 아주 각양각색의 인간들에게 아주 각양각색의 기대태도들을 지니고 마치 한 인간에게 동시에 아주 각양각색의 방식으로 그러는 것처럼 말을 걸 수 있다"(Seeßlen 2000: 128f.). 마티아스 크라우스가 캐나다 출신 아톰 에고이얀의 영화들을 통해 제시했다시피, 후기자본주의적(그사이 이 말은 '미국화된'이 되었다) 소비사회의 포스트모던한 주체가 "정체성과 기억, 재현 사이의 관계"에서 구성된다는 사실은 포스트/고전적 할리우드 영화의 관습적 서사 표본들 및 동일시 전략과 관계를 끊으라고 노골적으로 도발한다. 우리가 편재하는 영상 매체들과 매체 영상들의 영향 아래서 어떻게 "인공적인 자기상을 구상하고" 우리의 "정체성을 거듭 새로 고안"하는지를 보여 주기 위해 말이다(Kraus 2000: 243). 포스트모던 미학이 작가영화의 종말을 이끈 것이 아니라, 오히려 할리우드의 '작가주의 장사'가 작가영화에 대한 전지구적 위협이 되었다. 단지 좌절한 '산업적 예술가' 프랜시스 포드 코폴라의 사례뿐 아니라 여러 국가의 영화문화에서 작가영화의 생존투쟁이 보여 주듯이 말이다.

히치콕에서 타란티노Quentin Tarantino까지는 르네 클레르에서 가이 매딘Guy Maddin까지처럼 머나먼 길이다. '작가영화의 매력들'(Nitzsche 2001)은 유지되었고, 또한 변화하기도 했다. 무엇보다도 '작가와 작품'이 주변텍스트Paratext 전략을 통해 이 매력에 진정성과 시장가치를 부여하게 될 것이기 때문이다. 작가가 전지구적 미디어산업의 네트워크에서 '문화생산물'로서 성립된다는 사실은, 의문의 여지는 없지만, 그것의 구성조건들에 대한 성찰을 유발한다(Distelmeyer 2001). 작가영화에서는 모두가 작가로서 함께 집필한다. 영화산업, 영화인, 영화비평가, 영화학자 그리고 영화 관객, 모두가 말이다. 이제 작가의 '개인적 필체'에 관해 이야기하든, 작가가 '구조'로 변하는 것에 관해 이야기하든, 혹은 작가가 영화 텍스트에 '기입'되는 것에 관해 이야기하든, 작가영화는 항상 영화 애호가의 '세계관'이기도 하다. '히치콕-혹스 팬Hitchcocko-Hawksian'이든 아니면 그렇게 되든, 차라리 '린치-자무시 마니아Lynchian-Jarmuschmanian'든, 그리고 왜 그렇게 되었든, 결국에는 모두 스스로 결정해야만 한다. 1957년에 프랑수아 트뤼포는 "내일의 영화를 (…) 고백이나 일기처럼, 개인적인 소설보다 더 사적이라고" 상상한 바 있다(Truffaut 1997: 34). 1971년에 라이너 베르너 파스빈더는 더글러스 서크Douglas Sirk의 할리우드 멜로드라마에 대해 다음과 같이 적는다. "무엇인가가 되도록 교육받고 조작된 꿈들을 머릿속에 지닌 사람들, 그들은 모두 망가져 있다"(Fassbinder 1992: 16).

낭만주의적 천재미학으로부터의 전향과 이데올로기 비판적 담론들의 쇠퇴 이후에 앞선 두 태도는 모두 거의 순진하다시피해 보이고, 그럼에도 아직도 여전히 너무나 유혹적이다. "만약 포스트모던의 정치적 발현 형식 같은 무엇인가가 있다면, 이것은 우리 인지의 전지구적 지도 제작법을 구상하고 그것을 정밀한 측량이 필요한 사회 공간에 투사하라고 요구받았을 것이다"(Jameson 1986: 100). 이러한 포스트모던의 비전이 상당히 모호해 보인다는 사실을 인정하더라도, 하지만 누가 알겠는가, 어쩌면 그것이 이 공간의 영화인지, 어쩌면 이미 그래 왔던 것인지, 어쩌면 그랬던 것인지, 그리고 '거대 서사들'에 거듭해서 저항하는 '작가영화'야말로 바로 그런 것인지 말이다. 이렇게 보면, '독자의 탄생'은 굳이 '작가의 죽음'으로 대가를 치러야 할 일이 아니었을지도 모른다. 그러나 작가영화의 읽기는 종결될 수 없는 과정인 채로 남았을 것이다. 작가영화도, 그것의 정치나 이론도, 한마디로 잘라 말할 수는 없다. 작가영화는, 장 뤽 고다르가 언젠가 말했다고 하듯, 인생과 같다. 규칙이란 없다.

감수성 있는 영화 애호가이자 개선의 여지없는 작가주의자—
No. G에게 감사한다.

참고문헌

ALBERSMEIER, Franz-Josef/ROLOFF, Volker (Hrsg.) 1989: *Literaturverfilmungen.* Frankfurt a.M.: Suhrkamp.

_____ (Hrsg.) 1998: *Texte zur Theorie des Films.* 3., durchges. u. erw. Aufl., Stuttgart: Reclam.

ANDREW, Geoff 1999: *stranger than paradise. Mavericks–Regisseure des amerikanischen Independent-Kinos* [1998]. Mainz: Bender.

ASTRUC, Alexandre 1964 : »Die Geburt einer neuen Avantgarde: die Kamera als Federhalter« [1948]. In: Kotulla, Theodor (Hrsg.): *Der Film: Manifeste, Gespräche, Dokumente.* München: R. Piper & Co, S. 111-115.

BARTHES, Roland 2000: »Der Tod des Autors« [1968]. In: Jannidis, Fotis/Lauer, Gerhard/

Martinez, Matias/Winko, Simone (Hrsg.): *Texte zur Theorie der Autorschaft.* Stuttgart: Reclam, S. 184-193.

BAUDRY, Jean-Louis 1986: »Ideological Effects of the Basic Cinematographic Apparatus« [1970]. In Rosen, Philip (Hrsg.): *Narrative, Apparatus, Ideology. A Film Theory Reader.* New York: Columbia University Press, S. 286-298.

BAZIN, André 1985: »On the politique des auteurs« [1957]. In: Hillier, Jim (Hrsg.): *Cahiers du Cinéma. The 1950s: Neo-Realism, Hollywood, New Wave.* Cambridge/Massachusetts: Harvard University Press, S. 248-259.

_____ 1996: »How Could You Possibly Be a Hitchcocko-Hawksian?« [1955]. In: Hillier, Jim/ Wollen, Peter (Hrsg.): *Howard Hawks: American Artist.* London: BFI, S. 32-34.

BEILENHOFF, Wolfgang u.a.(Hrsg.) 1992ff.: *montage/av. Zeitschrift für Theorie & Geschichte audiovisueller Kommunikation.*

BELLOUR, Raymond 1977: »Hitchcock, the enunciator«. In: *Camera obscura* Nr. 2, S. 66-91.

BERNARD, Jami 1995: *Quentin Tarantino. The Man and His Movies.* Hammersmith, London: HarperCollins.

BOHRER, Karl Heinz/SCHEEL, Kurt (Hrsg.) 1998: *Postmodern. Eine Bilanz.* Sonderheft *Merkur. Zeitschrift für europäisches Denken.* 594/595, H. 9/10, 52. Jg..

BORDWELL, David 1986: »Classical Hollywood Cinema: Narrational Principles and Procedures« [1985]. In: Rosen, Philip (Hrsg.): *Narrative, Apparatus, Ideology. A Film Theory Reader.* New York: Columbia University Press, S. 17-34.

_____ 1989: *Making Meaning: Inference and Rhetoric in the Interpretation of Cinema.* Cambridge, Mass.: Harvard University Press.

_____ 1995: »DIE HARD und die Rückkehr des klassischen Hollywood-Kinos«. In: Ken Adam u.a.: *Der schöne Schein der Künstlichkeit.* Frankfurt a.M.: Verlag der Autoren, S. 151-201.

_____ 1997: »Modelle der Rauminszenierung im zeitgenössischen europäischen Kino«. In: Ders. u.a.: *Zeit, Scfnitt, Raum.* Frankfurt a.M.: Verlag der Autoren, S. 17-42.

_____ 1998: »Postmoderne und Filmkritik: Bemerkungen zu einigen endemischen Schwierigkeiten«. In: Ders. u.a.: *Die Filmgespenster der Postmoderne.* Frankfurt a.M.: Verlag der Autoren, S. 29-39.

BORDWELL, David/CARROLL, Noel (Hrsg.) 1996: *Post-Theory. Reconstructing Film Studies.* Madison: University of Wisconsin Press.

BORDWELL, David/STAIGER, Janet/THOMPSON, Kristin 1994: *The Classical Hollywood Cinema. Film Style & Mode of Production to 1960* [1985]. London: Routledge.

BORDWELL, David u.a. 1998: *Die Filmgespenster der Postmoderne.* Frankfurt a.M.: Verlag der Autoren.

BRAUERHOCH, Annette 1991: »Der Autorenfilm. Emanzipatorisches Konzept oder autoritäres Modell?«. In: Deutsches Filmmuseum Frankfurt am Main (Hrsg.): *Abschied von Gestern. Bundesdeutscher Film der sechziger und siebziger Jahre.* Ausstellungskatalog, S. 154-166.

BROD, Max 1978: »Kinematographentheater« [1909]. In: Kaes, Anton (Hrsg.): *Kino-Debatte. Texte zum Verhältnis von Literatur und Film 1909-1929.* Tübingen: Max Niemeyer, München: dtv, S. 39-41.

BROOKER, Peter/BROOKER, Will (Hrsg.) 1997: *Postmodern After-Images. A Reader in Film, Television and Video.* London, New York, Sydney, Auckland: Arnold.

BRUNO, Giuliana 1987: »Ramble City: Postmodernism and BLADE RUNNER«. In: *October*, No. 41; Wiederabdruck in: Kuhn, Annette (Hrsg.) 1996: *Alien Zone. Cultural Theory and Contemporary Science Fiction Cinema.* London: Verso, S. 183-195.

BUSCOMBE, Edward 1999: »Ideas of Authorship« [1973]. In: Caughie, John (Hrsg.): *Theories of Autorship* [1981]. London, New York: Routledge, S. 22-34.

CAROLL, Nöel 1988: *Mystifying Movies. Fads and Fallacies in Contemporary Film Theory.* New York: Columbia University Press.

CAUGHIE, John (Hrsg.) 1999: *Theories of Authorship* [1981]. London, New York: Routledge.

COMOLLI, Jean-Louis u.a. 1963: »Les Malheurs de MURIEL«. In: *Cahiers du Cinéma* 149 (November 1963); englisch in: Hillier, Jim (Hrsg.): *Cahiers du Cinéma 1960-1968: New Wave, New Cinema, Reevaluating Hollywood.* Cambridge, Mass.: Harvard University Press, 1986, S. 68-81.

COMOLLI, Jean-Louis/NARBONI, Jean 1976: »Cinema/Ideology/Criticism«. In: Nichols, Bill (Hrsg.): *Movies and Methods. Volume I. An Anthology.* Berkeley, Los Angeles, London: University of California Press, S. 22-30.

COOK, Pam 1995: »Authorship«. In: Dies. (Hrsg.): *The Cinema Book* [1985]. London: BFI, S. 113-206.

_____ 1999: »The Point of self-expression in avant-garde film« [1977/78]. In: Caughie, John (Hrsg.): *Theories of Authorship* [1981]. London, New York: Routledge, S. 270-281.

COOK, Roger F./GEMÜNDEN, Gerd (Hrsg.) 1997: *The Cinema of Wim Wenders. Image, Narrative, and the Postmodern Condition.* Detroit: Wayne State University Press.

CULLER, Jonathan 1988: *Dekonstruktion. Drrida und die poststrukturalistische Literaturtheorie* [1982]. Reinbek b. Hamburg: Rowohlt.

CORRIGAN, Timothy 1992: *A Cinema without Walls: Movies and Culture after Vietnam* [1991]. London: Routledge.

CROFTS, Stephen 1988: »Authorship and Hollywood«. In: Hill, John/Gibson, Pamela Church:

The Oxford Guide to Film Studies. Oxford, New York: Oxford University Press, S. 310-324.

DEGLI-ESPOSITI, Cristina (Hrsg.) 1998: *Postmodernism in the Cinema*. New York, Oxford: Berghahn.

DENZIN, Norman K. 1991: *Images of Postmodern Society: Social Theory and Contemporary Cinema*. London: Sage.

DISTELMEYER, Jan 2001: »Vom auteur zum Kulturprodukt. Mit Oliver Stone zu einer kontextorientierten Werkgeschichtsschreibung«. Erscheint in: Bleicher, Joan (Hrsg.): *Der Autorenfilm: Geschichte, Konzepte, Porträts*.

DIXON, Wheeler Winston 1993: *The Early Film Criticism of François Truffaut*. Bloomington, Indianapolis: Indiana University Press.

DÖBLIN, Alfred 1978: »Das Theater der kleinen Leute« [1909]. In: Kaes, Anton (Hrsg.): *Kino-Debatte. Texte zum Verhältnis von Literatur und Film 1909-1929*. Tübingen: Max Niemeyer, München: dtv, S. 37-38.

ELSAESSER, Thomas 1986: »American Graffiti und Neuer Deutscher Film – Filmemacher zwischen Avantgarde und Postmoderne«. In: Huyssen, Andreas/Scherpe, Klaus R. (Hrsg.): *Postmoderne. Zeichen eines kulturellen Wandels*. Reinbek b. Hamburg: Rowohlt, S. 302-328.

_____ 1994: *Der Neue Deutsche Film. Von den Anfängen bis zu den neunziger Jahren* [1989]. München: Heyne.

_____ 1998: »Specularity and engulfment: Francis Ford Coppola and BRAM STOKER'S DRACULA«. In: Neale, Steve/Smith, Murray (Hrsg.): *Contemporary Hollywood Cinema*, S. 191-208.

ELSAESSER, Thomas/BUCKLAND, Warren 2002: *Studying Contemporary American Film. A Guide to Movie Analysis*. London: Arnold.

FASSBINDER, Rainer Werner 1992: *Film befreien den Kopf. Essays und Arbeitsnotizen*. Hrsg. v. Michael Töteberg. Frankfurt a.M.: Fischer Cinema.

FELIX, Jürgen 1991: »Ironie und Identifikation. Die Postmoderne im Kino«. In: Heller, Heinz B. (Hrsg.): *Leben aus zweiter Hand? Soziale Phantasie und mediale Erfahrung*. Münster: MAkS, S. 50-74.

_____ 1992: *Woody Allen. Komik und Krise*. Marburg: Hitzeroth.

_____ (Hrsg.) 2002: *Die Postmoderne im Kino. Ein internationaler Reader*. Marburg: Schüren.

FOUCAULT, Michel 2000: »Was ist ein Autor?« [1969]. In: Jannidis, Fotis/Lauer, Gerhard/Martinez, Matias/Winko, Simone (Hrsg.): *Texte zur Theorie der Autorschaft*. Stuttgart: Reclam, S. 198-229.

FRIEDBERG, Anne 1993: *Window Shopping. Cinema and the Postmodern*. Berkeley, Los Angeles,

Oxford: University of California Press.

GELMIS, Joseph 1970: *The Filmdirector as Superstar.* Middlesex: Penguin Books.

GLEDHILL, Christine/WILLIAMS, Linda (Hrsg.) 2000: *Reinventing Film Studies.* London: Arnold, New York: Oxford University Press.

GODARD, Jean-Luc 1971: *Godard/Kritiker. Ausgewählte Kritiken und Aufsätze über Film (1950-1970).* Auswahl und Übersetzung aus dem Französischen von Frieda Grafe. München: Hanser.

_____ 1986: *Godard on Godard.* Hrsg. von Tom Milne. New York: Da Capo.

GREGOR, Ulrich/PATALAS, Gregor 1965: *Geschichte des modernen Films.* Gütersloh: Mohn.

GROB, Norbert 1989: »Auf der Suche nach dem verlorenen Augenblick. Kurzes Plädoyer für eine andere Geschichte des Kinos«. In: Hickethier, Knut (Hrsg.): *Filmgeschichte schreiben. Ansätze, Entwürfe und Methoden.* Berlin: Ed. Sigma Bohn, S. 211-218.

_____ 1998: »Die List des ›auteur‹. Plädoyer für eine altmodische Kategorie der Filmkritik«. In: Schenk, Irmbert (Hrsg.): *Filmkritik. Bestandsaufnahmen und Perspektiven.* Marburg: Schüren, S. 127-139.

_____ 2002: »Autorenfilm«. In: Koebner, Thomas (Hrsg.): *Reclams Sachlexikon des Films.* Stuttgart: Reclam, S. 46-50.

GROB, Norbert/REICHART, Manuela 1989: *Ray.* Berlin: Spiess.

GUNDEN, Kenneth von 1991: *Postmodern Auteurs: Coppola, Lucas, De Palma, Spielberg, Scorsese.* Jefferson: McFarland.

HABERMAS, Jürgen 1985: *Die Neue Unübersichtlichkeit. Kleine politische Schriften V.* Frankfurt a.M.: Suhrkamp.

HAYWARD, Philip/KERR, Paul (Hrsg.) 1987: *Postmodern Screen.* Volume 28, No. 2 (Spring).

HAYWARD, Susan 1996: *Key Concepts in Cinema Studies.* London, New York: Routledge.

HEATH, Stephen 1999: »Comment on ›The Idea of Authorship‹« [1973]. In: Caughie, John (Hrsg.): *Theories of Autorship* [1981]. London, New York: Routledge, S. 214-220.

HILL, John 1998: »Film and postmodernism«. In: Ders./Church Gibson, Pamela (Hrsg.): *The Oxford Guide to Film Studies.* Oxford, New York: Oxford University Press.

HILLIER, Jim (Hrsg.) 1985: *Cahiers du Cinéma. The 1950s: Neo-Realism, Hollywood, New Wave.* Cambridge, Mass.: Harvard University Press.

_____ 1986: *Cahiers du Cinéma 1960-1968: New Wave, New Cinema, Reevaluating Hollywood.* Cambridge, Mass.: Harvard University Press.

HILLIER, Jim/WOLLEN, Peter (Hrsg.) 1996: *Howard Hawks: American Artist.* London: BFI.

HUYSSEN, Andreas/SCHERPE, Klaus R. (Hrsg.) 1986: *Postmoderne. Zeichen eines kulturellen Wandels.* Reinbek b. Hamburg.

JAMESON, Fredric 1984: »Postmodernism, or The Cultural Logic of Late Capitalism«. In: *New Left Review* 146 (Juli-August), S. 553-92.

_____ 1986: »Postmoderne–Zur Logik der Kultur im Spätkapitalismus«. In: Huyssen, Andreas/ Scherpe, Klaus R. (Hrsg.) 1986: *Postmoderne. Zeichen eines kulturellen Wandels*. Reinbek b. Hamburg, S. 45-102.

_____ 1991: *Postmodernism, or The Cultural Logic of Late Capitalism*. Durham: Duke University Press.

JANNIDIS, Fotis/LAUER, Gerhard/MARTINEZ, Matias/WINKO, Simone (Hrsg.) 1999: *Rückkehr des Autors. Zur Erneuerung eines umstrittenen Begriffs*. Tübingen: Niemeyer.

JANNIDIS, Fotis/LAUER, Gerhard/MARTINEZ, Matias/WINKO, Simone (Hrsg.) 2000: *Texte zur Theorie der Autorschaft*. Stuttgart: Reclam.

KAEL, Pauline 1985: »Circles and Squares« [1963]. In: Mast, Gerald/Cohen, Marshall (Hrsg.): *Film Theory and Criticism. Introductory Readings*. Third Edition. New York, Oxford: Oxford University Press, S. 541-552.

KAMP, Werner 1996: *Autorkonzepte und Filminterpretation*. Frankfurt a.M, Bern, New York, Paris, Wien: Peter Lang.

KAPLAN, E. Ann 1988: *Rocking Around the Clock. Music Television, Postmodernism, and Consumer Culture* [1987]. New York, London: Routledge.

KAPSIS, Robert E. 1992: *Hitchcock. The Making of a Reputation*. Chicago, London: University of Chicago Press.

KELLNER, Douglas (Hrsg.) 1989: *Postmodernism, Jameson, Critique*. Washington, DC: Maisonneuve.

KITSES, Jim 1969: *Horizons West. Anthony Mann, Budd Boetticher, Sam Peckinpah: Studies of Authorship within the Western*. London: Thames and Hudson.

KLEINSCHMIDT, Erich 1998: *Autorschaft. Konzepte einer Theorie*. Tübingen, Basel: Francke.

KLOTZ, Heinrich 1994: *Kunst im 20. Jahrhundert: Moderne – Postmoderne – Zweite Moderne*. Müchen: Beck.

KOEBNER, Thomas (Hrsg.) 1995: *Filmklassiker. Beschreibungen und Kommentare*. 4 Bände. Stuttgart: Reclam.

_____ (Hrsg.) 1999: *Filmregisseure. Biographien, Werkbeschreibungen, Filmographien*. Stuttgart: Reclam.

_____ (Hrsg.) 2002: *Reclams Sachlexikon des Films*. Stuttgart: Reclam.

KOLKER, Robert Philip 1988: *A Cinema of Loneliness: Penn, Kubrick, Scorsese, Spielberg, Altman*. Second Edition. New York, Oxford: Oxford University Press.

KOTULLA, Theodor (Hrsg.) 1964: *Der Film: Manifeste, Gespräche, Dokumente*. München: Piper.

KRACAUER, Siegfried 1979: *Von Caligari zu Hitler. Eine psychologische Geschichte des deutschen Films* [1947] (= Siegfried Kracauer Schriften. Hrsg. v. Karsten Witte; Band 2). Frankfurt a.M.: Suhrkamp.

_____ 1985: *Theorie des Films. Die Errettung der äußeren Wirklichkeit* [1960]. Hrsg. von Karsten Witte. Frankfurt a.M.: Suhrkamp.

KRAUS, Matthias 2000: *Bild – Erinnerung – Identität. Die Filme des Kanadiers Atom Egoyan.* Marburg: Schüren.

KRAUSS, Rosalind 2000: *Die Originalität der Avantgarde und andere Mythen der Moderne* [1985]. Hrsg. und mit einem Vorwort von Herta Wolf. Amsterdam, Dresden: Verlag der Kunst.

KREIMEIER, Klaus 2001: »Mediengeschichte des Films«. In: Schanze, Helmut (Hrsg.): *Handbuch der Mediengeschichte.* Stuttgart: Kröner, S. 425-454.

LELLIS, George 1980: »Brecht and *Cahiers du Cinémas*«. In: Weber, Betty Nance/Heinen, Hubert: *Bertolt Brecht: Political Theory and Literary Practice.* Manchester: Manchester University Press.

_____ 1982: *Bertolt Brecht, Cahiers du cinéma and Contemporary Film Theory.* Ann Arbor: UMI Research Press.

LYOTARD, Jean-François 1986 : *Das postmoderne Wissen. Ein Bericht.* Hrsg. von Peter Engelmann. Graz, Wien: Böhlau.

MALTBY, Richard 1995: *Hollywood Cinema. An Introduction.* Oxford/UK, Cambridge/Mass.: Blackwell.

MAST, Gerald/COHEN, Marshall(Hrsg.) 1985: *Film Theory and Criticism. Introductory Readings.* Third Edition. New York, Oxford: Oxford University Press.

MECKE, Jochen 1999: »Im Zeichen der Literatur: Literarische Transformationen des Films«. In: Ders./Roloff, Volker (Hrsg.): *Kino-/(Ro)Mania. Intermedialität zwischen Film und Literatur.* Tübingen: Stauffenberg, S. 97-123.

METZ, Christian 1972: *Semiologie des Films.* München: Fink.

MIERENDORFF, Carlo 1978: »Hätte ich das Kino« [1920]. In: Kaes, Anton (Hrsg.): *Kino-Debatte. Texte zum Verhältnis von Literatur und Film 1909-1929.* Tübingen: Max Niemeyer, München: dtv, S. 139-146.

MÜLLER, Corinna 1994: *Frühe deutsche Kinematographie. Formale, wirtschaftliche und kulturelle Entwicklungen.* Stuttgart, Weimar: J.B. Metzler.

MÜLLER, Jürgen E. 2000: »Das Genie und die Passion des Filmemachens. Zur Auto(r)-Präsenz von Jean-Luc Godard in seinen Filmen«. In: Felix, Jürgen (Hrsg.): *Genie und Leidenschaft. Künstlerleben im Film.* St. Augustin: Gardez!-Verlag, S. 234-245.

MULVEY, Laura 1986: »Visual Pleasure and Narrative Cinema« [1975]. In: Rosen, Philip (Hrsg.): *Narrative, Apparatus, Ideology, A Film Theory Reader.* New York: Columbia University Press, 1986, S. 198-209.

NEALE, Steve/SMITH, Murray (Hrsg.) 1998: *Contemporary Hollywood Cinema.* London, New York: Routledge.

NELMES, Jill (Hrsg.) 1996: *An Introduction to Film Studies.* London, New York: Routledge.

NICHOLS, Bill (Hrsg.) 1976: *Movies and Methods. Volume I. An Anthology.* Berkeley, Los Angeles, London: University of California Press.

NITSCHE, Lutz 2001: *Attraktionen des Autorenkinos. Paratextuelle Authentisierung bei Alfred Hitchcock, Peter Greenaway und Quentin Tarantino.* Diss., Universität Hildesheim.

NOWELL-SMITH, Geoffrey 1967: *Visconti.* London: Secker & Warburg.

O'PRAY, Michael (Hrsg.) 1996: *Avant-Garde Film: 1926 to 1993.* Luton: University of Luton Press/The Arts Council of England.

PINTHUS, Kurt 1983: *Das Kinobuch* [1963]. Frankfurt a.M.: Fischer Cinema.

REICHER, Isabella/ROBNIK, Drehli 2002: »Das Action-Kammer-Spiel. Hollywood-Filme nach dem DIE HARD-Bauplan« [1996/1997]. In: Felix, Jürgen (Hrsg.): *Die Postmoderne im Kino. Ein internationaler Reader.* Marburg: Schüren.

RICHTER, Hans 1973: »Der Film als selbständige Kunstform« [1952]. In: Schlemmer, Hans (Hrsg.): *Avantgardistischer Film 1951-1971: Theorie.* München: Hanser, S. 16-18.

RIVETTE, Jacques 1953: »Génie de Howard Hawks«. In *Cahiers du Cinéma*, Nr. 23(Mai); englisch: — 1985: »The Genius of Howard Hawks«. In: Hillier, Jim(Hrsg.): *Cahiers du Cinéma. The 1950s: Neo-Realism, Hollywood, New Wave.* Cambridge, Mass.: Harvard University Press, S. 126-131.

_____ 1989: *Schriften fürs Kino.* München: CiCiM 24/25.

RODLEY, Chris (Hrsg.) 1997: *Lynch on Lynch.* London, Boston: faber and faber.

ROHMER, Eric 2000: *Der Geschmack des Schönen.* Frankfurt a.M.: Verlag der Autoren.

ROHMER, Eric/CHABROL, Claude 1979: *Hitchcock. The first forty-four films* [1957]. New York: Ungar.

ROTHER, Rainer 1998: »Notizen zum amerikanischen Actionfilm«. In: Bohrer, Karl Heinz/ Scheel, Kurt (Hrsg.): *Postmoderne. Eine Bilanz.* Sonderheft *Merkur. Zeitschrift für europäisches Denken.* 594/595, H. 9/10, 52. Jg., September/Oktober, S. 852-863.

ROUD, Richard 1960: »The French Line«. In: *Sight and Sound*, Autumn; zit. n. http://www.geocities.com/the7thart/french-line.html

SARRIS, Andrew 1968: *The American Cinema: Directors and Directions 1929-1968.* New York: E.P.

Dutton.
_____ 1970: »Notes on the *Auteur* Theory in 1962« [1962]. In: Sitney, P. Adams (Hrsg.): *Film Culture Reader*. New York, Washington: Praeger, S. 121-135.
_____ 1976: »Towards a Theory of Film History« [1963]. In: Nichols, Bill (Hrsg.): *Movies and Methods. Volume I*. Berkeley, Los Angeles, London: University of California Press, S. 237-251.
SCHATZ, Thomas 1998: *The Genius of the System. Hollywood Filmmaking in the Studio Era* [1989]. London: faber and faber.
SCHEUGL, Hans/SCHMIDT, Ernst jr. 1974: *Eine Subgeschichte des Films. Lexikon des Avantgarde-, Experimental- und Undergroundfilms*. 2 Bände. Frankfurt a.M.: Suhrkamp.
SCHLEMMER, Gottfried (Hrsg.) 1973: *Avantgardistischer Film 1951-1971: Theorie*. München: Hanser.
SCHWEINITZ, Jörg (Hrsg.) 1992: *Prolog vor dem Film. Nachdenken über ein neues Medium 1909-1914*. Leipzig: Reclam.
SEESSLEN, Georg 2000: *David Lynch und seine Filme*. 4., erw. u. überarb. Aufl., Marburg: Schüren.
SEESSLEN, Georg/JUNG, Fernand 1999: *Stanley Kubrick und seine Filme*. Marburg: Schüren.
SERNER, Walter 1992: »Kino und Schaulust« [1913]. In: Schweinitz, Jörg (Hrsg.): *Prolog vor dem Film. Nachdenken über ein neues Medium 1909-1914*. Leipzig: Reclam, S. 208-214.
SHAVIRO, Steven 1993: *The Cinematic Body*. Minneapolis, London: University of Minnesota Press.
SITNEY, P. Adams (Hrsg.) 1970: *Film Culture Reader*. New York, Washington: Praeger.
SOBCHACK, Vivian 1993: *Screening Space. The American Science Fiction Film*. Second, enlarged edition. New York: Ungar.
SPOTO, Donald 1976: *The Art of Alfred Hitchcock. Fifty Years of His Motion Pictures*, New York: Hopkinson & Blake.
STAM, Robert 2000: *Film Theory. An Introduction*. Oxford/UK, Malden/Mass. Blackwell.
STAM, Robert/BURGOYNE, Robert/FLITTERMAN-LEWIS, Sandy 1992. *New Vocabularies in Film Smiotic: Structuralism, Post-structuralism and Beyond*. London, New York: Routledge.
STAM, Robert/MILLER, Toby (Hrsg.) 2000: *Film and Theory. An Anthology*. Oxford/UK, Malden/Mass.: Blackwell.
STIGLEGGER, Marcus (Hrsg.) 2000: *Splitter im Gewebe. Filmemacher zwischen Autorenfilm und Mainstreamkino*. Mainz: Bender.
THOMSEN, Christian Braad 1993: *Rainer Werner Fassbinder. Leben und Werk eines maßlosen Genies*. Hamburg: Rogner und Bernhard.

TRUFFAUT, François 1964: »Eine gewisse Tendenz im französischen Film« [1954]. In: Kotulla, Theodor (Hrsg.): *Der Film: Manifeste, Gespräche, Dokumente.* München R. Piper & Co, S. 116-131.

_____ 1973 : *Mr. Hitchcock, wie haben Sie das gemacht?* München: Heyne.

_____ 1987: *Le Plaisir des yeux.* Paris: Éditions de l'Étoile.

_____ 1990: *Briefe 1945-1984.* Hrsg. v. Robert Fischer. Köln: VGS.

_____ 1997: *Die Filme mines Lebens. Aufsätze und Kritiken* [1975]. Hrsg. von Robert Fischer. Frankfurt a.M.: Verlag der Autoren.

_____ 1999: *Truffaut/Hitchcock. Vollständige Ausgabe* [1993]. Hrsg. v. Robert Fischer. München, Zürich: Diana Verlag.

TUDOR, Andrew 1977: *Film-Theorien* [1974]. Frankfurt a.M.: Kommunales Kino.

WITTE, Karsten 1982: »Wie Filmgeschichte schreiben?« In: *Film und Fernsehen in Forschung und Lehre*, Nr. 5, S. 82ff.

WOLLEN, Peter 1972: *Signs and Meaning in the Cinema* [1969]. New and enlarged edition. Bloomington: Indiana University Press.

WOOD, Robin 1965: *Hitchcock's Films.* London: Zwemmer, New York: Barnes.

_____ 1991: *Hitchcock's Films Revisited* [1989]. London, Boston: faber and faber.

WUSS, Peter 1990: *Kunstwert des Films und Massencharakter des Mediums. Konspekte zur Geschichte der Theorie des Spielfilms.* Berlin: Henschel.

YULE, Andrew 1997: *Steven Spielberg. Die Eroberung Hollywoods* [1996]. München: Lichtenberg.

ZGLINICKI, Friedrich von 1956: *Der Weg des Films. Die Geschichte der Kinematographie und ihrer Vorläufer.* Berlin: Rembrandt-Verlag.

영화 분석

〈블루 벨벳Blue Velvet〉 미국 | 1986 | 감독 데이비드 린치

위르겐 펠릭스

암청색 실크커튼, 서정적이고 극적인 오케스트라 음악, 새들의 지저귀는 소리에 음악이 잦아들고, 푸른색은 밝아지고, 윤곽들이 흐려지고, 이제 상영이 시작될 수 있다. 무대 공간은, 이어지는 오버랩이 보여 주듯, 미국의 한 소도시다. 빛나는 파란 하늘 아래, 그리고 하얀 정원 울타리 앞에, 빨간 장미들. 바비 빈튼Bobby Vinton의 감상에 젖 1960년대 노래 〈블루 벨벳〉이 배경 음악으로 깔린 정물화, 겉보기에는 노먼 록웰Norman Rockwell[13]의 양식화된 일상 풍경만큼이나 무해하면서도 동시에 혼란을 불러일으키는 인공성. 소방차 한 대가 지나가는데, 승강대에는 달마시언이 한 마리 앉아 있고, 그 옆에는 카메라에 대고 친절하게 손을 흔드는 유니폼을 입은 남자가 있다. 아이들이, 슬로모션으로, 길을 건넌다. 차도에 흰 글씨로 '학교'라고 그려져 있다. 표지판에는 '멈춤'이라고 씌어 있는데, 한 여자가 그것을 카메라 방향으로 손에 들고 있다. 응접실에서는 한 여자가 텔레비전에 나오는 범죄물을 보고 있고, 아마도 그녀의 남편인 듯한 남자가 그사이 아늑한 앞뜰에 있는 잔디에 물을 주고 있다. 그러다가 정원 호스가 가지에 꼬이고, 수도꼭지에서 물이 튀기고, 남자가 호스를 잡아당기고, 그러고 나서는 왼손으로 목덜미를 잡고 갑자기, 심장마비가

13 20세기의 변화하는 미국 사회와 미국인들의 일상을 주로 그린 미국의 화가이자 삽화가.

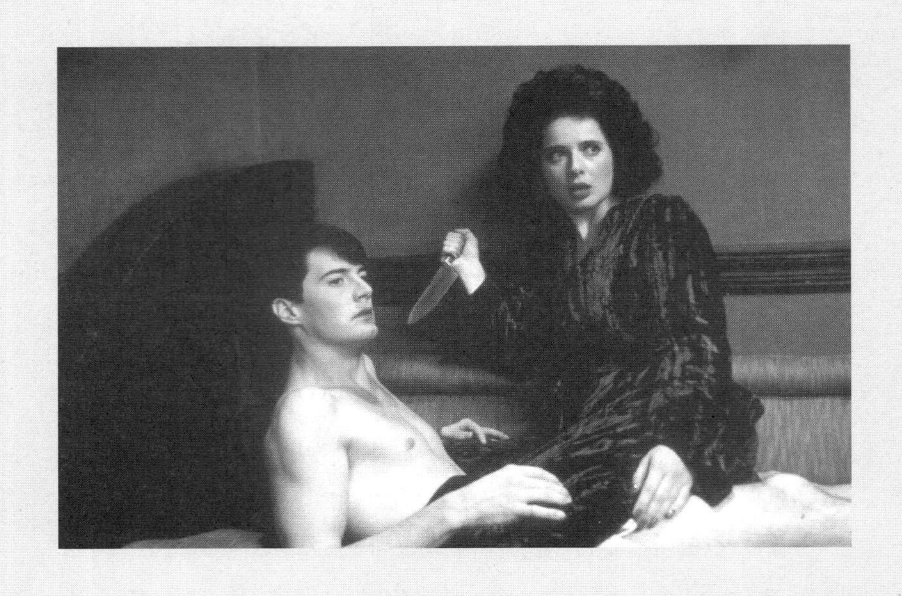

온 것처럼, 쓰러진다. 순식간에 목가적인 장면이 그로테스크한 악몽의 광경으로 뒤바뀐다. 남자는 잔디밭에 쓰러져 있고, 그의 왼쪽에는 한 아이가 서 있으며, 그의 위에는 개가 호스에서 뿜어져 나오는 물을 마시고, 동일한 모티프가 다시 한 번 슬로모션으로 반복된다. 그런 다음 시점이 바뀐다. 카메라가 잔디를 헤치며 기어가고, 음향이 위협적인 쏴 하는 소리로 커지고, 몸이 부러질 때 나는 것 같은 딱딱거리는 소리가 나고, 서로 먹어 들어간 벌레들의 윤곽이 어둠 속에서 알아볼 수 있게 된다. 그러고 나면 악몽 같은 사건이 지나가고, 다시 밝은 대낮이다. "럼버튼에 오신 것을 환영합니다."

미국에서 데이비드 린치는 '기괴함의 차르Czar of the bizarre'로 여겨지며, 〈블루 벨벳〉은 진정한 포스트모던 영화라고 간주된다. 린치가 창조한 세계들은 '린치타운Lynchtown'이라 불리며, '린치풍Lynchismen'이 이야기 되기도 하는데, 이는 그의 영화에 오인할 여지없는 서명을 부여하는 모티프나 스타일의 불변 요소들을 뜻한다. '린치풍'에는 〈이레이저 헤드Eraserhead〉(1977)의 신음하는 기형아, 〈엘리펀트 맨The Elephant Man〉(1980)의 혐오스러운 외모의 '코끼리인간', 〈듄Dune〉(1984)의 역겨운 하르코넨 남작 같은 기형의 학대당한 신체와 전형적인 미국 소도시의 목가가 속한다. 후자는 〈블루 벨벳〉을 시작하고 마감하며, TV 시리즈 〈트윈 픽스Twin Peaks〉(1989~1991)에서 반어적으로 지나치게 묘사되고, 〈트윈 픽스Twin Peaks: Fire Walk With Me〉(1992)에서 그로테스크에 이르도록 몰아쳐지고, 〈로스트 하이웨이Lost Highway〉(1997)에서는 회상의 이미지이자 자기인용으로 다시 한 번 등장한다. '린치타운'의 지형학에는 우리가 1950~60년대의 미국 영화, 텔레비전, 광고들을 통해 알고 있는 외견상 '건전한 세계'와 함께, 섹스와 범죄에 초점이 맞춰진 '낯설고 기이한 세계'가 속한다. 후자의 세계는 〈블루 벨벳〉에서 고작 몇 블록 떨어진 곳에 있고, 〈트윈 픽스〉(1989~1991)에서 악마적인 힘들의 장소로서 회귀하며, 〈로스트 하이웨이〉에서는 정상과 광기, 허구와 실재, 삶과 영화 사이의 경계선을 완전히 지워 버리는 사이코드라마의 무대가 된다. 그러나 〈블루 벨벳〉을, 그리고 〈광란의 사랑〉(1990)을, 포스트모던 영화로서 입증해 주는 것은 단지 〈물 맞은 물 뿌리는 사람L'aproseur arrosé〉(1895)[14]부터 스코시즈의 〈택시 드라이버Taxi Driver〉(1976)에 이르기까지 수없이 많은 영화사적 인용들만이 아니고, 히치콕의 관음증이든 할리우드의 고전적 해피엔딩이든 간

14 뤼미에르가 1895년에 만든 흑백 무성영화로, 허구적 스토리를 최초로 활용한 영화, 최초의 코미디 영화로 손꼽힌다. 원래는 '정원사Le Jardinier' 또는 '정원사와 장난꾸러기Le Jardinier et le petit espiègle'라는 제목으로 알려졌다.

에, 장르적 혼성모방과 이데올로기적 패러디 사이의 변주만도 아니다. 그것은 오히려 '아버지 없는 사회'의 트라우마타Traumata에도, '올 아메리칸 드림all-american dream'의 소망몽들에도 저항하지 못하는 탈가부장제적 정체성의 탐색이다. 〈이레이저 헤드〉 이후로 린치는 이러한 이중의 '가족소설Familienroman'을 쓰는데, 그 프로타고니스트들은 모두 청교도적 오성의 억압된 타자를 발견하며, 이로써 또한 자기 자신 속의 발설되지 않은 심연들을 발견한다. 〈블루 벨벳〉 이후로 이 '가족소설'은 포스트모던한 서명을 달고 있는데, 왜냐하면 실재적인 것과 상상적인 것이 할리우드의 꿈 세계와 왜곡상들로 규정되어 있는 까닭에 프로타고니스트들의 정체성 위기가 항상 '남의 손을 거친 삶'을 성찰하기 때문이다.

〈블루 벨벳〉의 탐정 놀이를 하는 제프리 뷰몬트Jeffrey Beaumont, 〈광란의 사랑〉의 폭력적인 선원(니콜라스 케이지Nocholas Cage), 〈트윈 픽스〉의 명민한 FBI 요원 데일 쿠퍼Dale Cooper(카일 맥라클란Kyle Maclachlan), 〈로스트 하이웨이〉의 범죄자 피트 데이턴Pete Dayton(발타자 게티Balthazar Getty) 등 린치의 포스트모던한 주인공들은 모두 '진짜 인간'이 아니다. 그들은, 가장 진정한 단어 본래의 의미에서 영화 주인공, 스크린 인물이다. 다시 말해, '전前-이미지/본보기Vor-bild'에 따른 구상, 매체적 표본을 변주하는 구성물인 것이다. 이것은 〈광란의 사랑〉에서 분명히 인식될 수 있으며, 보란 듯이 제시된다. 부연하자면, 선원은 제임스 딘James Dean과 말론 브랜도Marlon Brando, 엘비스Elvis Presley의 집합체이고, 룰라Lula(로라 던Laura Dern)는 마릴린 같은 포즈를 취하며, 모든 미국 영화 중에서 '가장 미국적인' 영화인 〈오즈의 마법사The Wizard of Oz〉(1939)의 꿈의 세계는 동시에 연인들을 위한 도피처이자 영화의 참조 텍스트이다. 그러나 〈트윈 픽스〉와 〈로스트 하이웨이〉의 세계 또한 매체적으로 미리 만들어져 있었다. 하나는 가정 멜로드라마에서부터 호러영화에 이르기까지 수없이 많은 장르들의 기괴한 혼합으로서, 다른 하나는 누아르영화의 표본을 통해 그려했다. 그리고 둘 다 '컬트 스릴러'인 〈블루 벨벳〉에 대한 참조를 통해 그려한데, 심지어 〈스트레이트 스토리The Straight Story〉(1999)까지도 여전히 〈블루 벨벳〉의 '린치풍'을 인용한다. 데이비드 린치의 모든 포스트모던 영화들에 다음과 같은 사항이 적용된다. 비단 '건전한 세계'의 이미지뿐 아니라 '이상하고도 이상한 세계'에 대한 린치의 비전 역시 영화사적으로 미리 만들어져 있었다. 다만, 하나는 반어적으로 의미가 부여되고 다른 하나는 암시적인 힘으로 전개될 따름이다. 경찰관 윌리엄스의 딸 샌디Sandy(로라 던)가 〈페이톤 플레이스Peyton Place〉(1957)와 다른 '여성영화들' 같은 멜로드라마를 통해 알고 있듯이, 작은부리울새들이 도래하고 신비스러운 열정들에 대해 사랑이 승리하는 꿈을 꾼다면, 제프리의 '꿈의 논리'는 필름 누아르 이래로 꿰뚫어 볼 수 없는 이중모형적 세계들과 연결되어 있고, 히치콕의 스릴러들 이래로 남성적 절시증 및 불안정한 정체성과 풀 수 없게 연결되어 있는 '남성영화Männerkino'에서 기원한다.

언젠가 샌디는 애인 제프리에게 미심쩍어 하며 "나는 네가 탐정인지 아니면 변태인지 모르잖아"라고 말한다. 그런데 제프리가 옷을 벗는 도로시 밸런스Dorothy Vallens(이사벨라 로셀리니Isabella Rossellini)를 벽장 속에 숨어 관찰하면서, 이 '정체불명의 여자dark lady'가 프랭크 부스Frank Booth(데니스 호퍼Dennis Hopper)라는 이름의 '나쁜 남자'에게 치욕스러운 성행위를 강요당하고, 연이어서 불안해진 제프리가 사도매저키즘적 사랑의 유희를 거행하고, 그러고 나면 실제로 문제는 더 이상 범죄의 진상 규명이 아니라 '원초적 장면Ur-Szene'의 반복이 된 지 이미 오래이다. 이러한 장면은 린치의 영화들에서 규칙적으로, 소외된 섹슈얼리티 행위들의 형태로 축적된다. 〈이레이저 헤드〉에서는 소외된 섹슈얼리티가 그로테스크한 기형의 형태로 표명되고, 〈블루 벨벳〉에서는 제프리의 성적인 입문이 악몽들을 낳으며, 〈로스트 하이웨이〉에서는 섹슈얼리티가 악몽적인 환영의 촉발제가 되는데, 프레드 매디슨Fred Madison(빌 풀먼Bill Pullman)은 더 이상 그것으로부터 벗어날 수 없다.

"씨발Fuck", "아빠daddy", "엄마mummy", "아기baby". 이것이 프랭크 부스가 이해하는 '사랑의 언어'이다. 그는 제프리를 빈정거리며 "이웃"이라 부르고, 그에게 '폭주 드라이브joyride'를 강요하며, 자신과는 반대로 아직 갈림길에 서 있는 이 예의 바른 청년에게서 자신의 제2자아Alter ego를 인식한다. 유별나게도 프랭크는 이 청년을 난폭하게 두들겨 패기 전에 이러한 본성의 동류성을 입맞춤으로 확인하는데, 그러는 동안 자동차 지붕에서는 카세트레코더에서 〈꿈속에서는 내가 당신과 함께 사네In dreams I live with you〉가 울려 퍼진다. 제프리의 탐정적-절시증적 호기심, 낯설고 기이한 세계 속으로의 탐색 경로, 폭력적인 섹슈얼리티와 성적으로 변하는 폭력의 체험은 청년 주인공에게 단순한 자기증명 시험 그 이상이며, 남성적 정체성의 성년식Initiationsritus을 이룬다. 시민적인 가정의 '건전한 세계'로의 진입은 '사악한' 섹슈얼리티의 억압을 요구한다. 그러므로 제프리는 마지막 쇼다운showdown에서 상징적인 '친부 살해'를 완수하고, 프랭크의 '바로 눈 사이'를 쏜다. 그런 다음 카메라는 제프리의 귀에서 나와 익숙한 앞뜰의 목가 속으로 줌아웃하는데, 거기에서 제프리는 안락의자에서 깨어나고, 그와 샌디의 가족들이 모여 있다. 제프리가 경찰관 윌리엄스의 집에 간 것과 그의 귓속 카메라줌으로 시작된 것, 즉 잠재의식으로의, 사회적 이성을 무너뜨리는 금지된 소망들과 억압된 두려움들로의 여행은 이 순간에는 이미 지나가 버렸다. 그러나 제프리의 이야기가 멈추는 곳에서 선원과 룰라의 이야기가, 트윈 픽스에서의, 즉 성과 폭력의 미로에서의 이야기들이 시작된다. 린치의 영화에서는 포스트모던 가족소설들이 끝없이 집필된다. 〈광란의 사랑〉에서처럼 초인공적인 해피엔딩에 이르기까지든지, 아니면 〈로스트 하이웨이〉에서처럼 개인적 정체성이 산산조각 날 때까지든지 말이다.

〈블루 벨벳〉에서는 샌디의 다음과 같은 수사학적 질문이 비밀스러운 이야기를 끝낸다. "참 낯설고 기묘한 세상이야, 그렇지 제프리?" 정말로 그녀가 갈망하던 작은부리울새가 와 있지만, 그것은 모조품이고 게다가 주둥이에 버둥거리는 검은 딱정벌레를 달고 있다. 다시 한 번 하얀 정원 울타리와 색채가 화려한 꽃들을 볼 수 있고, 다시 한 번 친절한 소방관이 카메라에 손을 흔든다. 도로시의 작은 사내아이가 슬로모션으로 자기 어머니를 향해 뛰어갈 때, 서서히 바비 빈튼의 〈블루 벨벳〉이 잦아들고, 카메라는 도로시의 너무나도 행복한 얼굴에서부터 위쪽으로, 오로지 하늘의 파란색만 보일 때까지 선회한다. 마지막으로 암청색 실크커튼이 움직이는데, 이번에는 경건한 오르간 음악이 동반된다. 그러면 상영은 끝나고, 데이비드 린치의 기괴한 우주는 계속해서 기억 속에서 살아간다.

2

장르이론과 장르 분석

크누트 히케티어

영화의 역사가 진행되는 과정에서 영화 제작물 편수가 증가하면서 영화를 분류할 범주들을 개발할 필요성이 커져 갔다. 이 범주들은 거대 차원(영화의 이론)과 미시 차원(개별 영화 분석) 사이의 '중간 범위'의 진술들을 가능하게 해 준다. 영화 그룹은 다음과 같이 상이한 관점들 아래에서 형성될 수 있다. 예를 들어, 제작국에 따라(프랑스 영화), 시대에 따라(바이마르 공화국의 영화), 기술적 상황에 따라(컬러영화), 종류Gattung에 따라(애니메이션 영화), 창작자 내지는 제작에 참여한 사람들에 따라(~의 영화), 그도 아니면 다름 아닌 장르에 따라서. 그룹 형성에 결정적인 것은 그때그때의 목적 혹은 인식 관심이다.

장르 개념

'장르'라는 개념은 영화이론에서 "예를 들자면 전형적으로 사회적이거나 지리적인 지역화를 통해, 특수한 환경이나 무대 세트의 특징, 인물 구도나 갈등 구도를 통해, 또는 특별한 주제나 소재들을 통해"(Müller 1997: 141), 또는 특수한 감정적 또는 정동적 상황들을 통해(Carroll 1999, Grodal 2000) 특징지어진 영화 그룹들을 의미한다. 토마스 샤츠Thomas Schatz는 시장을 겨냥한 표준화된 미국 문화산업의 제작 조건들의 결과로서 장르를 줄거리 도식(스토리 공식)과 서사적 및 극적 관습들을 통해 정의된 것이라고 간단명료하게 기술한다(Schatz 1994: 177). 레오 브로디Leo Braudy는 장르 구분에서 형식과 내용의 특수한 대조에 주목해 장르를 사건 묘사의 특수한 틀로 이해한다(Braudy 1977: 112ff.).

그러므로 내용적-구조적 규정이 장르를 특징짓고, 장르를 종류와 구분한다(Hickethier 1993: 199ff.). 비록 구어적으로 그리고 저널리즘의 맥락에서는 '종류'가 빈번히 '장르'와 동의어로서 활용되지만, 매체학은 '종류'를 내용적인 구조가 아니라 구현의 양태(예를 들어 극영화, 다큐멘터리 영화) 그리고 그 활용을 통해(예를 들어 광고영화, 교육영화, 실험영화) 정의한다. 영화의 장르 개념은 종류 개념과의 차이라는 측면에서 보았을 때 문학, 연극, 그리고 그 밖의 문화 매체들에서 쓰이는 유사한 개념 활용에 의존한다(Weimar 1997: 651f., 704f.).

'장르'와 '종류'의 차이는 다음과 같은 예에서 쉽게 설명될 수 있다. 범죄 장르는 본질적인 줄거리 상황(범죄와 범죄에 대한 진상 규명)의 존재를 통해 정의된다. 이 장르는 상이한 영화 종류들(극영화, 애니메이션 영화)로 재현될 수 있다. 더 나아가, 다른 매체의 종류 형식들이 스며들기도 한다. 범죄물은 장르로서 장편소설과 중편소설에서, 청취극과 텔레비전극에서, 희곡에서, 그리고 무대공연으로 재현된다.

이렇게 장르는 비단 영화 종류뿐 아니라 다른 매체 종류들에도 엇걸려 있다. 그러므로 장르는 근본적으로 매체 특수적인 형식이 아니라, 설사 그 우위는 다를지라도 많은 매체들에서 폭넓게 나타난다. 그렇기 때문에 장르는 단지 상호텍스트성의 범주일 뿐만 아니라 상호매체성의 범주이기도 하다. 그럼에도 불구하고 장르는 개별 매체들 안에서 나름의 전통을 형성하며, 이 전통들은 각기 고유한 장르 역사 기술로 구현된다.

장르는 우선은 의사소통 개념이다. 여러 가지 영화들을 분류하는 개념으로서 영화에 관한 의사소통에 기여한다. 수용자 측뿐만 아니라 제작자 측에도, 그리고 양측 사이에서도 말이다. 장르는 영화 창작 관련 지식의 조직화를 보증하고, 사전 지식을 제공하고 기대를 유발하며 수용을 결정하는 등 영화의 제작을 조절한다. 장르는 의사소통 개념으로서 영화의 특성들과 관계를 맺지만, 또한 담론들 내부의 의사소통적 활용을 통해서도 형성된다. 그래서 사라 베리Sarah Berry는 장르를 "산업적·문화비판적·학문적·일상적(대중적) 담론들 내부에서의 영화 유통을 위한 수단"(Berry 1999: 26)이라고 정의한다. 이 담론들 내부에서는 장르가 전적으로 서로 다른 것을 의미할 수 있다. 문화비판적 담론과 학문적 담론에서는 예컨대 분석적 소견과 귀속에 관한 의사소통에 이바지하며, 제작 관련 담론에서는 영화의 제품 특성과 생산 과정에 관한 이해를 단축시켜 더욱 신속한 의사소통을 가능하게 한다. 수용자들의 일상적 담론에서는 장르 개념으로 기대 표본과 체험 차원, 관람 경험 등을 가리킨다. 그러므로 장르 개념은 그 기능상 가변적이며, 그렇지만 자의적으로 변경할 수는 없고, 그 의미 차원에서는 일반적인 문화적 관례에 종속되어 있으며, 도식으로서 간間주관적 기능들을 획득한다.

장르 개념은 영화에 적용되면서 영화를 넘어서 다른 매체들에까지 관철되었다. 영화 자체가 매체적 부가연쇄(영화관, 비디오, 텔레비전, 인터넷)의 고작해야 일부분에 불과하게 되어 가는 정도에 따라, 영화의 장르 개념 또한 일반화되고 다른 매체들에도 적용되었다. 특히나 프로그램 구조로 된 텔레비전 방송에서, 그리고 컴퓨터에 의해 지원되는 커뮤니케이션에서도 점점 더, 의사소통 활동으로부터 영화와 방송에 대한 장르 개념의 분류가 생겨나는데, 여기에서는 신속하게 개별 매체 제작물들에 관한 첫 평가를 가능하게 만드는 것이 관건이 된다.

통계를 보면 1990년대 텔레비전 프로그램 예고에서만 약 2,500개의 장르 및 종류 명칭들이 활용되었다(Schmidt 1994: 186). 이 명칭들은 빈번하게 제작물의 명칭과 그 기능적·감정적 한정어, 여타 규정들의 복합어를 형성했다. 그렇지만 경험적으로 발견되는 개념의 다양성은 다시 일정한 '클러스터cluster'들로 요약될 수 있다. 따라서 이 명칭들은 "미디어 제작물의 객관적 특징들"을 모사하는 것이 아니라 과정적이고 기능적인 것으로 이해되어야 한다. 그리고 명칭에 표명된 도식, 종류, 장르는 다시

미디어 공급물에 대한 미디어 이용자들의 "기대와 감정, 입장, 견해들"을 규정하고, 이것들이 "미디어 공급물의 수용, 공급 형식의 유동성, 공급 프로그램과 제작 절차 계획"을 조정한다(같은 곳: 195). 개념 형성의 양이 지속적으로 늘어 가는 것을 보면 예고 텍스트들을 의사소통적으로 활용할 때 장르 개념을 정밀화하려는 욕구가 명백히 존재한다는 사실을 알 수 있다. 개별적으로 전승된 개념만으로는 분명히 그때마다 의사소통에 활용할 때 특수한 미디어 공급물을 더욱 정확하게 지칭하고 이를 통해 관객의 주의를 일정한 목표로 유도하기에 충분하지 않다.

이와 반대로 수용자들의 일상적인 의사소통은 그럼에도 몇 안 되는 일반적인 개념들로 그럭저럭 꾸려진다. 이것이 가능한 이유는 장르 명칭들이 궁극적으로는 '불명료'하고, 그 덕분에 의사소통적으로 활용할 때 유연하기 때문이다. 장르 명칭들은 예컨대 미디어 공급물 그룹에 대한 어차피 불분명한 표상들을 수용 과정에서 분명하게 표현해 내야 한다. 그 개념이 지나치게 정확하게 확정되어서 구체적인 개별 영화가 실현하지 못할지도 모르는 연상과 기대들을 유발하지 않는 한, 이러한 표현은 분명히 우선은 더 손쉽게 이루어질 수 있다. 그러므로 불명료성은 장르 개념이 의사소통적 활용에서 작동하려면 필수적이다. 이 때문에 이제까지 서로 겹치지 않는 장르의 유형학을 구상하려는 모든 시도는 좌절되었다.

미디어들을 아우르는 미디어 장르 모델이 상징적 질서의 구성물을 이룬다면, 이제부터는 이와 반대로 영화 장르의 개념을 더욱 한정적으로 파악할 것이며, 그리고 영화가 그룹을 형성하는 내용적·구조적 형태와 관련시킬 것이다.

장르이론의 역사

장르이론은 처음에는 개별 장르의 이론으로서 그 내용과 주제상 함께 속하는 것으로 여겨진 영화들을 역사적·체계적으로 기술하면서 발전했다. 포괄적인 이론 형성(장르 비평)은 영화사에서 뒤늦게야 시작되었다. 일반적으로 1960년대 말부터 1970년대 초가 장르이론의 생성기로 간주되는데, 특히 미국의 영화학이 그러했다(Gledhill 1994: 58, Berry 1999: 26f.). 하지만 장르이론적 성찰들은 유럽과 미국에서 이미 예전에, 예를 들어 1950년대의 영화이론 저술들에서도 발견된다(Bazin 1954, Warshow 1954).

외어크 슈바이니츠Jörg Schweinitz는 이론사적으로 장르 개념의 전개를 스케치하면서, 특히 미국에서 일어난 극장용 영화 관련 논쟁을 기술했다. 그는 독일어권이 장르이론에 진입한 것이 1970년대 초, 영화기호학이 벌인 시도들에서 비롯되었다고 본다. 왜냐하면 영화기호학으로 인해 장르가 언어 체계에 대한 유비 관계로 이해되었기 때문이다(Schweinitz 1994). 잡지 《영화비평》에서도 1970년대에 예를 들어 존 포드나 하워드 혹스 같은 장르영화의 위대한 감독들을 주제로 삼음으로써 장르영화에 대한 좀 더 확실한 관심으로 나아가는 초석을 놓았다.

작가지향적인, 그래서 작품의 전기적 연관 관계를 살피는 고찰 방식에서 구조적 시각으로의 전환은 근본적인 변화를 가져왔다. 이제 독자적인 "관습 시스템" 혹은 "문화적 구상"으로서 이해될 수 있는, 영화의 서사와 구현 규칙 및 포괄적 구조들이 매우 중요해졌다(Tudor 1977: 93). 1970년대의 이데올로기 비판은 이러한 관습성을 전적으로 비판적으로 보았다. 관습성이 기존 상황을 확인하고 새롭고 해방적인 매체 형식을 관철하는 데 장애물로서 이해되었던 까닭이다. 그럼에도 불구하고, 영화 분석에 활용되는 기존 관습들에는 부분적으로나마 기꺼이 주의를 기울였다(Grant 1977).

장르라는 개념은 일찌감치 미국 영화와 연결되었는데(Niele 2000), 유럽 영화를 작가의 예술적 창조로 보는 시각이 여기에 대립되었다. 작가영화라는 구상은 독일에서는 이미 제1차 세계대전 이전에 영화를 문화적으로 고결하게 만드는 수단으로서 발전했고, 이후 독일어권에서는 비평과 학문 양쪽에서 작가영화의 여러 가지 구상들이 영화사와 현재의 영화 제작에 대한 시선을 규정해 왔는데 이는 장르 이해와 대립했다.

20세기 초 바이마르 공화국에서는 영화비평이 창작자와 관련해 예술적으로 수준 높은 영화를 영화 평가의 핵심적인 척도로 끌어올렸고, 영화의 예술적 능력을 오락 상품을 생산하는 능력보다 우위에 위치시켰다. 영화비평은 이러한 평가의 차이를 창조적이며 일회적인 것을 통속소설의 통속성과 '상업극장'의 사변적이고 진부함, 오락음악의 피상성보다 우위에 놓는 다른 매체들의 비평으로부터 넘겨받았다. 독창적 예술의 '맞춤옷'을 영화에서도 보고 있었던 까닭에 '기성복 영화'는 멸시했던 것이다. 1932년에 출간된 루돌프 아른하임의 저서 《예술로서의 영화》에서는 후자 형태의 영화 제작이 지닌 순환성의 표상이 본보기적으로 발견된다. "관객은 자신이 보고자 하는 영화들을 스스로에게 강요한다. 생산업자는 대중의 명령에 따라 일한다. 그는 결산 결과로부터 어떤 영화들이 '잘나갔고' 어떤 것들이 그렇지 않은지를 보고 이에 따라 생산을 조정한다"(Arnheim 1974: 193). 지크프리트 크라카우어 역시 아주 유사하게 1928년에 "평균작"에 관해 이야기했다. 그는 이후 장르영화에 끊임없이 제기된 현실 괴리와 인공성에 대한 비판을 다음과 같이 함축적으로 미리 표현했다. "그것들〔평균작 영화들〕은 일부는 그냥 우리 현실에서 멀어져 보잘것없는 세계로 들어가 버리고, 일부는 안정화된 사회의 이해관계에 맞게 이데올로기를 만든다. (…) 이러한 영화 제작은 관객만큼이나 안정되었다"(Kracauer 1928, Höfig 1973: 80에서 재인용). 크라카우어는 장르를 소재의 집단으로 이해하면서 스스로 안정화하는 체계를 근거로 삼는데, 이 체계는 제작뿐 아니라 관객 측에도 존재한다. 여기서 딱 한걸음만 나아가면 양측을 상호연관 관계로, 의식산업Bewusstseinsindustrie[1]을 통해 필연적으로 서로 연결되어 있는 것으로 보게 된다. 의식산업은, 비판이론이 표현하듯, 일종의 '현혹맥락'으로써 현실로 가는 접근로를 자신의 생산물들을 통해 모호하게 가로막는다. 아도르노는 논리정연하게 "노회하게 심리적으로 계산된 재단본Schnittmuster들"(Adorno 1963: 78f.)을 논한다.

유럽에서 장르영화에 대한 긍정적인 평가가 처음 자리를 잡게 된 것은 방법론적인 우회로를 거쳐서였다. 《카이에 뒤 시네마》의 비평가들은 1950년대 초에 미국의 장르영화에서 개별 감독의 개인적 필체를 발견하고 그들을 '작가'로서 칭송했다. 그들은 이를 통해 예술과 연관된 유럽 영화의 전통적 이론 구상들에 연결될 수 있었다. 이로써 존 포드나 하워드 혹스 같은 감독만 '발견된' 것이 아니라, 장르 또한 영화 형식으로서 평가절상되고 비평의 시야에 들어섰다. 그러나 초기에 이루어진 이러한 작가성과 장르 연관성의 교차에도 불구하고, 영화사에서는 장르영화와 작가 개념이 대부분 상반되게 대립했다. 장르 시도가 궁극적으로는, 작가가 장르 이야기들을 서술하는 게 아니라 장르가 작가들을 사용하고 장르영화가 "더 이상 작가들이 없는"(Bitomsky 1972: 27) 스토리들을 이야기한다는 전제를 따르기 때문이다.

이같이 장르 개념과 장르영화에 대해 기본적으로 비판적인 태도는 독일어권 영화이론에서 1970년대까지 지속되었다. 비록 개별 영화 그룹

1 엔첸스베르거Hans Magnus Enzensberger가 아도르노와 호르크하이머가 《계몽의 변증법》에서 펼친 문화산업 비판을 이어받아 사용한 개념이다.

에 대한 천착에서는 장르 개념이 대부분 영화학적으로 분명하게 적용되지 않았지만, 개별적인 내용적 · 구조적 영화 그룹을 묘사할 때는 장르가 관건이었다. 예를 들어 빌리 회피히Willi Höfig가 1973년 독일 향토영화Heimatfilm를 광범위하게 분석하면서 향토영화를 "통속영화의 특수 사례"로 지칭할 때, 그는 향토영화 장르를 염두에 둔 것이었다. 향토영화를 환경, 인물, 사건 및 가치 체계 영역에서 상대적으로 항상적으로 유지되는 요소들을 통해 정의하고 분석하면서 그는 궁극적으로 장르 비평을 수행했다.

독일에서 장르 이해가 관철되는 데에는 무엇보다도 장 루이 리우페루Jean-Louis Rieupeyrout의 저서 《서부극Der Western》(1963)이 결정적이었다. 이 책에서 하나의 개별 영화 장르가 폭넓게 설명되었고, 앙드레 바쟁의 서문을 통해 장르이론의 방법론적 단초가 제공되었다. 그러나 리우페루는 여전히 "영화 종류"에 관해 이야기했고, 서부극을 범죄영화, 갱스터영화 등과 연관시키기도 했다. 이로써 초기의 독일어권 장르 기고문들은 해당 장르에 대한 《카이에 뒤 시네마》의 논구들에 연결되었는데, 이 논구의 맥락 속에서 1953년 리우페루의 책이 출간되었던 것이다.[2] 영화적인 장르 이해는 독일에서도 이미 1960년대에 발전했지만, 장르의 체계화와 포괄적인 장르이론은 여전히 작성되지 않았다. 비록 1972년에 울리히 쿠롭스키Ulrich Kurowski가 짤막한 《영화 백과사전Lexikon Film》에서, 예컨대 액션영화, 영화뮤지컬, 멜로드라마, 서부극 같은 온갖 종류의 장르를 열거하기는 했지만, 장르 자체에는 독자적인 표제어를 부여하지 않았다.

그 이후로는 영화이론에서마저 장르 개념이 관철되지 않다가 비평이

2 리우페루의 《서부극》은 1953년에 출간되었으며 1963년에 독일어로 번역되었다.

(특히 미국의) 텔레비전 시리즈를 장르 개념으로 다루면서 텔레비전 분석에서 관철되었다(Knilli 1971). 텔레비전의 장르 변형들은 그것들이 정치적으로 동원된다는 점에서 극단화된 장르 변형으로 간주되었으며, 이 변형들의 강점은 다름 아닌 "줄거리 모델의 모호한 보편성"에 있다고 여겨졌다(Pehlke in Knilli 1971: 71). 서사적 표본들 배후에 존재하는 사회적 조건들을 질문한 1970년대의 이데올로기 비판적 분석은, 장르 구성 자체에도 의미가, 즉 똑같은 이야기를 다시 이야기해야만 하는 사회적 필연성이 있을 수밖에 없다는 전제에서 출발했다. 그럼에도 이러한 문제의식에 대한 답들은 여전히—크라카우어와 호르크하이머/아도르노의 재수용과 더불어—대중의 취향과 미디어산업의 상품 제작 간의 상호작용이라는 비교적 단순한 표본을 오랫동안 고수했다.

그 뒤로 베른하르트 롤로프Bernhard Roloff와 게오르크 제슬렌이 열 권짜리 로볼트 시리즈《대중영화의 토대들Grundlagen des populären Films》(1981)로 꾸준히 영향을 미치며 장르 개념을 확립시켰다. 그 각 권은 각 장르의 개괄과 분석을 제공했다. 게오르크 제슬렌이 쉬렌 출판사에서 펴낸 이 시리즈의 개정판(1995ff.)은 독일어권 영화학에 장르 개념을 최종적으로 공고화하며, 장르 개념에 오랫동안 달라붙어 있던 경멸적인 뒷맛을 제거해 주었다. 이후 1990년대에는 장르이론적 구성들에 대한 더욱 강도 높은 천착 또한 진행되었다.

장르이론은 이제 무엇보다 여전히 존재하는 작가영화와 장르영화 간의 대립을 해소해야만 한다. 기본적으로 작가성과 장르 개념은 서로 배제하지 않는다. 비록 사라 배리가 1999년까지도 여전히 '작가의 정치'에 '장르의 정치'가 맞세워져야만 한다고 암시하기는 했지만(Berry 1999: 40), 바쟁과 리우페루 이래로 수많은 시도들이 작가 개념과 장르 개념이 잘 결합할 수 있음을 보여 주었다. 예컨대 쿠엔틴 타란티노나 올리버 스톤 같은 이른바 포스트모던 영화의 프로타고니스트들이 실제로 전적인 작가 지위를 요구했을 때, 포스트모던 영화 개념에서 행해진 의미 부여의 심급으로서의 작가의 종말 이야기들 역시 문제가 있음이 드러났다. 물론 이것이 '브랜드 상품' 구성이라는 의미에서 각종 경제적 조건의 반사작용일 수도 있겠으나, 그럼에도 구조와 저작권으로서의 장르의 상황에 대한 질문은 남는다.

장르이론의 차원들

장르이론은 개별 장르의 이론(서부극, 범죄물 등)과 형식으로서의 장르 이론(메타이론)으로 구분될 수 있다. 후자는 포괄적으로 매체적·문화적 질서 원칙인 '장르'를 해명하고 개별 장르들 간의 관계를 기술하고 해명한다(장르 체계). 이제부터는 이 일반적 장르이론의 핵심적인 측면들을 살펴보자.

장르에 대한 여러 가지 이론적 시도들을 고찰해 보면, 이 시도들이 근본적으로는 동일한 과제들을 기술하게 된다는 사실이 눈에 띈다. 장르 이론은 장르의 정의를 내리고, 장르의 서사적 표본을 기술하고 체계화하고, 장르의 도상학, 그러니까 시각적 전형Prototyp과 표준에 대한 기술을 제공하며, 이데올로기와 이야기의 관계를 설명하고, 장르와 영화산업적 제작 맥락의 관계를 연구하고, 장르와 작가성의 관계를 분석한다(Gledhill 1994: 58ff., Berry 1999). 그러나 이 핵심적인 차원들은 여전히 수많은 질문들로 보완되어야 한다.

만약 S. J. 슈미트Siegfried J. Schmidt를 본받아 장르를 의사소통 개념으로 이해한다면, 장르이론은 언술행위 이론을 재수용해 장르의 의사소통적 활용을 해명해야만 한다. 이는 매체언어학적 연구로 귀결된다. 앤드류 튜더는 저서《영화이론》에서 이에 대해—장르 개념에 비판적이기는 하지만—잘 들어맞는 표현 하나를 발견했다. 만약 장르 개념이 영화에 관한 의사소통에 사용된다면, 다음과 같은 일이 벌어진다는 이야기다. "장르에 관해 말하는 사람들은 사실 대부분 그런 질문에 대한 대답을 지어낸다. 마치 장르의 어떤 원형적 특징에 관해, 그리고 어떤 보편적인 인간적 반응에 관해 말하듯이 슬쩍 둘러대는 것으로 말이다. 이는 (…) 특정한 맥락 가정과 영화언어의 포괄적 표상을 전제로 한다"(Tudor 1977: 96).

만약 장르가 단지 언어적 행위를 기술하는 범주만이 아니라 제작과 수용 과정의 체계적인 제규Regulativ로서 이해된다면, 그러니까 매체미학적·생산이론적·수용이론적 견지에서 고찰된다면, 다음과 같은 사항들이 밝혀져야만 한다. ① 생산과 수용에 영향을 미치는 어떤 규범과 규칙성이 그것에 기입되어 있는가? ② 장르 지식의 구조는 어떤 성질을 지니며(장르의 구성 요소들과 그것들의 연결의 '문법'), 그것은 어떻게 체계화되고(장르 체계), 저장되며(장르 기억), 어떤 조건에서 이러한 장르 지식이 변화하는가? ③ 장르 지식과 장르 실무는 서로 어떠한 관계에 있는가? ④ 장르들은 어떤 목적에서 생겨나는가? 매체 생산물 생산 조건의 일부로서, 영화의 수용에서, 그리고 사회적 의사소통 내부의 질서 체계로서, 장르는 어떤 기능들을 수행하는가?

장르사 - 장르의 역사성과 변화 가능성

장르는 역사적으로 가변적인 구성이며, 영화사의 진행 과정에서 내부적·외부적 영향 아래 놓여 있다. 그러므로 장르는 한번 정의되고 나면 변경될 수 없는 정적인 규칙 체계가 아니다. 장르는 그 역사성 안에서 파악하고 기술해야 하는 역동적인 구성물로서 이해되어야 한다(Hickethier/Lützen 1976). 어떤 장르로 분류되는 개개의 새 영화가 이 장르를 바꾸는 것만으로도 이미 장르의 변화는 이루어진다(Easthope 1979/80). 극단적으로 표현하자면 이는, 여러 시기에 연원하고 하나의 장르로 분류되는 영화들이 동일한 개념을 사용하는 것이 문제가 될 정도로 다를 수 있음을 의미한다. 스티븐 닐Stephen Neale(1992)은 1930,40년대에는 긴장 지향성과 외적인 드라마 줄거리가 멜로드라마라는 개념과 결합되어 있었던 반면, 오늘날에는 오히려 토마스 엘새서Thomas Elsaesser(1992)가 묘사한 '성취되지 않은 러브 스토리' 모델이 이 개념과 결합된다는 사실을 보여 준 바 있다.

장르를 역사적으로 이해하는 데 도움이 되는 다음과 같은 일반적인 단계 모델이 분명하게 제시될 수 있다. 생성-안정화-소진-새로운 형성이 그것이다.

장르의 생성은 상당히 긴 '부화기'라고 가정할 수 있는데, 이 기간에 하나의 문화 단계 내에서 모티프와 주제, 서사적 구성들이 하나의 형식 내지는 도식으로 발전되며, 이 도식은 개별 매체에서 빈번하게 사용되고 문화 담론들에서 마침내 장르로서 이름을 부여받게 된다. 장르에 관한 이러한 구성적인 의식이 생산자와 수용자로부터 지속적으로 형성되어 나올 때, 우리는 비로소 하나의 제작물 그룹을 장르로서 이해한다. 오늘날까지도 여전히 지배적인 장르들은 19세기에 '대중오락'이 생성되는 과정에서 처음에는 문학에서, 그 다음에는 연극에서 발생했으며, 이로부터 시청각 매체에, 특히 영화에까지 확장 발전되었다. 이 같은 장르의 생성 과정은 독립화 형식으로도 이해될 수 있다. 장르의 견고화와 더불어 동시에 다른 모티프, 주제 및 서사 표본에 대한 분리가 이루어져야만 하는 까닭이다. 통상 한 장르의 대두는 특별히 성공적인 그리고 성공을 통해 부각된 개별 경우와 연계되어 있는데, 이로써 이 개별 경우에는 장르 구성에 대해 패러다임적인 기능이 주어진다. 원형적인 특성은 이 개별 작품 내지 영화의 '극단적 구조'를 통해 발생하며, 이 구조는 다른 '전형적' 서사 표본 및 형상화 표본들로부터 뚜렷하게 두드러진다. 그러고 나면 이 패러다임 뒤에서 다른 변형들이 사라져서, 한 장르가 매우 빠르게 구체적인 이미지와 플롯, 등장인물들과 연결된다. "즉흥적으로 (그러니까 선행된 이론적 연구 없이) '서부극'을 떠올릴 때 우리는 대부분 서부극에 관한 우리의 표상을, 따라서 우리의 기대를 지배하는 하나 또는 두 개의 전형을 연상하게 된다. 그러면 어떤 방식으로든 서부극 무더기가 전형 뒤에서 융합해 버리는 것처럼 보인다. 즉, 즉흥적인 분류에 매우 특징적인 일반화 과정이 일어난다"(Schweinitz 1994: 111).

매체 수준에서 기존 장르의 안정화는 문화적 단계들과 밀접하게 연관되어 있다. 이 단계들은 함께 동일하거나 유사한 이야기들을 반복해 다뤄야 할 필요성을 만들어 낸다. 이러한 장르 안정화는 성공적인 전형들의 형식과 구조가 끊임없이 다시 받아들여져 다루어지고 살짝 변주되어 그 개별 사례들이 공동으로 장르를 대변하는 변형들의 앙상블이 생겨나는 것으로 귀결된다. 이로써 개별 사례를 넘어서서 관련성을 지닌 영화 그룹을 대변하고자 하는 요구가 결합된다. 장르이론은 전형들의 수가 개관 가능하도록 유지되고, 바로 이를 통해 이것들이 다른 장르의 이야기들과 구분된다는 데서 출발한다. "물론 거의 무한한 변형들을 품고 있지만, 어떤 장르도 한 다스 이상의 이야기를 제시하지 않는다"(Seeßlen 1987: 214). 그렇지만 이 변형들은 밀접한 유사 관계에 놓여 있으며, 이것들이 성공적인 까닭은 바로 관객이 다른 사용 맥락들을, 그리고 이를 통해 이 장르의 다른 영화들을 예전에 소비했던 것을 (무의식적으로도) 기억한다고 느끼기 때문이다. "장르들이 끊임없이 거듭 새로운 조합들로 보여 주는 모든 이미지는 이미 이전에 존재하던 이미지들이다. 그 영화가 고안해 낸 것이 아니라 그저 재구성했을 따름인 이미지들이다"(같은 곳: 215). 제슬렌이 특정한 '근원 이미지들'을 소재로 한 장르 구성을 지적하는 지점은 오히려 그 장르에서 서술된 특정 이야기들에 대한 문화적 수요의 결과이자 이때 사용된 정형Stereotype들에 익숙해진 결과로 볼 수 있다.

문화적 변화들은 또한 장르의 소진으로도 귀결된다. 여기에는 한 장르의 이야기권 안에서 연속해서 영화들을 제작하는 것 자체가 한몫을 한다. 처음에는 통상 영화 외적인 문화적 변화들에 의해 각인된 개별적인 시대 단계의 영화 이야기에서 장르의 여러 가지 변형들을 발견할 수 있다. 한 장르의 '생동성Lebendigkeit'이라는 생산성은 새로운 변형들의 생산을 통해 규정된다. 그래서 1920년대 이래의 모든 영화 장르들은 매우 심하게 변화했고, 제슬렌(1977)은 이를 갱스터영화와 관련해 설득력 있게 그려 냈다. 장르를 생성 프로그램으로서 이해한다면, 빌렘 플루서Vilém Flusser가 말한 기본 형식의 변형 가능성들은 그럼에도 언젠가 한 번은 답파되고 모든 주요한 변형들이 결국에는 다 이야기되고 만다(Flusser 1983: 21). 이는 무엇보다도 장르들이 서술되고 구현된 문화적 질서 체계로서 그때마다의 현재적인 자기이해를 조정할 기능을 상실한다는 의미에서 문화적 맥락이 변화했을 때에 발생한다. 이 단계에서는 장르 패러디가 자주 나타난다. 그러면 해당 장르가 피로에 빠질 위험이 다른 장르의 요소들과 조합됨으로써 사라질 수 있다. 다른 장르가 이를 허용하는 한에서 말이다. 왜냐하면 개별 장르들은 다른 장르들과의 구분을 통해서도 스스로를 정의하기 때문이다. 그 때문에 한 장르의 모든 구성 요소가 다른 장르의 모든 구성 요소와 조합될 수는 없다. 예를 들어 서부극과 스릴러는, 클린트 이스트우드Clint Eastwood의 〈용서받지 못한 자Unforgiven〉(1992)가 보여 주듯이, 아주 제한적으로만 조합될 수 있다. 반면에 범죄영화는 멜로드라마와 쉽게 조합될 수 있다.

장르의 새로운 형성 가능성은 새로운 형상화 자질과 내용적 확장을 통합할 장르의—상이한—변형성과 개방성에서 연원한다. 그래서 장르들 간의 상이한 '견고성'이 이야기된다. 서부극처럼 특수한 시기와 연관된 '고정된' 장르가 있는가 하면, 범죄영화처럼 '유연한' 장르도 있다. 후자의 장르들은 시간적으로 결정되어 있지 않고, 그래서 역사적 변화들에도 쉽게 적응한다(Behnert 1992: 1). 그렇지만 이런 구분은 정확한 고찰에는 배겨 내지 못한다. 서부극에서도 수많은 시간적 초과와 변형들이 확인될 수 있기 때문이다. 장르의 확장과 변형을 통해 새로운 의사소통적 욕구들이 충족될 수 있는지, 혹은 이러한 욕구들이 새로운 장르 변형을 낳는지가 더 결정적으로 보인다. 이러한 장르 혼합이 성공하면 그로부터 하위 장르가, 마침내는 새로운 장르가 형성될 수 있다. 이렇듯 장르의 혼합과 새로운 형성이 발달하도록 이끈 것은, 무엇보다도 20세기 후반 시청각 매체들의 영역에서 이루어진 매체적 확장이다. 매체적 확장은 텔레비전과 더불어 텔레비전 영화, 즉 TV영화TV-Movie와 시리즈 형태의 모든 허구 형식들의 영역에서 장르의 추가적인 독립을 이끌었다(Hickethier 2000). 여기서 역사적 도식으로 요약된 바는, 결국 계속해서 추가적 장르로 분리·독립하는 경우가 증가하는 모델이다.

다른 한편으로, 장르는 의사소통 개념인 까닭에 마음대로 불어날 수 없다. 왜냐하면 장르의 방향 설정 역할은 다름 아니라 단순한 질서 개념들로 공급의 다양성을 감소시키는 데 있기 때문이다. 그러므로 새로운 장르가 생성됨으로써 다른 한편으로는 기존 장르들이 주변화된다.

이러한 역사적 도식은 물론 실제로 진행되는 역사적인 과정의 다양한 가변성과 조건의 장場에 놓여 있다. 왜냐하면 장르가 생산과 수용 사이의 의사소통 도구로서 이해되어야 한다면, 두 차원 모두에서 모든 역사적 가변성이 장르의 확대 발전에 개입하기 때문이다. 따라서 1970,80년대에 서부극이 쇠락한 것은 단지—장르 내부적으로—장르의 피로만으로는 설명될 수 없고—장르 외부적으로—미국의 사회 상황이 1970년대 이래로 명백하게 이 장르의 표본들과 점점 더—전이된 상태로도—연관 관계에 놓이기 어려워졌다는 사실과도 관련이 있다.

영화에서 장르의 실제

영화사 서술에서 장르 개념은 무엇보다 미국 영화에 귀속되고, 작가 개념은 유럽 영화에 귀속된다. 그러나 이 같은 분류는 단지 부분적으로만 적절하다. 미국 영화도 '작가'를 알고 있으며, 유럽 영화 역시 팽창된 장르 전통이 있다. 독일어권 영화에서는 20세기의 첫 10년에 이미 장르 꼬리표 붙이기가 존재했다. 초기 무성영화 시대에 바리에테[3] 주최자와 영화관 소유주들은 여러 부분으로 구성된 영화 프로그램 예고에 짤막한 표시들을 사용해 관객의 기대를 불러일으켰다. 이때 장르명을 사용한 것은 다른 많은 꼬리표, 예를 들어 파울 린다우Paul Lindau의 영화, 아스타 닐센 영화Asta-Nielsen-Filme, 헤니 포르텐 영화Henny-Porten-Filme, 막스 랭데 영화Max-Linder-Filme처럼 출연 예술가 또는 작가와 감독의 참여를 알리는 명칭들이 쓰이는 것과 같은 맥락이었다.

3 variété. 기예, 곡예, 무용, 음악 공연이 독립적으로, 모자이크 방식으로 결합된 공연 양식. 언어권에 따라 뮤직홀, 보드빌 등으로 불리기도 한다.

이때 이미 예술적인 창작자(작가성)를 강조하는 것과 도식화되거나 도식을 변형하는 서사 표본 및 서사 형식(장르)을 강조하는 것 간의 차이가 예고되는데, 후자에서는 이후 1920년대에 이미 사회적 상황과 정황의 일반적인 표현이 관찰된다. 영화이론가이자 영화평론가인 지크프리트 크라카우어가 영화에서 집단적 정신 구조의 작용을 보았다면, 그 배경에는 이미 범죄영화나 서커스영화, 음악영화처럼 개별 비평에서 이야기된 장르들도 존재하고 있었다(Kracauer 1979: 11, 또한 부록에서 1924년에서 1939년까지의 비평 참조, 같은 곳: 337ff.). 더 강하게 영화를 사회적 기록('장르 비평')으로 보는 장르 관련 영화 고찰과 창작자 관련 영화 고찰('작가주의') 사이의 이 같은 차이는 나중에 톰 라이얼Tom Ryall이 상세하게 논의했다(Ryall 1978, 1998).

비평가들에게는 장르가 어떤 영화를 개별 서사 전통에 신속하게 분류해 넣고 동일한 제작 그룹 내의 다른 영화들과 비교하는 데 도움을 주며, 비평 독자와 영화 관람자에게는 자기 나름의 수용 조절을 돕는다.

장르 개념은 매우 일찌감치 미국 스튜디오의 제작 실무와 연결되었다. 영화이론이 장르 발생과 관련해 영화 제작 과정에서 이뤄진 최적화 노력들도 찾아냈기 때문이다. 아일린 바우저Eileen Bowser는 단편 및 중편 영화 시기, 그러니까 대략 1911~12년까지 미국에서 장르가 발생한 원인이 제작 표준화에 있다고 본다. 일정한 리듬으로 끊임없이 새로운 영화들을 제작해야만 했기 때문이다. 동일한 등장인물들이 동일하거나 약간만 바뀐 무대를 배경으로 연기할 수 있는 유사한 이야기들을 거듭 연출하면 더 효율적인 영화 제작이 가능했다(Browser 1990: 50). 제작팀은 이러한 시리즈 제작 형식을 통해 경험을 축적하고, 연출에 필요한 세부 사항들을 꾸준히 개발하여 영화 제작 업무를 점점 더 직업화하고 전문화할 수 있었다. 이 과정에서 다른 매체(바리에테, 연극, 뮤직홀)에서 이미 확립된 오락 형식들이 수용되어 영화의 매체적 조건들에 맞춰졌다. 그러므로 장르는 영화의 순수한 발명이 아니라, 미국뿐 아니라 유럽 영화에 이미 도입돼 있던 문화 형식들로부터 발전한 것이다.

다양한 영화오락 제공자들의 경쟁은 영화 초창기부터 제작자들이 어떤 형식이 관객에게 호응을 얻는지를 정확하게 예의주시하고 이후의 제작을 그 성공 요소들에 맞추는 것으로 귀결되었다. 그러니까 연속적 제작 방식이 생겨난 상황에서 관객 수요와 경제적 제작 원칙들이 장르 형성으로 귀결된 것이다. 시리즈 영화Reihen-und Serienfilm[4]의 생성 또한 장르와 밀접하게 연관되었는데, 이는 비단 미국 영화뿐 아니라 유럽 영화에도 적용되었다. 하지만 영화 시리즈보다 개별 장르영화가 더 유연한 것으로 드러났다. 장르영화가 고정된 틀 안에서 각종 변형의 확장 폭을 시험할 기회를 주었기 때문이다. 이로써 영화 제작자들은 시리즈 영화의 경우보다 훨씬 더 정확하게 새로운 매체의 가능성과 영화에 대한 관객의 기대를 탐색할 수 있었다.

1990년대 이래로 단지 미국 영화만 장르를 목표로 삼았던 것은 아니다. 비록 유럽에서 장르 개념의 사용을 기피했을지는 몰라도, 유럽 영화도 장르영화를 목표로 했다. 장르영화의 형성에 결정적이었던 것은, 여러 장르들로 분리 독립을 허용할 만한 영화 제작 규모였다. 이러한 제작 규모는 이미 1918년부터 1939년까지의 전간기[5]에 국가 차원의 영화문화로 성립해 있었다. 1918년 전쟁 직후 불과 몇 년 사이에 매년 350편에서 450편의 극영화가 제작되는 상황에서 장르 전통의 생성과 관철은 필연적이었다. 그러나 이러한 발전을 그 모든 질적인 기복과 함께 돌보

4 동일한 주인공이 등장하되 완결된 에피소드로 이루어진 시리즈 영화Filmserie를 '라이엔필름Reihenfilm'이라고 하며, '제리엔필름Serienfilm'은 이것의 옛 명칭이다.

5 1 · 2차 세계대전 사이의 시기로, 왕정이 폐기되고 바이마르 공화국이 수립되었다.

는, 오락매체로서의 영화의 역사는 지금까지도 여전히 집필되지 않았다. 군대익살극Militärschwank의 경우만 봐도 어떻게 이 영화 형식의 제작이 증가하면서 표준과 정형들이 급속히 확립되고 이것들이 이 장르의 오인할 나위 없는 구성 요소가 되었는지를 잘 관찰할 수 있다(Hickethier/Bier 1999).

영화사는 오늘날까지도 바이마르 공화국의 영화를 감독의 영화로서 묘사해 왔다. 에른스트 루비치Ernst Lubitsch, 로버트 비네Robert Wiene, 조 마이Joe May, 프리츠 랑, 게오르크 빌헬름 팝스트Georg Wilhelm Pabast, 프리드리히 빌헬름 무르나우Friedrich Wilhelm Murnau 등의 저명한 감독들을 강조함으로써 끊임없이 작가 원칙을 장려해 왔다. 무엇보다도 영화를 예술적으로 고결하게 만들기 위해서였다. 바이마르 영화를 새롭게 기술한 토마스 엘새서는 이 시기의 작가영화와 장르영화의 차이를 잘 알면서도 작가 원칙을 따르고, 개별 감독과 작가들의 몇 안 되는 작품들에 집중한다(Elsaesser 1999: 22). 비록 그는 바이마르 공화국 영화에 대한 야심찬 그림을 그려 보이겠지만, 당대의 영화를 규정했던 수많은 영화들과 그 수용은 보여 주지 못할 것이다.

폭넓은 영화오락과—크라카우어의 표현대로—그 다양한 '소재 그룹들'에 천착을 고집하는 것은, 영화사 기술에서의 패러다임 전환을 꾀할 의도는 아니더라도 장르와 연관된 고찰 방식을 통해 필수적인 보완을 요구하는 일임은 틀림없다. 1970년대에 이르기까지 독일 영화사는 개별 장르의 역사로도 묘사될 수 있다. 특히나 1950년대는 이러한 관점에서 새롭게 고찰해 볼 만한 가치가 있다. 왜냐하면 아직까지도 이 시기는 오로지 1960년대 초에 젊은 세대의 영화감독과 시나리오 작가, 영화비평가들이 '청년독일영화Junger Deutscher Film'를 관철시키고 기성 영화 활동을 깎아내릴 때 쓰던 기준에 따라서만 평가되고 있기 때문이다.

1950년대 독일연방공화국의 영화경제는 장르영화 시스템을 만들어 냈고, 그것은 향토영화로 고유한 장르를 완성하는 데도 성공했다. 하지만 향토영화 장르는, 니콜라 게너리히Nicola Gennerich가 생각하듯이, "아주 독특하게 독일과 독일인, 독일문화와 동일시할 수 있는 유일한 영화 장르"(Gennerich 1991: 39)는 아니었다. 다만, 1950년대에 200편 이상이 제작될 정도로 가장 규모가 큰 장르이기는 했다. 범죄영화나 전쟁영화, 뮤지컬영화처럼 국제적으로도 널리 퍼진 장르 외에 비교적 작은 규모의 장르들이 열거될 수 있다. 예컨대 '폐허영화Trümmerfilm' 장르, 그 뒤로는 '동서 이야기' 장르[6]가 이러한 형식으로는 아마도 유일한 독일 영화 및 텔레비전 장르로 형성되었다(Peulings 1997). 1950년대와 1960년대 초의 독일 영화에 달라붙어 있는 나쁜 평판은 무엇보다 청년독일영화 감독들과 그들을 지지하던 비평가들이 1950년대의 장르영화에 작가영화를 대립시켰던 데서 기인한다. 향토영화, 범죄영화, 음악영화, 청소년영화는 작가영화에 비해 분명히 평가절하되었고, 장르 전통이 독일 영화에 계속 존속했더라도 이후의 독일 영화사를 작가영화의 역사로서 썼다.

장르의 관점에서 새로운 영화사를 쓰려는 것은 또한, 단지 의심스럽기만 한 것이 아닌 극장영화와 텔레비전영화의 구별을 지양하고 텔레비전에서 극장영화 장르들이 계속 발전하는 것을 포함시켜 생각하게 해 줄지도 모른다. 이를 통해 1945년 이후 독일의 정신 구조사를 근본적으로 각인해 온 시청각적 서사의 큰 틀이 가시화될 수도 있다. 영화관용으로만 특정된 영화 제작 편수는 1년에 대략 40~60편으로 감소된 반면(게다가 이 중 일부만이 영화관에서 상영되었다), 극장 및 텔레비전용 공동

6 독일의 분단사를 다룬 서독의 장르로, 베를린 장벽이나 동독 탈주 등이 반복되는 주제를 이루었다.

제작 또는 텔레비전용 영화는 (다부작 형식들은 제외하고) 400~450편까지 편수가 증가했기 때문이다. 1990년대에는 무엇보다도 텔레비전에서 강력한 장르 지향성이 관철되었다.

정형, 원형, 장르

만약 장르가 문화 체계로서 이해된다면, 그 개별 요소들은 어떻게 정의되는지에 대한 문제가 제기된다. 1960년대 말과 1970년대 초 장르이론에서는 우선 시각적 정형들과 서사적 정형들에서 이론적 출발이 시작되었다. 처음에는 반복되는 유사한 시각적 상황, 등장인물 구성 및 인물의 특성 묘사가 눈에 띄었다. 이는 초상학과 도상학의 미술학적 방법론을 재수용해 시각적 정형들을 장르 구성 요소로서 규명하려는 흐름을 낳았다(Buscombe 1970, McArthur 1973). 여기에는 서부극과 갱스터영화가 특히 적합했다. 비록 도상학은 일반적인 원칙만을 제공할 뿐 도상학적으로 농축된 표본들에 대한 정교한 체계를 마련해 주지는 못했지만, 스크린상의 유사한 시각 요소들을 단순한 표본으로, 즉 이른바 '시각적 이미지의 패턴들'로 파악하는 것은 금방 할 수 있는 생각이었다(McArthur 1972). 그래서 영화 이전의 기호-사건들, 이른바 '기호-이벤트sign-events'에 대한 탐구는 영국에서나 독일에서나 기호학적 영화 분석으로 귀결되었고, 후자는 이후 시각적 수사 형식들도 연구했다(Knilli/Reiss 1971). 이후 구체적 분석에서는—독일에서는 몹시 뒤늦었던 매체학에 적용할 도상학의 발견과는 무관하게(Kaemmerling 1979)—도상학적으로 농축된 시각적 형식들의 사용이 영화 및 텔레비전 분석에서 거듭 연구되었다(예를 들어 Pehlke in Knilli 1971, Faulstich/KÖRTE 1995ff.의 수많은 기고문).

만약 서부극에서 두 적대자가 쇼다운showdown〔마지막 대결—옮긴이〕에서 중심가에 마주 서 있다면, 그 결과로 그와 같은 정형이 생겨난다. 마찬가지로 갱스터 보스가 갱들을 집합시킨다면, 또는 그에게 임무를 위임받은 살인자가 달리는 자동차에서 기관총으로 적들을 마구 쓰러뜨린다면, 여기에도 시각적 구현의 정형들이 투입된다. 등장인물의 의상과 그들의 외모, 거동의 레퍼토리도 이에 속한다. 그래서 〈역마차Stage Coach〉(1939)에서의 존 웨인John Wayne이나 〈하이눈High Noon〉(1952)에서의 개리 쿠퍼Gary Cooper는 그 외모만으로도 이미 눈에 띄는 시각적 프로필을 형성해 낸다. 이후에는 이탤로웨스턴Italowestern[7]에서 길리아노 젬마Giuliano Gemma와 테렌스 힐Terence Hill, 클린트 이스트우드가 이런 프로필로부터 분명하게 거리를 두었고, 그래서 스스로 다시금 새로운 전형들을 형성했다. 그럼에도 이미 여기에서 장르 이미지들이 미술학적 도상학의 의미에서 명확한 형상 특징을 형성하는 것이 아니라 오히려 수많은 변형들을 지닌 도식으로서 드러난다는 사실이 분명해진다. 바로 이 변형 폭을 끊임없이 새로 알아내고 확장하려는 것이 장르영화 제작의 특징이다. 관람자는 상이한 이미지들에서 공통적인 형태를 인식해 내지만, 그것은 끊임없이 거듭해서 새로운 구체화를 경험한다.

외어크 슈바이니츠는 이 대목에서 "장르의 이론적 개념화"의 근본 문제를 언급한다(Schweinitz 1994: 106). 설사 특정 장르의 개념이 존재하지 않아도 그에 관한 표상을 얻기가 비교적 쉬울지라도, 어떤 요소들이 한 장르에 필수적이며 충분한지를 정확히 지목하기란 쉽지 않다. '장르 핵심'은 그것이 한 장르의 모든 영화에 적합하다는 방식으로는 정의되기가

7 1960년대 중반에 이탈리아에서 발전한 서부극의 하위 장르로서 '스파게티 웨스턴', '마카로니 웨스턴'이라고도 불린다.

매우 어려움이 틀림없다. 그래서 조셉 M. 복스Joseph M. Boggs는 모든 요소를 다음과 같은 한 장르의 여섯 가지 기본 범주, 즉 이른바 "장르 공식genre formula" 아래 분류해 넣을 수 있다고 말한다. 인물 내지 유형, 환경, 관례, 갈등, 해결, 그리고 입증되는 가치가 그것이다(Boggs 1985: 327). 그러나 이보다 정확한 체계화를 제공하지는 않는다. 설사 개별 특징을 홀로 결정적이라고 여기거나 그 대신에 "여러 부분으로 이루어진 불변성의 사고 체계"를 받아들이는 데서 마침내 벗어나더라도(Schweinitz 1994: 106), 하나의 장르를 구성하는 "충분한 수의 모티프"를 포괄적으로 정의하는 일은 아무래도 불가능해 보인다(Kaminsky 1985: 9). 적어도 제한된 시기에 한해 하나의 표본을 어떤 장르에 지배적이라고 밝혀내려는 희망 역시 충족되지 못했다. "장르들이 그토록 내적으로 통일되어 있지 않고 항상 변화의 와중에 있는 까닭에, 그것들의 테두리, 다시 말해 장르들 상호 간의 경계 설정 또한 그토록 불분명하다고 입증된다. 장르들은 통일된 시점에 따라 배치된 상위의 '장르 시스템'에 분류해 넣을 수 있는, 세심하게 구획된 영화문화의 영역들로서 가지런하게 존재하는 것이 아니지 않는가. 그 어떤 주제도, 그 어떤 서사적 정형이나 작용 수단도 한 장르의 배타적인 소유로 머물러 있지 않는다"(Schweinitz 1994: 109).

정형들과 "불변 요소들"(Wuss 1993: 313ff.)로 구성된 문화적 체계로서의 장르에서는 이런 정형들이 간단하게 분류될 수 없다. 왜냐하면 반복 가능성의 원칙이 장르에 핵심적이기는 해도, 이 반복은 동시에 끊임없이 다시금 변형과 연계되기 때문이다(Winter 1992: 38). 다음번 영화에서 한 양식 수단이 직접 반복되는 것은 인용으로 나타나고, 이로써 곧장 개별 영화로서의 인용된 영화를 환기시키고, 그런다고 해서 반드시 장르 맥락이 규정되는 것도 아니다. 그래서 예컨대 톰 틱버가 〈전사와 황비Der Krieger und die Kaiserin〉(2000)에서 캐리 그랜트가 화물차에 치이는, 히치콕의 〈북북서로 진로를 돌려라〉(1959)에 나오는 옥수수밭 장면을 인용한다고 해서, 이 때문에 틱버의 영화가 곧장 스릴러가 되지는 않는다.

그러므로 오로지 정형들의 지속적 반복만이 장르의 특징이 아니라, 정형들의 지속적 변형과 특정한 서사 형식에 이것들이 이식되는 것도 장르의 특징이다. 장르에는 '이야기권圈'으로 이해될 수도 있는 장르의 전형들이 끊임없이 다시 새로 이야기된다는 사실이 포함된다. 이 점에서 장르는 리메이크와 구분되기도 한다. 즉, 여러 이야기 중 무엇이 그때마다의 장르에 속하는지를 알고 있으면, 이야기된 것과 제시된 것이 그 자체로서 독창적 연관 관계인 듯한 인상을 받게 된다. 따라서 도식과 변형은 분해되지 않는 통합체를 형성한다. 그러한 한에서 한 장르의 전형이 얼마나 많이 있는지, 얼마나 많은 영화에 그에 대한 의무를 지울 수 있을지를 묻는 일은 쓸데없는 짓이다. 예컨대 윌 라이트Will Wright(1976)가 서부극을 장르로서 구성하는 네 개의 전형에서 출발한다면, 이 전형들은 또한 한 전형을 다른 전형과 경계 짓고자 어디에서 시작하느냐에 따라 다르게도 열거될 수 있다. 버거Arthur Asa Berger는 이에 상응해 '장르'와 '공식'을 구분하는데, 이때 그는 '도식'으로 하위 장르를 의미한다(Berger 1996: 127f.). 바로 이 형식적으로 파악하기 어려운 장르의 다차원성이 영화적 의사소통을 위한 질서 범주로서 장르의 사용 가능성을 이루고 있음이 틀림없어 보인다.

장르 고유의 불변 요소들을 체계화하는 일은 장르 분석의 한 형식을 이루지만, 이 작업은 많이 발전하지는 못했다. 인지이론을 지향하는 영화 분석에서조차 장르를 차라리 "개방적으로 직조된 관념"으로 이해하고, 장르가 분석에 쓰기에는 오히려 "모호한 범주들"로 남는다는 견해가 관철되었기 때문이다(Bordwell 1989: 147f.) 크리스틴 글레드힐Christine Gledhill은 장르가 "목록화할 수 있는 항목들의 확정된 수"로 이루어진 "신중한 시스템이 아니라", 코드와 담론 구조, 모티프들의 상호작용이 낳은 특수한 변형이며 대작 주류 영화에 연루되어 있노라고 확인한다(Gledhill 1992: 64).

서사, 신화, 장르

장르 분석은 거의 예외 없이 역사적 혹은 사전적 성향을 지닌다. 그것은 스스로를 장르를 통해 정의된 영화 그룹에 대한 영화사 기술로서 이해하거나, 아니면 장르에 속하는 영화들의 사전적 개관의 형태로 작성된다. 이때 은연중에 번번히 순환적 단초에 봉착하게 된다. 분석에서 다뤄진 영화들은 그 장르 귀속성을 근거로 선택되고, 그 영화를 서술하면서는 앞서 주장된 장르에 대한 귀속성이 증명되는 식이다(Tudor 1977: 90). 이로써 분명해지는 것은 무엇보다 장르 개념이 영화의 실체에 내재하는 범주가 아니라 의사소통적 활용 과정에서 정해지는 의사소통 개념이라는 사실이다.

스스로를 역사적으로 이해하는 장르이론의 접근법은 개별 장르의 발생을 그린다. 이때 서사적 요소들 역시 강조된다. 장르가 일반적인 영화 서사 속의 특수한 서사 구상으로서 입증되는 것이다. 장르영화는 통상 서사 형식들로 특징지어진다. 이것들은 '폐쇄된' 형식이라고 지칭할 수 있으며, 따라서 아리스토텔레스적 드라마의 의미에서 도입부-절정-결말의 구조를 지니고, 단순한 줄거리선을 따르며, 등장인물들을 동일시 잠재력Identifikationspotenial으로서 이해한다. 그러므로 장르영화는 통상 오래 존립하는 서사 형식들을 사용한다. 그에 대한 지식은 관객에게 깊이 닻을 내리고 있으며, 그 까닭에 그런 영화가 '자연스러워' 보이고, 쉽게 이해가 되고, 이로써 관객에게 더 이상 의도적으로 투입된 형식으로서 의식되지도 않는다.

토르벤 그로달Torben Grodal은 허구적 장르들에 적용할 서사 구조 모델을 개발했는데, 여기서는 등장인물의 능동적 또는 수동적 행동이 결정적인 역할을 한다. 등장인물이 어떤 행동을 하느냐가 관람자가 등장인물을 이해하려고 발동시키는 감정들에 영향을 미치기 때문이다 (Grodal 2000: 158ff.). "능동적-투사적enactive-projective" 대 "수동적-내사적 처리passive-introjective transaction"의 차이는 그로달의 경우에 장르의 구분으로도 귀결된다. 하지만 이러한 분류보다 더 결정적인 것은, 단지 이야기의 구현과 서술을 위한 일반적 기능들만 서사 형식에 귀속되는 것이 아니라 개별 서사 요소 자체가 장르 내부에서 정전화되어서 장르다움에 대한 지표로서 적용될 수 있다는 사실이다. 서부극에서 쇼다운에 해당하는 것이 범죄영화에서는 심문이다. 이때 대화를 이루는 다수의 요소들은 관람자가 재빨리 다시 알아채기만 하는 것이 아니라 이미 기대하고 있는 "암호들"로 흘러간다.

단순한 서사 구조는 서술된 이야기에 추가적 의미들을 많이 싣는 데 필요한 전제 조건이다. 장르가 더 심층에 놓인 문화적·사회적 구조에게 중요한 연동장치 형식일 수 있다는 사실은 장르이론에서 시초부터 논의된 바이다. 장르에는 근저에 놓인 토대 이야기, 즉 '신화Mythos'의 존재가 가정된다. 이때 출발점은 서부극이다. 서부극은 전형적인 장르로서 "진정한 의미의 영화", "영화의 시작과 장르의 시작이 거의 겹치는" 유일한 "영화 종류"(Bazin in Rieupeyront 1963: 7)로 여겨진다. 이러한 접근은 서부극에서 시작해 다른 장르들에도 전용되어, 그것들에서 심층에 놓인 신화들이 탐색되었다(Warshow 1970). 앙드레 바쟁을 뒤따른 장르이론가들은 바쟁이 1953년 서부극에 대해 썼던 주장을 근거로 삼았다. "사람들이 통상적으로 서부극을 식별하는 수단이 되는 모든 형식적 특징들은 단지 그것의 심층적 현실, 즉 신화의 기호 또는 상징들에 불과하다. 신화학과 표현 수단의 만남에서 서부극은 발생했다"(Bazin in 같은 곳: 9).

장르영화에서 인류의 핵심적인 이야기들이 끊임없이 다시 새롭게 이야기된다는 추측을 거듭해서 시사했던 것은 본성이 되어 버린 역사이다. 바쟁은 서부극에서 고대 신화들을 재인식하고 신화들을 기점으로 기사 이야기와 코르네유Pierre Corneille[8]로 향하는 선을 그음으로써 스스로 해석 표본을 내놓는다. "의심할 나위 없이 서부극의 이 소박한 규모 자체가 상이한 언어, 상이한 나라와 풍습과 의상들에도 불구하고 어떤 풍토에서든 가장 단순한 사람들에게도 인식된다. 서사적 영웅과 비극적 영웅은 초국가적이기 때문이다. 남북전쟁은 19세기의 이야기에 속하고, 서부극은 그것으로 근대판 트로이 전쟁 서사시를 만들었다. 서부를 향한 유랑은 우리 시대의 오디세이다"(같은 곳: 12f.).

토머스 샤츠는 바쟁과 리우페루가 시작한 신화 분석을 레비스트로스 Claude Lévi-Strauss와 연관 지어 현재화했다. 샤츠는 장르를 이원적이고 주제적인 대립으로 이루어진, 시대의 사회 모순을 흡수하고 서사에서 해결법을 강구하는 체계로 정의 내린다. 기존의 가치 대립들은 이때 빈번히 개별 등장인물들을 통해 결정이 내려지게 된다. 다시 말하자면, 낭만적인 사랑은 종종 서로 다른 입장의 통합을 목표로 삼는다. 가장 흥미로운 것은 장르의 기능을 서로 다르게 정의하려는 시도이다. 그래서 샤츠는 기존 사회 질서를 증명하고 공고화하는 데 이바지하는 장르들(서부극, 범죄영화)과 사회적 통합에 도움이 되는 장르들(뮤지컬, 코미디, 멜로드라마)을 구분한다. 장르영화는 이로써 문화적 관례들에 기여한다.

8 고전주의 비극을 확립한 17세기 프랑스 극작가.

장르의 변화는 영화인과 관람자 사이의 '대화'이며, 이때 영화는 관람자들의 견해를 개인적 차원에서뿐 아니라 집단적·사회적 틀에서도 증명해 준다는 것이다(Schatz 1981: 38).

그러므로 장르에서 끊임없이 다시 이야기되고 관람자에게 그렇게 인식되는 것은 무엇보다 서구 문화의 토대 이야기들이다. 그렇기 때문에 제슬렌은 신화를 "실천에서는 풀 수 없는 모순들을 꿈꾸어지고 표상되고 노력된 방식으로 조화롭게 하는" 방법으로도 이해한다(Seeßlen 1995: 21). 신화는 비단 사회적 모순뿐만 아니라 각 개인들이 내면에 품고 있고 스스로 해소하는 모순들이기도 하다는 것이다. 제슬렌은 서부극을 예로 들어 장르의 일반성 요구를 다음과 같이 다소 감정이입해 표현한다. "서부극 주인공의 안장 자루에 꾸려 넣지 못할 꿈, 희망, 두려움, 이데올로기, 트라우마, 분노는 거의 없다"(같은 곳: 22).

신화 개념에는 다음과 같은 그 밖의 시도들도 연결된다. 영화 장르를 근원 이미지에, 융의 의미에서의 원형에 연관시키고, 서사 구조 속에서 영원히 작용하는 서사 법칙을 발견하려는 시도들 말이다. 주류 영화, 즉 시드 필드Syd Field와 다른 시나리오 조언자들이 말하는 시나리오 쓰기를 둘러싼 근래의 논의는 언제나 이런 '대중적' 영화 형식들과 관련을 맺는데, 이것들은 결국 장르영화들을 활용하면서도 끝내는 장르 차이를 초월한 영화를 뜻한다. 크리스토퍼 포글러Christopher Vogler(1992)는 시나리오 설명서에서 모든 성공적인 영화들의 기본 본보기라는 12단계 이야기를 출발점으로 삼으면서, 신화적 구조들을 이 본보기의 기반에 놓는다.

그러나 만일 장르가 특수한 모티프와 인물들의 연결만을 뜻하지 않고 그때마다의 특수한 서사 형식까지 포함한다면, 이는 모든 영화에 통용되는 그래서 서로 다른 종류의 장르들까지 포괄하는 유일하고 보편적인 모델을 배제한다. 장르는 신화와 관계를 맺지만, 그 신화는 하나가 아니라 여러 가지다. 대중적인 영화는 정확히 따져 보자면 무엇보다 관객의 호응으로 정의되는 것이지 보편적인 서사 구상으로 정의되는 게 아니다(Eder 1999). 대중영화를 그 자체로 선호하는 것은 최소한 장르 문제에 대한 규명을 필요로 한다. 그래서 포글러는 대중적인 영화를 장르영화의 총합으로 이해한다. 이때 장르영화들의 공통점은 가장 일반적인 서사 구상에 있으며, 세분화는 그 구현의 표면 현상에서 일어난다.

주류 영화를 다루는 것의 매력은 장르영화를 다루도록 이끈 것과 동일한 매력이다. 사람들은 대중적인 것의 배후에서 문화적 존재로서 인간이 지닌 비밀들 중 무엇인가를 파악하고자 한다. 그리고—겉보기에는 작가도 없이 문화의 집단적 자기표명으로서—영화들이 서술해 주는 이야기들 속에 숨겨져 있는 비밀들을 '읽고' 해독해 내고자 한다. 예컨대 엘리자베트 브론펜Elisabeth Bronfen은 우리가 그곳에서 한편으로는 "우리의 체험이 증명된 것을 발견하고", 다른 한편으로는 "우리 인지의 언어를 새롭게 만들" 수 있기 위해 "코드화된 이미지 레퍼토리에서 도피처를" 찾는다는 것을 출발점으로 삼는다(Bronfen 1999: 42). 이것이 뜻하는 바는, 우리가 오랜 문화적 전통을 내세우는 이야기권에서 움직이고 있다는 사실이다.

포괄적 장르이론이라면 상이한 장르들을 상대로 그 근저에 깔려 있는 신화들을 집대성해 서로 관계를 맺어 주어야만 할 것이다. 목표는 이런 방식으로 핵심적인 신화들을 신화 체계로서 가시화하는 데에 있겠다. 신화 체계는 그 안에 현재의 매체문화가 확립되어 있고 그것으로부터 매체문화가 끊임없이 새로 표현되는 문화적 배경을 구현한다.

그런데 도대체 어떤 것이 영화를 규정하는 장르들이냐는 질문에 대한 답이 이미 각양각색이다. 크리스틴 글레드힐(1992)은 서부극, 멜로드라마, 갱스터영화/범죄영화, 누아르영화, 호러영화, 뮤지컬영화의 여섯 장르를 거명한다. 롤로프/제슬렌(1979ff.)은 이미 서부극, 호러영화, 갱스터영화, 공상과학영화, 스릴러, 멜로드라마, 성애영화, 탐정영화, 모험영화, 코미디영화의 열 장르를 말한다. 하지만 '경찰영화' 또한 독자적인 장르를 형성하지 않는가(Schweiger 1989)? 거꾸로 갱스터영화와 탐정영화, 경찰영화가 범죄영화 장르에 속하지 않는가(Zurhorst 1985)? 제슬렌/클링(1977)에게서 여전히 발견되는 로맨스는 멜로드라마와 일치하지 않는가? 향토가 고유의 장르를 구성하는가? 시사적이고 시대와 연관된 주제들을 다루는 장르 무엇이, 만약 그것의 신화적 출발점을 묻는다면, 도대체 장르로 간주될 수 있단 말인가? 예컨대 저널리스트 영화나 동서장르 Ost-West-Genre, 수용소영화KZ-Film나 식민지 영화, 의사 장르나 교사 장르 Pauker-Genre는? 인종지학적 영화, 다큐멘터리 영화, 급기야 영화 아방가르드까지 '장르 비평' 개념 아래 포함시킨 빌 니콜스는 장르 개념을 다시금 아예 열어 놓은 셈이다(Nichols 1976, 1985).

그 일람표만 보더라도 장르는 여전히 미완이고 논란의 여지가 있음이 입증된다. 영화 관련 의사소통에서 장르의 견고화 정도에 차이가 존재하는 것이 틀림없다. 범죄영화와 서부극이 논란의 여지가 없는 영화 장르의 전형인 까닭은 이 장르들이 가장 분명하게 규칙적인 체계를 형성했기 때문이다. 장르에게 구성적이라고 여겨진 신화들 또한 이 점에 있어서는 체계화하는 개관을 허용하지 않는다. 그렇기 때문에 이 글에서는 장르 이야기에서 만들어진 신화들을 열거하는 대신, 짧게나마 샤츠가 이미 거론한 바 있는 사회적 콘텍스트와 장르의 상호 관계를 논하는 편이 좋겠다.

바쟁과 리우페루는 서부극 장르에서 한편으로는 신화를 부각시켰지만 다른 한편으로는 서부극의 '역사적 진실' 또한 강조했다. 역사적으로 동해안에서 서해안으로 미국의 영토가 확장된 것이 서부극 이야기의 배경을 형성하는데, 이때 서쪽으로 이동하는 개척자들이 아메리카 대륙 원주민 및 자연과 벌인 쟁투, 법과 질서로 이루어진 문명의 관철이 전면에 부상한다. 여기서 신화적인 것은 인간이 자연과 벌이는 보편적인 쟁투의 형식, 그리고 문화적 형식들을 발견하는 형식이며, 무엇보다도 다른 사람들에 대한 폭력이 다루어지는 형식, 하지만 또한 자기 자아의 규정이 경험되는 형식이다. 시간적 테두리가 서부 도착에서 시작해 철도 건설을 통한 동부와 서부의 지속적이고 문제없는 연결까지로 형성되는 한, 서부극은 시간적으로 고정된 이야기다. 미개척지 정복은 더 이상 새로운 영역을 정복하지 못하도록 완결되었다. 서부극은 이러한 경계 넘기의 원칙이 일반화되는 지점에서, 그리고 1950년대처럼 타자 자체에 대한 (냉전기에 무엇보다 공산주의를 염두에 둔) 이데올로기적 투쟁이 양식화되는 지점에서 신화가 된다. 그렇기 때문에 1970년대의 긴장 완화 정책과 더불어 서부극 장르 역시 이데올로기적 의미의 종말에 이르렀고 수많은 변환을 겪었다. 이탤로웨스턴도 더 이상 서부극의 몰락을 막아 내지 못했고, 패러디들은 제한적으로만 서부극의 생명을 연장할 수 있었다. 경계 넘기가 우주로, 기술적으로 미래적인 무대와 등장인물의 새로운 변형 폭으로 이전됨으로써, 서부극의 기능들이 공상과학 장르로 넘어갔다는 사실은 명백하다.

탐정영화와 경찰영화, 갱스터영화를 하위 장르로 둔 범죄영화 역시 경계 넘기를 주제로 삼지만, 그 무대는 현존하는 사회의 내부다. 범인은 현행 규범을 어기고, 이로써 관람자에게 자신도 한번쯤 현재 상태를 그 규범들과 함께 무효화시킬 수 있기를 바라는 욕구를 불러일으킨다. 하지만 범인의 추적, 범행의 진상 규명, 범인의 확정이 (유죄판결과 처벌이라는 사회적 제재는 더 이상 반드시 제시될 필요 없다) 기존 상태를 다시금 그 기능들의 왕좌에 앉힌다. 이로써 관객에게 범죄는 도움이 되지 않는다는 사실이 암시된다. 범죄영화에서는 긴장과 긴장 완화가 균형을 이루고, 규범 위반과 규범 복구가 평형을 이룬다. 관객들이 범죄 이야기를 즐겨 관람하는 한 가지 이유는, 범죄 이야기에서 기존 상태의 규칙들이 유희적인 방식으로 끊임없이 새로 탐색될 수 있기 때문임이 틀림없다. 특히나 이 장르의 텔레비전 변형물에서는 범죄 장르가 항구적으로 새로 제공되는, 심하게 도식화된 장르 형식으로 자리 잡았다. 무엇보다 여기에서 도대체 왜 수백만의 관객이 이미 오래전부터 잘 알려진 구조에 본질적으로 늘 똑같이 구성되는 진행 과정을 지닌 이 이야기를 끝도 없이 거듭 관람하는지 의문이 제기된다. 그러한 관심이 오로지 플롯에만 향할 리 없다. 결말은 거의 언제나 동일하기 때문이다. 그러므로 장르 이용과 장르 읽기의 예식은 더 깊은 곳에 놓인 메시지들을 목표로 삼는다.

호러영화에서는 아주 명백하게 관람자의 두려움이 유발되고 가공된다. 설사 이 장르가 역사적 주제를 즐겨 활용하더라도, 호러영화에서는 현재의 실제적 두려움이 겨냥된다. 공포영화는 합리적으로 작동하는 사회에서 억압된 두려움들에 형태를 부여한다. 영화 이전에 빈번히 다름 아닌 세계 통제의 과학적 형태들에서 발생한 두려움들은 영화 속에서 과장된 묘사를 통해 위협적으로 나타나고 충동적 반응을 유발하는 형태들과 연계된다. 관객은 감정적인 상태에 놓이게 되고, 이는 다시금 영화에서 벌어지는 일들에 대한 인지를 조종한다(Carroll 1999: 23ff.).

멜로드라마에서도 마찬가지로 감정의 주제화가 관건이다. 비극적 휘말림, 죽음, 괴로움, 그리고 대부분 일종의 해피엔드가 있는 사랑 이야기. 제슬렌은 이렇게 이 장르를 정의 내리고, 동시에 멜로드라마적인 것에서 "의미 실현과 해명과 위안의 형식"이 발견되었노라고 강조한다. 바로 운명적 휩쓸림을 묘사하면서 사회적 조건들이 대부분 소홀히 다뤄지고 무시되기 때문이다(Seeßlen 1980: 9). 멜로드라마는 감정의 영화로서 바로 그 과도함을 통해 규정된다. 즉, 멜로드라마의 핵심은 "사랑의 성취"와 "사랑에 방해가 되는 모든 것에 대한 저항"에 있다(같은 곳: 18).

장르와 감정

비록 이 글에서는 간략하게만 암시되었지만, 사회와 장르 형식 사이의 연관 관계는 그때마다 완전히 다른 사회적 기능들이 형식에 수용되고 개별적인 장르 이야기들로 세분화되었음을 보여 준다. 독일어권에서는 특히 제슬렌에게서 발견되는 체계적 해석들에서는 강조점이 일반적·사회적 해명에서 주관적·기능적 해명으로 분명하게 옮겨졌다.

최근 들어 장르이론적 고찰에서는 장르를 통한 감정적 조종의 동인動因이 더욱 강도 높게 논의되었다. 한편으로는 영화의 일반적인 수용이론이 이미 예전부터 영화에서의 감정을 다루어 왔고(Mikunda 1986), 다른 한편으로는 최근에 인지이론적 접근들이 더욱 깊이 있게 감정 문제에 주의를 기울이고 있다(Berry 1999, Carroll 1999, Wulff 2001). 이 과정에서 처음에는 프로타고니스트와의 동일시와 관람자의 감정이 갖는 관계가 논란거리였다(Smith 1995: 78ff.의 캐롤에 대한 비판 참조). 캐롤 이래로 관람자의 흥분 유발이 프로타고니스트와의 동일시와 무관하다고 보게 되었다. 감정은 더 이상 그저 인지작용과 무관하게 이해되거나 기껏해야 부가적으로만 인지작용이 그것에 합류하는 신체적 효과로서만 간주되지 않았다. 감정은 오히려 인지작용 자체의 일부라고 여겨지며, 여러 가지 이유에서 발생할 수 있다(Carroll 1999: 27ff.). 예를 들어 감정을 영화 인지의 인지적 현상으로 정의하는 것을 목표로 하는 종류의 인지이론적 고려들과는 별개로, 장르는 관객의 감정을 자아내려는 자극 프로그램이다. 장르 이름표 붙이기가 관객의 기대를 유도하는 데 이바지한다면, 이 같은 기대는 통상적으로 서술된 이야기의 구체적 세부 사항보다는 느낌, 흥분, 체험, 행복감이나 충격, 공포심을 더 목표로 삼는다. 그런 까닭에 장르는 또한 서로 다른 특징이 부여된 감정 제공을 위한 영화 그룹으로도 이해될 수 있고, 그 개별 영화들에서 관람자는 특수한 자극의 제공을 기대할 수 있다.

심리학에서 출발하는 새로운 인지이론적 고찰들은 빈번하게 감정Emotion 대신 정동Affekt을 이야기하고, 장르를 정동 조종의 제규制規로서 이해한다(Wulff 2001). 이때 정동 개념은 전통적 정동론에서의 의미가 아니라 일반적으로 '감정'에 가까운 의미로 사용된다. 이러한 정동과 감정의 역사적 구별에서 어떻게 이런 구분이 18세기에 형성되어 나왔으며, 어떻게 이때 다름 아닌 문학적·연극적·영화적 '감정문화'의 발생이 감정의 자극과 조종에 활용되는지가 더욱 분명해진다(Scheuer/Grisko 1999). 정동에 휩싸인 것으로 추정된 시민사회 이전 시기에 대한 표상은 감정을 문화적으로 가공하고 이로써 '세련화'할 수 있다는 표상으로 교체되었다. 문학에서든, 무대에서든, 아니면 나중에는 영화에서든, 이제 매체 생산물의 도움을 받아 수용자에게 감정과 흥분을 만들어 낼 수 있었다. 이로써 동시에 감정이 통제되고 조종될 수 있게 되었으며, 이것이 사회적 목표였다(Hickethier 1983). 예컨대 연극 관객이 감정적 흥분에 '압도당했다'고 느낌으로써 (그리고 이 감정적 흥분이 공연이 끝난 뒤 다시 사라짐으로써) 감정의 생산을 촉진할 수 있게 되었다. 극단적으로 말하자면, 관객은 특정한 매체 생산물의 소비를 통해 감정을 '켜고 끌' 수 있었던 것이다. 이때 바로 장르가 그때마다 상이한 수단들의 조합(서사적 표본, 도상적 구성 등)으로 이루어진 문화적인 '일습set'으로서 관람자의 감정을 일정한 목적을 겨냥해 만들어 내기 위해 활용된다. 영화 장르는 현존하는 일습들을 계속 세분화했고—영화들은 반복해서 소환될 수 있으므로—이 일습들을 그 구성 면에서 끊임없이 새로이 검증할 수 있도록 만들었고, 이는 다시 세분화를 용이하게 만들었다.

특히 1970년대 이후로 관찰되는 장르 혼합은, 장르 표본의 도움을 받아 영화 실무에서 이러한 감정 촉진을 농축시키고 여러 가지 감정 호소를 조합하는 것을 목표로 삼는다. 캐롤은 예를 들어 감정들이 중단 없이 동일한 방식으로 영화적으로 촉진되는 것이 아니라 개별적으로, 즉 "순간순간의 기준으로on moment-to-moment basis" 촉진된다는 데서 출발한다(Carroll 1999: 34). 이를 통해서, 영화가 진행되면서 다양한 장르 표본이 사용되면, 감정들 역시 다양한 방향으로 조종될 수 있다. 이러한 형태의 개별적인 감정 상승은 고전 장르들에도 이미 들어 있지만, 이는 현 시점에서 새로운 의미를 얻는다. 그사이 관객에게 쌓인 장르 지식 덕분에 이제는 더욱 빠르게 대비적인 방식으로 여러 요소들과 유희가 이루어질 수 있고, 이 요소들을 더 계산해서 투입할 수도 있다. 이런 까닭에 특히 영화와 텔레비전이라는 시청각 매체에서 '분위기 관리mood management'가 점점 더 많이 입에 오르내린다면, 이는 무엇보다도 장르의 의도적인 지속 발전을 통해 행해진다.

매체 장르와 포맷

오늘날 첨단 영화이론은 매체이론이며, 그것은 반드시 다른 매체이론들과의 연계를 만들어 내야만 한다. 영화의 수용은 이미 오래전부터 영화관에서만 이루어지지 않는다. 오늘날에는 "영화를 보러 응접실을 떠날 필요 없이 TV영화들이 영화에 대한 우리의 욕구를 충족시킨다"(Davis 2000: 24)는 RTL방송국 프로그램 책임자 샘 데이비스Sam Davis의 말이 사실이라면, 영화 범주들은 텔레비전용으로 제작된 방송에서도 기능을 얻는다. 오늘날 영화 장르이론은 영화·텔레비전의 공동제작을 넘어 영화-텔레비전의 유동적인 이행과 연속을 만들어 낸 허구적인 영화 및 텔레비전 제작물의 연관 관계 속에서 고려되어야만 한다(Hickethier 2000).

텔레비전영화Fernsehfilm와 TV영화TV-Movie[9]는 1990년대에 장르의 추가적 발전을 가져왔다. 이 과정에서 한편으로는 "장르 명료성"이 점점 더 요구되었고(Remirez 2000: 178), 다른 한편으로는 장르 요소들의 혼합을 통한 자극 축적이 추구되었다. 이때 특히 스릴러 장르에서 다양한 장르 변형이 개발되었다. "에로틱스릴러, 강하게 멜로드라마적 동인들을 지닌 스릴러는 본질적으로 냉랭한 '연쇄살인마 스릴러'보다 성공적이다"(같은 곳). 마찬가지로 멜로드라마도 계속 세분화했다. 데이비스는 가령 멜로드라마 영역의 상이한 TV영화 하위 장르를 다음과 같이 구분한다. '위험에 빠진 여성들Women in Jeopardy'(여성들이 극단적 상황에 처한다), 전통적 '멜로드라마'(한 여성이 행복을 찾으려고 노력하고 심각한 운명적 시련을 겪는다), '이번주의 질병Disease of the Week', '사회드라마'(운명적인 시련으로부터 사회적 갈등들이 발생한다). 이 같은 TV영화 장르 목록은 다른 장르 영역에까지 연장될 수 있으며, 여기서도 그때마다 특수한 감정 호소들이 인식될 수 있다.

하지만 사용된 장르들의 완벽한 체계보다 더 결정적이었던 것은, 독일어권 텔레비전 영화에서 의외로 장르 원칙이 관철되고 1980년대 중반까지 지배적이던 작가 원칙을 주변으로 몰아냈다는 사실이다. 여기에는 무엇보다 RTL, SAT1, Pro Sieben 같은 민영 방송기업의 TV영화 제작

9 'TV영화'는 공영방송의 텔레비전 영화와 구별하기 위해 1990년대 이래로 독일의 사설 방송국들이 미국에서 유래한 개념을 차용한 용어이다.

이 기여했다. 하지만 동시에 장르 개념도 변화해서 근래 들어 점차 '포맷Format' 개념으로 대체되고 있다. 포맷은 예상 시청자 그룹과 그들의 오락기대에 강하게 방향이 설정되어 있으며, 측정이 가능한 시청률에 직접적으로 기준을 맞춘다. 프로그램 포맷의 특징은, 확고부동한 시청자의 기대에, 그리고 따라서 시청률로 드러나지 않는 한, 모든 형식 전통을 부정한다는 점이다. 포맷 역시 장르와 마찬가지로 지속적이고 연속적인 제작과 시청자들의 식별 가능한 '취향'의 변화에 대한 제작물의 부단한 적응을 목표로 삼는다. '텔레비전 영화의 포맷화'는 본질적으로 상이한 장르들에 대한 방향 설정을 나타낸다(Hickethier 1999: 204f.). 따라서 포맷은 미디어산업적으로 최적화된 장르라고도 이해될 수 있다.

장르 분석 - 장르와 관련된 관람

장르 분석은 두 가지를 의미할 수 있다. 한편으로 장르 분석은 장르와 포맷을 개별 영화들의 연관된 그룹으로서 체계적으로, 또 역사적으로 기술하는 것이다. 이러한 의미에서 장르 분석은 자료를 바탕으로 수행된 개별 장르의 이론이다. 이때 장르 기술은 상호텍스트적으로 영화 같은 한 매체로 제한될 수도 있고, 상호매체적으로 상이한 매체들을 포괄할 수도 있다. 다른 한편으로, 장르 분석은 개별 영화를 장르와 연관해 분석하는 것을 뜻한다. 개별 영화가 장르와 그 관습을 배경으로 분석되고 해석된다. 개별 영화는 장르 테두리 안에서 위치가 정해지고, 그러면서 상호텍스트적 맥락 안에서 관찰될 뿐만 아니라 동시에 한편으로는 해당 영화의 제작이, 다른 한편으로는 그 수용이 이루어지는 특수한 역사적 상황안에서도 고찰된다. 그래서 튜더는 "만약 영화들, 그것들이 생겨나는 문화들, 그리고 그것들이 상영되는 문화들 사이의 관계들이 조사되어야 한다면, 그때 장르에 관해 말할 것"(Tudor 1977: 95)을 권한다. 특히 후자의 측면이 앞으로 장르 분석에 더 많이 수행되어야만 한다. 그렇다면 성공한 미국 영화들에 대한 연구는 항상 또한 이 영화들이 무엇 때문에 유럽의 맥락에서도 성공을 거두는지에 대한 분석으로 보완되어야만 할 것이다.

특히나 멜로드라마에 관한 논의에서는 성별 특유의 장르 수용에 대한 질문도 포착되었다. 이때 무엇보다 장르와 장르 전위에 관한 서로 어긋나는 견해들이 눈에 띄지만(Brauerhoch 1992), 예컨대 호러영화처럼 개별 장르에 대한 새로운 해석도 눈에 띈다(Brauerhoch 1990, Klippel 1990, Lippert 1990). 장르들은 성별에 따라 다르게 인지되고, 장르 안에 기입된 담론은 다시금 주체들을 서로 다르게 위치짓는다(Gledhill 1992: 64). 그러므로 장르는 영화에서의 주체 구성에 주요하게 이바지한다. 그런 까닭에 젠더의 측면은 새로운 장르 이해의 일부이기도 하며, 한 장르를 함께 구성하는 요인으로서 이해된다(Hayward 1996: 61f.). 그러나 동시에 실제로 수행된 분석들은 젠더와 연관된 장르 고찰 방식이 젠더 측면의 일반적 주제화를 위해 장르 문제를 쉽사리 뒷전에 밀어 놓는다는 사실도 보여 준다.

새라 베리(1999)는 장르와 연관된 영화 읽기, 즉 "포괄적 읽기generic readings"를 논하며, 이 독법 역시 상호텍스트적 독법의 한 형태라고 본다. 그러나 그녀는 장르와 연관된 영화 읽기의 의미를 무엇보다도 국제적인 틀에서 본다. 할리우드 영화의 헤게모니로 인해 영화 장르의 초국가적 유통이 이루어지기 때문이라고 한다. 할리우드 장르들은 그사이에 전지구적으로 영향을 끼치게 되었지만, 이 장르들이 갖는 의미는 그때마다 해당 지역의 구조들을 통해 함께 각인되고 영향을 받는다는 것이다. 여기서는 분명히 '지구지역화Glokalization'라는 문화적 구상이 한몫을 한다(Hickethier 2001). 그러므로 장르와 연관된 읽기가 상호문화적 분석이 될 수도 있고, 상이한 나라와 지역의 관객들이 특정 장르와 연결짓는 서로 다른 기대들을 가시화할 수도 있을 것이다(Berry 1999: 38ff.). 그러므로 이렇게 이해한 장르 분석은 장르 개념과 매체 관습의 다양한 이용을 상호문화적으로 비교하는 결과를 낳는다. 베리에게 문제가 되는 것은 관람자가 어떻게 영화를 수용하는지, 그리고 그들이 자신을 위해 영화에서 어떤 의미를 추론해 내는지를 장르를 가지고 탐구하는 것에 지나지 않는다.

참고문헌

ADORNO, Theodor W. 1963: »Prolog zum Fernsehen« [1953]. In: Ders.: *Eingriffe. Neun kritische Modelle*. Frankfurt a. M.: Suhrkamp, S. 69-80.

ARNHEIM, Rudolf 1974: *Film als Kunst* [1932]. München: Hanser.

BEHNERT, Gabrielle 1992: *Anatomie eines Genres. Das Bild des Journalisten im Spielfilm*, Hildesheim, Zürich, New York: Olms.

BERGER, Arthur Asa 1996: *Narratives in Popular Culture, Media and Everyday Life*. Thousand Oaks, London, New Delhi: Sage.

BERRY, Sarah 1999: »Genre«. In: Miller, Toby/Stam, Robert (Hrsg.): *The Blackwell Companion to Film Theory*. Malden/Mass.: Blackwell, S. 25-44.

BITOMSKY, Hartmut 1972: *Einleitung zu Béla Ballázs: der Geist des Films* [Nachdruck]. Berlin: Makol.

BOGGS, Joseph M. 1985: *The Art of Watching Films*. Palo Alto/Cal.: Mayfleld Publishing Company.

BORDWELL, David 1989: *Making Meaning. Inference and Rhetoric in the Interpretation of Cinema*. Cambridge, London: Harvard University Press.

BOWSER, Eileen 1990: *Transformation of Cinema: 1907-1915*. Berkeley, Los Angeles, London: University of California Press.

BRAUERHOCH, Annette 1990: »Mutter – Monster, Monster – Mutter. Vom Horror der Weiblichkeit und monströser Mütterlichkeit im Horrorfilm und seinen Theorien«. In: *Frauen und Film*, H.49, S. 21-37.

_____ 1992: »Zwischen Melodrama und Komödie: zu den ›lächerlichen‹ Versuchen Stella Dallas', ›mehr zu sein als eine Mutter‹«. In: *Frauen und Film*, H.53, 1992, S. 40-54.

BRAUDY, Leo 1977: *The World in a Frame. What We See in Films*. Chicago, London: The University of Chicago Press.

BRONFEN, Elisabeth 1999: *Heimweh: Illusionsspiele in Hollywood*. Berlin: Volk und Welt.

BUSCOMBE, Ed 1970: »The Idea of American Cinema«. In: *Screen* Vol. 11; No.2. Wiederabdruck in: Grant, Barry Keith (Hrsg.): *Film Genre Reader II*. Austin: University of Texas Press, 1995, S. 11-25.

CARROLL, Noël 1990: *The Philosophy of Horror or Paradoxes of the Heart*. New York, London: Routledge.

_____ 1999: »Film, Emotion, and Genre«. In: Plantinga, Carl/Smith, Greg M. (Hrsg.): *Passionate Views. Film, Cognition, and Emotion*. Baltimore, London: The Johns Hopkins University Press, S. 21-47.

COOK, Pam 1994: »Genre«. In: Dies.(Hrsg.): *The Cinema Book*. London: British Film Institute, S. 58-113.

DAVIS, Sam 2000: *Quotenfieber. Das Geheimnis erfolgreicher TV-Movies*. Bergisch-Gladbach: Lübbe.

EASTHOPE, Anthony 1979/80: »Notes on Genre«. In: *Screen Education*, Nr. 32/33.

EDER, Jens 1999: *Dramaturgie des populären Films*. Hamburg: Lit.

ELSAESSER, Thomas 1992: »Tales of Sound and Fury. Observations on the Family Melodrama« [1972]. In: Mast, Gerald/Cohen, Marshall/Braudy, Leo (Hrsg.): *Film Theory and Criticism*. 4. Aufl., New York, Oxford: Oxford University Press, S. 512-535.

_____ 1999: *Das Weimarer Kino – aufgeklärt und doppelbödig*. Berlin: Vorwerk 8.

FAULSTICH, Werner/KÖRTE, Helmut (Hrsg.) 1995ff.: *Fischer Filmgeschichte*. 5 Bände. Frankfurt a.M.: Fischer.

FISCHER, Robert/KÖRTE, Peter/SEESSLEN, Georg 1997: *Quentin Tarantino*. Berlin: Bertz Verlag.

FLUSSER, Vilém 1983: *Für eine Philosophie der Fotografie*. Göttingen: European Photography.

GLEDHILL, Christine 1992: »Genre«. In: Cook, Pam (Hrsg.): *The Cinema Book*. London: British Film Institute, S. 58-109.

GRANT, Barry Keith (Hrsg.) 1977: *Film Genre*. Theory and Criticism. Metuchen, N.J.: Scarecrow Press.

_____ 1995: *Film Genre Reader II*. Austin: University of Texas Press.

GENNRICH, Nicola 1991: *Das Genre des Heimatfilms. Dargestellt am Beispiel des Films »Wilde*

Wasser«. Unveröff. Magisterarbeit, Universität Hamburg.

GRODAL, Torben 2000: *Moving Pictures. A New Theory of Film, Genres, Feelings and Cognition* [1997]. Oxford: Clarendon.

HAYWARD, Susan 1996: »Genre/Subgenre«. In: Dies.: *Key Concepts in Cinema Studies*. London, New York: Routledge, S. 159-166.

HICKETHIER, Knut 1983: »Luisens Blässe und die rauchige Stimme der Dietrich. Die Erregungen in den Medien und unsere Gefühle«. In: *Ästhetik und Kommunikation*, 14. Jg., H. 53/54, S. 65-90.

_____ 1993: *Film- und Fernsehalnayse*. Stuttgart, Weimar: Metzler.

_____ 1999: »Genre oder Format? Veränderungen in den Fernsehprogrammformen der Unterhaltung und Fiktion«. In: Gottberg, Joachim v./Mikos, Lothar/Wiedemann, Dieter (Hrsg.): *Mattscheibe oder Bildschirm. Ästhetik des Fernsehens*. Berlin: Vistas, S. 204-215.

_____ 2000: »Fernsehfilm? TV-Movie? Reality-Soap? Gibt es noch eine Dramaturgic des deutschen Fernsehfilms?«. In: *Dramaturg*, H. 2, S. 4-21.

_____ 2001: »Hollywood, der europäische Film und die kulturelle Globalisierung.«. In: Wagner, Bernd (Hrsg.): *Kulturelle Globalisierung. Zwischen Weltkultur und kultureller Fragmentierung*. Essen: Klartext, S. 113-131.

HICKETHIER, Knut/BIER, Marcus 2000: »Militärschwänke im Kino der 20er Jahre«. In: Segeberg, Harro (Hrsg.): *Die Perfektionierung des Scheins. Das Kino der Weimarer Republik im Kontext der Künste* (= Mediengeschichte des Films Bd.3). München: Fink, S. 67-93.

HICKETHIER, Knut/LÜTZEN, Wolf Dieter 1976: »Krimi-Unterhaltung. Überlegungen zu einem Genre am Beispiel von Kriminalfilmen und -serien«. In: Hartwig, Helmut (Hrsg.): *Sehen lernen. Kritik und Weiterarbeit am Konzept Visuelle Kommunikation*. Köln: DuMont, S. 312-345.

HÖFIG, Willi 1973: *Der deutsche Heimatfilm* 1947-1960. Stuttgart: Enke Verlag.

KAEMMERLING, Ekkehard 1979: *Ikonographie und Ikonologie. Theorien, Entwicklung, Probleme*, Köln: DuMont.

KAMINSKY, Stuart M. 1985: *American Film Genre*. 2. Aufl., Chicago: Nelson Hall.

KLIPPEL, Heike 1990: »Böse Bilder. Horrorfilm und Angsterleben«. In: *Frauen und Film*, H.49, S. 78-90.

KNILLI, Friedrich (Hrsg.) 1971: *Die Unterhaltung der deutschen Fernsehfamilie*. München: Hanser.

KNILLI, Friedrich/REISS, Erwin 1971: *ABC für Zuschauer. Einführung in die Film- und Fernsehanayse*. Steinbach b. Gießen: Anabas.

KRACAUER, Siegfried 1979: *Von Caligari zu Hitler. Eine psychologische Geschichte des deutschen Films*

[1947]. Frankfurt a.M.: Suhrkamp.

KUROWSKI, Uirich 1972: *Lexikon Film*. München: Hanser.

LIPPERT, Renate 1990: »Panisches Töten. Psychohorrorfilme der 60er Jahre«. In: *Frauen und Film* H.49, S. 52-77.

MCARTHUR, Colin 1972: *Underworld USA*. London. Secker and Warburg.

MCARTHUR, Colin 1973: *Iconography and Iconology*. London: BFI.

MIKUNDA, Christian 1986: *Kino spüren*. München: Filmlandpresse.

MÜLLER, Eggo 1997. »Genre«. In: Rainer Rother (Hrsg.): *Sachlexikon Film*. Reinbek b. Hamburg: Rowohlt, S. 141-142.

NEALE, Stephen 1992: *Genre*. London: BFI.

NEALE, Stephen 2000: *Genre and Hollywood*. London: Routledge.

NICHOLS, Bill (Hrsg.) 1976: *Movies and Methods. Volume I*. Berkeley, Los Angeles, London: University of California Press.

_____ (Hrsg.): 1985: *Movies and Methods. Volume II*. Berkeley, Los Angeles, London: University of California Press.

PEULINGS, Birgit 1997: »Ende einer Tradition? Das Ost-West-Genre nach dem Fall der Mauer«. In: Peulings, Birgit/Jacobs-Peulings, Rainer Maria (Hrsg.): *Das Ende der Euphorie. Das deutsche Fernsehspiel nach der Einigung*. Münster, Hamburg: Lit, S. 29-50.

REMIREZ, Alicia 2000: »Schreiben für die Privaten«. In: Field, Syd u.a.: *Drehbuchschreiben für Fernsehen und Film* [1979]. München: List, S. 174-182.

RIEUPEYROUT, Jean-Louis 1963: *Der Western. Geschichten aus dem Wilden Westen. Die Geschichte des Wildwest-Films* [1953]. Mit einem Vorwort von André Bazin. Hrsg. v. Joe Hembus. Bremen: Schünemann.

ROLOFF, Bernhard/SEESSLEN, Georg (Hrsg.) 1979ff: *Grundlagen des populären Films*. 10 Bände. Reinbek b. Hamburg: Rowohlt.

RYALL, Tom 1978: *The Gangster Film*. London: BFI.

_____ 1998: »Genre and Hollywood«. In: Hill, John/Gibson, Pamela Church (Hrsg.): *The Oxford Guide to Film Studies*. Oxford: Oxford University Press, S. 327-341.

SCHATZ, Thomas 1981: *Hollywood Genres: Formulas, Filmmaking, and the Studio System*. New York u.a.: McGraw-Hill.

_____ 1994: »Genre«. In: Crowdus, Gary (Hrsg.): *A Political Companion to American Film*. New York: Lake View Press, S. 177-185.

SCHEUER, Helmut/GRISKO, Michael 1999: *Liebe, Lust und Leid. Zur Gefühlskultur um 1900*. Kassel: Kassel University Press.

SCHMIDT, Johann N. 1996: »Vom Drama zum Film – ›Filmische Techniken‹ im englischen Bühnenmelodrama des neunzehnten Jahrhunderts«. In: Segeberg, Harro (Hrsg.): *Die Mobilisierung des Sehens. Zur Vor- und Frühgeschichte des Films in Literatur und Kunst*. München: Fink, S. 259-277.

SCHMIDT, Siegfried J. 1994: »Symbolische Ordnungen: Das Beispiel Mediengattungen«. In: Ders.: *Kognitive Autonomie und soziale Orientierung*. Frankfurt a. M.: Suhrkamp, S. 164-201.

SCHWEIGER, Wolfgang 1989: *Der Polizeifilm*. München: Heyne.

SCHWEINITZ, Jörg 1994: »›Genre‹ und lebendiges Genrebewusstsein. Geschichte eines Beriffs und Probleme seiner Konzeptionalisierung in der Filmwissenschaft«. In: *montage/av*, 3.Jg., H.2, S. 99-118.

SEESSLEN, Georg 1977: *Der Asphalt-Dschungel. Geschichte und Mythologie des Gangster-Films*. München: Roloff und Seeßlen.

_____ 1980: *Kino der Gefühle. Geschichte und Mythologie des Film-Melodrams*. Reinbek b. Hamburg: Rowohlt.

_____ 1987: »Genre – mehr als ein Begriff. Die Übermittlung von Botschaften in ästhetischen Strukturen«. In: *medien + erziehung*, H. 4, S. 209-218.

_____ 1995: *Western. Geschichte und Mythologie des Westernfilms*. Marburg: Schüren.

SEESSLEN, Georg/KLING, Bernd 1977: *Unterhaltung. Rexikon zur populären Kultur*. 3 Bände. Reinbek b. Hamburg: Rowohlt.

SMITH, Murray 1995: *Engaging Characters. Fiction, Emotion, and the Cinema*. Oxford: Clarendon.

TUDOR, Andrew 1974: *Theories of Film*. London: Secker and Warburg (deutsch: *Film-Theorien*. Frankfurt a.M.: Kommunales Kino, 1977).

VOGLER, Christopher 1997: *The Writer's Journey: Mythic Structures for Storytellers and Screenwriters*. Studio City: Michael Wiese Productions, 1992; deutsch: *Die Odyssee des Drehbuchschreibers*. Frankfurt a.M.: Zweitausendeins.

WARSHOW, Robert 1970: »›The Gangster as Tragic Hero‹, and ›Movie Chronicle: The Westerner‹« [1970]. In: Ders.: *The Immediate Experience*. New York: Athenäum Books.

WEIMAR, Klaus (Hrsg.) 1997: *Reallexikon der deutschen Literaturwissenschaft*. Band I. Berlin, New York: De Gruyter.

WINTER, Rainer 1992: »Der Film als Erzählung«. In: Ders.: *Filmsoziologie*. München: Quintessenz, S. 37-57.

WRIGHT, Will 1976: *Sixguns and Society. A Structural Study of the Western*. Berkeley: University of Califonia Press.

WULFF, Hans Jürgen 2001: *Psychologie und Film. Dokumentation der Tagung der Gesellschaft für*

Medienwissenschaft. Marburg: Schüren.

WUSS, Peter 1993: *Filmanalyse und Psychologie. Strukturen des Films im Wahrnehmungsprozess.* Berlin: Editon Sigma.

ZURHORST, Meinolf 1993: *Lexikon des Kriminalfilms* [1985]. München: Heyne.

영화 분석

〈펄프 픽션Pulp Fiction〉 미국 | 1994 | 감독 쿠엔틴 타란티노

크누트 히케티어

분명 1990년대의 가장 중요한 갱스터영화 중 하나인 〈펄프 픽션〉은, 일반적으로 포스트모던 영화의 전형으로 간주되고 쿠엔틴 타란티노의 전체 필모그래피 안에서도 그렇게 자리를 잡았다(Bernard 1995, Clarkson 1995, Nagel 1997). 하지만 장르와 연관된 분석은 전기적 측면이나 영화운동상의 자리매김보다는 장르의 측면을 부각시킨다. 이미 제목부터가 장르 고찰을 시사한다. 왜냐하면 '펄프'는 미국말로 장르 이야기를 담은 대중잡지를

인쇄하던 싸구려 종이를 뜻하기 때문이다. 1930,40년대 장르 독서 붐의 통속적 토대를 형성했던 '저속한 소설들' 말이다. 〈펄프 픽션〉은 이러한 맥락에 들어서는 동시에, 이 맥락을—회고하면서 그리고 역사적 거리를 지니고—주제로 삼고 예술적으로 고양시킴으로써, 이 맥락을 극복한다.

영화의 이야기는 여러 부분으로 구성된다. 영국의 악당 커플 펌프킨Pumpkin(팀 로스Tim Roth)과 하니 버니Honey Bunny(아만다 플러머Amanda Plummer)는 자신들이 이미 와 있는 셀프서비스 레스토랑을 털려고 한다. 두 명의 갱스터 빈센트Vincent(존 트라볼타John Travolta)와 쥴스(새뮤얼 L. 잭슨Samual L. Jackson)는 두목 마르셀러스Marsellus(빙 라메즈Ving Rhames)의 지시를 받고 도난당한 가방을 되찾아야 하는데, 허무맹랑한 심문 뒤에 어린 도둑들을 총으로 쏘아 죽인다. 빈센트는 마르셀러스의 지시로 그의 애인인 미아Mia(우마 서먼Uma Thurman)를 댄스홀로 데리고 나간다. 집에 돌아온 뒤 미아는 빈센트의 외투 주머니에서 헤로인이 든 작은 봉지를 발견하는데, 그녀는 그것을 코카인으로 오인한다. 그녀가 약물과용으로 쓰러지자, 빈센트는 마지막 순간에 아드레날린 주사로 간신히 그녀를 되살려 낸다. 마르셀러스는 늙어 가는 권투 선수 부치Butch(브루스 윌리스Bruce Willis)와 다음번 경기에서 져 주면 그 대가로 고액의 배당을 받게 해 주기로 약속한 상태였다. 하지만 부치는 약속을 어기고 상대방을 KO로 이겨 버린다. 부치가 마르셀러스의 복수를 피해 여자친구 파비엔Fabienne(마리아 데 메데이로스Maria de Medeiros)과 도시 밖으로 도망가려고 할 때, 파비엔이 부치 아버지의 금시계를 깜박 잊고 안 가져온다. 그래서 부치는 다시 한 번 집으로 되돌아오고, 그 과정에서 그를 기다리고 있던 빈센트를 쏘아 죽인다. 그리고 여자친구에게 돌아가는 길에 마르셀러스가 길을 건너는 것을 보고는 그를 차로 치려다 둘 다 부상을 입는다. 마르셀러스는 부치를 쫓아 한 전당포로 들어가는데, 그 주인 남자가 마르셀러스와 부치를 붙잡아 친구와 함께 마르셀러스를 성폭행한다. 홀로 탈출할 수 있었던 부치가 마르셀러스도 구해 주자, 마르셀러스는 도시를 떠난다는 조건 아래 부치를 용서해 준다. 영화는 그 뒤 빈센트와 쥴스가 가방 도둑을 쏘아 죽인 순간으로 되돌아간다. 빈센트와 쥴스는 세 번째 도둑을 쏘아 죽인다. 그는 옆방에 숨어 있다가 그들에게 마구 총질을 해댔지만 명중시키지 못했다. 도둑들을 배신한 정보원과 함께 그들은 차로 그곳에서 벗어나고, 의도치 않게 그를 쏘아 죽인다. 차에서 희생자의 피를 씻어 내기 위해 두 사람은 쥴스의 친구인 지미Jimmy(쿠엔틴 타란티노)에게 도움을 청한다. 마르셀러스는 '청소부Cleaner'로 불리는 이 방면의 노련한 전문가 울프Wolf(하비 케이틀Harvey Keitel)를 보내 짧은 시간 안에 흔적을 남김없이 제거하게 한다. 빈센트와 쥴스는 셀프서비스 레스토랑에 앉아 토론을 벌이고, 빈센트가 화장실로 사라지자마자 영국 갱스터 커플이 강도짓을 하기로 마음을 먹는다. 가방 도둑들과의 총격전에도 총을 맞지 않은 뒤로 기적을 믿게 된 쥴스는 이제 좋은 일만 하기로 작정한 터였다. 그는 긴 설교 뒤에 갱스터 커플에게 자신의 돈을 주고, 갱스터 커플은 음식점에서 사라진다. 쥴스와 빈센트도 권총을 집어넣고 떠난다.

처음에는 서사 내부의 시간적 비약들이 혼란을 초래한다. 이야기는 시간순으로 서술되지 않고 오히려 각각의 에피소드들이 퍼즐을 만들어 낸다. 그것은 처음에는 매우 설득력 있는 진행으로 보이지만 마지막 쯤에 이르러서는 그 경과가 아주 다르게 묘사된다. 빈센트와 쥴스가 어린 도둑들에게 가방을 빼앗고 나서 새로운 쇼트로 마르셀러스에게 왔을 때, 그들은 전처럼 검은 신사복이 아니라 화려하게 울긋불긋한 휴가용 셔츠와 반바지 차림이다. 하지만 이 정도 혼란쯤은 넘길 만하다. 줄거리 맥락이 이음매 없이 만들어진 것처럼 보이기 때문이다. 누락된 이야기는 마지막에 가서야 보충된다. 자동차 안에서 정보원을 실수로 쏘아 죽이면서 빈센트와 쥴스의 양복도 오염되어 옷을 갈아입어야만 했던 것이다. 빈센트가 영화 중반에 이미 부치에게 사살되었는데 그 다음에 다시 활보하는 장면이 등장하면서 생기는 혼란도 해명이 가능하다. 우리는 관람자로서 우리가 그때마다 다른 에피소드의 상황 속에 처해 있다는 사실을 알고 있으며, 시퀀스들이 내부적으로 응집력 있게 서술되기 때문이다. 그러므로 시퀀스 연기延期의 유희는 일종의 동시성을 만들어 낸다. 이야기의 처음과 마지막이 엇갈리고, 이야기는 그것이 끝나는 것과 동일한 시점, 즉 중간에서 시작된다. 이로써 장르의 우주가 지속적인 것으로서, 순환적이고 자기 완결적인 평행 세계로서 나타난다.

이 영화를 이해하는 데 결정적인 점은, 각 장면을 이루는 갱스터영화의 하위 장르들이 사건의 지평으로서 관람자의 머릿속에 존재한다는 것이다. 이 영화에는 갱스터영화의 여러 변형들이 암시되고 조합된다. 한편으로는 지시를 내리고 사업이 제대로 진행되기를 바라는 보스와 조직폭력배들이 있는 고전적 갱스터영화가 있다. 도난당한 가방을 회수하려는 것은 평상시에는 탐정이나 경찰에게나 어울리는 질서의 재건 행위다. 그런데 이 영화에서는 위계적으로 구조화된 갱이 모든 것이 규칙, 즉 자신들의 규칙에 따라 작동하도록 돌본다. 그 다음으로는 부치와 마르셀러스의 이야기에서 단지 암시만 되는 복서영화 장르가 있다. 권투 경기 자체는 제시되지 않고, 부치의 도주가 본래의 이야기를 제공한다. 변절자이자 배신자인 부치가 보스를 성적인 모멸로부터 구해 주고 그 대가로 배신을 용서받는다. 미아와 빈센트의 이야기는 추가적 변형으로, 이때 미아는 '신여성flapper' 인물과 자유로운 삶의 토포스를 체현해야만 한다. 마지막으로 영화는 펌프킨과 허니 버니로 '보니와 클라이드'

버전도 이야기한다. 근본적으로 타란티노는 이로써 하나의 이야기 속에 네 개의 변형을 교차시킨다. 각각의 이야기는 모두 독자적인 장르 전통을 암시하고 동시에 그 조합 속에서 흥분의 축적을 이루며, 이는 새로운 상황에 빠져들게 만드는 끊임없는 급변으로 귀결된다. 장르에 대한 지식이 관객에게 전제되지만, 그러면서도 영화는 이러한 지식 없이도 개별 시퀀스 내에서 제시되는 서사적 구조의 관습성을 통해 '작동한다'.

이 영화를 장르와 연관지어 읽는다는 것은 또한 영화의 구성 요소들을 영화 안에 기입된, 즉 관객에 의해 인식된 사회를 주제화하는 방향으로 해석한다는 것을 뜻한다. 지배적 규범의 위반과 기존 규범질서의 회복 사이에서 균형을 잡아 주는 범죄와 적발(범죄영화의 기본 표본)은 여기서 아무런 역할도 못한다. 제시되는 것은 갱스터 세계의 질서, 자신들의 '일'을 하고 있는 갱스터이다. 그래서 갱스터영화의 하위 장르이다. 이 영화의 유일한 '경찰관'은 BDSM〔결박·구속·사디즘·마조히즘〕 동성애자이자 가학성애자Ledersex-Sadist의 부패한 조력자이다. 그는 호감이 가지 않는 주변 인물로, 나중에 사리에 맞게 죽임을 당한다. 질서를 담보하는 것은 신디케이트의 수장인 갱스터 보스 마르셀러스이다. 하지만 그는 영화에서 자신의 하수인인 권투 선수 부치에 의해 파괴된다. 부치는 그를 처음에는 차로 치고 나중에는 성적인 모멸에서 구해 낸다. 이 영화 세계에서 제시되는 질서는 비즈니스 세계의 질서이다. 정당성을 얻는 것은 언제나 오로지 강자强者뿐이며, 이따금 모든 규칙을 꿰고 있는 영리한 사람들도 성공을 거둔다. 궁극적으로 여기에는 더 이상 상위의 가치란 없으며, 영화 선전에 나와 있다시피 "난폭함과 어리석음, 도덕적 무관심, 그로테스크한 우연들에 지배당하는" 한 "사회"가 제시된다. 이 영화는, 비평의 통상적인 해석이 그렇듯이, 1990년대 로스엔젤리스의 내부와 주변의 '아주 정상적인 광기'를 보여 준다.

사회에 대한 이러한 시각이 날카로운 사회 비판으로 나타나지 않는 것은 무엇보다도 장르 표본들이 그다지 과하게 뚜렷이 활용되지 않는 데서도 기인한다. 영화는 영화 장르들과 그 표본 및 관습의 세계에 대한 자기지시로서 이해될 수 있다. 동시에 이 '영화 세계'를 그렇게 진지하게 받아들이지 않아도 된다는 신호가 계속해서 주어진다. 무엇보다 장르 표본의 반어화Ironisierung를 통해 상황들은 끊임없이 다시, 불확실해서 이해하기 어려울 때가 많은 진부함과 신랄한 희극성으로 바뀌어 버린다. 거리는 냉소주의로 치닫는 간결한 폭력의 취급을 통해서, —함께 나타나 폭력 장면을 가로막는—햄버거와 발마사지, 똥배에 관한 어처구니없는 대사들을 통해서 생겨난다.

이것은 제 기능을 발휘하는 세계이며, 그래서 얼치기 가방 도둑은 전문 킬러에 맞서 승산이 없다. 그러나 자동차에서 청년이 죽은 것은 차라리 실수에 가까우며, 그 결과는 코미디처럼 병원 일을 하다 한 시간 뒤에 귀가할 단정한 가정주부에게 집안일을 감추려는 집단행동으로 귀결된다. 그런 다음 마르셀러스가 보낸 청소 전문가 윈스턴 울프(하비 케이틀)는 시간상 불가능한 과제를 어떻게 시간적 압박을 딛고 해내는지를 제시하고, 이를 통해 서비스 회사의 작업 능력에 대한 패러디를 보여 준다. 이로써 케이틀은 동시에 존 바담John Badham의 〈니나Point of no Return〉(1993)에서 그가 완수했던 것과 비슷한 행동과 자기 자신을 인용한다. 부치 배역을 맡은 브루스 윌리스 역시, 그가 가보인 시계를 손에 넣기 위해 〈다이 하드〉 영화들에서 그를 유명하게 만든 격렬한 액션과 부상에 스스로를 내맡길 때, 그 자신의 필모그래피를 영화에 들여온다. 아버지로부터 물려받은 금시계가 나오는 에피소드는 또한 쿤스Koons 대위 역의 크리스토퍼 워큰Christopher Walken이 어린 부치에게 아버지의 시계를 유중으로 건네는 장면을—이는 일반적으로 베트남영화 장르, 그중

에서도 〈디어 헌터The Deer Hunter〉(1978)를 암시한다—회상함으로써,전쟁 영화를 인용하는 데에도 도움이 된다.

비록 겉보기에는 독자적으로 행동하고 있는 것처럼 보일지라도, 등장인물들은 모두 장르 전형들이다. 빈센트와 쥴스는 자신들의 의무를 광포하기는 하지만 임무에 부합하게 완수하고, 그러면서 동시에 일상의 진부한 문제들을 서로 상의하는 회사원의 전형이다. 그들에게는 사생활이 있고, 그것은 그들이 치명적인 임무를 수행하면서 나누는 대화에서 지속적으로 그들을 방해한다. 총알이 모든 개연성을 거슬러서 그와 빈센트를 명중시키지 못했기 때문에, 쥴스가 청년들과의 총격전 뒤에 신의 계시를 믿는 것은 전문 청부 살인자의 전향으로 귀결된다. 쥴스는 이제부터 오로지 좋은 일만 하겠노라 결심하고, 셀프서비스 레스토랑에서 벌어진 강도질의 끝자락에 미숙한 좀도둑 커플에게 자신의 돈과 그들의 생명을 선사하게 된다. 보통 쥴스처럼 시민적인 삶으로 되돌아가려는 갱스터는 이 장르의 초기 전형 중 하나인 〈사회의 적The Public Enemy〉(1931)에 나오는 제임스 캐그니James Cagney처럼 제거되고 만다. 하지만 〈펄프 픽션〉에서는 그러한 결말이 전혀 문제가 되지 않는다. 갱스터의 세계와 대조를 이룰 수 있을 '시민적 세계'가 더 이상 존재하지 않기 때문이다. 영화의 등장인물들은 예컨대 갱스터의 신부 미아처럼 장르 유형이거나 장르 유형을 '인용'하며, 비단 갱스터 빈센트에게만 배우 개인의 필모그래프가 기입된 것이 아니다. 미아와 빈센트가 춤 경연대회에 참가하면, 존 트라볼타를 연기자로서 유명하게, 아니 '컬트 인물'로 만든 디스코영화 〈토요일 밤의 열기Saturday Night Fever〉(1977)가 인용됨으로써 춤 장면이 갱스터영화 장르를 초월한다. 이러한 인용 논리에 맞게 이 술집에는 또한 버디 홀리Buddy Holly나 마릴린 먼로, 제임스 딘James Dean 같은 영화스타의 대역들이 출연하고, 이로써 영화사의 맥락을 영화 속에서 가시화한다.

그러므로 〈펄프 픽션〉은 할리우드 제작물의 직접적인 맥락에서 나온 수많은 참조 영화들뿐 아니라 영화사史에 대한 참조 지시 또한 한데 모으며, 따라서 장르의 우주뿐 아니라 대중적 영화의 우주까지 다 함께 반영한다. 하지만 인용들은 경외심을 품은 오마주로서 구성되지 않고, 오히려 뻔뻔스럽고 거리낌 없이 여태껏 그렇게는 보지 못했던 까닭에 신선한 방식으로 영화사적 맥락을 다룬다. 영화사에 대한 인용과 암시들은 인터넷의 링크처럼 작동한다(Fischer/Körte/Seeßlen 1997). 그러나 영화는 장르 표본과 영화사를 인용하는 것에서 소진되지 않고, 또한 (다름 아닌 다량의 암시로) 등장인물들이 인용을 통해 스스로를 정의하는 것, 그리고 그들이 다름 아닌 인용과의 유희를 통해 고유의 진정성을 전개하는 것을 보여 주기도 한다. 늙어 버린 영웅 빈센트는 그를 연기하는 배우를 유명하게 만든 청춘 배역을 다시 한 번 연기한다. 그로부터 이러한 미디어 세계에 대한, 장르 연관성 자체를 넘어서는 논평들이 결과로서 도출된다. 그러나 바로 여기에 이 영화의 시대 연관성 또한 존재한다. 젊은 영화 관객 세대 전체가 그 속에서 스스로를 다시 발견하고, 그런 까닭에 팬클럽과 인터넷 공동체 등으로 이 영화에 컬트의 지위를 부여했던 것이다.

장르에서 무엇보다 감정의 촉진과 가공의 문화적 표본을 보는, 장르와 연관된 영화 분석은 감정 조종의 구상들을 찾아내야만 한다. 이와 관련해 눈에 띄는 점은, 〈펄프 픽션〉이 지속적으로 새로운 쇼크 상황들과 예기치 않은, 감정적으로 자극하는 전환들로 귀착되는 상황들을 보여 준다는 사실이다. 하지만 집중 투입은, 특히나 대화와 연결되어 등장인물들과 그들의 행동에 대한 오히려 '쿨'한, 그러니까 거리를 둔 태도로 귀결되는 단절을 낳는다. 통상적으로 그때마다의 행동하는 인물들에게 위기를 뜻하는 상황들은 관람자에게도 위협이나 두려움의 감정을 발생시켜야 할 것이다. 비록 가학성애자인 전당포 주인의 고문실 장면이 유발하는 역겨움처럼 그런 감정들이 호소되기도 하지만, 관람자가 마르셀러스에게 공감하는 것 같은 동일시적 넘겨받기는 오히려 영화의 양식 수단들로 감소된다. 이를 통해 관람자로서 우리는 거리를 둔 관찰하는 태도를 획득한다. 우리가 프로타고니스트들인 빈센트, 쥴스와 맺는 관계 역시 진정한 동감으로 각인되지는 않으며, 이는 더욱 깊은 곳까지 이르는 동일시들을 배제한다. 영화를 관람하는 동안 우리에게는 오히려 특정한 상황에 대한 '충동적' 거부와 등장인물들이 어떻게 그 모든 것에서 헤쳐 나오는지에 대한 점증하는 '스포츠적' 관심이 생겨난다.

갱스터영화 장르가 공급하는 감정의 배치와 관련해 〈펄프 픽션〉은 하나의 변형을 구현한다. 서로 교차하는 네 개의 이야기는 그것들이 그 장르의 오랜 예들이 보유했던 것과 비견할 만한 저항적 영웅의 "신화적인 광휘"를 몹시 굴절되게밖에는 만들어 내지 못한다는 결과에 이른다. 이 영화는 제슬렌이 그 장르에 본질적이라고 기술한 바 있는 "조직폭력배의 흡사 에로틱한 마력"을 발산하지 않는다(Seeßlen 1977: 104). 이러한 차이는 여러 예들에서 장르의 역사 및 그 안에서 부각되는 지배적 표본들과의 연관 아래 묘사될 수 있다. 그 장르에 속하는, 경쟁하는 집단들의 싸움, 개별 갱스터들의 집단행동 투입 역시 여기서는 오히려 현대 비즈니스 세계의 일상적인 영업으로 제시된다. 그로부터 반영되는 거리를 둔 관찰하는 태도는 잠깐 동안 나타나는 감정적 쇼크 체험들과 조합되는데, 하지만 이 체험들은 극작법적으로 고조되는 것이 아니라 서로 상쇄하기도 하고, 이를 통해 '마취시키는' 효과를 낳는다(Welsch 1990). 그래서 감정적 마비의 느낌이 생긴다. 이로부터 이 영화를 오히려 1980년대 후반과 1990년대에 전형적이라고 지칭될 수 있는 '쿨'한 감정 태도와 연관 짓는 새로운 감정 구성들이 도출된다.

참고문헌

BERNARD, Jami 1995: *Quentin Tarantino. The Man and His Movies*. London: HarperCollins.

CLARKSON, Wensley 1995: *Quentin Tarantino. Shooting from the Hip*. London: Piatkus.

FISCHER, Robert/KÖRTE, Peter/SEESSLEN, Georg 1997: *Quentin Tarantino*. Berlin: Bertz Verlag.

NAGEL, Uwe 1997: *Der rote Faden aus Blut. Erzählstrukturen bei Quentin Tarantino*. Marburg: Schüren.

SEESSLEN, Georg/KLING, Bernd 1977: *Unterhaltung. Lexikon zur populären Kultur*. 3 Bände. Reinbek b. Hamburg: Rowohlt.

WELSCH, Wolfgang 1990: *Ästhetisches Denken*: Stuttgart: Reclam.

3

영화기호학

프랑크 케슬러

영화기호학이란 무엇인가

영화기호학이란 정확히 무엇인가? 크리스틴 톰슨이 다른 맥락에서 제안한 정의들 중에서 두 개를 출발점으로 삼아 본다면, 이때 문제가 되는 것은 시도, 즉 "적어도 윤곽으로나마 일반적인 예술이론을 개략하는" 일련의 일반화할 수 있는 가정들도 아니고, 방법, 즉 "구체적인 분석 과정에서 활용되는 일련의 처리 방식들"도 아니다(Thomson 1995: 23). 오히려 영화기호학은 영화를 학문의 대상으로서 구성하는 특수한 방식이라고 간주될 수 있다. 이미 이 점에서 "대상이 그것을 고찰하는 관점보다 먼저 존재한다는 말조차 할 수 없다. 오히려 객체를 창조하는 것이 관점이다"라고 확언한 언어학자 페르디낭 드 소쉬르의 성찰을 따르면서 말이다(Saussure 1967: 9).

영화는 기호학의 관점에서 기호적으로 내지는 언어와 유사하게 조직된 현상으로, 그것이 어떤 방식으로 작용하는지 연구될 필요가 있다. 이로써 문제는—많은 비평가들도 동의하듯이—보편타당하고 모든 것을 포괄하는 영화이론을 구상하는 것도, 영화의 '해독'을 위한 약방문 방식의 분석 도구를 획득하는 것도 아니다. 크리스티앙 메츠가 "이해하려고 노력해야만 하는 것은 영화들이 이해된다는 사실이다"(Metz 1972: 197)라는 말로 스케치한 영화기호학의 프로그램은, 첫눈에 보기보다 훨씬 더 구체적인 동시에 사려 있는 재단법이다. 영화기호학은 우선 영화적인 처리가 어떠한 방식으로 특정한 조합에서, 많든 적든 그때마다 영상에 제시된 것들과 그것들에 대한 이해와는 무관하게, 모든 영화 이해의 토대를 형성하는 의미를 생산하는가를 이해하고자 시도한다. 이 원래의 질문으로부터 영화기호학의 영역을 화용론과 인지주의 이론 방향으로 확대하는 추가적인 질문들이 나온다.

현대 기호학의 역사

기호학에서는 일반적으로 두 가지 전통의 줄기가 구분된다. 양자는 대략 동일한 시기에 기초가 세워졌다. 하나는 스위스의 언어학자 페르디낭 드 소쉬르(1857~1913)로 거슬러 올라가고, 다른 하나는 미국의 철학자 찰스 샌더스 퍼스Charles Sanders Peirce(1839~1914)로 거슬러 올라간다. 두 기호이론의 차이는 무엇보다도 각 이론의 토대에 놓인 특수한 질문에서 귀결되어 나온다.

퍼스에게 기호이론은 논리학과 완벽하게 일치한다. "논리는, 그 일반적인 의미에서, 내가 제시했다고 믿다시피, 단지 기호학의 다른 이름일 따름이며 (…) 준필연적이거나 형식적인, 기호들의 독트린doctrine of signs이다"(Trabant 1989: 11 재인용). 퍼스의 기호이론은 3원적 체계로 이루어져 있다. 모든 기호는 그렇게 작동한다. 그래서 무엇인가(표상체das Repräsentamen)가 누군가에게 더 발전된 다른 기호(해석체der Interpretant)를 유발함으로써 무엇인가(대상체das Objekt)를 대변한다. 그리고 해석체는 그것대로 새롭게 기호과정(die Semiose)을 시작할 수 있다. 이러한 근본적인 상황은 점점 더 많은 3원 체계들로 세분화된다. 그래서 퍼스는 세 종류의 대상체와 표상체 관계를 구분한다. 도상Ikon은 대상체와의 유사 관계(예를 들면, 모사나 도형)를 유지하고, 지표Index는 지시 관계가 전제되며(예를 들면, 불에 대해 연기), 상징Symbol은 자의적·관습적 확정에서 연원한다(예를 들면, 인간 언어). 이러한 3분법은 자주 퍼스 기호이론의 주된 구분으로 여겨지지만, 실제로는 매우 복합적인 분류 체계의 한 측면에 불과하다(Pierce 1983, Nagl 1992). 하지만 여기서 이 체계를 더 이상 논구하기는 어렵다.

이제까지 영화기호학에서는 퍼스의 이론이 충분한 역할을 하지 못했다. 영국의 이론가 피터 울렌은 기호학적 경향을 띠는 '작가이론'을 비판적으로 수정하면서 퍼스의 기호이론이 모든 영화기호학이 지속적으로 발전하는 데 결정적으로 공헌한다고 본다. 그러면서 그는 무엇보다도 도상-지표-상징의 3분법을 거론한다. 이때 그는 특히 사진 이미지가 도상으로서뿐만 아니라 지표로도 간주될 수 있다는 사실을 염두에 둔다. 그럼에도 영화기호학에서 퍼스의 이론이 체계적으로 수용되었다고 말하기는 어렵다. 자밀라 횐쉬Jarmila Hoensch가 퍼스의 기호학을 기반으로 개발된 막스 벤제Max Bense의 기호학적 미학에서 도움을 받아 영화를 기호 체계로서 기술하는 그다지 알려지지 않은 시도를 하고(Hoensch 1981), 프랑스의 철학자 질 들뢰즈가 퍼스의 기호이론과 관련된 영화철학을 선보였더라도 말이다(Deleuze 1989). 들뢰즈에게는 기호학적 영화이론이 문제가 아니었다.

소쉬르에게 언어는 가장 중요한 것이기는 해도, "문자, 농아 알파벳, 상징적 제의, 예절 형식, 군사 신호 등"과 비교될 수 있는 수많은 기호 체계 중 하나였다(Saussure 1967: 19). 소쉬르가 보기에는 바로 여기서 보편적 기호이론의 가능성이 귀결되어 나온다. "그러므로 **기호의 삶을 사회적 삶의 틀에서 연구하는 학문**을 표상해 볼 수 있다. 그것은 사회심리학의 한 부분을 형성할 것이며, 그 결과로서 일반심리학의 한 부분을 이룰 것이고, 우리는 그것을 기호론Semeologie(그리스어 *semeîoin*, 즉 '기호'에서 유래)이라고 부를 것이다. 기호론은 기호의 본질이 어디에 있으며, 어떤 법칙들이 그것을 지배하는지를 우리에게 가르쳐 줄 것이다. 아직 그것이 존재하지 않는 까닭에, 그것이 무엇이 될지는 말할 수 없다. (…) 언어학은 이러한 보편적인 학문의 일부분에 불과하다"(같은 곳).

소쉬르는 인간의 일반적인 언어능력(랑가주langage)의 틀 안에서 언어의 체계(랑그langue)와 발화(파롤parole)를 구분한다. 이 같은 인간의 일반적 언어능력과 체계로서의 언어의 구별은 프랑스어로는 쉽게 표현돼도, '랑가주' 또는 '랑그'에 대한 독일어 번역어는 둘 다 '언어Sprache'이기 때문에 소쉬르의 구분을 재현하려면 둘러 표현하거나 보조 구문을 끌어다 써야 한다. 소쉬르의 연구는 무엇보다도 언어의 체계적 측면(랑그)을, 그러니까 실제 발화에 기반하여 형성되지만 다른 한편으로는 개인적 발화보다 선행하는 규칙적으로 고정된 기체(基體)Substrat를 목표로 삼는다. 언어 기호는 서로 분해되지 않는 두 개의 측면, 즉 음형Lautbild(기표Signifikant)과 이와 연결된 개념(기의Signifikat)으로 되어 있다. 기표와 기의의 관계는 자의적인데, 이는 무엇보다도 다양한 언어에서 동일한 기의가 각기 다른 기표들과 연결되어 있다는 사실에서 잘 드러난다. 소쉬르의 기호 개념에 핵심적인 역할을 하는 이 같은 자의성 또는 임의성은 기호학의 대상 영역에도 영향을 미친다. "만약 기호론의 학문이 완성된다면, 그것은 판토마임처럼, 완전히 자연적인 기호에서 연원하는 표현 형식들도 당연히 그 학문 자신에 귀속되는지를 자문해 보아야만 할 것이다. 그리고 설령 그것이 동일한 것들을 함께 고려한다고 하더라도, 그것의 주된 대상은 기호의 임의성에 근거하는 체계들이 될 것이다"(같은 곳: 79f.).

그러나 언어 체계 안에서는 기표나 기의들이 실증적 단위로서 이미 사전에 존재하고 있는 게 아니다. 언어 체계 차원에서는 단지 일련의 음성적 · 개념적 구분들만 있을 따름이며, 이때 각 요소들은 체계 내의 다른 요소들로부터 구분된다는 바로 그 사실을 통해 자신의 가치를 획득한다. 기표와 기의의 자의적 결합을 통해 생겨나는 기호들이 비로소 실제로 실증적 단위들이며, 그것들은 더 이상 구분의 토대 위에서가 아니라 그것들이 다른 기호들에 대해 대립된다는 사실을 통해 체계 내에서의 자신들의 의미를 획득한다. 이런 까닭에 언어는 언제나 오로지 그 전체 구조를 염두에 두고 연구되어야만 한다.

소쉬르 본인은 완결된 저작을 남기지 않았다. 이미 여러 차례 인용된《일반언어학 강의Cours de Linguistique Generale》는 1915년에 그의 제자 샤를르 바이Charles Bally와 알베르 세슈에Albert Séchehaye가 무엇보다 여러 학생의 필기를 근거로 해서, 소쉬르가 직접 쓴 얼마 안 되는 메모들의 도움을 받아 재구성하여 발간했다. 소쉬르가 일반적으로 구조주의의 중요한 창시자로 간주되더라도, 정작 이 저작에서는 구조라는 개념이 사용되지 않는다. 이론적 구상으로서의 구조 개념은 오히려 소쉬르 저작의 수용사의 일부이다. 여기에는 러시아의 언어학자 로만 야콥슨Roman Jakobson이 중요한 역할을 하여, 그는 이후 구조주의의 거의 모든 발전 방향에 주창자나 중계자로 참여한다. 야콥슨은 1920년대에 소쉬르 저작에 영향을 받은 러시아 형식주의 문예학자들과 특히 친하게 지낸다. 그런데 러시아 형식주의는 신형식주의의 영화학적 성찰에 연관성을 지닌 틀을 형성한다. 비록 신형식주의는 스스로를 오히려 영화기호학의 반대 입장으로 이해할지라도 말이다. 야콥슨은 유리 티냐노프Jurij Tynjanov와 함께《문학과 언어 연구의 문제Probleme der Literatur- und Sprachforschung》를 썼는데, 여기서 두 사람은 '구조' 개념을 논쟁에 끌어들인다(Tynjanov/Jakobson 1979). 1930년대에 야콥슨은 얀 무카롭스키Jan Mukařovský 같은 프라하 구조주의자 집단과 루이 옐름슬레우Louis Hjelmslev 같은 코펜하겐 언어학자 집단의 문예학자 및 언어학자들과 함께 작업한다. 그러다가 뉴욕 망명 중에 인류학자 클로드 레비스트로스와 만나, 그에게 소쉬르의 이론을 알려 준다. 레비스트로스는 1950년대에 프랑스 구조주의의 간판스타가 되고, 그 뒤 구조주의는 급속도로 다양한 분야에 입성한다. 인류학의 레비스트로스와 더불어 문예학의 롤랑 바르트와 정신분석학의 자크 라캉, 인식론의 미셸 푸코, 마르크스주의 철학의 루이 알튀세르, 언어학의 알기르다스 줄리앙 그레마스Algirdas Julien

Greimas가 당시의 중요한 이론적 혁신자들로 손꼽힌다(Dosse 1999). 소쉬르의 각인이 찍힌 구조주의에 지배되던 이러한 지적 분위기 속에서 1960년대 초에 크리스티앙 메츠의 첫 작업들이 생산된다.

1960년대 이래로 기호학은 폭넓게 펼쳐진 학문 분야가 되었고, 다양한 대상 영역과 시도로 세분화되었다. 앞서 개괄한 두 갈래의 전통 외에도 미국 기호학자 찰스 W. 모리스Charles W. Morris의 행태주의를 지향한 기호이론(1988)과, 무엇보다 움베르토 에코Umberto Eco의 극도로 다각적인 저작(1977)처럼 수많은 다른 갈래들이 거명될 수 있다. 그러므로 기호학 내부에서는 구조주의가 여러 갈래 중 하나의 방향에 불과하다(Nöth 2000). 그러나 영화기호학의 틀에서는 구조주의적 전통이 중요한 영향력을 발휘하게 되었고, 이는 또한 특히 프랑스에서 영화학의 학문적 제도화에 크게 기여했다.

영화언어

영화가 고유의 언어를 지닌다는, 내지는 하나의 언어라는 생각은 매우 오래되었다. 짐작컨대 전거가 의심스러운 한 일화에 따르자면, 뤼미에르의 시네마토그라프Cinématographe가 첫 상영되었을 때 이미 한 관람자가 이것은 새로운 언어의 탄생이라고 외쳤다고 한다. '영화언어'라는 생각은 실제로 영화이론사 전체를 관통하지만, 이는 이 매체의 그때그때마다의 다른 측면들에서 확인된다(Möller-Naß 1986, Elsaesser/Poppe 1994).

거칠게 말하자면, 다음과 같은 입장들로 구분될 수 있다. 첫 번째 입장은 영화를 하나의—그렇기 때문에 보편적으로 이해 가능한—언어로 간주한다. 친영화적인 대상들은, 그러나 무엇보다도 순수하게 시각적 문화의 일부인 연기자의 몸짓과 표정 또한, 어디서나 이해될 수 있기 때문이다. 이러한 견해는 특히 무성영화 이론, 그중에서도 벨라 발라즈(1982)에게서 발견되며, 이것은 부상 중인 발성영화에 반대하는 논증으로도 제기된다. 두 번째 입장은 서술된 이야기들이 어디서나 이해된다는 사실과 영화의 언어성을 연관시킨다(Hansen 1985). 영화의 고유 언어라는 생각은 무엇보다 1920년대에 소련에서 발생하고, 그중에서도 러시아 형식주의자들도 그 완성에 참여한 몽타주 이론의 테두리에서 여전히 나타난다(Möller-Naß 1986: 29ff.). 1930,40년대에는 비록 '영화의 문법'을 예고하는 제목을 달고 있지만 실제로는 규범적인 영화미학을 다룬 몇몇 책들도 발간된다(예컨대 Spottiswoode 1935).

영화기호학 이론들도 이 모든 측면을 다양한 방식으로 다시 다루는데, 다만 관점이 다르다. 위에 언급된 입장들에서는 언어 개념을 순전히 은유적으로 연관시키거나, 정반대로 영화의 다양한 요소를 구두언어와 직접적인 유비 관계에 놓으려는 시도들이 문제가 된다. 명백하게 기호학적 관점에서 영화언어의 문제들을 다룬, 짐작컨대 첫 번째 연구는 1950년에 나온 얀 마리 페터스Jan Marie Peters의 《영화의 언어De taal van de film》이다. 그렇지만 찰스 모리스의 기호이론을 토대로 삼은 이 작업은 구조주의적 전통의 영화기호학에서는 거의 주목받지 못했다.

구조주의 전통의 영화기호학은 크리스티앙 메츠가 쓴 한 편의 논문을 통해 창시되었다. 〈영화: 랑그인가 랑가주인가?Le cinéma: langue ou langage?〉가 그것이다. 이 글은 1964년에 이 시기 프랑스 구조주의의 주요 정기간행물 중 하나인 《코뮈니카시옹Communications》지의 네 번째 호에 게재된다. 적어도 그 첫 부분에서는 이전의 규범적인 미학적 표상들에서 완전히 자유롭지 않은 이 논문에서, 메츠는 '영화언어'라는 개념을 소쉬르의 구조주의 언어학의 관점에서 해명하고자 시도한다. 그에게는 무엇보다 영화가 언어(랑그)와 동일시될 수 없음을 증명하는 것이 관건이었다. 프랑스 언어학자 앙드레 마르티네André Martinet의 정의 기준에 따라, 언어 체계가 보유한 두 분절 차원의 결여가 메츠의 핵심적 논거이다. 이때 이차적 분절 차원은 음소의 차원이다. 순수하게 기능적인 요소로서의 언어음은, 메츠에 따르자면, 영화에는 그 등가물이 존재하지 않는다. 영상에서는 최소의 세부 사항조차도 이미 복합적인 의미 전달 단위를 형성하는 까닭이다. 언어의 일차적 분절 차원은 의미 전달 단위로의, 즉 형태소와 어휘로의 분절 차원이다. 하지만 메츠는 이것에 대해서도 영화에는 상응하는 바가 없다고 보았다. 영화적 연쇄체의 '최소 요소'인 쇼트는 하나의 어휘로 축소될 수 없고 오히려 언어적 진술, 즉 하나의 언명Enunziat과 유사하기 때문이다. 더 나아가, 영화의 경우에는 가능한 쇼트들의 '어휘 목록Lexikon' 또한 있을 수 없다. 하나의 격리된 대상 역시 수없이 다양한 방식으로 촬영될 수 있기 때문이다. 그래서 메츠는 영화를 '랑그' 없는 '랑가주'라고 지칭한다.

영화적 코드의 분절 문제는 초기 영화기호학에서 핵심적인 문제로 여겨졌다. 왜냐하면 이 문제가 영화언어의 조직 정도에 대한 질문과 직결되어 있기 때문이다. 메츠가 개진한 입장은 다음과 같이 국제적 논쟁의 결정점이 된다. 피에르 파올로 파졸리니Pier Paolo Pasolini는 각 쇼트 속의 개별 대상과 인물들이 이차적 분절 차원의 단위들을 이룬다며, 이를 '영화소(素)Kinem'라는 개념으로 지칭한다. 그리고 그 수가 무제한적인 쇼트들 자체는 일차적 분절 차원이라고 본다(Pasolini 1982: 205ff.). 얀 마리 페터스는 다음과 같이 영화의 두 가지 상이한 차원에 관해 말한다. 영화 영상은 그것이 모사하는 것에 대한 견지에서는 실제로 체계화할 수 없다. 이 차원에서 영화는 단지 '랑가주'일 따름이다. 하지만 "카메라 시선의 빈 형식들"의 체계 또한 존재하며, 이를 통해 영화는 '랑그'이기도 하다

(Peters 1971). 움베르토 에코는 이와 반대로 영화의 코드가 삼중으로, 즉 '형태들figurae'(인지 관계들)로 분절되어 있다는 입장인데, 이 형태들은 도상적 기호 내지는 동작학적 기호에 연결되며, 그것들은 그것들대로 다시금 복합적인 단위들을 만들어 낸다(Eco 1971). 마지막으로 러시아의 기호학자 유리 로트만Jurij Lotman은, 언어학자 소쉬르뿐만 아니라 러시아 형식주의자들을 따라서, 영화 텍스트의 작동을 다음과 같이 복합적인 구조로 기술한다. 가장 작은 독립적 단위로서의 쇼트들은 '문장 단위들'에 연결되고, 이것은 다시금 문장 구조들에 연결되며, 그런 다음 그것은 주제Sujet를 형성한다(Lotman 1977: 109f.).

소쉬르가 언어 체계를 언어학이 연구해야만 하는 바로 그 인간 언어능력의 측면이라고 생각하는 한, 메츠가 영화를 랑그 없는 랑가주라고 지칭하는 것은 소쉬르의 언어학의 틀 안에서는 역설로 나타난다. 실제로 여기서 개념적인 전위가 발생한다. 왜냐하면 메츠가 처음에는 (그 안에서는 심지어 '꽃의 언어'나 그 비슷한 것들도 이야기되는) '랑가주'의 일상언어적 이해와 연관을 맺어 놓고는, 결국에는 '랑가주'가 그것의 '표현재료Ausdrucksmaterie'(이 개념은 옐름슬레우에게서 유래한다)를 통해 정의 가능한 하나의 단위로 간주될 수 있다는 결론에 도달하기 때문이다. 그러니까 메츠는 영화에 '언어성'이 있기는 하지만 그것이 구두언어 체계 정도의 조직은 지니지 못한다는 데에서 출발한다.

이러한 근본적인 차이를 무시한다면, 언어학의 몇몇 방법과 개념은 영화기호학에 적합한 도구류를 보유하고 있다고 메츠는 본다. 그러나 메츠는 결코, 끈질긴 오해에 근거해 끊임없이 다시 주장되듯, 언어학을 영화에 '적용하려고' 시도하지 않는다. 메츠는 영화의 외시의적外示義的 기호학을 지지한다. 다시 말하자면, 영화기호학이 연구해야 할 바는, 어떻게 특수한 의미들이 키네마토그래피적 처리 방법이 특정한 방식으로 투입될 때 생겨나는가이다. 물론 영상 속의 가시적 요소들(의상, 물건, 몸짓 등) 역시 기호로서 기능하지만, 메츠에게는 그것들에 대한 분석이 오히려 문화기호학의 영역에 속한다. 그것들이 영화에서 무엇보다도 공시의적共示義的으로 작용하기 때문이다. (외시의Denotation/공시의Konnotation의 개념쌍도 마찬가지로 언어학에서 유래한다. 외시의적 의미는, 단순하게 말하자면, '단어 그대로의' 의미이며, 반면에 하나의 기호에 결합되어 있는, 문화적으로 각기 특수한 이차적 의미들은 공시의적이다.) 유사한 방식으로 서사 구조의 차원 역시, 그것이 매체독립적인 한, 오히려 서사 기호학의 대상이어야 한다. 영화기호학이 탐구하는 외시의의 차원은, 특정한 키네마토그래피적 처리의 투입과 직결되어 있으며, 이로써 본래의 영화적 언어성을 이루는 의미층위에 해당한다. 메츠는 영화에 계열체적 조직 형태뿐 아니라 통합체적 조직 형태 또한 존재한다고 단언한다. 비록 이 조직 형태들이 구두언어의 조직 형태보다 덜 규칙적이고 덜 편재遍在하더라도 말이다. (메츠는 '계열체적paradigmatisch/통합체적syntagmatisch'의 개념쌍 역시 언어학에서 넘겨받는다.) 그는 여기서 영화의 연쇄체에서 대안적으로 나타날 수 있는 일군의 요소들을 계열체로서 이해한다. ('통합체적'이라는 개념은 이와 반대로 영화의 연쇄체에서 요소들의 연결과 연관된다.) 계열체들은 예컨대 페이드인, 페이드아웃, 와이프아웃 같은 시각적 처리 및 오버랩에서 존재한다. 이것들은 분절Segment들의 연결에 활용되며, 이때 이행이 각기 다른 방식으로 구성되고 이로써 또한 의미의 뉘앙스들을 만들어 낸다. 추가적인 예는 피사체 등으로 향하는 카메라 이동, 줌, 편집 같은 요소들을 지닌 계열체일 것이다. 이 요소들은 'X로의 접근'이라는 기의를 각기 다르게 강조한다. 통합체적 조직은 무엇보다 쇼트 연결 내지 분절 연결의 차원에 해당되는데, 이때 영화는 언어와 반대로, 이미 살펴보았다시피, 비교적 '큰' 단위들로 작업한다. 메츠는 이러한 측면을 연구하는 데에 그가 만든 '거대 통합체'로 중요한 기여를 했다.

통사론과 분절

쇼트들의 연결에서 그때그때마다 제시된 것을 넘어서는 의미들이 생성된다는 것은 모든 몽타주 이론의 핵심적인 생각이다. 예를 들어 브세볼로드 푸도프킨(1983: 197ff.)과 루돌프 아른하임(1974: 110ff.) 같은 수많은 이론가들이 몽타주를 통해 얻을 수 있는 의미효과들을 일람표로 체계화하려고 시도했다. 그들은 결국 가능성의 어마어마한 다양성 내지는 정리 기준의 불명료성 때문에 좌절한다. 설사 메츠의 '거대 통합체'가 이러한 몽타주 일람표의 전통 속에 놓여 있는 것처럼 보일지라도, 그것은 이 문제를 전혀 다른 관점에서 다룬다. 의심할 나위 없이 가장 잘 알려진 영화이론적 구성 중 하나인 그 모델이 극영화에서의 외시의의 문제들에 대한 논문의 테두리 안에서 나타나는 것은 우연이 아니다(Metz 1998).

메츠의 출발점은, 통합체Syntagma(하나 이상의 쇼트로 구성된 단위)의 형태들이 어떻게 그 내부 구조 속 시간 관계들의 외시의의 견지에서 구분될 수 있는가 하는 물음이다. 이에 대해 메츠는 우선 자율적인 쇼트들과 통합체들을 자율적 분절의 두 기본 형태로서 구분한다(오른쪽에 제시된 〈영화에서의 거대 통합체 일람표〉 참조). 자율적 쇼트들은 다시금 두 개의 하위 그룹, 즉 시퀀스 쇼트(쁠랑 세캉스plan-séquence) 및 네 개의 상이한 방식의 삽입들로 나뉜다. 통합체들의 경우에는 일곱 개의 유형으로 구분되고, 이 유형들은 그때마다 특정한 기준에 의거해 구별된다. 메츠의 모델은 우선 시간순 통합체chronologisches Syntagma와 비시간순 통합체a-chronologisches Syntagma로 갈라지는데, 후자의 경우에는 통합체의 개별

〈영화에서의 거대 통합체 일람표〉

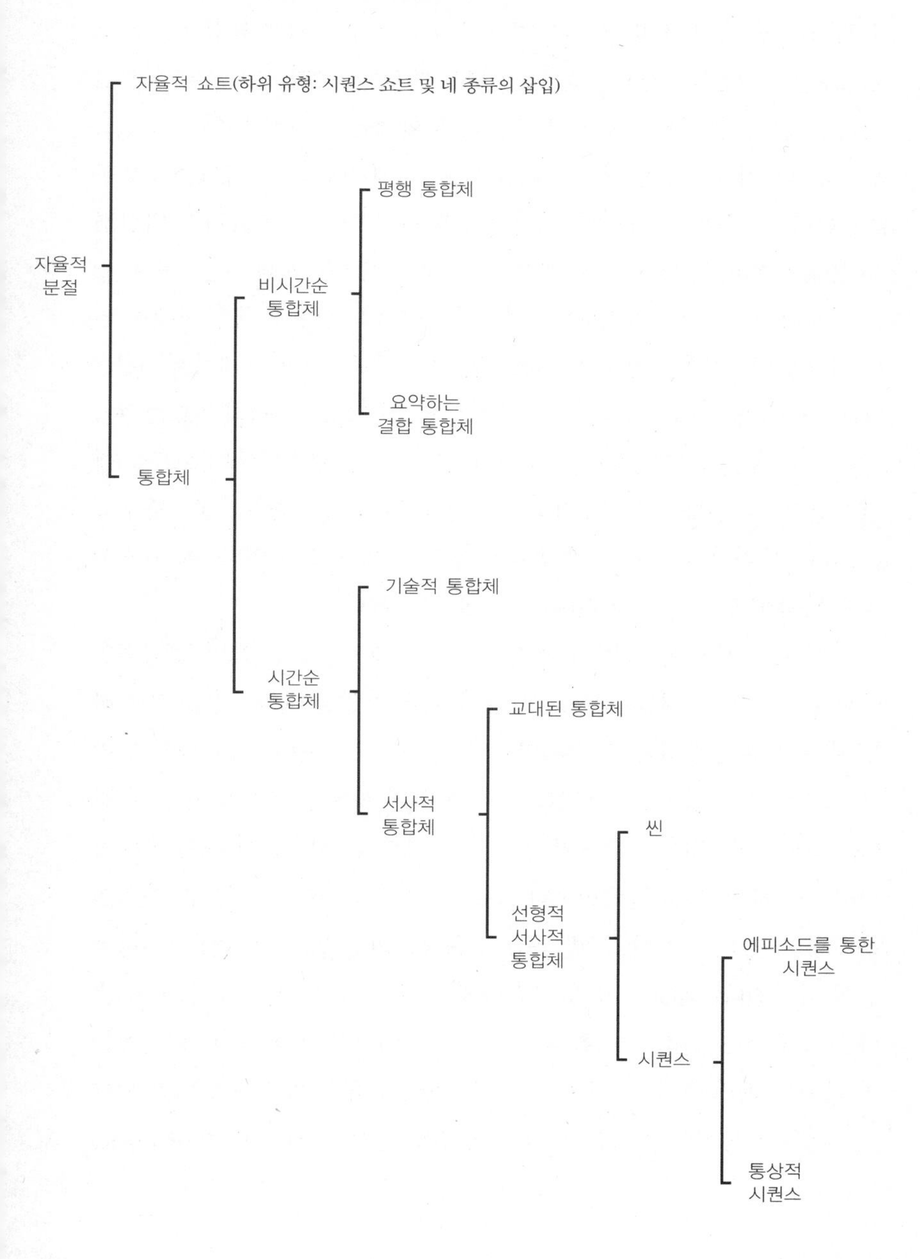

요소들 사이의 시간 관계가 정해지지 않은 채로 남는다. 비시간순의 통합체에는 두 개의 유형, 즉 (예컨대 비유를 나타내는) 평행 통합체paralleles syntagma와 (일반적인 상황이 쇼트들의 빠른 연속으로 개략되는) 요약하는 결합Klammerung 통합체가 있다. 시간순의 통합체는 서사적 통합체narratives Syntagma와 기술적 통합체deskriptives Syntagma(예컨대 줄거리의 장소에 관한 쇼트들)로 구분될 수 있으며, 서사적 통합체는 선형적 통합체와 비선형적 통합체(디에게시스diegesis의 각각의 줄거리 갈래가 동시에 진행되는 A－B－A－B 유형의 교대된 통합체)로 구분될 수 있다. 선형적 통합체에는 씬(줄거리가 연속적으로 진행되고 쇼트들이 시간적으로 직접 잇대어져 연결된다)과 시퀀스(중요하지 않은 줄거리 부분들이 생략되고, 하나의 커트는 하나의 시간 비약을 의미한다)가 속한다. 마지막으로 시퀀스는 에피소드들(짧고 시간순으로 연속되는, 비교적 자체 완결적으로 보이는 줄거리 동인들의 연속Serie)을 통한 시퀀스와 통상적 시퀀스로 더 세분될 수 있다. 메츠는 이것을 다음에 인용한 수형도樹型圖 형태로 묘사한다.

'거대 통합체론'은 그것이 생겨나던 시점에 영화기호학의 결정적인 돌파로 보였고, 실제로 영화적 담론의 조직 차원을 체계적으로 기술하는 데 최초로 성공했다. 그렇지만 수많은 비판적 논평들이, 무엇보다 메츠 스스로가(1973: 175ff.) 이 모델의 가치를 상대화하는 쪽으로 이끌어 간다. 그래서 곧 '거대 통합체'가 일반적인 영화적 코드를 이루는 것이 아니라 기껏해야 고전 극영화에나 그 유효성을 주장할 수 있다는 사실이 분명해진다. 더 나아가, 개별 통합체 유형들의 지위가 완전히 가지각색임이 밝혀진다. 몇몇은 제법 정확하게 그 윤곽을 분명히 할 수 있지만, 다른 것들은 오히려 모호한 채로 남는다. 대부분의 비판이 세부 질문과 관련된 반면에, 두 명의 이론가가－이러한 유형의 내재적 비판 외에도－더욱 근본적인 이의를 제기한다. 카알 디트마 묄러 나스Karl-Dietmar

Möller-Naß와 미셸 콜렝Michel Colin이 그들이다. 두 사람은 이미 메츠가 선택한 재현 형식에서 논의를 시작한다. 수형도에 내재된 위계화는 시퀀스의 두 형태와 씬 같은 통합체 유형이 더 많은 특징들을 통해, 예컨대 기술적 통합체로서 정의되는 결과를 초래한다. 더 나아가 묄러 나스는 '거대 통합체론'이 영화의 통사론Syntax이 아니라 그저 분류 체계, 즉 통합체 유형들의 병렬체Paradigma에 불과하다고 비판한다. 그는 문제를 다음과 같이 다르게 파악하자고 말한다. 한편으로는 '시퀀스' 단위 이하의 영화의 미시구조적 조직을 연구해야 할 테고, 이때 고전적 이론 형성, 그중에서도 몽타주 이론들 및 형식주의에 연결해 볼 수 있으며 동시에 생성변형문법의 인식들을 유익한 방식으로 연관시킬 수 있다(Möller-Naß 1986: 345ff.). 다른 한편으로는, 묄러 나스가 '죄 없이 죄를 덮어쓴unschuldig beschuldigt'이라는 서사 모티프의 예로 명료하게 만들다시피, 영화의 텍스트 이론을 서사문법의 형태로 발전시키는 일이 관건일 터이다(같은 곳: 358ff.). 그러나 영화기호학이 연구할 수 있는 프로그램의 견지에서 볼 때 이러한 비판이 아무리 중요하더라도, 그것은 메츠의 작업이 이룬 결정적인 업적 하나를, 즉 특수하게 영화적인 조직 수준을 가시화하려는 시도를 오인한다. 특수하게 영화적인 조직 수준은 공식화하기 매우 어려운 개별 처리 방식들의 다양성보다 위쪽에 놓여 있으며, 동시에 특수하게 키네마토그래피적인 코드가 아닌 서사적 표현들의 차원보다 아래쪽에 있다(Kessler 1995).

미셸 콜렝의 '거대 통합체론' 비판은 도식이 (그때마다 영화에서 뚜렷하게 드러나는 유형들에서 출발해) 귀납적으로뿐 아니라 (통합체의 일반 개념에서 출발해 이분화의 진척을 거쳐 그때마다의 유형으로 향하는) 연역적으로도 읽힐 수 있노라는 메츠의 확언에서 시작된다. 콜렝은 이 진술을 분석적으로 검증하면서 수형도가 바로 이것을 의미 있는 방식으로 감당해 내지 못한다는 결론에 도달한다. 그는 원래는 두 개의 서로 다른 문제가 '거대 통합체론'에서 뒤섞여 버린다는 사실을 확인하고, 이 두 측면을 분리하려고 시도한다. 첫 번째 문제는 분절화에 해당한다. 여기서는 영화 연쇄체의 어떤 지점에서 자율적 분절체들(통합체나 자율적 쇼트들)이 서로 경계선을 함께 하는지를 확인하는 일이 관건이다. (이때 삽입들은 예외를 이룬다. 여기서는 정의상 다른 분절 속에 자리 잡은 분절들이 문제가 되기 때문이다.) 이로써 여기서는 분절 경계를 규정할 수 있도록 도움을 받을 처리 방식을 만들어 내는 것이 중요하다. 두 번째 문제는 통합체 유형 내지 자율적 쇼트의 범주화에 해당한다. 여기에는 간단한 특징 도표로 표현될 수 있을, 충분한 개수의 기준을 만들어 내는 작업이 필수적이다. 두 논점에 대해 콜렝은 첫 번째 제안을 완성하고, 사례 분석을 하면서 분절 경계와 통합체 경계가 반드시 맞아떨어질 필요는 없다는 흥미로운 확인을 하기에 이른다(Colin 1992: 47ff.).

메츠의 '거대 통합체'는, 그 명백한 불완전성에도 불구하고, 영화기호학의 몇 안 되는 완성된 모델에 속한다. 이것의 가치는 단지 이론사적 가치만이 아니다. 그것은, 무엇보다 미셸 콜렝의 작업이 보여 주듯이, 정확히 표시된 의문 제기의 테두리 안에서 전적으로 유익하게 만들어질 수 있다.

코드, 텍스트, 문법

이후 메츠는 영화언어의 코드성에 관심을 기울인다. 그의 저서《언어와 영화Langage et cinéma》(1971, 독일어판 1973)는 이러한 숙고의 결과물로, 그의 숙고는 궁극적으로 영화에 대한 연구 가능성의 조건들을 코드와 하위 코드의 복합체로서 분석하는 것을 목표로 삼는다. 저작은 대부분 개념들의 해명을 중심에 놓는다. 메츠에 따르자면, 영화언어langage cinématographique는 코드로서 이해될 수는 없고 코드들의 특수한 조합, 더 정확하게는 구성Konfiguration으로서 이해될 수 있으며, 코드 중 몇몇은 영화에 고유하고 다른 것들은 다시금 다른 언어에서도 나타난다. 하르트무트 비톰스키Hartmut Bitomsky(1972)에 의해 기술되고 관객의 체험과 제작 맥락들의 방향으로 확장된 이 코드적 복수성은, 영화 표현재료들의 다양성(움직이는 사진 이미지, 문자, 음향, 음악, 구두언어)을 통해 유발된다. 개별 영화들은 그것들대로 텍스트적 체계이며, 키네마토그래피적 코드와 비키네마토그래피적 코드들을 각기 고유한 방식으로 가공한다. 이로부터 또한 영화에 대한 기호학적 연구와 개별 영화에 대한 분석의 근본적인 차이도 결과로서 나타난다. 다시 말하자면, 키네마토그래피적 코드의 연구는 원칙적으로 점점 더 많은 영화에 해당되지만, 단지 특정한 측면들과만 관련되고 결코 영화를 단수적 총체성으로서 파악하려고 시도하지 않는다. 이러한 방식으로 '표본화된' 코드는 언제나 구성물이다. 메츠는 이와 반대로 개별 영화 체계들을 "키네마토그래피적인 것과 비키네마토그래피적인 것이, 즉 '특수한 것'과 '특수하지 않은 것'이, 서로 접촉하고 밀접하게 서로 교차된" 장소로서 간주한다(Metz 1973: 100). 그러한 텍스트적 체계는 단순히 코드의 덧셈이 아니다. 코드들이 각각 특수한 맥락들 속에서 갱신되기 때문이다. 각각의 영화는 상이한 코드들과 더불어, 그리고 상이한 코드들에 맞서서 구성되고, 이로써 그것들의 '전위Verschiebung'로 귀결된다. 텍스트는 코드들의 정적인 병렬이 아니라 읽기의 다양성을 열어 주는 역동적 관계구조물이다.

이러한 성찰들을 계승하면서, 그리고 1970년대 초에 텍스트성의 문제가 문예학이나 철학 같은 상이한 학문 분야에서 구조주의적 패러다임의 개시로 귀결되는 이론사적 주변 환경 속에서, 그 뒤로 수많은 영화 텍스트 분석들이 발간된다. 구조적 영화기호학은 이러한 작업들에게 여전히 중요한 관련 체계이지만, 정신분석학, 특히나 프로이트의 꿈이론 역시 점점 더 영화 분석 실무에 영향력을 획득한다. 레이몽 벨루(1979, 1999)나 스티븐 히스Stephen Heath(1981), 티에리 쿤첼Thierry Kuntzel(1999) 같은 저자들의 저작이 프랑스와 영국, 미국에서 널리 수용되고 10년 이상 영화학 논의를 지배한다(Bordwell 1989, Blüher/Kessler/Tröhler 1999). 이때 관건은 영화의 의의의 관점에서 영화를 '해석'하는 것이라기보다는 오히려, 대부분 씬 분석이나 시퀀스 분석에 의거해 영화적 의미 생산의 복수적 메커니즘들을 드러내는 일이며, 이때, 적어도 이러한 종류의 가장 영향력이 큰 연구들에서는, 언제나 방법론적 성찰 또한 중요한 역할을 한다.

이론적 스펙트럼의 다른 말단에서도 구조주의적 패러다임에서 벗어나려는 시도들이 생겨난다. 미국의 언어학자 노암 촘스키Noam Chomsky와 그 제자들의 변형생성문법이 영화의 문법성 연구에 필요한 대안적 모델을 제공한다. 이때 관건은 더 이상 키네마토그래피적 코드에 대한 기술이 아니라 형식적 변형 규칙들의 적용을 통해 텍스트의 표층으로부터 그 근저에 놓여 있는, 영화적 진술의 구두언어적 의역Paraphrase으로 재현될 수 있는 통사론적-의미론적 구조의 구성 요소들로 되돌아가는 것이다. 이러한 관점에서 영화의 이해는 궁극적으로 관객의 언어능력에 기인하며, 생성적 영화기호학의 임무는 영화적 담론의 통사론적·의미론적 구성 요소들에서 영화적 담론의 해석을 가능하게 해 주는 형식적 변형 규칙들의 연구와 기술에 있다. 앞서 언급한 미셸 콜렝에 의한 메츠의 '거대 통합체'의 새로운 형태는 이러한 방향을 목표로 삼는다. 병행 몽타주나 쇼트/리버스 쇼트 구조 같은 현상들에 대해서도 변형생성문법을 바탕으로 한 연구들이 있다(Möller 1985, Colin 1985, Chateau 1986).

언명행위, 서사Enunziation, Narration

살펴보았다시피 소쉬르의 언어학에는 '랑그'와 '파롤' 사이에 엄격한 분리가 존재한다. 이러한 구분은 언명행위, 즉 진술 행위 현상에 대한 에밀 방브니스트Emile Benveniste의 이론적 연구를 통해 더 느슨해진다. 이때 중요한 것은 진술된 것, 즉 언명으로부터 그것의 산출 행위, 즉 언명행위를 환기시키는 언어적 요소들(예컨대 1인칭과 2인칭의 인칭대명사, 시제, 공간과 시간의 부사 같은 이른바 직시적deiktisch 요소들)이다. 방브니스트는 그러면서 이야기(histoire)와 담론(discours)을 구분한다. 담론의 화법Modus에서는 화자와 청자가 전제된다. 그리고 담론은 무엇보다 인칭대명사 '나'와 '너'의 사용을 통해 특징지어진다. 이와 반대로 이야기는 1인칭과 2인칭을 배제한다. 방브니스트는 이 화법을 다음과 같은 표현으로 정의 내리는데, 이 표현은 이후에 끊임없이 다시 인용되며, 1970년대에는 어느 정도 할리우드의 각인이 찍힌 고전적 서사영화의 표준 특징으로 부상한다. "정확히 말하자면, 여기에는 더 이상 서술자가 없다. 사건들은 그것들이, 차례대로 이야기의 지평선에 나타나면서, 발생했던 대로 배열된다. 여기서는 아무도 말하지 않는다. 그리고 사건들은 자기 스스로 이야기하는 것처럼 보인다"(Benveniste 1966: 241).

이로써 언명행위 이론의 틀 안에서는 발화된 것에 대한 화자 입장의 관계 면에서 화자의 입장이 언어학에게 주요하다. 그러나 정신분석학 역시 이 문제에 관심을 지니며, 이는 언명행위 이론의 영향사에 지속적으로 영향을 끼친다. 그래서 영화학에서는 언명행위 문제가 처음에는 정신분석학적 관람자 이론의 틀에서 다루어진다(Metz 1977: 111ff.). 하지만 비록 이야기에 대한 방브니스트의 정의가 고전적 극영화에 대한 관람자의 직관적인 인상에 어이없을 정도로 부합하더라도, 할리우드 영화에 자주 보증되어 온 '투명성'은 단지 겉보기에만 그러할 따름이다. 다시 말하자면, 이 화법 역시 하나의 제작물을, 그러니까 하나의 언명행위를 전제로 한다. 이 지점에서 관람자 이론은 서사 연구의 다음과 같은 핵심 질문들과 맞닥뜨린다. 누가 말하는가? 누가 보는가? 누가 무엇을 아는가?

서술관점(시점Point of View)의 문제 영역에서 합류하는 이 질문들은 제라르 쥬네트Gérard Genette(1972)에 의해 문학의 경우에는 엄밀하게 분리된다. 쥬네트는 한편으로 서술심급, 즉 서사적 목소리를 다루고, 다른 한편으로는 좁은 의미에서의 시점을 '초점화Fokussierung'라는 개념 아래 다룬다. 영화서사학은 쥬네트를 이어받으면서—서사 기호학의 틀에서 서사 구조들을 일반적으로 연구하지 않는 이상에는—이 두 갈래를 영화적 서술의 매체적 조건들에 맞게 세분화하고자 시도한다. 영화에서는 서사가 상이한 채널들을 경유해 구성되기 때문에 서사는 어느 정도 '여러 개의 음성으로' 말하며, 따라서 서사적 심급들에 대한 질문이 더욱 복잡해진다. 다른 한편으로—그리고 이에 대해 보완적으로—시점의 문제는 전혀 다른 방식으로 제기된다. 영화에서는 실제로 인물의 시선이 (또는 청각 경험이) 구현될 수 있기 때문이다. 이로부터 어떠한 방식으로 영화가 이러한 서로 다른 차원들을—'중립적' 관점에 대한 인물들의 인지 및 생각을—형상화하는지를 이론적으로 파악하기가 곤란함이 발생한다. 영화서사학 분야에서는 이로써 연구와 국제적 논쟁의 다채로운 앙상블이 생겨나며, 이로써 이 영역이 가장 잘 발전한 영화이론 연구 분과임이 입증된다(Branigan 1984, 1992, Chatman 1990, Gaudreault 1988, Jost 1987, Vernet 1988).

서사 연구의 인식들을 이어받으면서 1980년대에 언명행위 문제가 다시 한 번 다루어졌다. 이탈리아의 기호학자 프란체스코 카세티Francesco Casetti(1990)는 방브니스트의 직시이론에서 출발하며, 제시하는 심급(언명행위자/나ICH)과 제시된 것(언명/그ER), 관람자(피언명행위자/너DU) 사이의 상호작용을 텍스트화용론적 관점에서 고찰한다. 카세티는 이 세 극점들의 관계망을 역동적 커뮤니케이션 상황으로서 기술한다. 그러면서 그는 네 개의 주된 배열들을 구분하고, 그것들을 다음과 같이 돌려서 표현한다.

- 객관적 쇼트: **나**와 **너**, 우리가 **그**를 본다
- 질의interpellation: **나**와 **그**가 **너**를 본다
- 이른바 주관적 쇼트들: **너**와 **그**가 **내가** 너희들에게 보여 주는 것을 본다
- 비현실적 · 객관적 촬영들(예컨대 등장인물의 움직임을 통해 동기가 부여되지 않은, 눈에 띄는 카메라 움직임들): 마치 **네가 나**인 것처럼.

카세티에게 언명행위는 이중의 움직임이다. 그 안에서 영화가 구성되는 동시에 관람자에게 상영되는 움직임 말이다. 이를 통해 영화는 바로 앞에서 언급한 관계망 안에서 끊임없이 바뀌는 관점들을 관람자에게 열어 준다. 카세티의 언명행위 이론은 화용론적이고, 문법적인 인칭들과 연관되어 있으며, 직시적이다.

크리스티앙 메츠(1997)는 이 테제들을 비판적으로 받아들여 대안적인 모델을 개발하는데, 이것은 카세티의 모델에 조목조목 상반된다. 메츠에게 영화적 언명행위는 텍스트적 현상이며, 인칭적이 아니라 메타담론적이다. 그것이 텍스트적인 이유는 메츠가 자신의 분석에서 영화의 언명행위적 구성들을 기술하는 것으로 만족하고 그것들이 관람자에게 끼칠 수 있는 영향은 포함해 생각하지 않기 때문이며, 인칭적이지 않은 까닭은 메츠가 언명행위자와 피언명행위자 같은 인간의 모습을 한 명칭을 거부하기 때문이고(메츠에게는 오로지 기술되어야만 하는, 언명행위의 편재적 과정만이 있을 따름이며, 그 맞은편에 관람자가 있다. 그러나 관람

자는, 이미 살펴보았다시피, 언명행위 이론이 기술할 수 있는 것 너머에 존재한다), 메타담론적인 이유는 메츠가 언명행위를 직시적이라고 파악하지 않고 자신을 생산해 내는 행위로 되돌려 보내는, 영화의 능력으로서 파악하기 때문이다.

비록 두 시도가 각각의 논리적 귀결에서는 서로를 배제하지만, 둘은 서로 대화적인 관계에 있다. 영화에서의 언명행위 문제는 (텍스트 분석에서부터 관람자의 위치 설정에 이르기까지) 서로 다른 질문들에 주요한, 다층적 현상임이 입증된다.

화용론, 인지주의적 영화이론

늦어도 1970년대 중반부터 구조적 기호학의 순수하게 내재적인 관점이 영화/관람자 관계에 대해 문제를 제기하는 쪽으로 스스로를 개방한다. 이러한 문제 제기가 한편으로는 정신분석학적 영화이론을, 다른 한편으로는 화용론적 · 인지주의적 접근들을 지배하는데, 그것들은 이해하려고 노력해야만 하는 것은 영화들이 이해된다는 사실이라는 메츠의 강령적 진술을 다시 받아들여 이를 다른 연관 관계 속에서 논의한다.

화용론적 영화이론의 출발점은 첫째, 텍스트들은 오로지 관람자의 전유를 통해서만 의미 있게 되며, 둘째, 이러한 전유는 서로 다른 요인들의 영향을 받는다는 문제 제기다. 이때 무엇보다도 영화에 대한 관람자의 태도가 결정적인 역할을 한다. 예를 들어 극영화가 극영화로서 기능할 수 있으려면 그것이 특정한 방식으로 관찰되어야만 한다. 카세티는 이때 영화를 이해하는 모든 행위의 불가결한 전제를 이루는 관람자와 영화 사이에 일종의 의사소통적 동맹이 있다고 가정한다.

로제 오댕Roger Odin의 기호화용론은 어떤 의사소통 공간에서 읽기가 이루어지는지에 따라 동일한 하나의 텍스트에 대해 서로 다른 독법을 취함으로써 한 걸음 더 나아간다. 기호화용론에서는 다음과 같은 두 가지 보족적 문제 영역이 구분될 수 있다. 한편으로 기호화용론은 한 영화 유형이 그것이 구상된 대로 기능하려면 이상적으로 관람자가 어떤 작업을 가동시켜야만 하는지를 연구한다. 허구화하는 읽기의 틀에서 관찰되는 허구적 영화에게, 그것은 그중에서도 다음과 같은 것들일 것이다.

- 유비적 기호의 구성(구상화Figurativisierung),
- 세계의 구성(디에게시스화Diegetisierung),
- 이야기의 구성(서사화Narrativisierung),
- 디에게시스 내부의 관계들과 영화에 대한 관람자의 관계의 상동성(동위상화mise en phase),
- 허구적 언명행위자의 구성(허구화Fiktivisierung).

이 작업 중 하나가 차단되면, 이에 상응해 극영화의 작동이 방해받는다. 기호화용론의 두 번째 연구 영역은－어떠한 제도적 틀에서 읽기가 이루어지는가에 따라－하나의 동일한 텍스트를 읽는 여러 가지 읽기 관점의 가능성과 관련된다. 이에 따라 세미나에서 다루어지는 극영화가 허구화하면서 읽히지 않고 기록화하는 읽기 아래 놓인다. 다시 말하자면, 영화나 영화의 개별 부분들이 예컨대 특정한 몽타주 형식이나 영화사적 시기 또는 사회문화적 구현 방식의 '기록'으로서 관찰된다(Odin 1983, 1990, 2000).

마지막으로, 1980년대 이후로 인지과학은 영화사적 연구들이 자양분을 얻는 학문 분야에 속한다. 미국에서는 이러한 인지주의적 접근들이 자주 기호학의 반대 입장으로서 나타나지만, 미셸 콜렝의 저작들(1992)은 양측이 서로 성과 있게 조합될 수 있음을 보여 준다. 전반적으로, 최근의 영화이론 발전들은 반드시 확고한 학문 분야 경계의 고수를 의미하지 않는 생산적 문제 제기를 해 왔다는 사실이 확인된다. 완전히 정반대로, 여러 가지 시도들이 서로 자극을 주는 것은 친숙한 문제들을 더욱 섬세하고 정확하게 다룰 수 있는 가능성을 열어 준다. 구조적 기호학이 자체의 내재적 · 기술記述적 분석에서 한계에 부딪힌 지점에서, 예컨대 화용론적 관점이 기호 과정을 맥락 안에서 파악하고 그래서 논의를 계속 이어 나갈 수 있도록 해 주는 식이다. 또한 그러한 까닭에 지난 몇 년간 자주 죽었다고 일컬어진 영화기호학이 앞으로 더할 나위 없이 활기를 띤다고 주장할 수도 있다. 하지만 그것은 상이한 형태들로 나타나며, 그래서 반드시 첫눈에 알아보지는 못한다(Wuss 1993, Wulff 1999).

워런 벅랜드Warren Buckland가 펴낸《영화 관람자: 기호에서 마음으로 The Film Spectator: From Sign to Mind》(1995)는 원래는 대부분 프랑스어로 된 논문들을 영어로 번역한 중요한 텍스트 모음집으로, 영화기호학의 최근 경향을 기록하고 있다.

참고문헌

ARNHEIM, Rudolf 1974: *Film als Kunst*. München: Hanser.

BALÁZS, Béla 1982: *Schriften zum Film*, Erster Band: *Der sichtbare Mensch. Kritiken und Aufsätze 1922 - 1926*. München: Hanser.

BELLOUR, Raymond 1979: *L'analyse du film*. Paris: Albatros.

_____ 1999: »Der unauffindbare Text«. In: *montage/AV* 8, 1, S. 8-17.

_____ 1999: »Die Analyse in Flammen. Ist die Filmanalyse am Ende?« In: *montage/AV* 8, 1, S. 18-23.

BENVENISTE, Emile 1966: *Problèmes de linguistique générale I*. Paris: Gallimard.

BITOMSKY, Hartmut 1972: *Die Röte des Rots von Technicolor. Kinorealität und Produktionswirklichkeit.* Neuwied, Darmstadt: Luchterhand.

BLÜHER, Dominique/KESSLER, Frank/TRÖHLER, Margrit 1999: »Film als Text. Theorie und Praxis der *analyse textuelle*«. In: *montage/AV* 8, 1, S. 3-7.

BORDWELL, David 1989: *Making Meaning. Inference and Rhetoric in the Interpretation of Cinema.* Cambridge/Mass., London: Harvard University Press.

BRANIGAN, Edward 1984: *Point of View in the Cinema.* Berlin, New York, Amsterdam: Mouton.

_____ 1992: *Narrative Comprehension and Film.* London, New York: Routledge.

BUCKLAND, Warren (Hrsg.) 1995: *The Film Spectator. From Sign to Mind.* Amsterdam: Amsterdam University Press.

CASETTI, Francesco 1990: *D'un regard l'autre. Le film et son spectateur.* Lyon: Presses Universitaires de Lyon.

CHATEAU, Dominique 1986: *Le cinéma comme langage.* Paris: Eds. AISS-IASPA, Publications de la Sorbonne.

CHATMAN, Seymour 1990: *Coming to Terms. The Rhetoric of Narrative in Fiction and Film.* Ithaca, London: Cornell University Press.

COLIN, Michel 1985: *Langue, film, discours. Prolégomènes à une sémiologie générative du film.* Paris: Klincksieck.

_____ 1992: »La grande syntagmatique revisitée«. In: Ders.: *Cinéma, Télévision, Cognition.* Nancy: Presses Universitaires de Nancy, S. 47-84.

DELEUZE, Gilles 1989: *Das Bewegungs-Bild. Kino 1.* Frankfurt a.M.: Suhrkamp.

_____ 1991: *Das Zeit-Bild. Kino 2.* Frankfurt a.M.: Suhrkamp.

DOSSE, François 1999: *Geschichte des Strukturalismus.* 2 Bände. Frankfurt a. M.: Fischer.

ECO, Umberto 1971: »Die Gliederung des filmischen Code«. In: Knilli, Friedrich (Hrsg.): *Semiotik des Films. Mit Analysen kommerzieller Pornos und revolutionärer Agitationsfilme.* München: Hanser, S. 70-93.

_____ 1972: *Einführung in die Semiotik.* München: Fink/UTB.

_____ 1977: *Zeichen. Einführung in einen Begriff und seine Geschichte*, Frankfurt a. M.: Suhrkamp.

ELSAESSER, Thomas/POPPE, Emile 1994: »Film«. In: Asher, R.E. (Hrsg.): *The Encyclopedia of Language and Linguistics.* Band 3. Oxford, New York, Seoul, Tokyo: Pergamon Press, S. 1225-1241.

GENETTE, Gerard 1972: *Figures III.* Paris: Seuil.

GAUDREAULT, André 1988: *Du littéraire au filmique. Système du récit.* Paris: Klincksieck.

HEATH, Stephen 1981: *Questions of Cinema.* London: Macmillan.

HANSEN, Miriam 1985: »Universal Language and Democratic Culture: Myths of Origin in Early American Cinema«. In: Meindl, D./Horlacher, F. W (Hrsg.): *Mythos und Aufklärung in der amerikanischen Literatur. Myth and Enlightment in American Literature*. Erlangen: Universitätsbund Erlangen-Nürnberg, S. 321-351.

HOENSCH, Jarmila 1981: »Film und Semiotik. Eine semiotische Darstellung des Filmmediums«. In: Plebe, Armando (Hrsg.): *Semiotica ed estetica. Semiotik und Ästhetik*. Rom: II Libro – Field Education Italiana, Baden-Baden: Ägis Verlag, S. 215-235.

JOST, François 1987: *L'œil-caméra. Entre film et roman*. 2. Aufl., Lyon: Presses Universitaires de Lyon.

KESSLER, Frank 1995: »La grande syntagmatique re-située«. In: *Les cahiers du CIRCAV 6-7*, S. 184-194.

KUNTZEL, Thierry 1999: »Die Filmarbeit, 2«. In: *montage/AV* 8, 1, S. 25-84.

LOTMAN, Jurij M. 1977: *Probleme der Kinoästhetik. Einführung in die Semiotik des Films*. Frankfurt a.M.: Syndikat.

METZ, Christian 1964: »Le cinéma: langue ou langage?«. In: *Communications 4*, S. 52-90.

_____ 1972: *Semiologie des Films*. München: Fink.

_____ 1973: *Sprache und Film*. Frankfurt a.M.: Athenäum.

_____ 1977: *Le signifiant imaginaire. Psychoanalyse et cinéma*. Paris: UGE 10/18, 1977.

_____ 1977: *Die unpersönliche Enunziation oder der Ort des Films*. Münster: Nodus Publikationen, 1997.

_____ 1998: »Probleme der Denotation im Spielfilm«. In: Albersmeier, Franz-Josef (Hrsg.): *Texte zur Theorie des Films*. 3. Aufl., Stuttgart: Reclam, 1998, S. 321-370.

MÖLLER, Karl-Dietmar 1985: »Aspekte der Parallelmontage (2). Parallelmontage in einem Nazi-Propagandafilm«. In: *Papmaks* 13, S. 119-163.

MÖLLER-NASS, Karl-Dietmar 1986: *Filmsprache. Eine kritische Theoriegeschichte*. Münster: MAkS-Publikationen.

MORRIS, Charles William 1988: *Grundlagen der Zeichentheorie. Ästhetik, und Zeichentheorie*. Frankfurt a.M.: Fischer.

NAGL, Ludwig 1992: *Charles Sanders Peirce*, Frankfurt a.M., New York: Campus.

NÖTH, Winfried 2000: *Handbuch der Semiotik*. 2., vollst. neu bearb. und erw. Aufl., Stuttgart, Weimar: Metzler.

ODIN, Roger 1983: »Pour une sémio-pragmatique du cinéma«. In: *Iris* 1, 1, S. 67-82.

_____ 1988: »Du spectateur fictionnalisant au nouveau spectateur: approche sémiopragmatique«. In *Iris* 5, 1, 1988, S. 121-139.

_____ 1990: »Dokumentarischer Film – dokumentarisierende Lektüre«. In: Blümlinger, Christa (Hrsg.): *Sprung im Spiegel. Filmisches Wahrnehmen zwischen Fiktion und Wirklichkeit.* Wien: Sonderzahl, 1990, S. 125-146.

_____ 2000 : *De la fiction.* Brüssel: De Boeck.

PASOLINI, Pier Paolo 1982: *Ketzererfahrungen.* Frankfurt a.M., Berlin, Wien: Ullstein.

PEIRCE, Charles Sanders 1983: *Phänomen und Logik der Zeichen.* Frankfurt a.M.: Suhrkamp.

PETERS, Jan Marie 1950: *De taal van de film.* Den Haag: Govers.

_____ 1971: »Bild und Bedeutung. Zur Semiologie des Films«. In: Knilli, Friedrich (Hrsg.): *Semiotik des Films. Mit Analysen kommerzieller Pornos und revolutionärer Agitationsfilme.* München: Hanser, S. 56-69.

PUDOVKIN, Vsevolod 1983: *Die Zeit in Großaufnahme.* Berlin/DDR: Henschel.

SPOTTISWOODE, Raymond 1935: *A Grammar of the Film: An Analysis of Film Technique.* London: Faber and Faber.

SAUSSURE, Ferdinand De 1967: *Grundlagen der allgemeinen Sprachwissenschaft.* 2. Aufl., Berlin: Walter de Gruyter.

THOMPSON, Kristin 1995: »Neoformalistische Filmanalyse. Ein Ansatz, viele Methoden«. In: *montage/AV* 4, 1, S. 23-62.

TRABANT, Jürgen 1989: *Zeichen des Menschen. Elemente der Semiotik.* Frankfurt a.M.: Fischer.

TYNJANOV, Jurij/JAKOBSON, Roman 1979: »Probleme der Literatur und Sprachforschung«. In: Jakobson, Roman: *Poetik.* Frankfurt a.M.: Suhrkamp, S. 63-66

VERNET, Marc 1988: *Figures de l'absence.* Paris: Eds. de l'Etoile.

WOLLEN, Peter 1998: *Signs and Meaning in the Cinema.* Expanded Edition, London: BFI.

WULFF, Hans-Jürgen 1999: *Darstellen und Zeigen. Elemente einer Pragmasemiotik des Films.* Tübingen: Gunter Narr.

WUSS, Peter 1993: *Filmanalyse und Psychologie. Strukturen des Films im Wahrnehmungsprozeß.* Berlin: Ed. Sigma.

영화 분석

〈JFK〉 미국 | 1991 | 감독 올리버 스톤

프랑크 케슬러

〈JFK〉는 비단 더할 나위 없이 성공적인 영화일 뿐 아니라, 무엇보다 이데올로기적 견지에서 매우 논란이 컸던 영화이다. 〈JFK〉는 한편으로는 스타를 투입한 극영화면서, 다른 한편으로는 정치적 논의에서 특정한 입장을 취한다. 영화는 케네디의 살해로 귀결되는 사건의 한 버전을 보여 주는데, 이것은 다음과 같은 단 하나의 결론만을 용인한다. 즉, 이 미국 대통령은 최고의 국가 기관들마저 연루된 정치적 공모의 희생자이다. 그러면서 영화는, 차라리 일차원적이라고 할 그 논증 방식에도 불구하고, 스타일의 견지에서나 담론의 견지에서나 무척이나 복합적이다. 역사적 기록물과 정치스릴러 사이를 이리저리 넘나들면서, 영화는 여러 가지 출처에서 나온 영상 자료와 음향 자료를 활용하고 이를 통해 기호학적 과정의 다양성을 작동시킨다. 다름 아니라 텍스트의 정제된 전략이 복잡한 담론 구조를 만들어 내는데, 그 매력에서 헤어나기는 무척 어렵다. 이러한 복합성은 영화의 시작 분절체에서 특히 분명한 방식으로 드러난다. 이 분절체는 일종의 프롤로그로서 기능하며 케네디의 살해와 더불어 끝난다. 그러고 나서야 비로소 케빈 코스트너Kevin Costner가 연기한 검사의 사후 조사로 핵심적 영화 줄거리가 시작된다. 이제 이어지는 분석에서는 역사적 · 정치적 논증과 서사적 표본들의 혼합이 이 프롤로그에서 어떻게 기능하는지를 제시하고자 한다.

이 분절체는 채 7분이 못 되는 길이며, 세 부분으로 조직되어 있다. 첫 번째 부분은 약 4분 길이로, 다큐멘터리 자료로만 구성되어 있다. 자료는 우선 아이젠하워 대통령이 그가 군산복합체라고 부르는 세력의 힘이 증가하는 것을 경고하는 텔레비전 연설을 보여 준다. 빠르고 연속적으로 케네디의 선거, 쿠바 위기의 다양한 측면들, 베트남 분쟁, 마틴 루터 킹이나 말콤 X 같은 유명 인사들, 그리고 거듭해서 공직에 있는 케네디와 사인私人 케네디의 영상들이 이어진다. 이 부분의 끝자락에 1963년 여름 케네디가 한 연설의 클립들이 인용되는데, 그 마지막 말이 케네디와 그의 가족을 보여 주는 일련의 컬러 영상들에 부가된다. "우리는 모두 언젠가 죽습니다We are all mortal." 컬러와 흑백이 섞인 다큐멘터리 영상 자료는 지극히 이질적이다. 텔레비전 클립과 주간뉴스 클립 및 개인 촬영물들이 빠르게 이어지며 교체되는 가운데 음악이 극적 기능과 조직 기능을 지닌다. 몽타주 자체는 통일된 담론을 만들어 내지 않고, 맥락은 다큐멘터리 자료를 어느 정도 설명해 주는 녹음된 논평 텍스트들을 통해서만 생겨난다. 텍스트와 이미지의 연결로부터 갈등과 위기의 시기, 그러나 또한 희망과 새 출발의 시기로서의 케네디 시대에 대한 묘사가 생겨난다.

대략 50초 길이의 두 번째 부분은, 한 여자가 벌판 사이로 난 외딴 길에서 자동차 밖으로 내동댕이쳐지는 쇼트로 시작된다. 나중에 우리는 그녀가 병원 침대에 누워 있는 것을 보게 되는데, 거기에서 그녀는 케네디 암살이 임박했음을 경고한다. 두 명의 공무원이 있었지만, 그들은 그 경고를 진지하게 받아들이지 않는 듯 보인다. 이 쇼트들과 교대되면서 우리는 케네디가 텍사스에 등장하는 다큐멘터리 영상을 보게 된다. 음향이 불협화음 같은 효과를 내서, 관람자는 여자가 절박하게 내뱉은 경고 이상은 알아듣지 못한다.

대략 2분 정도 걸리는 세 번째 부분의 첫 번째 쇼트에서 우리는 댈러스의 공항에서부터 움직이기 시작하는 케네디의 호송 행렬을 본다. 다음과 같이 날짜가 삽입된다. 1963년 11월 22일. 거의 전체 시퀀스에 빠른 연타의 북소리가 변화하는 행진 리듬으로 배경에 깔린다. 댈러스를 가로지르는 케네디의 차량 이동, 암살이 일어나게 될 장소 인근에서 벌어지는 이런저런 사건들, 케네디에 대한 '수배' 전단의 비非디에게시스적 삽입, 그리고 마지막으로 한 시계를 보여 주는 일련의 쇼트들(12:15, 12:18, 12:22, 12:25, 그리고 마침내 12:30)의 다큐멘터리 영상과 연출된 영상이 복잡한 이형교체Alternation로 나타난다. 나부끼는 깃발, 어느 집 전면의 스위시 팬Reißschwenk, 그 다음에는 촬영 중인 한 남자가 이어진다. 이제 음악이 멈추고, 카메라 돌아가는 소리만 여전한 가운데 호송 행렬이 계속 이동한다. 차 안의 케네디는 (슬로모션으로) 손을 흔들고, 그런 다음 영상이 검게 변한다. 총성이 울리고, 뒤이어 총기를 장전하는 소리가 들린다. 극단적인 로우앵글로 지붕 귀퉁이, 새들이 날아오른다. 연이어서 CBS 뉴스 단신의 로고, 그리고 마지막으로 주행 중인 대통령 차를 담은 마지막 쇼트.

이 시작 분절체는 일련의 수많은 기능들을 갖고 있다. 그것은 역사적인 배경 정보를 전달하고, 중요한 주제적 모티프들(무엇보다 케네디에 대한 공모의 모티프)을 도입하고, 뒤잇는 줄거리를 유발시키는 사건을 보여주며, 관람자들에게 다큐멘터리적인 역사적 촬영물과 이후에 영화의 마지막까지 지배적으로 이어지는 연출된 영상들 사이에 다리를 놓아준다. 여기서는 무엇보다 디에게시스적 시간 관계의 단계적 구성이 결정적인 역할을 한다. 왜냐하면 이러한 방식으로 영화의 서사가 작동되기 시작하고, 동시에 텍스트화용론적 차원 전환을 결과로 낳는, 언명행위의 전위가 이루어지기 때문이다. 이러한 다양한 과정을 이제부터 짧게 기술할까 한다.

시작 분절체의 첫 부분은 여러 견지에서 메츠의 '거대 통합체'의 '요약하는 결합의 통합체'와 유사하다. 개별 쇼트들 내지 쇼트 블록들의 몽타주는 디에게시스적 시간 관계를 외시의적으로 의미하지 않으며, 주로 영상을 역사적 사건 및 데이터들과 연결시키는 구두 논평의 삽화적인 설명으로서 기능한다. 더 나아가, 제시된 것은 또한 대부분의 경우 그때마다의 구체적인 사건들을 환기하기보다는 오히려 일반적인 역사적·정치적 상황을 보증한다.

두 번째 부분은 디에게시스적 연관들의 몽타주를 만들어 낸다. 여자의 쇼트들과 텍사스에 있는 케네디 영상들의 이형교체는, 비록 아직은 비교적 미정일지라도, 이 두 연속체 사이의 시간적 관계를 만들어 낸다. 동시에 여기에서 이후의 영화 진행에 중요한 주제가 도입된다. 다시 말하자면, 여자의 진술은 케네디를 살해하려는 공모를 지적하는데, 그러면서 관청들이 적절하게 반응하지 않는다는 사실 역시 분명해진다.

시작에서의 페이드인이 알려 주다시피, 1963년 11월 22일의 사건을 보여 주는 세 번째 부분의 복잡한 이형교체는 명백하게 서사적 구조를 지닌다. 여기서는 상이한 연속체들의 몽타주가 외시의적으로 동시성을 의미하는데, 동시성은 시계에 대한 인터컷Zwischenschnitt들로 더욱 강조된다. 케네디에 대한 살해가 그날 12시 30분에 댈러스에서 벌어졌다는 (아마 미국 관객에게는 그냥 전제될 수 있을) 관람자의 선지식은, 시각時刻의 인서트가 치명적인 암살의 순간이 막을 수 없이 임박해 오게 만들고 이로써 또한 서사적 긴장을 만들어 내는 일종의 카운트다운처럼 보이도록 만든다. 하지만 이런 선지식이 없더라도 이 시점에 무슨 일이 벌어질 게 틀림없다는 점이 분명해진다. 교체되는 통합체가 말하자면 동시에 디에게시스적 공간도 창조해 내며, 이때 암살의 장소는 케네디의 호송 행렬이 이동해 가는 목적지로서 묘사된다. 시계에 대한 고집스러운 인터컷과 '수배' 전단, 그리고 호송 행렬이 이 지점에 도달한 순간 음향 차원에서 일어나는 급작스러운 전환을 통해, 여기에서 극적인 사건이 벌어질 게 틀림없음이 의심할 나위 없어진다.

서사의 화법은 이로써, 본래의 극 줄거리가 시작되기 전에, 단계적으로 확립된다. 이것은 또한 언명행위 차원에서의 연속적인 전위도 내포한다. 첫 번째 부분은 영상을 통해 관람자에게 삽화적으로 설명되는 역사적 정보들을 전달하는 논평 음성에 지배된다. 여기서는 담론의 언명행위적 화법이 우세하다. 그러나 이것은 오직 겉보기에만 객관적인 보고이다. 논평은 케네디를 희망의 체현으로서 내보인다. 하지만 그것은 이루어지지 못한 채로 남아야만 한다. 마지막 쇼트는 오랫동안 느긋하게, 개인으로서, 말을 쓰다듬는 케네디의 영상에 머무르고, 그러는 동안에 "우리는 모두 언젠가 죽습니다"라는 말이 들린다.

두 번째 부분을 시작하는 명백하게 연출된 촬영을 통해 사용역Register의 전환이 암시된다. 언명행위는 서사의 사용역으로 이행해 들어가고, 디에게시스적 연관들이 만들어진다. 세 번째 부분에서 드디어 서사적 경향이 명백하게 우세해지고, 국지적인 '포인트 오브 뷰' 쇼트들을 통해 관람자의 시선이 줄거리 안으로 유입된다. 게다가, 보았다시피, 서사적 긴장 또한 구축된다.

이 모든 것은 이 프롤로그의 텍스트화용론적 위상에도 결과들을 가져온다. 첫 번째 부분이 다큐멘터리화하는 읽기 화법을 요구하는 반면에, 다른 두 부분에서는 서사화의 증가와 명백하게 연출된 쇼트들의 존재가 적어도 부분적으로나마 더 허구화하는 읽기로의 이행을 유발한다. 하지만 다큐멘터리적 촬영물과 연출된 영상의 혼합은 언명행위의 완전한 허구화를 차단하고, 분절체의 텍스트화용론적 위상은 미결 상태로 머문다.

이러한 양가성은 영화의 나머지 진행 경과에서도 계속해서 작용한다. 〈JFK〉는 연기자들이 역사적 인물들을 구현하고 줄거리가 정치스릴러 형태를 띠는 극영화이다. 하지만 동시에 영화는 역사적 사건의 공식적인 버전에 의문을 제기하는 단호한 정치적 태도를 뚜렷하게 표출하기도 한다. 프롤로그는 영화에서 이 두 측면이 더할 나위 없이 효과적인 방식으로 직조되는 장소이다. 관람자는 단계적으로 서사적 극 줄거리 속으로 인도될 뿐만 아니라, 극영화의 수단들로 역사적이고 정치적으로 입장을 취하는 담론적 전략에 입문되기도 한다. 그러나 절대로 '역사적 진실'이 무엇인지에 대한 냉철하고 비판적인 제시가 문제가 아니라 '사물을 보는 관점'이 가용한 모든 수단을 동원해 감정적으로 축적되어 있다는 사실도 분명해진다. 하지만 이러한 담론적 전략은 그 기반에 깔려 있는 기호학적 과정을 연구해야만 비로소 분석적으로 파악할 수 있다.

4

영화와 정신분석학

헤어만 카펠호프

영화와 정신분석학의 관계

영화와 정신분석학적 무의식 이론의 관계는 독특한 명증으로 특징지어진다. 이 둘은 단지 상징적 탄생 연도뿐 아니라 그것들에 관해 유포된 진부한 생각들 역시 공유한다. 그것이 '꿈'과 '꿈공장'이라는 낭만적 표상이든, 아니면 오로지 '그것 하나'가 문제라는 점을 이미 알고 있던 건강한 인간 이성의 표상이든 간에 말이다. 성적인 것의 의미, 정동적 과정의 우세, 시각적 환상의 강조. 다시 말하자면, 영화는 정신분석 이론의 대상에 부합하는 심리적 활동들의 매트릭스에 의해 규정되는 듯이 보인다. 이에 견주어 볼 때 영화이론과 정신분석학의 관계는 단편적이다. 정확히 말하자면 그것은 부분적으로는 강조된 접근을 통해 특징지어지지만, 그러한 접근은 거듭해서 중단되거나 상호 간의 오인들로 이어졌다. 영화의 해석이 작가의 무의식적 환상의 분석이 되어 버렸든, 아니면 복잡한 정신분석학적 구상들이 영화 분석의 도식으로 축소되거나 거꾸로 영화들이 그러한 구상의 투사면이 되어 버렸든 간에 말이다.

정신분석학의 담론은 일차적으로 이론적인 담론이 아니다. 그것의 토대는 '대화 치료talking cure', 즉 무한하게 증식하는 분석적 대화의 실무이다. 프로이트의 '꿈 해석'을 생각해 보면, 정신분석학의 이론 형성은 이러한 끝없는 대화를 개념들로 정리하고, 성찰하고, 방법론적으로 규칙을 세우려는 시도이다. 그것 자체가 자신이 대상으로서 구상하려는, 대화와 해석이 벌이는 상호작용의 일부이다. 영화의 담론은 또 그것대로 환상 활동의 문화적 실천이며, 이에 상응하게 이론적으로 규정되어 있고자 한다. 어떤 경우든 정신분석 이론과 영화이론의 모든 연계는 영화를 사회와 그 개인들의 무의식에 대한 특수한 관계를 유지 관리하는 교류 과정의 매체로서 파악한다는 점을 전제로 삼고 있다. 그러나 그렇다면 영화는 분석적 담론에 비견되는 실천, 즉 의식된 상징적 활동을 무의식적 심리 활동에 연계시키는 셈이다. 영화관의 어두운 공간은, 정신분석학적 대화의 공간처럼, 자기구상과 거부Verwerfung의 공간, 대상점유Objektbesetzung와 전이Übertragung의 공간, 동일시와 투사의 공간이라 하겠다. 사회적 관계의 격리실, 즉 보이지 않는 청자의 투사면 앞에서 이루어지는 연상적 대화는 다른 극단에서 자신의 상응물을 발견할지도 모른다. 스크린의 영상 앞에 있는 관람자 무리가 느끼는 동일한 형태의 기분이 그것이다. 모든 영화가 이러한 어두움을 목표로 하고 있으며 이 어둠의 매체 속에서 작업한다(Schlüpmann 1999)는 생각은 정신분석학적 영화이론의 주요한 원천으로 간주될 수 있는 표상, 즉 '영화 장치'와 '심리 장치' 사이의 유사성으로 귀결된다.

오늘날의 시점에서 보자면, 이러한 생각에 접근하는 것은 1970~80년대의 영화이론 논의에서 정신분석학적 구상들이 단순화됨으로써 어려워졌던 것으로 보인다. 개념들을 자신들의 경험 토대로부터 떼어 낸 것은 일반화로 귀결되고 말았고, 이것은 오히려 정신분석학과 영화이론의 연결을 가로막았다. 그러므로 여기서는 정체되어 버린 대화로 되돌아오듯 정신분석학과 영화의 관계로 되돌아와 보고자 한다. 영화이론의 다양한 개념적 차용을 소개하는 것이 아니라, 공동의 대상에 대한 성찰 속에서 소실선Fluchtlinie이 만들어질 것이다. 이때 이 소실선이, 예컨대 성차와 성정체성 문제에 대한 시선으로, 완전히 다르게 구성될 수도 있으리라는 사실을 염두에 두어야만 한다. '오이디푸스적'이라고 부를 수 있을 이 다른 소실선이 언젠가는 함께 생각될 것이다.

담론적인 구성 관계

1960년대 말에 영화의 매체이론에 대한 독창적인 정신분석학적 접근으로서 이해될 수 있을 만한 충분한 이유가 있는 정리Theorem 하나가 떠올랐다. 장 루이 보드리Jean Louis Baudry가 프로이트의 '심리 장치'에 대한 유비 관계에서 '키네마토그래피 장치'라는 구상을 발전시킨 것이다. 그러면서 그는 논문 〈영화: 그 기본 장치가 만들어 낸 이데올로기적 효과Cinema: effets ideologiques produits par l'appareil de base〉(앞으로는 영역본인 〈기본적 영화 장치의 이데올로기적 효과Ideological Effects of the Basic Cinematographic Apparatus〉(1986)에 따라 인용)에서 영화 수용의 기술적 · 공간적 배치를 관람자의 지각적 · 정동적 · 인지적 활동의 디스포지티프Dispositiv라고 해석했다. 이러한 표상을 더욱 정확하게 펼치려면 현대영화이론 논의 내부에 존재하는 정신분석학적 이론의 단초들이 의도한 바와 그 상이한 입장들을 확인해 놓는 것이 의미가 있다.

그 당시에 고다르와 다른 영화인들이 영화의 인지 체계, 즉 영화언어 자체를 미학적으로 탐구하기 위해 선전했던 '형식의 정치'라는 미학적 구상과 병행해, 영화이론 영역에서는 다음과 같은 유사한 정신의 질문이 제기되었다. 영화의 내용과 무관하게 이데올로기적 의식을 매개하고 만들어 내는 구조들이 영화에서 기술될 수 있는가? 이때 이러한 질문이 몰려들던 역사적 시점은 이 질문이 제기되던 담론적 장소만큼이나 해명해 주는 바가 많다. 왜냐하면 뒤이은 논의는 1968년 5월 이후의 프랑스 사회이론을 규정한 이데올로기 비판적 강조 없이는 거의 납득하기 어렵기 때문이다. 사회제도와 지배에 대한 비판에는 분명히 좌파적 정치 구상과 제도들도 포함되어 있었다. 비판은 어떤 이해관계와 의도에서 나왔는지와 무관하게 사회적 재현 형식을 겨냥했다.

이러한 극단화는 정치를 포괄적 권력이론에서 새롭게 정초하기 위해 마르크스주의에 기반한 이데올로기 비판을 구조주의적, 언어이론적, 정신분적학적 사고 모델로 혁신하려는 시도들에서 그 이론적 표현을 발견했다. 무기력하게 경험된, '허위의식'에 대한 비판 대신에 그러한 의식을 만들어 내는 사회적 의사소통의 언어 조정과 선택 메커니즘들에 대한 분석이 등장했다. 이해로부터, 작품과 기록, 텍스트의 의미로부터가 아니라 애초에 의미 있는 이해를 가능하게 하는 기술 가능한 형식적 통제 체계와 구조들로부터 출발한다는, 구조주의적 방법론의 근본 사상이 이제 권력이론적으로 전환되었다. 사회의 모든 진술 형식, 제도 및 일상 관례 속 '권력의 미시구조들'에 대한 분석은 이제 더 이상 비판이 아니라 전복으로서 이해된 정치적 실천의 이론적 근거점을 형성했다.

이데올로기를 생산하는 장치

이 같은 이론적 형세로부터 영화이론에는 앞서 언급한, 영화를 이데올로기를 생산하는 심급으로 만드는 영화 수용 구조에 대한 질문이 뒤따랐다. 이것은 우선 영화비평의 새로운 규정을 의미했다. 더 이상 영화의 내용, 영화의 이야기와 서사들이 아니라 매체 특유의 구현 형식과 서사적 구조, 영화적 코드들이 이데올로기 비판적 분석의 대상이 되었다.

이때 다음과 같은 두 방향이 구분될 수 있다. 한편에는 영화적 서술방식들의 표준화된 코드, 즉 할리우드 영화의 고전적 서사에 대한 분석이 있고, 다른 한편에는 의식을 구조화하는 장치로서의 영화 매체가 뿌리내리고 있는 기술적 토대를 파악하려는 시도가 있다. 두 방향에 공통된 점은, 그것들이 특정한 수용 방식의 의식 형성 기능을 강조하고 이때 광범위한 심리적 활동을 전제로 한다는 사실이다. 다름 아닌 정동적, 지각적, 상상적 의식 기능들에 대한 분석이 관심의 중심에 놓인다. 이것은 이제 정신분석학적 구상들의 의미를 해명해 준다. 그리고 이런 맥락에서 이 구상들에는 일차적으로 환상 활동과 쾌락 충족을 통해 규정된 문화적 실천을 영화에서 기술하는 과제가 부여된다. 다음과 같은 두 개의 이론적 접근이 이러한 구상을 패러다임적으로 책임진다. '봉합Suture' 이론과 '장치' 이론이 그것이다. 한번은 영화관에서 관람자의 활동이 영화 텍스트의 구조와 영화 구현 양태의 구조를 통해, 특히나 고전 할리우드 영화의 코드들을 통해 결정되고 미리 형성된다고 간주되고, 다른 한번은 장치를 통해, 영화의 매체적 디스포지티프를 통해 그렇게 된다고 간주된다(Lowry 1992). 이러한 시도들의 상호적인 환기에서 중첩들의 장場이 생겨나는데, 이는 뒤이어 스케치될 것이다(Paech 1985).

영화는 이데올로기를 생산하는 장치이며, 이 장치는 영화적 인지의 구조 속에서 부르주아 이데올로기를 효과적으로 유포한다고 한다. 보드리의 이 테제는 우선 카메라 영상을, 더 정확하게는 '단안적單眼的' 또는 '기하학적' 원근법, 즉 사진 이미지의 중앙원근법Zentralperspektive을 겨냥한다. 보드리의 테제의 중심점이자 요점은 이데올로기 비판의 근본적 사고 패턴, 즉 역사적인, 즉 사회적으로 만들어진 인공적인 상황들이 자연스러운 본원성의 허울 속에 숨어 있다는 표상이다. 이 표상은 상품물신Warenfetisch이라는 마르크스주의 개념으로 거슬러 올라가며, 이 논의의 테두리 안에서 다양한 방식으로 기호학적·구조주의적·정신분석학적 해석을 경험한다. 영화 영상의 리얼리즘 효과, 즉 '마치 실재처럼 존재함Wie-real-Sein'의 효과는 이 도식을 따르자면 이데올로기적 기만을 의미한다. '실재의 가상'에 문화적 실천의 완전히 인공적인 집합체의 기술적 구성과 미학적 구상, 이데올로기적 기능이 감추어져 있다는 것이다. 중앙원근법적 이미지는 이러한 영화 장치의 일반적 경향을 드러내는 외적인 간접 증거가 되는데, 영화 장치는 이 중앙원근법적 이미지들의 근원 없는 자연성이라는 가상을 목표로 한다고 일컬어진다. 보드리는 영화는 자신의 기술적 구조에 의거해 실재 효과로 자신의 생산물이 지닌 사회적 성격을 알아채지 못하게 기만한다고 주장한다.

권능을 부여하는 시선

이 성찰에서 중앙원근법적 이미지는 마치 카메라 이미지의 기능 방식이 이데올로기적 의식의 기능과 동일시될 수 있는 보편적 메타포인 듯한 역할을 한다. 다시 말하자면, 콰트로첸토Quattrocento[1] 조형예술에서 지배적인 시각적 구현 양태가 되었던 중앙원근법이 재현의 새로운 형식과 동일하다는 말이다. 중앙원근법이 중세 세계상의 종말 이후에, 상실된 중심점, 즉 대지를 유동적 주체와 이 주체의 인지 활동으로 바꾸어 놓음으로써 세계 전체에 관한 새로운 견해를 재조직한다는 것이다 (Baudry 1986: 286). 시각적 인지의 이 같은 코드화는 주체의 통일하는 시선 속에서 주체가 세계와 맺는 관계의 무결성을 확보해 주고, 상실된 형이상학적 세계상의 총체성을 상쇄해 준다고 한다. 이 구조는 주체의 통일하는 시선의 표현을 근대의 과학적 사유에서 발견한다. 다시 말하자면, 과학적 묘사 체계와 사유 형식들의 주체-객체-관계에는 이데올로기적 기능이 편입되어 있노라는 말이다. 카메라의 시선에, 디스포지티프에,

1 '400'이라는 뜻의 이탈리아어로, 대략 초기 르네상스 시대에 해당하는 1400년대 이탈리아 미술의 시대 개념과 시대 양식을 뜻한다.

이러한 구조가 복제기술로서 대상화되어 있다고 한다. 키네마토그래피적 이미지의 가상적 연속성은 사실상의 불연속성에 대해 과학적 사유의 총체화하는 주체-객체-관계가 파악 불가능한 실재들에 대해 갖는 것과 같은 관계에 있다는 것이다.

그런데 이러한 생각은 그 자체로는 정신분석학의 이론 형성과 반드시 어떤 관련이 있지는 않다. 이것이 관람자의 환상 활동과 정동적 만족에 발을 내디디고 이미지의 가상적 실재에 대한 관람자의 쾌락의 뒤를 쫓을 때, 비로소 이 생각은 정신분석학적 문제 제기에 근접한다. 말하자면 그런 뒤에야, 도대체 어떤 기능이 주체의 심리 경제Ökonomie 안에서 키네마토그래피 이미지의 (보드리뿐만 아니라 크리스티앙 메츠도 체계상의 의도에서 사용한 개념인) '실재인상Realitätseindruck'에 부여되는지에 대한 의문이 제기된다. 도식적으로 요약하자면, 그 대답은 다음과 같다. 키네마토그래피 이미지는 세계를 감싸고 세계를 지배하는 시선의 환영이며, 그 시선에는 파편적인 실재가 총체성으로서 나타난다. 관람자는 이 시선과 하나가 됨으로써 자신의 과대환상에 쾌락과 만족을 제공한다. 카메라 시선과의 동일시에서 관람자는 자신의 무결성을 확신하는 강력한 주체로서 스스로를 경험한다.

보드리는 이 생각에 하나의 개념적인 구분, 심리 장치라는 프로이트의 구상으로부터 직접적으로 연원한 구분을 도입한다. 그는 관람자가 카메라 시선과 맺는 '일차적 동일시'를 영화의 프로타고니스트들과의 '이차적 동일시'라는 통상적 표상에 맞세운다(Baudry 1986: 293f.). 프로이트가 구상한 무의식적 일차과정의 기능 양태에서는 심리 장치의 정신분석학적 모델을 영화 장치에 전용시키고 이데올로기적 기능을 하도록 만드는 것이 아무런 문제도 없어 보인다. 적어도 이 주제에 대한 보드리의 첫 번째 논문은 그렇게 요약될 수 있다. "영화에 의해 모방된 '실재'는 그러므로 무엇보다 '자아'의 그것이다. 그러나 반영된 이미지는 신체 자체의 이미지가 아니라 이미 의미로서 주어진 세계의 이미지이므로, 동일시의 두 단계를 구분해 볼 수 있다. 첫 번째 단계는, 이미지 자체에 부과된 것으로, 이차적 동일시의 중심으로서 표현된 등장인물에서 연원하며, 끊임없이 계속해 쟁취되고 재확립되어야만 하는 정체성을 띤다. 두 번째 단계는 첫 번째 단계의 발현을 용인하며 그것을 '작동하게' 만든다. 이것이 이 '세계'를 구성하고 지배하는 카메라에 의해 그 자리가 대체되는 초월적 존재이다(같은 곳: 295).

이 대담에서는 이론적 연관 체계들이 뒤섞인다. 이데올로기 비판적 사고 패턴과 나란히, 철학사적으로 앎의 통일성을 확보해 준 초월적 주체라는 인식론적 구상에 대한 비판이 등장한다. 이 둘, 즉 이데올로기적 의식에 대한 비판과 인식 주체에 대한 비판은 모두 인류학에 가까운 한 소실선에, 즉 '강력한 주체'로서의 인간 개인의 자아 구성에 연계되었다. 이데올로기적 의식과 인식론의 지적 주체, 정신분석 이론의 욕망하는 주체에 대한 비판의 이 같은 크로스오버가 전체 논쟁의 본질적인 추진력이다. 그러나 이후 끊임없이 거듭 인용된 이 사고 구조의 모범은 프로이트가 아니라 라캉의 초기 작업, 즉 유아의 거울단계에 대한 구상에서 차용된다(같은 곳: 293ff.).

상상적인 것 - 라캉

라캉은 시론 〈자아 기능의 조형자로서의 거울단계Das Spiegelstadium als Bildner der Ichfunktion〉(1973)에서 프로이트의 '환상Phantasie' 개념과는 엄격하게 구분해야만 하는 '상상적인 것/상상계das Imaginäre' 개념을 체계화한다. 정신분석학의 대상 영역의 세 가지 기본 범주 중 하나로서—자신으로서는 파악할 수 없는 외적인 것에 대한 주체의 관계를 뜻하는 실재적인 것/실재계das Reale와 세계에 대한 주체의 언어적으로 구조화된 관계를 뜻하는 상징적인 것/상징계das Symbolische와 더불어—상상적인 것은 한편으로는 일차적으로 언어적으로 구조화된 것이 아니라 '유사한 것의 이미지', 즉 거울 이미지를 통해 구조화된, 자기 자신에 대한 주체의 관계를 지칭한다. 그리고 다른 한편으로는 상상적인 것으로 이 일차적 자아 연관을 통해 미리 각인된 모든 심리적 기능들이 의미된다. 그러므로 한편으로는 언어적 세계에 들어서기 이전의 자아-기능(Ich=moi) 형성이 이야기되고, 다른 한편으로는 외부 세계에 대한 자아의 관계를 규정하는, 언어적으로 구조화된 자아-의식(Ich=je)의 환상적인 핵심이 이야기되는 것이다. 그러므로 상상적인 것은 양태(유사한 것의 이미지)와 일차적 환상의 기능권, 즉 이상적인 나('이상적 자아Ideal-Ich')의 첫 번째 이미지에 대한 기능적인 관계를 지칭한다. 이 일차적 환상은 아직 언어가 없는 아이가 거울 이미지를 발견하는 탓이다.

라캉은 거울단계를 언어 의식 이전의 일차적 동일시 과정의 모델로서 구성한다. 이 과정의 '자아'는 아직 주체와 대상세계를 구분할 줄 모르며, 오로지 유동하는 점유지점Besetzungspunkt들과 정체성 지점Identitätspunkt들밖에는 모른다. 그리고 자아의 욕동欲動 간격들은 조직하는 신체 이미지 없이 진행되며, 자아에게는 항상 마치 외부로부터인 것처럼, 즉 세계가, 어머니가 나타나는 곳으로부터인 것처럼 온다. 자아는 대상관계들 대신에 세계에 '상상적으로 사로잡힌 상태'의 영역을 만들어 낸다(Nasio 1999: 42). 주체의 세계와 객체의 세계, 어머니와 아이의 이러한 융합이 바로 일차적, 나르시시즘적 인지 과정의 특징으로서 간주되는 바이다.

이러한 열려 있는 동일시 움직임 안에서 거울 이미지의 발견이 첫 번째 결정점을 형성한다. 운동적으로 지배할 수 있고, 그러므로 이상적으로 나의 것일 수도 있는, 외부의 무결성의 이미지가 그것이다. 거울 이미지에 대한 이 자아(moi)의 쾌락은 바로 자아가 실제로는 틀림없이 결여하고 있는 무엇인가에 대한 가상적 체험에 있다. 실제의 인지 지각과는 달리 거울 이미지는 파악할 수 있고 지배할 수 있는 완전성을 구현한다. 그것은 보상적인 기만으로서 불충분한 운동성의 현실에, 그리고 자아와 세계가 확고한 중심점 설정 없이 서로 섞여 들어가는 이질적 지각 세계에 맞선다. 자아 정체성의 토대는 하나의 이미지, 즉 무결성을 띠며 지배할 수 있는 신체의 환상이며, 그 속에서 주체는 자신의 실제적 무력함을 알지 못한다. 라캉의 거울단계는 근원적 동일시Ur-Identifikation의 많든 적든 구성된 가정이며, 주체의 심리적 무결성을 확보해 주는 본래적 자기기만의 디스포지티프이다.

거울 - 영사막

처음에는 이 주체의 구성적 자기기만이라는 표상이 키네마토그래피적 구현의 실재 효과와 연결되었다. 마치 자신의 거울 이미지를 발견한 유아의 환호가 중앙원근법의 소실점에서 '신의 위치에' 있다고 망상하는 지각하는 주체의 환영과 동일하기라도 한듯이, 거기에 영화의 이데올로기적 핵심이 있다고들 보았다(Metz 1994: 1011). 스크린이 거울-영사막, 즉 무결적이며 멋들어진 자기 이미지의 "스크린-거울"이 되었으며, 그것은 관람자에게 보상적인 거대환상들의 나르시시즘적 쾌락을 매개해 준다(Baudry 1986: 293). 어쨌거나, 환호하는 '거울-자아'라는 생각은 영화이론에서

'주체의 고양'으로 읽혀지고, 계속 그렇게 씌어졌다(Winkler 1992: 26f.).

그렇지만 심리학적으로 보자면 관건은 필수적인 심리적 기능의 형성이다. '거울-자아'는 세계에 대해 절대로 주체의 막강함의 과잉 상태에 있는 것이 아니라 점차적으로 발전하는 자아상의 토대를 구현한다. 그것은 모든 정체성 형성의 전제를 형성하며, 이로써 개인의 심리적 작동 능력의 토대를 형성한다. 무결적인 자아상의 이 상상적 토대의 너머에는 정신병의 환상Phantasma들이 있다. 그리고 결코 해방된 주체성이 있는 게 아니다(Kohut 1995).

일차적 동일시는, 주체가 다른 사람들을 거울 이미지로서 인지함으로써 주체가 다른 사람들의 근거에 맞서서 두드러져 보이는 첫 번째 움직임을 지칭한다. 그것은, 평형바퀴나 마찬가지로, 끊임없이 계속되는 동일시의 움직임들 속에서 속행되며, 자아는 이러한 동일시의 움직임들로 다른 사람들의 이미지를 마치 그것이 '거울 속 자아'의 개별적인 모습인 듯이 자기 안에 받아들인다. 라캉에게는 이 특징적인 모습들이 언제나 다른 사람들의 욕망의 이미지이다. 그렇게 보자면 '거울-자아'는 언제나 타인의 소망들의 거울 이미지인 리비도적 소망의 환상들의 장場을 열어젖힌다. 첫 번째 자아 연관은 정체성의 의식이 아니라 환상의 공간, 욕망의 이미지들을 연다(Nasio 1999: 43f.).

이 일차적 동일시 과정 및 인지 과정이라는 구상이 키네마토그래피적 인지에 관한 이론에 끼치는 광범위한 영향은 영화이론에서 우선은 주의를 끌지 못한 채로 머문다. 그러나 영화를 이데올로기를 생산하는 장치로서 파악하려는 보드리의 시도는 처음에는 현격하게 축소된, 일차적 동일시 개념으로 귀결된다. 그리고 바로 이러한 축소에서 이 개념은 성공을 거둔다. 세계의 통일성과 이 세계의 중앙에 놓인 주체의 위치를 매개하는 시선과의 동일시로서 말이다.

상상적인 것의 기표

정신분석학적 영화이론에 대한 아마도 가장 근본적인 논문이자, 적어도 가장 잘 알려진 논문인 크리스티앙 메츠의 〈상상적인 것의 기표Le Signifiant imaginaire〉(1975b) 또한, 그가 '훔쳐 보는 사람의 시각적 쾌락'이라던가 '페티시스트들의 기만' 같은 정신분석학적 이론 조각들을 영화 수용의 구조적 여건으로 적용할 때, 이러한 축소를 재생산한다(Brinckmann 1989). 메츠는 거울 도식을 영화 관람자에게 전용하는 것을 반대하는 바로 그 지점에서, 일차적 동일시의 기능들에 대한 확장된 이해에 도달한다.

메츠의 경우에도 역시 키네마토그래피적 수용 방식의 디스포지티프를 구성하는 일이 출발점을 형성한다. 그러나 이미 제목에서 그는 이데올로기를 생산하는 장치에 관한 표상의 수정을 암시한다. 기표라는 개념은 관람자의 상상 활동을 구체적인 영화 텍스트들의 상징적 기능과 매개하려는 시도를 환기시킨다. 그러니까 메츠는 개별 영화를 자신의 성찰에 포함시키고, 관람자의 활동이 각각의 구체적으로 디에게시스적인 공간을 목표로 하고 있으며 이러한 공간을 통해 구조가 부여된다고 파악한다. 이때 영화 관람자의 태도는 미적 성찰의 태도도 의사소통의 태도도 아니다. 다시 말하자면, 소설이 읽기 활동이듯이 영화는 듣고 보기의 활동이라는 말이다. 그리고 이러한 인지는 일상적인 인지의 양태가 아니라 동일시적으로, 이미지 대상에 대한 리비도의 점유로서 수행된다. 관람자는 영화를 평가하지도 않고 이해하지도 않으며, 오히려 그것을 향유하거나 폐제廢除하고, 사랑하거나 거부한다고 한다. 메츠는 애초부터 자신의 대상을 다음과 같이 정신분석학적으로 정의내린다. 영화는 관람자의 사랑의 대상이며, 고전적인 영화는 정동적 만족의 문화적 실천이라는 것이다. 관람자에게 이러한 만족의 근원은 각기 구체적인 영화의, 꿈에 비견될 수 있을 정도로 외적 현실처럼 나타나는 환상 세계에 항상 새롭게 잠기는 것이다. 카메라와의 동일시가 아니라는 말이다. 메츠는 '거울-영사막' 대신에 영화의 디스포지티프를 '허구적 공간'의 디스포지티프로서 개발하는데, 그 공간은 관람자에게 거듭해서 영화적 서사의 상상적 우주가 된다.

메츠는 일관된 논리로 동일시적 인지의 양태 또한 영화적 조직Textur을 통해 구조화된 과정으로서 구상한다. 영화의 허구적인 세계가 전체로서 관람자의 시선에 이용 가능해질 수 있는 까닭은, 다름 아니라 관람자가 구현된 세계의 일부가 아니기 때문이며, 그가 거울에서처럼 자신의 이미지와 조우하는 것이 아니기 때문이라고 하겠다. 오히려 관람자는 쇼트마다 각각의 쇼트에 없는 것과, 즉 장면이 쇼트에 스스로를 드러내는 시선과 동일시한다. 쇼트는 관람자에게 보이지 않는 카메라의 눈에 대한 반복되는 환기가 된다. 이 시선과의 동일시는 모든 것을 포괄하는 인지의 장소를 지칭하며, 이 장소는 관람자에게 디에게시스의 우주의 정신적 구조 속의 동질적 공간으로서 실현된다. "영화에서, 스크린에 나오는 것은 언제나 다른 사람이다. 나로 말하자면, 나는 그를 보기 위해 거기에 있다. 나는 지각된 것에 참여하지 않는다. 정반대로 나는 **모든 것을 인지한다**all-perceiving. 사람들이 말하듯이 전능하다all-powerfull는 의미에서 모든 것을 인지한다(이것은 영화가 자신의 관람자에게 주는 '편재성ubiquity'의 선물이다). 모든 것을 인지하는 것은, 역시, 내가 완전히 인지하는 심급의 편에 있기 때문이다. 다시 말하자면, 스크린에는 부재하지만 관람석에는 분명히 존재하는, 그것이 없다면 아무도 인지된 것을 인지하지 못할 거대한 눈과 귀, 다른 말로 하자면, 영화를 기의가 되게끔 **구성하는** 심급 말이다"(Metz 1986: 252).

상징적 구조 - 봉합

메츠가 이러한 생각을 명시적으로 '거울-자아'와 구분한다면, 그는 명백하게 영화 장치 이론을 정신분석학적 영화이론의 텍스트이론적 시도, 즉 봉합 이론과 연결하고자 하는 셈이다(Heath 1977/78, Silverman 1986, Paech 1985). 어쨌거나, 앞서 묘사된 동일시 구조는 이 구상의 근본적인 생각들에 기대고 있는 듯하다. 고전적 서사영화의 코드화에서는 인지하는 의식의 장소가 관람자에게 항구적으로 할당된다고 한다. 관람자는 자신이 언제나 부재하는 카메라의 눈을 대신하고, 빈자리를 메우고, 쇼트마다 파편화된 영상들을 동질적 공간이 되도록 짜 맞추고 있는 줄 안다는 것이다. 관람자 자신의 인지 활동은 파편화된 영상들이 짜 맞춰지는 이음매를 형성한다. 그래서 '봉합' 개념인 것이다.

이 테제는 범례적으로 영화 몽타주의 쇼트-리버스 쇼트 방식을 예로 삼아 설명된다. 첫 번째 쇼트는 뒤따르는 쇼트, 즉 리버스 쇼트에서 관람자가 보게 되는 것을 보고 있는 등장인물의 시선을 보여 준다고 한다. 카메라의 부재하는 시선은 관람자에게 이전의 쇼트를 통해 공간적으로 표시되고 이로써 디에게시스 공간의 구성 요소가 된다. 관람자가 이 영상을, 예컨대 조금 전에 본 등장인물의 시선으로서 해석하려 한다면, 그는 필연적으로 자신이 이 장소로 옮겨졌다고 생각해야만 한다. 그러므로 디에게시스 공간의 구성에는 이미지에 대해 관람자가 머릿속으로는, 거기에서 보면 이미지가 시선으로서 이해되는 장소로 가 있는 것이 전제된다(Dayan 1974). 관람자가 여기서 두 개의 분리된 쇼트를 매번 부재하는 시점에 연관시킴으로써 공간적 표상 능력으로 이 쇼트들을 연결하듯이, 관람자의 인지 역시 모든 추가적 쇼트들을 동질적 공간의 표상 속에서 연결시킨다.

이것은 우선은 더 이상 관람자가 영화의 이미지 공간 속에서 내적으로 방향을 잡는 것으로 기술되지 않는다(Wulff 1999: 77ff.). 그러나 라캉의 정신분석학의 관점에서는 동질적인 공간의 인지적 구성이 다시금 주체의 상상적 자기연관을, 즉 그 자체로 온전하고 완벽하며 스스로 현존하는 자아의 환영을 환기시킨다. 무한하게 서로 환기시키는 시선 위치들의 연쇄에서 관람자는 스스로를 궁극적으로 뜻해진 존재로서, 자기 스스로 현존하는 견고한 존재로서 경험한다. 메츠가 묘사하는 영화관의 관람자는, 메츠가 처음에 거리를 두었던 이데올로기 비판적 독법보다 훨씬 더 '거울-자아' 모델에 상응한다. 이데올로기적 독법은 "단안적 원근법의 (그러므로 **카메라**의) 역할을 고집하고, 관람자-주체를 위한 빈 장소를, 즉 신 자신의 것이거나 더욱 폭넓게는 궁극적으로 의미되는 몇몇의 것인 전능한 위치를 새겨 넣는 '소실점'을 고집한다"(Metz 1986: 253).

상징적인 환기들의 연속에서 최종적 의미가 차지하는 이 위치는 얼추 라캉에게서 발달한, 즉 언어능력이 있는 자아를 위한 상상적인 것의 기능이라 불릴 수 있는 바를 지칭한다. 관람자를 통해 동질적 공간을 인지적으로 구성한다는 것은 바로 상징적 활동을 상상의 통일화하는 기능과 피드백시키는 것을 일컫는데, 상상의 통일화하는 기능에서는 이상적 이미지를 통한 첫 번째 나르시시즘적 현혹이 계속해서 영향을 끼치고 있다. 이러한 유비 관계가 형성되는 배경은 상상적 자아-심급(moi)이 두 번째 단계에서 기표들의 연쇄가 기입되는 장소, 즉 자아-기능(je)의 언어적 조직화가 이루어지는 장소가 된다는 라캉의 표상이다. 상상적 자기연관은 상징적 질서(언어, 법칙, 사회적인 것)가 그 안에 둥지를 틀고 구체적인 주체들에서 발생할 수 있는 매개체를 형성한다. "자아(moi)와 상상적 관계는 상징적 실재(언어, 법칙 등등)가 주체의 실재 속에 저장될 수 있으려면 필수적이다"(Nasio 1999: 45). 이것이 궁극적으로 일차적 과정과 이차적 과정의 기능권에 대한 라캉의 독법이다. "상징적인 것은 그렇게 상상적인 것에 대한 우위를 점하며, 자아-이상〔초자아〕은 자아〔이상적 자아〕에 대한 우위를 점한다. 상징적인 것이 상상적인 것을 간섭하고 그것을 조직한다"(같은 곳: 44).

이러한 표상을 영화에 전용하면서 두 개의 관점이 전면에 부각된다. 하나는 영화 영상의 상징적 구조가 관람자의 상상적 활동의 차원에서 사회적 질서 체계 및 규칙 체계를 기입하는 열려 있는 과정이라는 생각이며, 다른 하나는 자신의 인지가 섞여 들어가는 동질적 디에게시스 세계의 허구 안에서 이 과정이 관람자에게 더 이상 상징적 구조로서 접근 가능하지 않다는 사실이다. 마치 그것이 꿈의 이차적 가공을 거치기라도 한 것처럼, 관람자에게는 이야기와 사건이 '외적 실재의 인지처럼' 제시되지 상징적 구현으로 제시되지 않는다. 관람자는 문화적 모범들과 사회적 권력 구조들이 실제로 자신에게 매개되는 동안에 정동적 만족을 경험한다.

관람자는, 메츠의 표현을 빌리자면, '영화'라는 대상에 자신을 리비도적으로 연결함으로써 상상의 포로가 되며, 이론가는 영화의 상징적 구조를 비로소 펼쳐 보이기 위해 이러한 상상을 파괴해야만 한다.

일차적 동일시

메츠가 '모든 것을 인지하는 시선'의 위치를 거울 앞 아이의 시선과 구분하는 것은 영화적 인지의 과정성을 두드러지게 만들기 위함이다. 메츠는 영화의 공간적 디스포지티프에서 영화적 인지의 시간적 구조로 넘어간다고 말할 수 있을 법하다. 개별 영화를 보는 행위에서 영화 장치의 디스포지티프를 선험적으로 가능하게 만드는 인지가 실현된다. 이 때 구체적인 영화는 텍스트적 구조로서보다는 오히려 관람자를 상징적으로 매개된 실재 연관에 결합되어 있는 것으로부터 풀어 놓는 과정으로서 눈에 들어온다. 그것은 영화적 인지에서, 일차적 동일시와 비슷해지는, 스크린 이미지와 관람자 사이의 관계 구조를 드러내 보인다. 이 과정은 간주관적 교환 과정들을 포함하는데, 이것은 인지하는 주체의 언어적으로 매개된 객체 관계와는 분명하게 구분된다. 메츠에게는 '모든 것을 인지하는 눈'의 위치가 영화 영상이 지닌 허구성의 핵심을 형성한다. 다시 말하자면, 그것은 정신분석학이 일차적 심리 활동으로서, 즉 자아 형성 이전과 언어 습득 이전에 주체를 무의식적으로 조직화하는 것으로서 가정하는 바로 그 불명확한, 대상세계에 '나르시시즘적으로 사로잡힌 상태'를 기술한다. 어쨌거나 메츠의 성찰은 일차적 나르시시즘의 기본적인 기능들과 '일차적 동일시'의 형태들을 맴돈다(Freud 1921, Kristeva 1989: 26f., Benjamin 1993: 13ff.).

영화의 이미지 언어와 나르시시즘적 인지 형태들의 유사성은 무엇 때문에 키네마토그래피적 인지가 특별한 방식으로 감정적으로 축적되었다고 여겨지는지를 해명해 줄 수 있다. 만약 관람자가 영상을 정동적으로 점유한다면, 그는 동시에 영상을 자기 자신의 소망들의 기호로 변화시키는 셈이다. 영화 이미지는 관람자의 내적 활동의 이미지가 되며, 그의 소망환상의 체제 바로 아래 놓인다. 키네마토그래피적 영상은 영화적 과정에서 관람자의 환상Phantasma과 소망상의 양태에 동화되고, 그것은 관람자에게 상상적인 것의 기표가 된다. 다시 말하자면, 관람자는 그것을 꿈꾸지는 않지만 꾸었을 수도 있는 꿈을 보듯 영화를 본다.

그러므로 '모든 것을 인지하는 자아'라는 거대환상은 오히려 나르시시즘적 융합의 '모든 것 안에' 그리고 '어디에나 있음'에 상응한다. 대상

세계와 관련해 볼 때, 주체의 우위는 모든 사물적인 모양에서 꿈꾸는 사람의 느낌을 나타내는, 꿈의 시각성에 상응한다. '모든 것의 인지'라는 환영은 '유모차에서 바라보는 아이의 시선'에 흡사해지는 인지를 가리키며, '열쇠 구멍을 통해 보는 절시증竊視症적 시선' 이전의, '언어 이전의 보기와 듣기'를 가리킨다(Koch 1989: 26). 그렇다면 키네마토그래피적 인지라는 구상은, 꿈꾸는 사람이나 배고픈 젖먹이의 환각에서 마주치듯, 원시적인 시각적 쾌락에, 오이디푸스적 정체성 구조의 하부에 자리 잡는다. "유아기의 삶과 또한 원시인의 삶은 보기의 쾌락과 이미지를 통해 의사소통을 하는 쾌락으로 가득하다. 우리의 삶에는 보기의 경험과 연관된 시기가 존재한다. 그리고 보기는 '시각적 쾌락'으로 가득하다. 보기를 통한 경험은 오랜 심리적 유산으로서 우리 안에 유지되고 있다"(Montani/Pietranera, Zeul 1994: 984에서 재인용). 일차적인 시각적 쾌감에 대한 이 같은 가설을 추적해 보자.

퇴행

메츠가 언급했듯이, 영화 관람자들은 필연적으로 언어 습득 이전의 아동보다 나이가 많고 그들에게는 일차적 동일시가 더 이상 기능적으로 필수적이지 않지만, 그럼에도 불구하고 그들에게서는 이러한 심리적 활동이 상징적 활동의 하부에서 계속 진행된다. 그러한 한에서 키네마토그래피적 인지가 관람자들에게 일차과정적 진행 과정들을 활성화시킨다는 테제는 다음과 같은 정신분석학적 이론 형성의 발견술적 전제 하나를 포함한다. 심리 활동은 그 발달 단계들에서 기능적 부분 체계를 만들어 내며, 그것들은 많든 적든 완전히 발달한 심리 체계의 상호작용에 통합되어 유지된다는 것이다. 비록 심리 활동이 변형과 전위에 시간 의식을 불러일으킨다고는 하지만, 그 자체는 시간 초월적이다. "우리는 무의식적인 마음의 과정들이 그 자체로는 '시간 초월적'이라는 사실을 알게 되었다. 그 말은 우선 그것들이 시간적으로 정리되지 않는다는 점, 시간이 그것들의 아무것도 바꿔 놓지 않는다는 점, 그것들에 시간 표상을 접근시킬 수 없음을 뜻한다"(Freud 1920: 238). 그러므로 프로이트의 '심리 장치'는 모종의 방식으로 심리적 발달 과정의 공간적 배치, 상이한 단계의 시간 층위들의 동시적 기술에 다름 아니다. 그 자체로는 시간 초월적인 심리 체계의 시간적 층위화라는 이 표상은, 프로이트의 메타심리학에서 모든 심리적 활동의 운동법칙의 근거가 되는 선험적인 원칙이다. 퇴행의 원칙이 바로 그것인데, 퇴행 원칙은 이미《꿈의 해석Traumdeutung》(1900)의 메타심리학적 배치의 중심에 있으며, 프로이트는 이를《쾌락원칙의 저편Jenseits des Lustprinzips》(1920)에서 죽음본능의 역설로까지 발전시켰다. 모든 소망은 뒤로 가려는 노력이다. "그러므로 욕동은 생명을 지닌 유기체에 내재하는, 이전의 상태를 회복하려는 갈망일 터이다"(Freud 1920: 246).

퇴행, 즉 완전히 발달한 자아-기능들의 문턱 아래로 심리적 활동이 가라앉는 것은 "마음의 장치의 일차적 작업 방식"이라는 구상의 핵심을 형성한다(같은 곳: 219). 이는 수면이나 백일몽 상태에서 일상적 경험에 속한다. 메츠는 영화 관람자와 관련해 이러한 진행 과정의 심리적 메커니즘을 다음과 같이 요약한 바 있다. "리비도의 자아로의 후퇴, 외부 세계에 대한 관심의 잠정적 지양, 그리고 적어도 점유의 실제적 형태에서 대상으로부터 점유의 후퇴. 이러한 견지에서 황당무계한 영화는 우리의 어둠의 영역과 무책임성을 가득 채우는, 이미지와 음향들의 춤이자 정동성과 행동장애의 회화 작품이다"(Metz 1994: 1011).

언어 발달 이전적인 것의 정신분석학

퇴행, 아이의 나르시시즘적 발달 수준에 맞고 성인의 꿈 이미지에서 마주치는 일차적 동일시의 유동적 점유, 그리고 마지막으로 환각적인 성격의 장면 및 이미지, 즉 환영과 관련된 시각적 쾌락은 영화에서 언어 발달 이전적인 것의 메타심리학의 개념적 지주들을 형성한다. 그것들은 영화에 대한 모든 독창적 정신분석학적 접근에 근본적이며, 영화를 일차적 심리 활동의 일상적 경험, 꿈꾸기 경험과 비교했을 때부터 이미 언제나 영화에 대해 관철되어 왔다.

왜냐하면 자아-기능의 완화에 대한 표상, 즉 퇴행이라는 구상은 꿈꾸는 사람의 환상 활동이 영화 관람자의 인지 활동과 동일하다는 널리 유포된 표상에 대한 논리적 전제를 형성하기 때문이다. "꿈과 영화는 흡사 본성적으로 서로 뒤엉켜 있는 것처럼 보인다"(Zeul 1994: 983). 이러한 퇴행운동의 촉발 동인들로 가정되어 온 것은 영화 수용의 항상 동일한 측면들, 즉 영화관의 어둠, 관람자의 부동성, 시각적 인지의 과도한 강조, 일상적 인지의 차단, 시간감각의 소멸이다. 이 점에서 메츠와 보드리의 작업들은 영화에 대한 이전의 정신분석학적 접근들과 일치한다(Ruhs 1989, Zeul 1994). '영화상태Filmzustand'는, 메츠가 적다시피, 꿈을 꾸고 있음을 알고 있는 꿈 상태, 즉 수면의 경계에서의 심리 활동이다. 그리고 그것은 '운동의 억제 면에서 작은 수면'이라고 한다(Metz 1994: 1020). 넘쳐흐르는 외부적 인지 동안 운동적 반출의 결여는, 즉 일상 현실로부터 차단된 상태에서 영화 이미지의 흐름은, 동시에 이루어지는 내부 인지의 과잉점유 과정에서 엄청나게 적극적인 인지의 조건들을 만들어 낸다고 한다. 그 결과, 관람자는 차폐된 감각 반응들의 엄청난 주의력으로 영화 이미지를 마치 꿈의 환각처럼 경험한다는 것이다.

비판 이론Kritische Theorie에 의해서도 퇴행적 과정의 정신분석학적 구상이 영화에 제시되었다. 이데올로기 비판적 도식에서 '퇴행' 개념은 대부분 문화산업의 조작적이고 보상적이며 의식기만적인 기능을 겨냥한다. 그러나 모사를 넘어서는 영화의 가능성들에 관한 아도르노의 사색은 이러한 관점의 변경을 포함한다. "예를 들어 1년 동안 도시에 있다가 여러 주 동안 고산지대에 머물면서 그곳에서 모든 일에 대해 금욕을 실천하는 사람에게는 뜻밖에도 잠을 자거나 선잠이 든 중에 풍경의 다채로운 이미지들이 기분 좋게 자신을 스쳐 지나가거나 통과해 가는 일이 일어나는 수도 있다. (…) 그러한 이미지의 행렬은 영화에 대해서, 눈의 세계가 회화에 대해 혹은 청각의 세계가 음악에 대해 지니는 관계와 마찬가지일 수 있겠다. 이런 방식의 경험을 객관화하면서 재생산하는 것으로서 영화는 예술일 것이다"(Adorno 1971: 353ff.). 아도르노의 성찰에서는 퇴행적인 회상 과정 및 환상 과정의 생산적 기능 방식들이 분명하게 감지된다. 여기서도 역시 일차적 인지 형식들을 환기시키는 '상상적인 것의 기표들', 주관적 실재의 이미지들이 언급된다. 이 '이미지들의 행렬'은 안과 밖을 알지 못하며, 오히려, 실재의 인상들로서, 관람자를 가로질러 지나간다. 영화적 이미지는 "융합되어 있다는, 이미지들 및 그것들의 움직임과 하나가 된다는 공생의 느낌" 속에서 실현된다(Koch 1989: 26). 게어트루트 코흐Gertrud Koch는 이러한 표현으로 영화의 가능성들에 대한 아도르노의 질문을 다음과 같이 더욱 정확히 규정한다. "전체적으로 영화는 '확고한 자아의 모든 결정화 이전에 놓여 있는' 경험 형태들을 '객관화하기' 위한 미적 가능성들을 제공하지 않는가"(같은 곳).

꿈을 생산하는 장치

언어 발달 이전의 느낌과 생각의 정신분석학은 영화적 인지의 디스포지티프에 대한 보드리의 두 번째 논문 〈디스포지티프: 실재인상의 메타심리학적 접근Le dispositif: approches metapsychologique de l'impression de realite〉(1975)에서도 중심에 있다. 앞으로는 독일어 번역본인 〈디스포지티프: 실재인상의 메타심리학적 고찰들Dispositiv: Metapsychologische Betrachtungen des Realitatseindrucks〉(1994)에 따라 인용한다. 문제 제기는 제목에 이르기까지도 메츠(1975a, 1994)의 그것과 동일하다. 두 사람 모두 영화 관람자의 인지 과정 및 감각 과정에 관한 메타심리학적 접근을 이야기하며, 이때 둘 다 명시적으로 프로이트의 꿈이론과 거기에서 개발된, 꿈의 기능 방식에 대한 메타심리학적 모델로 되돌아온다.

보드리와 메츠의 메타심리학적 성찰의 중심에는 키네마토그래피적 이미지가 실재의 모사가 아니라 실재 효과와 실재인상을 생산한다는 테제가 놓여 있다. 영화는 넘치도록 풍부한 인지 세계, 압도적인 실재인상을 매개하는데, 그것은 동시에 비현실성의 징후들도 담고 있다고 한다. 보드리가 명명하듯이 이러한 '실재 이상(以上)Mehr-als-Real'의 효과는, 메츠가 보기에는 영화를 다른 모든 예술보다 더 우리를 상상적인 것에, 즉 무의식적 환상 활동에 엮어 넣는 심리 활동의 장소로서 규정하는 데 근거를 두고 있다. 관람자는 한편으로는 스크린 이미지가 그저 하나의 이미지(하나의 상징적 관계)에 불과하다는 사실을 알면서도 동시에 현혹의 상태를 즐기는, 역설적인 상태 안에서 움직인다. 키네마토그래피적 이미지를 통해 매개되어, 관람자는 '진짜 세계'를 마치 그것이 자기 꿈들의 환상 이미지이기라도 한 듯이 본다. 꿈의 이러한 접속법Konjunktiv을 메츠는 '꿈상태'에 기대면서도 차이가 나게 '영화상태'라고 명명한다.

메츠가 꿈 이미지와 영화 이미지의 차이들을 중심에 놓고 프로이트가 기술한 '꿈상태'를 경험적 영화 관람자의 상태와 비교하는 반면에, 보드리는 변함없이 은유와 디스포지티프들을 해석하는 읽기의 차원에서 움직인다. 그는 플라톤의 '동굴 비유'를 프로이트의 사진 장치, 망원경, 현미경과 심리적 기능들의 반복적인 비교들과 오버랩시키고, 이 둘을 실재인상을 생산하는 장치의 두 측면이라고 읽는다. "아직도 여전히 동굴 장면이 문제가 된다. 실재의 작용인가 아니면 실재인상인가. 복사인가 모사인가, 아니면 심지어 모사의 모사인가. 실재인상 혹은 실재, 아니면 실재적인 것 이상인지?"(Baudry 1994: 1047). 바로 이 실재인상에서 보드리는 플라톤의 동굴과 프로이트의 꿈을 연결해 주는 것, 즉 공동의 제3의 것을 발견할 수 있다고 생각한다.

꿈 이미지의 독특한 점은, 그것이 꿈꾸는 사람에게는 실재인지의 지위를 지니는 반면에 분석자에게는 환각적 소망 성취를 의미한다는 사실이다. 이렇게 보자면 플라톤의 동굴 인간은 꿈꾸는 사람이다. 다시 말해 "실재-환영의, 즉 각성 상태에서는 환각이라고 지칭되고 수면 중에는 꿈이라고 지칭되는 바로 그것의 희생자인 것이다. 그는 **인상**의, **실재인상**의 희생자이다"(같은 곳: 1052). 그는 자신이 현실이라고 받아들이는 인상의, 인지기만의 포로이다. 플라톤의 동굴 거주자들은 실재가, 즉 진선미의 이데아가 그들 뒤에, 동굴 입구로부터 비춰 들어오는 번쩍거리는 빛 속에 숨어 있는 동안, 사슬에 묶여 꼼짝달싹 못하고 벽 위의 그림자 놀음을 응시하고 있는 무지한 자들이다. 이 배치가 프로이트에게서는 정반대로 전도된다고 한다. 플라톤이 인간을 가상으로부터 멀어지도록 하기 위해, 즉 비록 그 빛이 아리도록 눈부시게 할지라도 그들을 풀어 주고 빛 속으로 걸어 들어가도록 가르치기 위해, 계몽적인 철학의 디스포지티프를 기술하는 반면에, 프로이트는 그것이 그림자 놀음임을 알고 있는 사람들을 동굴 속으로 다시 데려가 그들이 그림자 놀음을 보고 인식하는 의식의 빛을 의심하도록 만든다. 누군가에게는 이데아의 제국을 왜곡하는 인지기만인 것이 다른 사람에게는 또 다른 무대 장소이자 꿈의 장면이고, 심리적으로 실재인 것을 인식하는 최상의 방도인 셈이다. "자신의 소망들을 짧고 퇴행적인 방법으로 성취해 주는 꿈은 우리에게 (…) 심리적 장치의 **일차적인**, 부적절하다고 버려진 작업 방식의 견본을 딱 하나만 보존해 주었다. 한때는 각성 중에 지배했던 것이 밤의 삶으로 추방되어 버린 듯하다. (…) **꿈을 꾸는 것은 극복된 유아 심리생활** Kinderseelenleben**의 한 조각이다**"(Freud 1900: 540). 정신분석학적 대화 자체도 이전 상태의 장소로의 귀환, 즉 동굴 속으로의 귀환을 수행한다. 이러한 오버랩에서 플라톤의 비유는 퇴행의 장소 그 자체를 구현하는 듯하다. "근본적으로 영화의 디스포지티프와 관람자의 상황을 단지 환기시키기만 하는 게 아니라 더할 나위 없이 정확히 기술하는" 공간을 말이다(Baudry 1994: 1052).

이에 상응해 보드리는 이제 이 비유를 일차과정 활동의 디스포지티프로서 판독하고, 이러한 방식으로 프로이트의 꿈 형성의 기계적 배치를 다음과 같이 영화 관람자의 인지 상황으로 옮겨 놓는다. "영화의 디스포지티프는 인지라고 보이는 표상과 흡사한 지위를 지닌 '실재'의 인지들을 주체에게 제공하는 독특성을 지닌다"(Baudry 1994: 1070). 운동능력의 감퇴, 외부 세계에 관한 주의력의 감퇴, 즉 어두운 공간과 관람자의 부동성은 인지 활동이 꿈꾸기의 인지 활동에 유사해질 정도로 수면의 퇴행 조건들을 충족시키는 듯하다. 이러한 유비에서는 환각적 소망 성취에 대한 관계 면에서 프로이트의 환상 개념에 결정적인 의미가 부여된다.

환상 - 프로이트

프로이트는 항상 인지에는 고유의 실재 준거가 내재되어 있지 않다는 점을 강조했다. 그러므로 일차과정의 단계에서는 내적인 표상과 외적인 인지를, 환상 이미지와 인지 이미지를 구분할 수 없다고 한다. 운동능력이 발달하지 않은 젖먹이의 차원에서는 허기 자극과 엄마 젖의 출현이 그저 위협적인 불쾌와 쾌락적인 소망 충족의 간격을 통해서만 구분될 따름이지 내부와 외부의 차이를 통해 구분되지 않는다(Freud 1990: 540). 이 차원에서는 외적 인지와 내적 표상이 완전히 쾌락과 불쾌의 메커니즘에 고정되어 있다. 내부적 자극원천과 외부적 자극원천에 따른 구분은 운동 활동이 증가하면서 비로소 시작된다. 다시 말하자면 "실재 여부의 검사는 운동성Motilitat에 달려 있다"(Baudry 1994: 1063). 주체는 오로지 상황의 능동적 변화를 통한 자극의 소멸에서만 상응하는 구분 준거를 발견한다(주체는 외부 자극에서는 벗어날 수 있지만 내부 자극에서는 벗어나지 못한다). 그러한 까닭에 젖먹이는 특정한 정도에 이르기까지는 배고픔의 고난을 엄마 젖에 대한 환각적 회상을 통해 경감시킬 수 있다. 회상의 이미지는 마치 외적 인지처럼 체험된다. 프로이트는 이러한 메커니즘이 꿈작업에서 작동하는 것을 본다. 다시 말해, 수면 상태는 "실재의 인정 이전의 심리 생활의 닮은꼴Ebenbild"(Freud 1911, III권, 1982: 18, 주해 3)이며, 따라서 꿈은 환각적 소망 성취, "즉 정신적 표상이 실재 인지라고 여겨지는 상태"(Baudry 1994: 1063)이다.

내부와 외부의 융합, 내적 표상과 외적 인지의 구분 불가능성은 보드리가 키네마토그래피적 인지에 관철시킨 그 '실재보다 더 실재적임'의 실재인상을 유발한다. 그러므로 다름 아닌 키네마토그래피적 이미지의 실재 효과가 꿈 이미지의 특수한 양태를 가리킨다. "영화가 꿈이 아니라는 것은 완전히 명백하다. 다시 말해 영화는 그저 실재인상을 재생산할 따름이며, 꿈을 통해 야기된 실재인상과 비교될 수 있는 영화-효과를 유발한다"(같은 곳: 1073). 영화는 영화 이미지를 정신적 · 정동적 강도들이 축적된 과잉점유된 이미지로서 인지되게 만듦으로써 꿈을 시뮬레이션한다고 한다. 이러한 실재인상 이해에서 보드리는 메츠와 분명히 구별된다.

마치 꿈이 소망 성취를 나타낸다는 프로이트의 생각을 지나치게 말 그대로 받아들이기라도 한 것처럼, 메츠에게서는 이미지의 환상적 특성이 결국 그저 '실재로 받아들임'으로 축소되어 버린다. 그리고 마치 구현된 장면이 직접 소망환상을 대표하기라도 하는 것처럼, 꿈상태와 영화상태의 유비는 장면적 환상을 흡사 외적 실재처럼 인지하는 메커니즘 속에서 소진되고 만다. "환각적 소망성취로서 허구적인 영화는 꿈보다 덜 확실하다"(Metz 1994: 1015). 그러나 프로이트의 정신분석학에서 환상은, 꿈과 비슷하게, 주체가 욕동요구Triebanspruch와 실재의 요구 사이의 갈등을 해소하거나, 덮어 버리거나, 은폐하는 타협이다. 《꿈의 해석》에서 프로이트는 환상 활동을 분명 꿈작업의 일부로서도 이해하는데, 이는 꿈소망의 이차 가공이며 프로이트에게는 욕동요구의 은폐에 대한 강제를 통해 각인되어 있다. 꿈의 이미지성은 사실표상에 있어서 상징적 사고 활동의 단계로부터 연상적 사고의 일차적 활동으로의 퇴행 덕분이다. 주체는 자신에게 의식적으로 생각하는 것이, 즉 언어적으로 상징화하는 것이 허용되지 않은 것을 꿈에서 이미지로서 표상할 수 있다. 이에 따르면 환상은 이미지의 일차적 사고일 터이며, 이러한 사고로부터 상징적 의식이 발전되어 나온다. 다른 한편으로 프로이트는 꿈소망 자체도 역시 무의식적 환상이라고 이해해서, 꿈 해석과 관련해 의식적 환상 활동과 무의식적 환상 활동을 이야기할 수 있게 된다. 환상은 "꿈

작업에서 과정의 양쪽 끝에 자리하고 있다. 그것은 한편으로는 가장 깊숙한 무의식적 소망과 (…) 연결되어 있고, 다른 한편으로는 이차적 가공의 다른 끝에서 나타난다"(Laplanche/Pontalis 1986: 391).

프로이트는 꿈퇴행을 복잡한 직조물로서 전개하는데, 이는 환각적 소망 성취가, 그리고 이로써 실재인상이 결코 환상 세계에서 소망을 모사하지 않는다는 점을 충분히 소명한다. 소망은 오히려 하루의 잔재(회상된 사실표상들)를 점령하고, 그 속에서 꿈소망으로서 이미지화해서, 꿈작업(압축, 전위, 2차 가공)을 거쳐 이미지와 음향들의 직조물을 생산하도록 하는 무의식적 욕동요구의 강도를 지칭한다. 이러한 방식으로 변장하고 나서야 비로소, 그것은 마치 외적 인지처럼 꿈꾸는 사람의 눈앞에 환각적으로 등장한다. 보드리는 꿈해석 외에도 무엇보다 수면의 퇴행에 전념하는 메타심리학적 표상들에 관한 프로이트의 후기 보론 하나를 적용시킨다(Freud 1915, 1917).

꿈-화면

환상은 소망이 활동한 효과이며, 소망의 끝없는 변장과 위장의 유희다. 다시 말하자면, 이야기, 장면, 소설 중 그 어느 것도 그 자체로 소망의 이미지는 아니다. 소망은 환상의 직조물에서 직조물을 만드는 직조공이다. 그러니까 키네마토그래피적 인지의 실재인상이란 영화적 구현을 실재라고 여기는 것과는 다른 무엇인가를 가리킨다. 보드리에게서는 분명 영화 관람자의 인공적 퇴행 상태에서도 꿈꾸는 사람이 자기 꿈의 형성물과 동일시하는 것과 흡사한 심리 활동이 드러난다. "상대적 나르시시즘으로의 귀환, 그리고 더욱 강하게는, 에워싼다고 지칭할 수 있을 법한, 그리고 자기 자신의 신체 경계와 외부 세계의 경계가 정확히 확정되지 않은 실재 연관의 형식으로의 귀환"이 그것이다(Baudry 1994: 1068f.). 영화 관람자는 꿈꾸는 사람과 마찬가지로 시각적 · 청각적 이미지들의 전체 영역을 동일시적으로 채운다. 그의 인지는 환상 활동과 직접 연결되어 있는데, 환상 활동의 한쪽 끝에는 소망하는 활동이, 다른 쪽 끝에는 이미지들로 이루어지는 일차적 사고가 있다.

"무의식적 소망에 실재가 인정될 수 있을지는 나로서는 말할 수 없다. 모든 이행 사고와 중간 사고에는 당연히 실재가 부인될 수 있다. 만약 무의식적 소망이, 최종적이고 가장 진실한 표현으로 옮겨진 채로, 자기 앞에 있다면, 아마도 심리적 실재는 물질적 실재와 혼동되어서는 안 되는 특별한 실존 형태라고 말할 수밖에 없을 것이다"(Freud 1900: 587). 보드리는 실재 효과는 실제적인 '실재 이상'(plus-que-reel)이라고 결론짓는다. 다름 아닌 정동, 사고, 소망 표상들을 섞어 짠 실재 말이다. 관람자에게 영화의 이미지 세계는 모든 디테일 면에서 느낌과 생각들이 흠뻑 배어 있다. 그리고 관람자는 외적 실재의 이미지들을 소망의 장식, 퍼레이드, 변장들로 인지한다. 그에게는 그를 자신의 외부에 있는 환상 활동에 끌어들이는 것이 실제로 '이미지와 음향들의 춤'이다. 관람자는 외부 세계의 이미지들에서 말하자면 미메시스적으로 자신에게 집행되는 심리 활동을 실현한다. 영화에서의 인지, 그것은 생각과 감정과 소망들로 이루어진 인물과 사건, 일과 얼굴들을 뜻하며, 그것은 항상 외적 인지인 동시에 내적 정동들인 움직임과 색채, 음향들을 뜻한다.

플라톤의 '동굴 비유'를 마치 프로이트가 그것을 뒤집어 꿈의 무대 장소를 묘사하려고 이용하기라도 한 것처럼 읽을 때 보드리에게 벌어졌던 저 제멋대로의 독서가 지닌 의미가 여기서 비로소 드러난다. 앞에는 환상의 연극이, 뒤에는 언어와 상징과 이데아의 진실들이 있는, 자기 감각의 동굴 속에 들어 있는 주체 말이다. 플라톤에서 프로이트에 이르기까지 문제는 동일한 장면, 즉 일차 심리 활동으로서의 소망과의 조우라고 한다(Baudry 1994: 1047f.). 이렇게 본다면 보드리는 '동굴 비유'를 프로이트의 심리 장치에서는 자신의 해석을, 영화에서는 자신의 환각적 성취를 경험하는 전래된 꿈이라고 해석하는 셈이다. 다시 말하자면, '동굴 비유'에서는 여전히 영화의 디스포지티프를 각인하는 표현의 소망이 나타난다는 것이다.

영화관의 어두운 공간은, 보드리에 의하면, 최초의, 그리고 끊임없이 회귀하는 퇴행을 가리킨다. 그 자체가 이미 지친 신생아의 회상인 잠의 어두움을, 처음으로 어둠 속으로 회귀했던 것의 반복을 가리킨다는 말이다. 꿈은 "신체적으로 안정과 온기와 자극 방지의 조건이 충족된 채로 자궁 속에 머무는 것의 재활성화"이다(Freud 1917a: Brauerhoch 1996 참조). 출생 이전의 삶에 대한 이러한 회상에서 동굴의 어두운 공간은 무의식적인 것의 이미지다. 그것은 주체가 이 공간에 관한 어떠한 이미지도 지니지 않은 채로 마지막 안전성을 지니고 머물었던 예전의 삶의 장소를 지칭한다. 그러한 까닭에 영화는 그다지 퇴행이 아니라고 한다. 꿈꾸어진 퇴행성의 상태가 이러한 상태의 복구에 대한 동경이기 때문이다. 그리고 "근본적으로는 모든 소망을 구조화하는 미발달의 만족 형태들을 재발견하려는" 소망을 따른다고 한다(Baudry 1994: 1067). 영화는 꿈꾸는 것에 관한 꿈이라고 할 수 있을 법하다. "그것은 분명히 그 자체로서의 소망이다. 말하자면 소망의 소망, 즉 인지를 키네마토그래피적 디스포지티프를 통해 작동되고 효과를 보게 되는 환각에 가까운 편성의 인지로 바꿔 놓음으로써 소망을 충족한 상태에 대한 동경 말이다"(같은 곳: 1070).

이러한 생각을 설명하기 위해 보드리는 레빈(1961)이 개발한 '꿈 스크린dream screen' 구상을 도입한다. 이 구상은 꿈의 기본 형태가 젖먹이가 거듭 그 곁에서 잠드는 어머니의 젖가슴에 대한 환각적 표상이라는 테제에 기반하고 있다. 배부른 노곤함의 이미지는 이후의 모든 꿈이 그 위에서 특성을 드러내는 화면을 형성한다는 것이다. 꿈-화면은 "수면소망에 상응한다. 〔그것은〕 모든 꿈의 전형이자 원형이다"(Baudry 1994: 1065). 꿈의 인지에 대한 소망을 일깨우는 것은 수면퇴행에 대한 영화의 근접성이다.

어두운 공간

영화이론과 정신분석학의 양자 대화에서 우리는 영화를 꿈꾸는 행위의 인지 활동과 닮은 일차적 인지 활동으로서 구상하는 노선을 뒤따랐다. 영화관의 어두운 공간은 시각적 · 청각적 인지 감각의 공간일 터이며, 의식의 언어적 조직의 하부에서 움직이는 점유 과정과 전이 과정의 공간일 터이다. 남은 질문은 다음과 같다. 도대체 어떠한 방식으로 일차적 인지 형태들이 영화-보기 또한 포함하는 상징적 구조들과 매개되는가?

유아기의 정동과 감각의 또 다른 투사면, 즉 어머니의 얼굴이 이를 결속시키는 요소가 될 수 있을 법하다. 왜냐하면 '꿈 스크린'과는 반대로, 어머니의 얼굴을 읽는 것은 순수하게 상상적이고 투사적인 활동이 아니라 간주관적 현상이기 때문이다. 발달심리학적 연구(Dornes 1995, Krause 1995, Cole 1999)를 따르자면, 이 읽기를 기호 활동의 가장 초기 형태라고 가정해 볼 수 있다. 철두철미하게 정동적으로 규정된 기호현상Semiose[2], 즉

2 무엇인가가 기호로서 활용되는 과정을 뜻하는 말로 '기호작용'이라고도 한다.

어머니의 얼굴에 대한 느낌의 명암값을 젖먹이의 얼굴에 미메시스적으로 전이하는 것 말이다. 미메시스적인 읽기에서 모든 의사소통이 시작된다. 이에 상응하게, 얼굴이 간주관적 과정의 중간 영역을, '형성된 언어적 구조의 하부에서의 정동들의 교환'을 책임질 수 있다(Koch 1983). 얼굴 읽기는 언어 이전의 의사소통과 인지의 인류학적 원천의 패러다임이다(Koch 1995: 273ff.). 이렇게 볼 때, 얼굴을 미메시스적으로 읽는 일은, 일차 환상 활동의 주체 내부적 과정과 외부에서 조종된 인지 활동의 결합을 범례적으로 책임지고 있을지도 모른다.

줄리아 크리스테바Julia Kristeva는 이러한 일차 심리 활동의 장을 언어적 · 상징적 활동의 기호현상의 장과 구분한 바 있다. 그중에는 비단 내부심리적 활동들뿐 아니라—예를 들자면 꿈작업의 압축과 전위를 두고 하는 말이다—리비도적 교환 과정과 대상 점유의 모든 형태, 즉 한마디로 사랑의 활동의 모든 변형이 있다(Kristeva 1989: 9ff.). 나르시시즘적 자기확대와 매저키즘적 자기제거라는 그 극단에서 사랑은 범례적으로 언어발달 이전의 교환 과정에 대한 주체의 이러한 개방을 지칭한다. 그러니까 무의식의 어둠을 밝혀 주는, 쏟아져 들어오는 상징들의 빛이 아니라, 리비도적 교환 과정이 지닌 변조하는 힘이 주체를 세상에 대한 관계에 집어넣는다. 이것은 하이데 쉴륍만Heide Schlüpmann이 영화미학을 성찰할 때 출발점으로 삼았던 생각이다(Schlüpmann 1999; 또한 Metz 1994: 1013 참조). 그럼에도 불구하고 이 일차 활동들은 언어적 의식을 목표로 삼고 있다. 개방은 또한, 그리고 바로, 상징적 체계들, 상징적 질서의 변화 가능성들, 정동과 지각의 언어의 공간으로의 유입에도 해당된다. 설사 언어가 모든 주체에 선행한다 하더라도, 살아 있는 존재들 사이에서 발생하지 않는 언어와 법칙은 있을 수 없다고 한다(Nasio 1999: 45f.). 크리스테바는 이러한 기호 활동을 무엇보다 언어에 대한 문학의 변조와 분석적 대화라고 이해한다. 이 둘에게 공통된 것은 정동적 점유, 동일시, 감정이입, 전이의 흐름에 연결되기를 꾀하는 상징적 활동이다.

이 성찰을 영화적 인지와 연관시키면, 후자는 꿈에 비견되기보다는 차라리 꿈의 해석에 가깝다. 다시 말해 키네마토그래피적 인지는, '대화 치료'에서의 자유로운 연상 및 전이와 마찬가지로, 정동적 점유의 장에서 움직이는 상징적 활동이다. 영화 관람자의 실행은, 수시로 연기되는 주관화에, 유동적인 자아 위치들과 열려 있는 의식 공간들을 생산하는 것에 상응한다는 말이다. 영화 관람자는 자신의 보기, 사고, 감각들을 관통해 간 영화를 생산했던 셈이다. 이런 의미에서 펠릭스 가타리Felix Guattari는 영화적 인지를 '가난한 자의 카우치'로서 구상하고 이를 분석적 대화에 논쟁적으로 맞세웠다.

정동 기계

정신분석학과 영화는 인격 발달 이전의 기호현상 과정들로 거슬러 올라가는 문화적 실행 방법이며, 둘 다 주관화 입장Subjektivierungsposition의 모델화를 목표로 삼고, 인공적으로 설치된 소망의 투사면과 정동의 전위로 작업한다. 그러나 정신분석학은 주관화의 양태를 "체계의 기표 관행들에 과도하게 순응된, 그것들에 과도하게 사로잡힌, 성격학적 주체"를 중심으로 조직한다. "영화적 투사는 이와 반대로 지각적, 직시적 좌표들을 탈영토화한다"(Guattari 1977: 94). '대화 치료'는 무의식적 소망 활동의 흐름을 말하는 주체 쪽으로 협소화하는 반면에, 영화는 그와 반대로 인격적 정체성을 복합적 점유 과정 쪽으로 개방한다. 영화는 소망 생산인데, 그 까닭은 바로 그것이 리비도적 활동을 발화 주체에 대한 역참조Rückbezug로부터 풀어 주기 때문이라고 한다. "다른 사람의 참석을 통한 지원이 없으면 주관화는 유형상 환각적이 되는 경향이 있으며, 그것은 더 이상 **하나의** 주체에 집중되지 못하고, 설사 그것이 단 하나의 역할에 고정되더라도 극極들의 다수성을 이루도록 파열한다. 문제는 결코 더 이상 진술의 주체가 아니다. 이 극들로부터 송출되는 것은 비단 담론들만이 아니라 온갖 종류의 강도, 얼굴 특징들의 배치, 정동들의 결정화이기 때문이다"(같은 곳: 94f.). 영화적 인지는 도취나 꿈의 인지처럼 언어적 주체-객체 관계로 소급될 수 없는 주관화 과정의 다수성을 가능하게 해준다고 한다. 기호현상의 과정은 지극히 다양한 방향들로 개방된다. 그것은 사물이 인물이 되고 인물이 사물이 되게 만들며, 자동차로 감정이 만들어지고 줄거리로 대상이 만들어지게 한다. 관람자는 자동차-임의 느낌으로부터 타이어의 굉음으로 움직여 가서, 운전자의 또렷한 얼굴 특징에서 스스로를 재발견한다. "영화의 기호적 요소들은 서로 간의 관계에 있어서 미끌어지는 도중에 있다. (…) 이때 관계적, 감정적, 성적 의미들이 (…) 변함없이 이질적인 '표현 질료의 특징들'에 의해 담지된다. (…) 우리는 지속적으로 이리저리 오가면서 지각적 코드로부터 외시의적, 음악적, 공시의적, 수사적, 기술적, 경제적, 사회학적 코드 등으로 넘어간다"(Guattari 1977: 91). 키네마토그래피적 인지에서는 정동, 표현, 상징화의 근원 없는 연상의 흐름이, 즉 소망하기 활동과 직결된 보기, 감각, 사고가 형성된다고 한다. 탈인격화와 탈영토화가 이야기될 때는, 동일시적으로 점유된 대상들의 이러한 유동적 지위가 의미된 것이다.

구체적인 영화는 모든 견지에서 성적인, 즉 육체적 소망·느낌들과 결합된 인지를 관람자에게 제공한다. 영화관의 어두운 공간은 소망의 투사 공간이자 환상적 풍경과 우주론 구상들의 공간이다. 왜냐하면 그 어떤 소망도 그 대상이 스스로를 과시하고 빛날 수 있는 세계 전체를 고안해 내지 않고서는 자기 욕망의 대상환상을 생산하지 않기 때문이다 (Deleuze/Parnet 1980: 83ff.). 영화적 인지는, 영화들에 의해 작동되기 시작하고 구조화되어, 그러한 상상의 풍경들을 구성하고 변형하는 일일 것이다. 영화들은 꿈과 자유로운 연상의 사고 흐름처럼 일시적 정체성의 지점들, 자아의 통과 장소들을 형성했다. 영화 관람자의 감각은 꿈꾸는 사람의 감각과 마찬가지다. 그것은 이미지의 모든 움직임에서, 인지의 모든 디테일에서, 구현의 모든 요소에서 일시적인 숙소를 발견한다.

유동적 동일시 과정은 이차적 견고화 행위에서야 비로소 주체 위치에 놓인다. 가타리의 논쟁적인 대비를 따르자면, 정체성들(등장인물들, 줄거리, 이야기의 교훈)은 정신분석적 대화에 비견될 수 있는, 이상화하는 폭력 행위의 결과이다. 정신분석학적 대화는 소망의 활동성을 우리 문화의 서사적 디스포지티프들로 소급시키고, 부르주아 영웅의 근원 이야기, 아버지 · 어머니 · 아이의 이야기로 소급시킨다는 것이다.

영화는 소망 생산을 사회적 역할놀이와 소망 생산에 대한 행동규칙, 즉 정체성 규칙, 언어 규칙, 지식 규칙들의 상징적 체계들을 향해 개방할 가능성을 제공한다고 한다. 소망 활동을 자기 안에 받아들임으로써, 영화는 리비도적 점유들의 강도를 사회적인 것 속으로 옮겨 놓는다. 키네마토그래피적 활동은 스스로를 사회적인 것의 전全 영역에 연관시킬 줄 아는, 리비도적 점유와 전이의 문화적 실천을 위한 열쇠를 제공한다고 한다. "영화에서는 더 이상 말할 권리가 없다. 영화가 **네** 대신에 말한다. **네가** 영화를 기꺼이 경청하리라는, 영화산업이 멋대로 상상하는 담론을 **너에게** 들여 댄다. 기계가 **너를** 기계처럼 취급하고, 그것이 **너에게** 말하는 바가 아니라 그렇게 기계화된다는 사실을 **너에게** 마련해 주는 저 해체의 도취의 종류가 중요하다"(Guattari 1977: 93).

가타리의 성찰은 모종의 방식으로 우리를 '영화는 어떠한 방식으로 이데올로기를 생산하는가?'라는 출발점의 질문으로 되돌려 놓는다. 영화에서는 관람자의 무의식적인 것 자체가 점유의 장이 되기 때문이다. 영화는 모든 종류의 문화적 소망 생산을 통해 스스로를 정주할 수 있게 만든다. 그것은 스스로를 예컨대 서부 정복의 모험 속으로 끌어들일 수 있게 만들며, 그런 뒤에 인디언과 카우보이에 의해 식민화된 무의식적인 것을 지니게 된다.

참고문헌

ADORNO, Theodor W. 1971: »Filmtransparente« [1967]. In: Ders.: *Kulturkritik und Gesellschaft* (= Gesammelte Schriften; Band 10/I). Frankfurt a.M.: Suhrkamp, S. 353-361.

BAUDRY, Jean-Louis 1970: »Cinéma: effets idéologiques produits par l'appareil de base«. In: *Cinéthique*, Nr. 7-8, S. 1-8.

_____ 1975: »Le dispositif: approches métapsychologiques de l'impression de réalité«. In: *Communications*, Nr. 23, S. 56-72.

_____ 1986: »Ideological Effects of the Basic Cinematographic Apparatus«. In: Rosen, Philip (Hrsg.): *Narrative, Apparatus, Ideology. A Film Theory Reader.* New York: Columbia University Press, S. 286-298.

_____ 1994: »Das Dispositiv: Metapsychologische Betrachtungen des Realitätseindrucks«. In: *Psyche* 11/48, S. 1047-1074.

BENJAMIN, Jessica 1993: »Gleiche Subjekte und doch Liebesobjekte: Identifikatorische Liebe und die Herausbildung geschlechtlicher Identität«. In: Dies.: *Phantasie und Geschlecht: Psychoanalytische Studien über Idealisierung, Anerkennung und Differenz.* Basel: Stroemfeld, S. 13-38.

BRAUERHOCH, Annette 1996: *Die gute und die böse Mutter. Kino zwischen Melodrama und Horror.* Marburg: Schüren.

BRINCKMANN, Christine N. 1989: »Die filmische Urszene und der Film *Die Urszene*«. In: Ruhs, August/Riff, Bernhard (Hrsg.): *Das unbewusste Sehen: Texte zu Psychoanalyse, Film, Kino.* Wien: Löcker, S. 20-43.

COLE, Jonathan 1999: *Über das Gesicht.* München: Kunstmann.

DAYAN, Daniel 1974: »The Tutor-code of Classical Cinema«. In: *Film Quarterly*, 28/1, S. 22-31.

DELEUZE, Gilles/PARNET, Claire 1980: »Psychoanalyse – tot – analysiert«. In: Dies.: *Dialoge.* Frankfurt a. M.: Suhrkamp, S. 83 -132.

DORNES, Martin 1995: »Wahrnehmen, Fühlen, Phantasieren. Zur psychoanalytischen Entwicklungspsychologie der ersten Lebensjahre«. In: Koch, Gertrud (Hrsg.): *Auge und Affekt.* Frankfurt a.M.: Fischer, S. 15-38.

FREUD, Sigmund 1900: *Die Traumdeutung* [1900]. Studienausgabe Band II. Frankfurt a. M.: Fischer, 1982.

_____ 1911: »Formulierungen über die zwei Prinzipien des psychischen Geschehens« [1911], In: Ders.: *Psychologie des Unbewußten.* Studienausgabe Band III. Frankfurt a.M.: Fischer, 1982, S. 13-24.

_____ 1914: »Zur Einführung des Narzißmus« [1914], In: Ders.: *Psychologie des Unbewußten.* Studienausgabe Band III. Frankfurt a.M.: Fischer, 1982, S. 37-68.

_____ 1915: »Die Metapsychologischen Schriften von 1915« [1915]. In: Ders.: *Psychologie des Unbewußten.* Studienausgabe Band III. Frankfurt a.M.: Fischer, 1982, S. 69-173.

_____ 1917a: »Metapsychologische Ergänzung zur Traumlehre« [1917]. In: Ders.: *Psychologie des Unbewußten.* Studienausgabe Band III. Frankfurt a. M: Fischer, 1982, S. 175-192.

_____ 1917b: »Trauer und Melancholie« [1917b]. In: Ders.: *Psychologie des Unbewußten.* Studienausgabe Band III. Frankfurt a.M.: Fischer, 1982, S. 193-212.

_____ 1920: »Jenseits des Lustprinzips« [1920]. In: Ders.: *Psychologie des Unbewußten.* Studienausgabe Band III. Frankfurt a. M: Fischer, 1982, S. 213-330.

_____ 1921: »Massenpsychologie und Ich-Analyse« [1921]. In: Ders.: *Fragen der Gesellschaft. Ursprünge der Religion* (=Studienausgabe Band IX). Frankfurt a.M.: Fischer, 1982, S. 61-134.

GUATTARI, Felix 1975: »Le divan du pauvre«. In: *Communications*, Nr. 23.

_____ 1977: »Die Couch des Armen«. In: Deleuze, Gilles/Guattari, Felix: *Mikro-Politik des Wunsches.* Berlin: Merve, S. 82-99.

HEATH, Stephen 1977/78: »Notes on Suture«. In: *Screen*, Vol. 18, No. 4, S. 48-79.

_____ 1981: *Questions of Cinema.* London: Indiana University Press.

_____ 1985: »Das Werk von Christian Metz«. In: Paech, Joachim (Hrsg.): *Screen–Theory. Zehn Jahre Filmtheorie in England. Von 1971 bis 1981.* Osnabrück: Selbstverlag Universität Oldenburg, S. 121-130.

HEUERMANN, Hartmut 1994: *Medienkultur und Mythen. Regressive Tendenzen im Fortschritt der Moderne.* Reinbek b. Hamburg: Rowohlt.

KOCH, Gertrud 1983: »Psychoanalyse des Vor-Sprachlichen. Das anthropologische Konzept der Psychoanalyse in der Kritischen Theorie«. In: *Frauen und Film*, Nr. 33, S. 5-10.

_____ 1989: »*Was ich erbeute, sind Bilder*«. *Zum Diskurs der Geschlechter im Film*. Frankfurt a. M., Basel: Stroemfeld/Roter Stern.

_____ 1995: »Nähe und Distanz. Face-to-face-Kommunikation in der Moderne«. In: Dies. (Hrsg.): *Auge und Affekt*. Frankfurt a. M.: Fischer, S. 273-291.

KOHUT, Heinz 1995: *Narzißmus. Eine Theorie der psychoanalytischen Behandlung narzißtischer Persönlichkeitsstörungen*. Frankfurt a. M.: Suhrkamp.

KÖTZ, Michael 1986: *Der Traum, die Sehnsucht und das Kino. Film und die Wirklichkeit des Imaginären*. Frankfurt a. M.: Syndikat.

KRAUSE, Rainer 1995: »Gesicht – Affekt – Wahrnehmung und Interaktion«. In: Koch, Gertrud (Hrsg.): *Auge und Affekt*. Frankfurt a. M.: Fischer, S. 57-74.

KRISTEVA, Julia 1987: »Das Semiotische und das Symbolische«. In: Dies.: *Die Revolution der poetischen Sprache*. Frankfurt a. M.: Suhrkamp.

_____ 1989: *Geschichten von der Liebe*. Frankfurt a. M.: Suhrkamp.

LACAN, Jacques 1973: »Das Spiegelstadium als Bildner der Ichfunktion«. In: Ders.: *Schriften*. Band 1. Olten: Quadriga.

_____ 1987: *Die vier Grundbegriffe der Psychoanalyse. Das Seminar von Jacques Lacan*. Buch XI. Weinheim, Berlin: Walter.

LAPLANCHE, J./PONTALIS, J.-B. 1986: *Das Vokabular der Psychoanalyse*. Frankfurt. a. M.: Suhrkamp.

LAURETIS, Teresa de 1984: *Alice Doesn't: Feminism, Semiotics, Cinema*. Bloomington: Indiana University Press.

LEWIN, Bertram D. 1980: *Das Hochgefühl. Zur Psychoanalyse der gehobenen, hypomanischen und manischen Stimmung*. Frankfurt a.M.: Suhrkamp.

LOWRY, Stephen 1992: »Film – Wahrnehmung – Subjekt. Theorien des Filmzuschauers«. In: *montage/av*, Nr. 1/1, S. 113-128.

METZ, Christian 1975a: »Le film de fiction et son spectateur. Etude métapsychologique«. In: *Communications*, Nr. 23, S. 108-135.

_____ 1975b: »Le Signifiant imaginaire«. In: *Communications*, Nr. 23.

_____ 1975c: »The Imaginary Signifier«. In: *Screen*, Vol. 16, No. 2, S. 46-76.

_____ 1982: *The Imaginary Signifier: Psychoanalysis and the Cinema*. London: Macmillan, Bloomington: Indiana University Press.

_____ 1986: »The Imaginary Signifier« [Auszug]. In: Rosen, Philip (Hrsg.): *Narrative, Apparatus, Ideology. A Film Theory Reader*. New York: Columbia University Press, S. 244-280.

_____ 1994: »Der fiktionale Film und sein Zuschauer. Eine metapsychologische Untersuchung«.

In: *Psyche* 11/48, S. 1004-1046.

MILLER, Jacques-Alain 1977/1978: »Suture. Elements of the Logic of the Signifier«. In: *Screen*, Nr. 18/4, S. 24-34.

NASIO, Juan-David 1999: *7 Hauptbegriffe der Psychoanalyse.* Wien: Turia + Kant.

PAECH, Joachim (Hrsg.) 1985: *Screen – Theory. Zehn Jahre Filmtheorie in England. Von 1971 bis 1981.* Osnabrück: Selbstverlag Universität Oldenburg.

ROSEN, Philip (Hrsg.) 1986: *Narrative, Apparatus, Ideology. A Film Theory Reader.* New York: Columbia University Press.

RUHS, August 1989: »Erweiterte Bemerkungen zum Thema«. In: Ders./Riff, Bernhard (Hrsg.): *Das unbewusste Sehen: Texte zu Psychoanalyse, Film, Kino.* Wien: Löcker, S. 11-15.

RUHS, August/RIFF, Bernhard (Hrsg.) 1989: *Das unbewusste Sehen: Texte zu Psychoanalyse, Film, Kino.* Wien: Löcker.

SCHLÜPMANN, Heide 1999: *Abendröthe der Subjektphilosophie – Eine Ästhetik des Kinos.* Frankfurt a. M.: Stroemfeld.

SILVERMAN, Kaja 1986: »Suture«. In: Rosen, Philip (Hrsg.): *Narrative, Apparatus, Ideology. A Film Theory Reader.* New York: Columbia University Press, S. 219-235.

WINKLER, Hartmut 1992: *Der filmische Raum und der Zuschauer. ›Apparatus‹ – Semantik – ›Ideology‹.* Heidelberg: Carl Winter Universitätsverlag.

WULFF, Hans J. 1999: *Darstellen und Mitteilen. Elemente der Pragmasemiotik des Films.* Tübingen: Gunter Narr Verlag.

ZEUL, Mechthild 1994: »Bilder des Unbewußten. Zur Geschichte der psychoanalytischen Filmtheorie«. In: *Psyche* 11/48, S. 975-1003.

영화 분석

<타이타닉Titanic> 미국 | 1998 | 감독 제임스 카메론

헤어만 카펠호프

배가 침몰했다. 뉴욕의 항구에 있는 젊은 여주인공이 보인다. 퍼붓는 비, 자유의 여신상을 향한 그녀의 자매 같은 시선. 누군가 그녀의 이름을 묻는다. 그녀는 익사한 연인의 성을 댄다. 고전적 멜로드라마에서와 마찬가지 결말. 다시 말해서 극도로 의미심장한, 그리고 그 모든 슬픔에도, 행복한 결말. 첫눈에는 제임스 카메론James Cameron이 테크노영화Tekkno-Kino[3]의 해들을 보낸 뒤에 구식의 서사영화로 되돌아온 것처럼 보인다. 표면적으로 〈타이타닉〉은 타이타닉 호의 첫 운항의 연대기를 보여 준다. 1912년 4월 12일의 출항으로 시작해 4월 15일 아침에, 뉴욕 항구에 있는 생존자들로 끝난다. 설사 서로 얽힌 서술 차원들이 틀 이야기와 플래시백의 구조물을 형성한다 하더라도, 구현 형식 자체는 고전적 할리우드 영화의 최고 계율, 즉 객관적-시간순적 서술 방식을 통한 사건의 모사적 환영화 계율에 충실하게 머문 듯한 인상을 준다.

그러나 〈타이타닉〉은 단지 낡은 환영영화의 가상만 생산할 따름이며, 영향미학적 의도는 영상 기술의 도취적 체험, 영화적 환영의 향유를 목표로 삼고 있지 실제 사건의 환영을 목표로 하지 않는다. 이미지를 생

3 Tekkno는 1989년 독일의 음악 DJ인 XDP가 리듬을 강조하는 자신들의 댄스음악을 다양한 테크노Techno 음악들과 구분하기 위해 도입한 개념이다.

산하는 기술은 그 자체가 미적 매력의 한 측면이다. 대규모로 투입된 컴퓨터 가공 작업은 단단하고 조밀한 이미지성을 생성하며, 이것 자체가 매혹의 원천으로서 전면에 나선다. 바다 위를 날아가는 배는—효과 면에서 볼 때, 기만이 아니라 스크린 이미지가 지닌 환영의 힘에 대한 경이로운 즐거움을 유발하는—바로 저 생생한 활기의 과잉, 직접적 시각성의 도취적 인상으로 두각을 나타낸다. 역으로 진짜 비디오 자료는 심해 탐사의 기록들이 환상적인 이미지성을 흠뻑 흡수하게끔 수정 작업이 이루어졌다. 컴퓨터 가공 작업은 심해 동물군의 반짝이는 미세 부분들을 동화 같은 개똥벌레들의 춤으로 바꾸고 난파선 구멍들 속에서 움직이는 해조를 마법에 걸린 성의 나부끼는 커튼으로 바꿔 놓는다.

침몰의 영상들(차오르는 물, 무너져 내리는 뱃전, 떨어지는 물건들)은 엄격한 안무에 따르는데, 그 리드미컬한 장식은 마치 레뷔영화에서처럼 악보와 긴밀하게 연결되어 있다. 도망치는 커플의 반복테마Ostinato는 마치 하나의 비디오클립처럼 멜로드라마의 도상적인 사랑의 수사학을 단축한 공식들, 즉 이별, 구원, 재결합을 되풀이해 요약한다. 과거 사건들의 연대기가 아니라 상이한 시간 차원의 차이가 미적 가공의 대상이 된다. 회상된 시간과 현재의 시간, 서술된 시간과 영화적 인지의 시간 말이다. 사건을 구현할 때의 환영주의적 현재의 양태가 아니라 다양한 시간 차원들을 내재적으로 연관지을 수 있는 영화 이미지가 시청각적 구조의 핵심을 형성한다.

배의 침몰은 거의 두 시간이 걸리며 이로써—본떠 만든 배의 모형과 비슷하게—아주 약간만 축소된, 역사적 사건의 시간 모델을 형성한다. 시간에 대한 이러한 거의 모사적 관계는 이 영화의 영화적 형태의 독특성에 대한 첫 번째 힌트를 준다. 영화의 중심에는 사건으로서의 배의 침몰이 있다. 종말적 대재앙의 현장에 있다는 경험이 연출의 주제다. 역사적 사건 스스로가 이야기의 이 잘 기록된 순간의 수많은 사실들로 이를테면 무대 배경을 제공하며, 문자 그대로 영화적 상상의 공간으로서, 그 극도로 정밀한 축조 방식과 보증된 무대 장소, 기록된 인물들 면에서 '꿈의 배'로서 재구성된다. 이야기의 기둥은 역사적으로 보증된 사건의 단계들이다. 그리고 배는 이러한 사건의 공간화된 시간이다. 영화는 보증된 사실들과 기록된 사건들을 공간과 무대 배경 속에 옮겨 놓는다. 그러나 사건의 시간은 연인들이 통과해 가는 시련의 길로 옮겨 놓는다.

영화의 추진력은 역사적 사건을 재구성하는 데 있다기보다는 이 사건의 내면적 시간의식의 이미지를 향한, 즉 회상의 이미지와 침몰의 현장을 회상하는 행위의 이미지를 향한 고집스러운 소망에 있다.

영향미학적 전략들은 시간의 주관화를 목표로 삼는다. 다시 말해 전율이 커져 가고, 두려움이 고조되고, 공황 상태가 도를 넘어서고, 냉혹함이 증가하는 시간을 목표로 한다. 이러한 지극히 상이한 차원의 시간을 관람자의 인지 시간과 교차시킴으로써, 영화는 외부 사건의 내부 관점을 획득한다. 이러한 주관화의 동인은 영화의 멜로드라마적 상상의 형식들이다.

이야기의 결말에, 뉴욕의 항구에서, 여자는 새로운 이름을 대고, 이로써 사건들에 추가적인 의미 차원을 첨부한다. 말하자면 이 등장인물의 관점에서는 그 참사가 예전 삶의 죽음이자 새로운 삶의 탄생이나 마찬가지였다. 그것은 신혼 첫날밤이자 그녀가 사랑하는 이를 잃은 밤이다. 그러나 영화는 대재앙을 가로지르면서 완벽하게 성취된 사랑을 상상한다. 영화는 묵시록적 환상의 '이것으로 끝이다This is the End'에 주제가의 후렴 '내 마음은 언제까지나 계속될 거예요And my Heart will go on and on'를 맞세우고, 재앙영화의 기호 체계에 멜로드라마의 수사적 기본 표현 하나를 이식해 넣는다. 죽음에 이르기까지 포기하지 않는, 여자의 사랑

이 그것이다. 그러나 불가능한 사랑을 향해 나아가는 여성의 모티프에서 의미의 역전이 이루어진다. 로즈Rose(케이트 윈슬렛Kate Winslet)는 자신이 연인에게 했던 살아남겠노라는, 자신의 열망을 따르겠노라는 약속에 의해 죽음을 가로질러 지탱된다. 후렴은 이러한 회상의 회귀를 노래한다. 그리고 영화는 그것을 전율을 일으키는 사건으로서 관람자의 정동적 추억이 되도록 만든다.

이 같은 영향 도식 속에서 상이한 영화 장르 표본들의 종합적인 교차가 근본적인 기능 하나를 넘겨받는다. 멜로드라마, 재앙영화, 사극영화Kostumfilm의 장르 요소들이 미리 주어진 이미지적, 도상적 복합체들의 조합을 위한 초석을 이룬다. 그것들은 시간 구조가 펼쳐져 나오는, 미리 주어진 의미 표본과 이미지 표본의 변형적인 반복과 치환들이 만들어 내는 복잡한 연속의 일부이다. 관람자의 인지 과정과 연관지어 보았을 때, 영화의 이러한 차원은 오로지 음악과만 비교될 수 있다.

수없이 많은 디테일에서 사랑의 환상은 침몰의 환상과 교차된다. 두 환상은 두 개의 대립적인 시간 경험들을 표시한다. 경악의 끝나지 않으려는 지속과 무한하게 반복되는 행복의 지속이 그것이다. 첫 번째 원칙에 세계의 시대 종말에 관한 태고의 이미지(대홍수)가 상응하는 반면에, 두 번째 경우에는 동일한 이미지가 심리적 디스포지티프를 가리킨다. 다시 말하자면, 익사는 신화학에서나 심리학에서나 죽음의 공포와 출생의 공포, 융합의 소망과 자아 상실의 공포가 교차하는 원초 트라우마를 묘사한다. 영화에서는 이러한 상상적 토대 위에서 사랑의 환상과 묵시록적 환상이 긴밀한 결합을 이루며, 여기에서는 가장 친밀하고 가장 일상적인 심리적 경험(사랑하는 대상으로부터의 분리)이 완전히 모든 가능한 경험의 바깥에 놓여 있는—자기 자신의 종말에 관한 의식의—환상적 체험의 구조를 형성한다.

무한한 반복가능성의 환상Phantasma에서는 리비도적 소망들의 비시간성이 변경할 수 없는 사건 진행의 추상적 시간 법칙에, 이별과 죽음에 대한 의식에 맞세워진다.

디에게시스의 지평의 바깥에서는, 즉 관람자의 인지에서는, 대재앙의 단계들이 파괴할 수 없는 감정의 주기Intervall를 묘사한다. 연인들의 이별과 합일이 끊임없이 새로이 순환하면서, 영화는 영원한 사랑의 환상을 찬미하고, 관람자들이 자신들의 감정 면에서 섞여 들어가는, 참으로 무한한 '다시 한 번'을 찬미한다.

이러한 과정을 특징짓는 것은 감각적 표본과 상징적 표본, 지각적 표본과 인지적 표본 사이의 지속적인 이행이다. 그리고 모든 의미복합체는 영속적인 변형에, 즉 관람자의 연상 공간으로서 기술될 수 있는 기호현상의 과정에 종속되어 있다.

심지어 눈의 색깔, 즉 푸른색에서도 우리는 수없이 많은 인유Allusion와 조응들을 발견한다. 설사 그것이 눈에 띄는 콘택트렌즈를 통해서라 할지라도, 푸른 눈을 지니지 않은 연기자는 찾아보기 어렵다. 등장인물들의 모습에까지 다면체로 이루어진 눈의 푸른색에서 푸른 다이아몬드라는 상징적 모티프가 반영된다. 다이아몬드는 미묘한 방식으로 빛의 굴절과 역반사라는 시각적 법칙을 대립되는 두 개의 은유적 연관 영역과 통일시킨다. 빙하의 푸른빛과—브릴리언트컷 연마에서의—불의 모티프와 말이다.

대립과 조응, 환유적 전위와 은유적 압축, 전회와 변주의 다중적인 연쇄 속에서 다이아몬드 모티프로부터 두 개의 대립적인 기호 계열이 생겨나온다. 그 하나는 얼음처럼 차가운 대양의 심연을 가리키고, 다른 하나는 백년을 살아 낸 인생의 힘들의 심연을 가리킨다. 불이 상상적 이미지들의 장식의 출발점이자 리비도의 기호가 되는 반면에, 다이아몬드의 푸른빛에서는 빙하와 어두운 심해라는 죽음의 상징의 서로 조응하는 그물망이 서서히 생겨난다.

'대양의 심장Herz des Ozeans'이라고 일컬어지는, 브릴리언트컷으로 연마된 차가운 불은 이미 언어 차원에서 사랑하는 마음의 불길과 연관된다. 그런 다음 결말에서 여자의 마음은 기억의 끝없는 바다라는 말이 나오면, 이미지의 이러한 역전은 다시 한 번 내면의 우주와 외부 세계가 서로 되비추며 결합하는 은유적인 움직임의 폭 전체를 포괄한다. 다이아몬드의 푸른빛이 환유적으로 빙산의 차가움을 대신했다가 은유가 거울처럼 전회해 부자들의 차가운 마음을 상징할 때, 동일한 폭이 드러난다. 활기찬 빈자들과 경직된 부자들로 나누는 도식적 분류는 사회적 상황을 구현하는 문제가 아니라 이러한 이미지 공간의 도상적 건축 구조의 문제이다.

마치 마지막 반영에서 스크린 이미지 자체의 명암 없는 푸른빛이 수정구 안쪽으로 스스로를 감추기라도 하듯, 마침내 잠잠해진 익사자들의 바다 위로 그리고 연인들 위로 별들이 둥근 돔을 이룰 때, 모든 별까지도 그러한 단자적 반영들의 추가적인 연속을 준비해 놓고 있는 것처럼 보인다. 태양 없는 세계의 푸르스름한 어스름 빛 아래 익사하는 사람들의 이 마지막 이미지는 배의 주主계단 위 크리스털 돔을 대립물로 삼는데, 이 돔을 깎은 모양은 다시금 다이아몬드의 다면체 컷으로 되돌아가도록 지시한다. 이 수정돔은 '배의 심장'을, 즉 생각해 낼 수 있는 모든 의미에서 그 중심을 이룬다. 배의 중심, 사건의 중심, 로즈와 잭Jack(레오나르도 디카프리오Leonardo DiCaprio)의 만남의 중심 말이다. 마치 안쪽으로 까뒤집어진 태양처럼, 돔은 부자들의 세계의 내부적인 우주가 외부로부터 우주를 차단한다. 그것은 이 세계의 중앙에 놓인 인공 항성이며, 외부에 있는 태양의 역반영이다.

널찍하게 굽이도는 움직임으로 카메라는 미메시스적으로 돔의 원주를 촬영하며, 그렇게 해서 잭이 부자들의 예술 세계에 진입하는 것을, 아래쪽으로 끌고 내려가는 소용돌이로서 묘사한다. 이로써 카메라는 이 연인들을 끊임없이 새로이 서로에게 이끌고 떼어 놓는 움직임을, 즉 현기증, 낙하, 추락, 침몰을 묘사한다. 잭의 얼굴이 점점 더 짙어 가는 바닷물의 푸른빛 속에서 서서히 가라앉을 때, 이 움직임은 그 정점, 그 마지막을 별들의 돔 아래서 맞이한다.

관람자가 다시 한 번 컴퓨터로 시뮬레이션된 비행으로 폐선의 복도를 관통해 가고 영상이 유리돔 아래의 휘황찬란한 인테리어로 바뀔 때, 이 같은 움직임의 마지막 전회와 더불어 영화는 끝이 난다. 카메라는 앞쪽으로 과감하게 휙 돌아가고, 서로 포옹하는 연인들을 지나쳐서는, 돔의 빛 속으로 회전해 들어가, 오로지 이 빛만이 사랑의 합일의 마지막 이미지로서 스크린에 남겨진다.

은유적 의미 차원에서 구체적이고 시각적인 이미지 공간으로의 이행과 그 역에서 이미지Bild와 상징Sinnbild은 동일하게 장식적인 의미유희의 구성 요소가 된다. 이런 의미나 저런 의미가 아니라 모든 것을 포괄하는 의미 조응의 세계, 내면세계와 외부 세계 사이의, 별들의 움직임과 감정의 움직임 사이의 동시성의 세계, 모든 사건과 모든 현상이 무한하게 서로를 가리키는 상태, 바로크적인 모든 것의 의미심장함이 이러한 상상의 핵심을 형성한다. 영화는 그렇게 그 자체가 다이아몬드의 내부로 만들어진 이미지가 된다. 되비추는 의미 차원들의 반짝이는 수정, 완전히 의식으로 흠뻑 배인 공간이 꿈꾸어지고 회상된다. 이러한 절대적인 내부는 사실적인 서술 방식의 정확한 반대로서의 멜로드라마적 구현 양태를 특징짓는다.

이 같은 관람자의 인지 공간에서는 볼 수 있는 모든 것이 의미심장하다. 그러나 가장 심오한 의미를 구현하는 표면, 즉 비감각적 조화, 연기하는 의미, 몸짓을 하는 기표, 기호적인 장식, 그리고 심지어 기호현상의 움직임, 해독하는 읽기마저도 그 자체가 구성의 일부가 된다. 타이타닉의 이미지와 다이아몬드의 이미지에서 의미의 과장된 밀도의 정점에 다다르는 것은 미적 인지 과정의 일부, 구조화된 듣기와 보기의 일부이다.

배가 공존하는 시간 차원들의 공간을 구현하고 다이아몬드가 대립적인 삶의 힘들의 주도동기Leitmotiv를 구현한다면, 사랑의 주제에서는 이러한 공간을 가로지르는 움직임이 주어진다. 배는 만남과 헤어짐과 재결합의 주기로, 사랑 모티프의 리토르넬로Ritornell〔반복구〕로 제 공간적 차원들 속에서 가로질러진다. 이것이 영화의 반나절 동안에는 아직 줄거리의 논리 면에서 합리화된 단계에서 수행된다면, 영화의 후반부, 즉 침몰에서는 이별과 구원과 재결합의 비이성적인 연속이 된다. 사랑의 주제는 절대적이고 사회적인 이별의 징후와 더불어 시작해, 예기치 않은 첫 만남으로 이끌어 가다가, 이후로는 강도가 증가하는 단계들을 거치면서 결합과 이별의 주기를 통과해 간다. 다시 말하자면, 로즈가 배의 후미에서 뛰어내리려 하고 잭이 그녀의 구원자가 되는 첫 만남과 더불어 곧바로 극도의 위험, 구원하는 이별과 강제적인 이별의 격렬한 불협화음 속에서 사랑이 멜로드라마의 기본 모티프로 확정된다. 이어서 잭이 널찍하게 굽이도는 계단을 거쳐 유리돔 아래의 빛이 넘쳐나는 세계로 진입하고, 로즈는 3등급의 창문 없는 체류 공간들로 내려가는 두 번째 단계는, 배의 중간과 여행의 중간, 로즈와 잭 사이의 사회적 거리의 중간을 같은 정도로 묘사한다. 그리고 다시금 강제적인 이별이 뒤따른다. 로즈가 가족들로부터 벗어나는 도피처인 3층은 마침내 뱃머리로 인도한다. 로즈가 뱃머리의 맨 앞에서 팔을 활짝 펼치고 바다 위를 떠가는 사랑의 비행의 이미지는, 첫 만남의 정확한 반복을 구현한다. 전체 구절

은 그저 첫 만남을 변주할 따름이고, 심해로의 추락의 이미지를 비행의 이미지로 전회轉回시킨다. 불안정하게, 심연 위에서 부유하면서, 오로지 연인의 손에 의해 지탱된 채로 말이다. 그러나 이제, 뱃머리에서는, 장면이 밤의 푸른빛에서 저녁 하늘의 자줏빛으로 옷을 갈아입고, 우리에게 사랑의 행복을 암시해 준다.

이별과 구원과 결합의 간헐적 주기는 타이타닉 호의 이미지에서 한 사건에 운율을 부여하는데, 이 사건은 동일한 정도로 내부적인 일이자 외부적인 일이다. 그 안에서 하나의 동일한 움직임으로 배가 자신의 공간적 차원을 펼쳐 보이고, 대립적인 힘들의, 즉 죽음의 냉기와 삶의 불길의 기호들에 의해 규정되는 하나의 이미지 공간으로 변형된다. 하늘의 붉은빛은 이러한 구성의 정점, 즉 영화적 시간의 중심을 형성한다. 그리고 이제부터는 움직임이 전회되어, 출발점으로, 즉 배의 후미로 되돌려 보내진다. 처음에는 이러한 전회의 움직임이 우리를 배의 깊은 곳으로 이끌고 간다. 아일랜드 무용곡의 격렬한 리듬에 쫓겨, 연인들은 빨갛게 작열하는 기관실로, 즉 배의 가장 아래쪽 공간으로 피신한다. 사랑의 비행의 이미지에 그것의 사실적인 대응물, 즉 화물칸에서의 성적인 합일이 뒤따른다. 그러나 타오르는 기관의 붉은빛, 그 불빛으로 비추어진 공간은 은유적인 변형의 마지막 고리를 형성한다. 이 변형은 기관들의 불길과 고속으로 운항해 가는 배의 힘을 연인들의 자줏빛 하늘, 달아오른 춤꾼들, 땀 흘리는 화부火夫와 연결하고, 단 한 번도 볼 수 없었던 태양의 햇빛에 이러한 연결을 분류해 넣는다.

사랑의 주제의 변주들 속에서 모든 활동, 모든 움직이고 살아 있는 힘은 불의 모티프와 결합되며, 다음 순간에 밀려드는 물속에서 불길이 꺼져 버릴 때면, 관람자는 거기서 종말의 시작을 인식하고 붉은색의 변형들에서 푸른색의 변형들로의, 낮에서 밤으로의 이행을 인식한다. 푸른빛, 그것은 모든 움직임이 서서히 얼어붙는 잠잠한 바다이다. 이러한 경직화, 생명력의 마비, 이러한 침몰에서는 심지어 몰락조차도 사랑의 주제라는 모티프의 전회적인 반복으로서 연출된다. 붉은색이 푸른색으로, 불이 추위로, 움직임이 정지 상태로 전회하는 것 말이다. 열기 속에 상승하는 감정들이 아름다움과 물살을 가르는 배의 운항으로 연상되었다면, 서서히 파열하는 배의 정체 상태는 증가하는 증오감과 커져 가는 공황 상태에서 제 상태를 동반하는 리듬을 발견한다. 음악에서는 이러한 전회를 게걸음진행Krebsgang[4]이라고 부른다.

사랑 주제의 역순 진행은 연인들이 그들의 첫 만남 장소로, 배의 후미로 되돌아오는 것에서 이루어진다. 이 모티프의 주간晝間 변주들에서

4 원래의 선율과 비교했을 때 뒤에서부터 앞으로 역순으로 진행되는 선율 진행 형태를 가리킨다. 영어로는 crabmotion, 이탈리아어로는 allariversa, 프랑스어로는 retrograde라고 한다.

는 움직임이 수평적인 것에서 이루어졌는데, 이제 복귀의 움직임에서는 운동축이 수직적인 것으로 역전된다. 이별과 결합의 주기는 이제 첫 만남의 배치, 즉 심연으로 추락할 위험을 변주하고, 하강과 상승과 다시 한 번의 하강이라는 순환이 된다. 되돌아가는 길은 끊임없이 새로운 도약들로 위로 높이, 수직으로 곧추서는 배의 후미로, 인도한다. 별들이 총총한 하늘로 솟아오르는 선미의 이미지에서 역방향으로 진행하는 사랑 주제의 변주는 정점을 맞이한다. 그것은 중력의 힘들마저 웅장하게 전회하는 것으로 침몰에 운율을 넣는다. 로즈는 다시 한 번 배의 난간 위를 타고 올라가고, 다시 한 번 심연 위에 매달린다. 선체가 심해 속으로 처박히는 것이다. 마지막으로 하강과 이별의 순환이 마감되고, 연인의 얼굴이 푸른빛 속으로 가라앉기 전에 마지막 결합이 이루어진다.

구현된 것의 모든 외적인 면들은, 그것이 하늘의 색깔이든, 기관들 속의 불이든, 얼음의 푸른빛이든, 배의 위, 아래, 옆이든, 남김없이 무한한 의미심장함의 해석학적 공간으로 바뀐다. 영화가 가동시킨 기호현상은 의미의 매개보다 오히려 추상적인 이미지 복합체와 상징 복합체를 변경시키는 것, 그리고 그것을 개인적인 세계 체험 및 자아 체험의 양태로 전위시키는 것에 해당한다. 마치 음악극 구성에서의 주도동기처럼, 주도동기적으로 활용된 시각적 기호 재료는 오로지 이 영화의 상징적 구조에서만 그 상승된 의미심장성을 경험한다. 이렇게 해서 생겨나는 것은 완전히 의식으로 점철된 세계다. 그러나 동시에 의미를 농축시키는 이러한 움직임은 관람자의 인지 세계의 내적인 지지를 형성한다. 기호현상은 심지어 관람자의 인지와 사고, 감각적 · 심리적 움직임과 인지적 움직임을 영화의 이미지 공간에 짜 넣는 수단인 영화의 시간적 구조마저 구현한다.

미적 처리 방식은 조직Textur과 연관되는 것이 아니라 관람자의 의식의 움직임에 리듬을 부여하는 구조화와, 미적 인지의 시간적인 조직과 연관된다. 예고와 회상, 심리적인 암시들, 상징적인 심화, 그리고 오로지 관람자 측에서부터만 파악할 수 있는 은유적 연관들의 구조들이 점점 더 촘촘하게 직조되는 그물망이 생겨난다. 관람자에게는 듣기와 보기의 과정에서 영화적 시간이 비감각적 조응들과 동시적 움직임들의 공간으로서, 의식의 공간, 감각의 공간으로서 펼쳐진다.

조증적으로 심화되는 반복의 움직임에 지배되어, 이 의식은 세계의 대상들을 자신의 강박의 환영Chimare들로 미화시키는 자아와, 대상 세계와 합병하는 자아 감각과 닮았다. 그러나 프로이트는 바로 이런 상태를 《슬픔과 우울증Trauer und Melancholie》에서 기술한다. 그는 이를 이별한 연인의 상태로서 기술하는데, 이 연인은 상상된 재결합에 대상 세계를 조증적으로 축적하는 것과 이별에 대한 의식意識 속에 그것을 비우는 것 사이의 순환을 항상 새로운 움직임들로 겪어 나간다(Freud 1917b). 사랑에 빠진 이 자아에게는 실제로 자신이 행복한 사랑의 합일을 반복하는 수단이자 영원함과 맞바꾸고 싶어 하는 대상인 끝없는 '다시 한 번', '마지막으로 다시 한 번' 말고는 그 어떠한 목표도 없다.

마지막으로 우리는 젊은 로즈를 본다. 그녀는 계단을 걸어 오르고, 수정처럼 투명한 돔으로 솟아오른다. 우리는 연인들이 인공적인 태양 아래서 하나가 되는 것을 본다. 이미지는 빛의 흰색으로 회전해 들어간다. 영화의 시간 형상화에서 로즈는 아주 짧은 시간 동안만 잭과 떨어져 있으며, 영화에서는 그녀의 백 살 인생 역시 이별과 합일의 순환에서 그저 또 한 번의 한 바퀴에 불과하다.

프로이트가 《쾌락원칙의 저편》(1920)에서 주제로 삼는 바로 그 심리 구조가 세계 전유의 형식으로서 죽음의 신화적 변용이 의미하는 바를 기술한다. 어머니가 떠나 버린 아이의 실패놀이Fort-da-Spiel[5]가 그것이다. 프로이트는 이 놀이에 대한 설명으로 시간 의식의 발생으로부터 자아가 생성되는 것을 기술한다. '엄마 갔다—엄마 있다'의 계속적인 반복은 모든 것은, 또한 이 고통도, 그 끝이 있다는 의식으로 분리의 무한한 고통에 테두리를 둘러 준다. 이것은 무한한 공포를 제한된 상처로 변형하려는 아이의 시도다. 영화는 이 실패놀이를 관람자의 보기 · 듣기와 연관시킨다. 그리고 크레디트에서까지도 여전히 연주되는 주제가는 이를 찬미한다. 그런 다음에는 그것을 집에서 라디오로 들을 수 있다, 끊임없이 계속해서. 그것은 버려진 자아의 셈놀이 각운Abzählreim[6]이다, 다시 한 번, 그리고 다시 한 번. "그리고 내 마음은 언제까지나 계속될 거예요." 영화가 그러한 개인 심리 메커니즘의 퇴행적인 움직임과 연결되면, 심지어 퇴행조차도 심리 활동이자 의미 창조적인 힘으로서 파악되어야 할 것이다.

5 실패놀이Fort-da-Spiel는 실패를 던지고 '가 버렸다fort'고 한 뒤 실을 끌어당겨서 실패가 돌아오면 '있다da'고 말하는 놀이로, 프로이트는 손자가 이렇게 노는 것을 보고 이를 엄마와 떼어지는 고통스러운 경험을 놀이로 상징화하여 극복하려는 시도라고 해석했다.

6 아이들이 무리에서 한 사람을 선택하는 놀이의 셈 구절에 적용되는 각운. 예를 들어, 이 거리 저 거리 각 거리eeny, meeny, miny, moe.

5

페미니즘 영화이론

하이케 클립펠

여성과 영화

"나는 버클리에 살고 있었고, 따스하고 아름다운 날이었다. 아마 1972년 가을이었던 듯하다. (…) 나는 샛길 하나를 어슬렁거리다가 그곳에서 작고 빨간 모택동주의 서점을 발견했다. 철제 잡지 진열대에《여성과 영화Women and Film》라는 잡지 한 권이 꽂혀 있었다. 어안이 벙벙해졌다. 나는 (혼잣말로) 이렇게 말했다. '믿을 수가 없네. 여성과 영화라니. 그건 나잖아'"(Bergstrom 1989: 94). 이 인용에는 페미니즘 영화이론/영화비평의 가장 중요한 요소들이 불완전한 형태로 결합되어 있다. 감각적 체험에 대한 동경, 그 체험이 주는 짧고 행복한 반짝임, 자신의 주체성을 정치적으로 매개하는 데 대한 관심, 그리고 영화가 이러한 맥락에서 중요한 의미를 지니고 있다는 확신이 그것들이다. 페미니즘적인 영화이론은 다른 형태의 이론이어야 했으며, 그 대상이 정당성을 결여하고 있다는 점이 그것을 그렇게 미리 운명 지은 듯이 보였다. 가부장제적 문화로부터 여성이 배제되는 것에 공식적 문화로부터 영화가 배제되는 것이 상응하는 것처럼 보였으며, 그래서 이 관계에 대한 분석은 억압적 구조뿐 아니라 해방적 가능성들도 해명해 주겠노라 약속했다.

1970년대에 페미니즘 영화이론의 시작은 처음에는 학문 분야라는 의미에서의 '이론' 개발을 목표로 삼기보다는 오히려 여성운동의 일부였으며, 무엇보다 언론적인 수단들로 여성의 영화 작업을 위한 공론을 만들어 내고자 했다. 페미니즘적 영화 작업이란 공중에서의 여성들의 자기이해, 페미니즘적인 분석의 개발과 영화 창작을 의미했지만, 영화와 텔레비전 산업에서의 여성들의 작업에 대한 논구를 뜻하기도 했다.

많은 여성 이론가들이 스스로 지목하는 출발점은 그들 본인의 관람자로서의 경험이다. 그리고 그중 여럿은, 예를 들어 크리스티네 놀 브링

크만Christine Noll Brinckmann처럼 영화 창작을 하기로 마음먹기도 했고, 마찬가지로 여성 영화감독들이 예컨대 헬케 잔더Helke Sander나 로라 멀비Laura Mulvey처럼 이론적인 작업을 하기도 했다. 최초의 두 페미니즘 영화 잡지는 이러한 교환 과정에 대한 본보기다. 부연하자면, 1972년에 로스엔젤리스에서 《여성과 영화》(미)가 창간되었고, 1974년에는 베를린에서 《여성과 영화Frauen und Film》(독)가 창간되었다. 여성과 영화의 연관성들은 여기에서 여러 가지 형태로 논의되었다. 지배적인 영화, 여성영화의 가능성에 관한 논구뿐 아니라 영화에 관한 글쓰기에 대한 성찰 역시 문제가 되었다.

미국에서는 이미 아주 일찍부터 영역의 분할이 두드러지게 나타났다. 《여성과 영화》(미)의 발행인 네 명은, 말하자면 이론적 분파로서, 1974년에 《카메라 옵스큐라Camera Obscura》를 창간했다. 《여성과 영화》가 1976년에 간행을 중단했을 때도, 《카메라 옵스큐라》는 여성 영화 활동Frauen-Film-Aktivität에 대한 르포르타주와 정보들을 더욱 강화해 출판했다. 《여성과 영화》(독)는 이와 반대로 1980년대까지도 여성영화운동과 이론에 대한 연결을 고수했다. 편집자 중 일부가 《여성과 영화》(독)가 성공을 거두었다고 잘못 추정하고는 이를 근거로 그러한 페미니즘 영화비평의 광장Forum이 불필요하다고 여기게 된 뒤에야 비로소 이 잡지는 1983년에 이론을 새로운 중점으로 삼고 새로운 여성 편집자들에 의해 속간되었다. 《여성과 영화》(독)와 《카메라 옵스큐라》는 단호하게 페미니즘적인 유일한 영화잡지로서 예나 지금이나 페미니즘 영화이론의 가장 중요한 토론 광장을 형성하고 있다. 이 이론들이 그사이에 걸어간 길이 얼마나 복잡하든 간에, 페미니즘 영화이론들에게는 변화된 역사적 조건들 아래서 이 이론들이 원래부터 가지고 있던 정치적 관심을 새롭게 표현하고, 모든 사회적 실천과는 동떨어져 영화를 추상적 학술 대상이 되도록 양식화하는 영화학에 저항하는 일이 언제나 매우 중요했다.

영미권에서는 아주 일찌감치 영화학이라는 전문 분야의 제도화가 완수되었고, 이는 또한 페미니즘 영화이론도 통합되는 결과를 낳았다. 대표적 텍스트 모음집인 《영화와 방법들》(Nichols 1976)의 첫 권에는 페미니즘 영화이론이 아직 "장르 비평"의 장에 분류되어 있었다면, 2권에는 이미 페미니즘 영화비평에 대한 독자적인 장이 존재한다(Nichols 1985). 그럼에도 불구하고 페미니즘적인 접근들이 거리낌 없이 영화학적 방법들의 본대本隊에 배치되지는 못한다는 점이 분명해진다. 그래서 니콜스는 제2권의 머리말에서 "페미니즘 영화비평과 이론이 다른 방법론들에서는 오로지 가끔씩만 특징이 되는 다급하게 정치적인 톤을 지니고 있다"는 점을 강조한다. "페미니즘 비평이 성적 차이의 재현과 관람자의 성적 위치잡기를 검토하기 위해 역점을 두는 요구는 곧바로 개인적이고 이데올로기적이다. 물론 페미니즘 비평은 어떻게 의미가 구성되는지에 대한 우리의 이해를 본질적으로 향상시켰다"(같은 곳: 12). 이러한 불쾌감은 니콜스가 로라 멀비의 극단적인 시도에 대한 불만을 진술하는 지점들에서 더욱 분명하게 표명된다. "우리는 여전히 쾌락과 매혹을 해명해야만 한다. (…) 이 문제들은 (…) 로라 멀비가 〈시각적 쾌락과 서사적 영화Visual Pleasure and Narrative Cinema〉에서 그렇게 하듯이, 그저 미학을 이데올로기 아래 포함시킨다고 해서 사라지게 만들 수 없다. 여기에서 그녀는 모든 할리우드 서사가 남성들에게 시각적 쾌락을 제공하기 위한 일반적인 요구 사항에 순응한다고 주장한다"(같은 곳: 7).

정신분석학적 접근들

도화선 격인 로라 멀비의 〈시각적 쾌락과 서사적 영화〉(1975)는 이후 대략 10여 년 동안 담론을 규정했던 이론적 발전의 발단이 되었다. 이 끝도 없이 자주 인용된 논문은 그 급진성 때문에 끊임없이 거듭해서 계승 발전, 반박, 문제 해결 시도에 새로운 자극을 제공했다. 클레어 존스턴 Claire Johnston의 마찬가지로 근본적이기는 하지만 이미 오래전부터 그다지 영향력이 크지 않은 글인 〈반反영화로서의 여성 영화Women's Cinema as Counter Cinema〉(1973)와 더불어, 멀비의 텍스트는 영화의 내용에 대한 연구로부터 영화적 재현에 대한 분석으로의 전환을 표시한다. 두 저자 모두, 영화에서 여성의 이미지가 지시대상으로서의 '여성'과 관련되지 않고 온갖 종류의 다른 의미들을 표시한다는 사실을 분명하게 만들었다. 그리고 신화들이 이러한 이미지들을 차지하고 있다. 영화 기호들이 규정하는 진짜 대립은 '남성적/여성적'이 아니라 '남성적/남성적이 아닌'이다. 존스턴은 근본적인 의문 제기와 기존 영화언어의 재정의에서 반反영화를 위한 가능성을 보았다. 그녀는 예컨대 아이다 루피노Ida Lupino와 도로시 아즈너Dorothy Arzner의 영화들에서 영화 텍스트와 이데올로기 사이의 이러한 단절을 발견하는데, 이들은 고전적 할리우드 영화에서 여성 감독으로서 일할 수 있었던 소수의 여성들에 속했다. 존스턴은 동시대의 여성영화를 위해 정치적 영화와 오락영화의 상호작용을 지지했다.

이와 반대로 로라 멀비는, 프로이트와 라캉의 정신분석학적 이론들을 배경으로 삼고서, 영화언어가 근본적으로 성性지배를 통해 구조화되었다고 본다. 그녀는 영화적 재현의 편물編物에 성차性差를 따라 분명한 대립들을 꿰어 넣는다. 그래서 시선, 행동, 일정한 주기를 취하는 움직임 같은 활동들은 '남성적'으로 나타나고, 그래서 남성 프로타고니스트에 연결되는 반면에, 신체성과 섹슈얼리티, 응시당하기와 기다림은, 행동을 지연시키거나 무효화하는 동인動因들로서, '여성적'이라고 코드화된다. 그러나 이때 결정적인 것은 이 같은 분류라기보다는 여성의 이미지가 고전적 할리우드 영화의 핵심적인 문제를 지시하는 방식이다. 비밀에 가득 찬 타자로서, 상징적 질서에 의해 배제된 것으로서 말이다. 멀비에게서 여성의 이미지는 남성적 무의식의 순수한 기표이며, 남성의 주된 트라우마, 즉 거세 콤플렉스 주위를 맴돌고, 극도로 상이한 극복 전략들의 무대가 된다. 이러한 구조에 여성성이나 본래적 의미에서의 여성을 위한 자리란 없는 까닭에, 멀비는 할리우드 영화로부터 철저하게 등을 돌리기를 지지한다. 그녀에게는 오로지 아방가르드에만, 그리고 완전히 새로운 영화언어의 개발에만 페미니즘 영화에 대한 희망이 존재한다.

멀비의 논문에서 나온 강력한 영향력은, 처음에는 일격의 분석으로 이제까지 겉보기에는 완전히 불투명해 보였던 재현 구조들이 열어젖혀진 것처럼 보이고 커다란 불쾌감이 마침내 더욱 분명하게 표명될 수 있게 되는 효과를 자양분으로 삼았다. 멀비의 논증들은 할리우드 영화를 비판적으로 꿰뚫고 들어가고 그것을 가부장제적 무의식의 표현으로서 해석할 방법을 마련해 주었다. 동시에, 멀비가 여성적 주체성의 가능성들을 영화 텍스트로부터 배제할 때 사용한 엄격성은 비판의 구실을 주었고, 영화에서 여성의 장소를 둘러싼 오랫동안 지속되는 논의를 불러일으켰다. 여성들이 영화를 애호해 온 오랜 전통, 여성 관람자들이 심지어 외견상 가장 억압적인 멜로드라마에도 열광하는 것, 그들이 영화에서 느끼는 의심할 여지없는 쾌감은 멀비 논문의 계승자들에게 페미니즘 영화이론의 규정적인 주제가 되었다. 만약 멀비의 패러다임의 보편타당성이 정당하다면, 여성 관람자는 오로지 지배구조들과의 오도된 동일시로서만 해석될 수 있을 것이다. 그 뒤로 여성 관람자를 구성하는 초안들이 만들어졌지만, 그것들은 언제나 다시금 라캉의 정신분석이 지닌 문서적 확정의 힘에 포획되고 말았다. 여성 관람자의 가능한 미적 능력이나 생산적 인지 능력의 진가를 인정하는 일, 그러니까 가부장제적 지배구조들을 벗어난 영화의 질들을 해명할 수 있었을 시도들은 이 초안들에서 빈번히 아무런 공간도 발견하지 못했다. 다시 말하자면, "비판하는 능력만큼의 창조하는 능력이 충족되지 못했다"(Pribram 1988: 4).

이것은 우선은 특히나 페미니즘 논의의 미국 분과에 해당했다. 멀비와 존스턴이 영국의 학생운동과 여성운동의 맥락에 강하게 사로잡혀 있었다면, 1980년대 초 이래로 이론 발전의 중심이 미국으로 옮겨 가는 것은 강화된 학제화를 지칭하기도 한다. 가장 중요한 대표자들 중 몇몇만 거명하자면, 메리 앤 도앤Mary Ann Doane, 테레사 드 로레티스Teresa de Lauretis, 카자 실버만Kaja Silverman은 처음부터 대학의 맥락에서 작업해 왔다. 경험적 여성 관람자에 대한 궁극적으로는 결코 검증할 수 없는 속성들을 생산하는 본질주의로 회귀하는 데 대한 두려움, 라캉을 고수할 때의 엄격함은 부분적으로 역설적인 전략들을 만들어 냈다. 여기에서 가장 엄격하기로는 확실히 조안 콥젝Joan Copjec인데, 그녀는 무의식적인 것에게는 '여성'을 재현하는 것이 불가능하다는 점을 강조한다. 이로써 리비도는 남성적인 것으로 증명되었고, 여성적인 것에는 아무런 기표도 주어지지 않았으며, 이러한 한에서 여성성을 이론적으로 서술해 낼 가능성 역시 존재하지 않는다. 그러나 이로써 여성성의 지위에 대한 의문 제기에도 아무런 영역도 허용되지 않으며, 콥젝은 이에 상응해 다음과 같이 일종의 허구화를 지지한다. "그들의 실존에 대한 어떠한 결론적인 논박도 부재한 상황에서, 나는 마치 여성 관람자와 여성 감독이, 실제로, 실존하는 것처럼 진행했다"(Copjec 1989: 126). 하지만 여성을 이렇게 언어 외적 실존으로 추방해 버리는 것은 종국에는 여성의 사회적 · 문화적 배제를 재생산한다.

메리 앤 도앤은 우선은 일단 영화 텍스트에 마련되어 있는 여성적 관람 가능성들을 더욱 정확하게 분석함으로써 이러한 위험을 피해 가고자 한다. 여기에서 그녀는—남성적 시선에는 필수적인—거리를 통해 특징지어지지 않은 보기를 발견했다. "여성 관람자에게는 모종의, 이미지의 과잉-현재성Über-Gegenwärtigkeit이 존재한다. 왜냐하면 그녀가 이미지**이기** 때문이다"(Doane 1985: 8). 이러한 여성적 '시선'은 가까움과 거리 없음을 통해 특징이 부여된다. 즉, 스스로를 보는 것이 불가능한 여성성에 근거를 둔, 일종의 내부 관찰인 셈이다. 그렇지만 이때 문제가 되는 것은 남성적 시각에 비견될 수 있는 확고한 위치가 아니라, 더욱 본래적이지 않고, 이로써 더욱 유연한 인지의 형태다. 그리고 이러한 인지는 또한 끊임없이 다시 스스로로부터 벗어나올 수도 있고 남성적 관점을 취할 수도 있다. 여성들은 남성성뿐 아니라 여성성 또한 가장Maskerde으로서 마음대로 사용할 수 있다(Doane 1987). 이러한 시도는 비록 라캉의 경직된 위치 지정들을 유연하게 만드는 것을 의미하기는 하지만, 그것들로부터 근본적으로 벗어나지는 않는다. 여성 관람자는 '실재'에서는 텅 빈 채로 남아야만 하는, 순수하게 텍스트적인 위치에 머문다. 그리고 이 지점을 채우려는 시도들은, 도앤에 의하면, 그저 구상들을 사실이라고 오인하고 다루는 것으로나 귀결될 따름이다.

그러나 페미니즘 영화이론이 계속해서 발전해 나가는 과정에서 정신분석학적 접근들을 고수하는 것은 점점 더 지배적 학문 패러다임에 순응하는 모습을 띠게 된다. 그래서 예컨대 콘스턴스 펜리Constance Penley는 이렇게 적는다. "그것〔정신분석〕이 마음psyche의 보수성과 성적 정체성의 불안정성을 중요시하는 까닭에, 그것은 왜 마음이 절대로 진보적 정치, 페미니즘 또는 그 밖의 것들의 토대가 될 수 없는지를 설명해 준다. 이는 정확히 정신분석이 소원 성취의 욕망에 토대를 두었을 이상주의나 유토피아주의 또는 정치적 실천의 너머에서 움직이려는 어떤 형태의 페미니즘에도 그 통찰이 결정적 역할을 하는 그러한 명확성을 설파하지 않기 때문이다."(Penley 1989: XVII). 마치 그렇지 않으면 페미니즘 이론이 미성숙하고 유아적으로 행동할까 봐 두렵기라도 한 듯이, 비이성에 대항하는, 그리고 과도한 비현실적 요구들에 대항하는 이를테면 요새가 정신분석학을 수단 삼아 세워졌다. 정신분석학이 현존하는 사회문화 질서를 해명하고 비판할 지극히 효과적인 도구류를 마련해 줄 수 있었던 페미니즘 영화이론 전개의 첫 단계 뒤에, 전환점에 이르렀다. 이 전환점에서는 정통주의로 기우는 이 담론의 주류와 지나치게 긴밀히 단결하는 것으로부터 벗어날 필요가 있었다. "현존하는 사회적, 아니면 적어도 심리적 구조들을 설명해 낼 수 있는 것처럼 보였던 정신분석학은 오로지 바로 그것들의 불가피성이 암시된 용어들로만 그렇게 할 수 있었던 것이다"(Pribram 198: 4).

이러한 관점에서 보자면, 우선은 일단 오이디푸스적인 것의 핵심적인 의미에 의문을 제기하고 오이디푸스적인 것에서 불가피성의 지위를 박탈하는, 정신분석학 자체의 내부 흐름들을 증거로 인용하는 것이 중요했다. 그래서 게이린 스터들러Gaylyn Studlar는, 질 들뢰즈와 멜라니 클라인Melanie Klein, 오토 랑크Otto Rank의 저작들에 담긴 전前오이디푸스적인 것의 정신분석에서 출발해, 시각적 쾌락이 오로지 거세 콤플렉스의 우위 아래 있지만은 않다는 사실을 제시했다. 매저키즘적인 시각적 쾌락은 강력한 전오이디푸스적 어머니에 대한 관계가 환영적으로 되살아나는 데 관심을 가지며, 그러한 한에서 가부장제 질서의 전복을 의미한다(Studlar 1985, 1988). 그러나 여기서도 다시금, 원래는 남성 개인들의 성심리

Psychosexualität을 분석하려고 개발된 이론을 전이하는 문제가 제기된다.

서사를 오이디푸스적 구조물로서 비판하는 데에 중심에 두었던 접근들은 다른 길을 걸었다. 테레사 드 로레티스에게는 영화에서 시선 구조들이 가부장제적으로 구성되어 있는 것과 그것들로부터 파생된 관람자 위치들이 서사Narration의 논리적 귀결이다. 남성과 여성 이미지의 상이한 가치는 "사건들의 연속으로서의 이야기의 압력이 아니라, 관람자들이 극장에 들어서고 영화가 시작하기 훨씬 전에 서사에 부담을 주는 오이디푸스적 드라마로서의 이야기의 압력에서 유래한다"(De Lauretis 1990: 16). 영화 이미지들은 서사의 오이디푸스성을 해체하는 것을 통해 비로소 자유를 되찾을 수 있을 것이며, 순수하게 여성적인 시각적 쾌락에 기회를 줄 수도 있을, 영화의 이야기 속 남성성과 여성성의 새로운 자리매김이 가능할 것이다(De Lauretis 1984).

주디스 메인Judith Mayne의 서사이론적 접근은 할리우드 영화에 대한 정신분석학적 비판에 등을 돌리고 1980년대 후반에 점점 더 강화되는 영화사 연구로 향하는 특징을 보인다. 메인은 초기 영화의 서사 형식들에서 지극히 다양한 변형들로 이루어진 여성적 서술 시점들을 밝혀낸다. 이로써 이 영화들에 대한 '원시적'이라는 평가는 할리우드 영화 관습들을 통해 조건 지워진 것으로서 입증되었으며, 영화의 초기 형태들에 대한 몰이해는 아직은 일관되게 가부장제적으로 조직되지 않은 서사 구조들을 다룰 능력을 결여하고 있음이 판명되었다(Mayne 1986). 그렇지만 메인은 여성적 서술 형식들을 분석하는 이 방법을 초기 영화에만 국한시키지 않고, 유사한 방식으로 전통적 서술을 피해 가는, 여성들의 새로운 영화들에도 활용한다(Mayne 1990).

상상, 사회, 역사

예나 지금이나 관람자 이론은 페미니즘적인 영화이론의 중심점을 이룬다. 그러나 그러면서, 여성 관람자의 위치를 텍스트로부터 해명해 낼 수 있다는 가정은 점점 더 의심스러워졌으며, 이는 영미권의 담론 내부에서도 그러했다. 대안은 경험적 관람자 연구가 아니라 텍스트의 일견 시대를 초월하는 듯한 보편적인 힘에 대항할 수 있는 여성 관람자 내지 남성 관람자에 대한 구상들을 발전시키는 것이었다. 오직 그렇게 해서만 다양한 역사적 · 지역적 수용 형태들을 고려하는 것이 가능했다. 예를 들자면 라플랑슈/퐁탈리스나 프로이트의 상상 개념이 도약점을 이루었다. 이들의 상상 개념은—바바라 크리드Barbara Creed(1993) 역시 호러 영화를 예로 들어 제시했듯이—항상적인 성심리적 정체성의 표상을 용인하지 않고, 매우 다양한 관점에서 유연하고 다중적인 관람자 위치와 성역할들에 접근할 수 있게 해 준다.

카자 실버만(1992)은 남성적 섹슈얼리티의 '이례적' 재현 형식들을 주제로 삼았고, 팔루스Phallus와 남성 성기를 동일시하는 것의 붕괴를 모사함으로써, 가부장제적 권력의 몰락을 역사적으로 바라볼 관점을 열어젖혔다. D. N. 로도윅David Norman Rodowick 역시, 상상이 반드시 문화적으로 미리 형성된 궤도를 따르지는 않았으며, 다수의 상반되는 주관적 · 사회적 · 역사적 매개 변수들에 의해 규정되고, 따라서 이음매 없는 이데올로기적 통합이란 불가능하게 된다는 점을 함께 포괄하는 욕망 개념을 지지했다. 말하자면 "나는 욕망을, 서사에 의해 만들어지거나 보존되었다기보다는, 텍스트 자체와 관람자 안에서 모순을 생산해 내면서 적절한 형식들을 계속해서 침식해 나가는 역사적 힘이라고 생각한다"(Rodowick 1991: XI).

라캉의 영향을 받은 페미니즘 영화이론이 특히 고전적 할리우드 영화 및 백인 이성애 관람자와 연관을 맺고 있었다면, 처음에는 그토록 견고하게 지탱되는 듯했던 이 이론구조물은, 다른 관점의 영화 접근법들, 예컨대 동성애자 남/녀 관람자나 흑인 여성들에 의한 다른 수용 형식들이 질문되자, 허우적거리기 시작했다. 이 같은 관점화를 간단히 '이례적인 것'에 대한 질문으로 규정할 수 없는 것이, 이 질문들이 오히려 고전적 할리우드 영화와 백인 중산층 관객의 결합을 영화 수용 역사의 한 변형이라고 상대화하기 때문이다. 이미 1982년에 미리엄 한센Miriam Hansen은, 정신분석학적 관점에서, 루돌프 발렌티노Rodolph Valentino의 예를 들어, 남성 연기자의 신체성이 전시되면, '사회적 남성성/경험적 남성들'과 '사회적 여성성/경험적 여성들'이라는 분류가 얼마나 쉽사리 붕괴되는지를 보여 주었다. 남성의 이미지가 여성의 페티시즘 대상이 된 이미지의 위치로 옮겨지면, 남성의 이미지 역시, 여성의 이미지와 똑같이, 결여의 기표가 된다. 다름 아닌 남성성Virilität의 설득 압력 아래, 남성의 몸을 결함 없는 존재의 재현이 되도록 양식화하려는 시도가 좌절된다. "탁월한 '드래그 킹male impersonator'으로서 발렌티노가 지닌 혜성 같은 이력은, 상징적 질서에 대한 남성 주체의 요구가 오해에서 기인한다는 또 하나의 사실을 증명한다"(Hansen 1982: 31). 그러나 발렌티노의 사례는 또한, 할리우드 코드의 엄격한 관습 아래 종속되어 있지 않았던 한에는, 영화가 어떤 가능성들을 지니고 있었는지를 보여 주기도 한다.

영화사 영역에 대한 연구는 페미니즘 영화이론에 점점 더 중요해지는데, 이는 비판이론에서 본질적 토대와 관점들을 발견했다. 비판이론은 이미 1980년대에 정신분석학적 접근들에 대한 대안을 형성했다. 처음에는 독일어권에 중요했던 이 논의는 그 이후에 미국에서 진행된 영화사적 연구들에도 영향을 끼쳤다. 영미권에서는 주류 영화에 대한 영화적 대안에 관한 관심이 아방가르드 영화에 집중되었던 반면에, 서독의 여성영화 정책에는 비판이론의 전통 아래 있는 작가영화 논의에 대한 논구가 중요한 역할을 했다. 권위적 측면들에 대한 그 모든 비판과 거부에도 불구하고 작가모델에서 주제로 삼았던, 고유의 주체성의 사회적 매개성Vermitteltheit이 여성운동의 핵심적 관심사였다. 작가의 경험을 옮겨 놓는 것을 경유해 관람자들이 그들 자신의 경험에 접근할 수 있게 해 주려고 함으로써, 작가영화는 여성영화에도 구상적인 틀을 제공했다. 작가영화는 관람자를 차지하는 대신에 관람자와의 대화에 나서야 하며, 그렇게 해서 관중에 대한 자신의 책임을 인지해야 한다. "영화는 (…) 계몽된 인간으로서 대우 받으려는 관람자의 비판적 태도를 선취해야만 한다"(Kluge 1965: 13). 영화관에서 관람자의 인지는 영화를 수용하는 동안 비판적 태도가 거의 불가능할 정도로 근본적으로 과부하가 걸리고, 관람자의 '연상 과정'은 영화를 통해 간섭받는다고 한다. 작가영화는 '관람자라는 생산력'의 활성화에, 관람자의 능동적 참여에 승부를 거는데, 이는 단지 영화에 대한 비판적 천착만이 아니라 무엇보다 관람자의 상상이 수용에 기여하는 것 또한 의미한다. 페미니즘 이론은 여기에서부터 '능동적 여성 관람자'의 구상을 발전시킨다. 능동적 여성 관람자는, 설사 영화로부터 명시적으로 그러한 요구를 받지 않더라도, 이미 늘 영화관에서 나름의 창조적 생산성을 발휘한다.

게어트루트 코흐는 이 같은 관람자 태도에 대한 이론적 초안을 마련하기 위해 비판이론을, 특히나 비판이론의 현상학적 구상들을 재수용할 것을 제안했다. 이 현상학적 구상들은 상징 이전의 '소재적인' 영화 인지를 계발하기 위한 단초를 제공한다. 다시 말하자면, "사물들의 물질적 특성들"에서, 즉 "이 사물들이 자의적으로 상징적으로 투입될 수 있는 게 아니라, 고유의 표현 내용을, 달리 표현하자면, 고유의 미학을 지닌다"는 데서 출발할 가능성들을 제공한다(Koch 1984: 8f.). 코흐는 카메라를 통해 조종된 시선과의 동일시에 대해, 대상을 통제적으로 전유하지 않고 감성적인 의미에서 동감하는 일종의 미메시스적 동일시를 대립시킨다. 이러한 수용은 예를 들어 생명이 없는 대상들에게 동일시적으로 연관을 맺을 수 있지만, 모방Mimik과 신체성의 구현에서 특권을 지닌 상대를 발견한다. 모방적 · 육체적 신체 표현은 코흐에게 다름 아닌 영화에서 여성 관람자의 환상 생산을 향한 개방을 가능하게 하는 동인이다. 영화는 예를 들어 연극과는 달리 과장된 양식화를 필요로 하지 않으며, 일의성을 만들어 내지 않고도 순전히 신체성을 가시화하는 것만으로 효력을 발생시킬 수 있기 때문이다.

오이디푸스적으로 구조화된 성심리적 구성들과 연관되지 않은 영화들과 역사적 맥락들을 고전적 할리우드 영화의 획일적인 위상에 맞세우는 것은 오로지 페미니즘적으로 해석된 영화사에만 가능하다. 줄리아나 브루노Giuliana Brunos는 영화 인지의 이러한 '다른' 형태들을 문화-역사적 파노라마에서 밝혀내는데, 여기서도 비판이론이, 특히나 발터 벤야민Walter Benjamin과 지크프리트 크라카우어의 저작들이 중요한 연관점을 형성한다. 브루노는 1910~1920년대에 만들어진 엘비라 노타리Elvira Notari의 영화들을 예로 삼아 특수한 도시 건축과 이와 연계된 체험 형식의 맥락에서 영화의 위치를 정하는데, 바로 이 체험 형식들이 여성들에게 아직은 완전히 영토화되지 않은 공중에 대한 접근로를 열어 주었다. 노타리는 20세기 초엽의 나폴리에서 여성 관람자의 다른 공간성을 추적하고, 여기에서 영화 체험과 사회-성애적 교류의, 산보Flanieren 중의, 부차적인 것의, 초월적 장소들에 대한 임시적 연관의 융합을 발견한다. 브루노는 다름 아닌 대상의 특이성에 대한 세밀한 연구로부터 여성에게 영화가 의미하는 바에 대한 더욱 일반적인 문화이론을 전개해 낸다. "여성적인 상상의 공간에 대한 탐구, 지형도로서의 이미지화 imaging 구상, 그리고 신체들 사이에서 디자인된 간주관적 공간의 확장, 나는 유**체**성*corpo*reality과 그것의 '발생/자리잡기taking place'에 초점을 맞춘다"(Bruno 1993: 6).

페미니즘 이론 형성의 진행 과정에서, 초기 영화가 여성들이 이 매체에 긍정적으로 연관되는 데 지녔던 의미가 점점 더 뚜렷하게 드러났다. 1980년대 말엽에는 초기 영화에 대한 연구가, 영화와 여성 관람자에 대한 새로운 구상들을 획득해 내고(Bergstrom 1989: 98) 전래된 관람자 구조물들을 단지 특수한 경우에만 유효한 특이한 초안들로서 상대화하기 위해 필요한(Doane 1989: 146), 페미니즘 영화이론의 촉망되는 길이라고 평가되었다. 이 글 첫머리에 짧게 썼던 여성성과 영화의 연대성이 초기 영화에 대한 분석들에서 '감각적 오성'으로서 역사적으로 파악 가능해졌다. 초기 영화는 여성들에게 집 밖에서 혼자 즐길 수 있는, 몇 세기 이래 최초의 계기를 형성했다. 이러한 자주적인 여성 비율과 더불어 영화에서는 완전히 새로운 관객 구조가, 새로운 공적 영역이 형성되었다(Hansen 1991). 계급과 성이 혼합되었던 근대적 대중 관객은 부르주아적 · 가부장제적 문화에서는 이제까지 어떠한 공간도 발견하지 못했던 새로운 수용 형태들에 융통성 있는 이질적 구조들을 지닌 영화 프로그램을 기대했다. 이러한 영화 수용에는 여성 관객이, 무엇보다도 즉흥성의 제한을 목표로 한 전략을 펼쳤던 이후의 서사영화에서보다, 월등하게 더 비중 있는 역할을 했다.

하이데 쉴립만은 초기 영화가 독특한 역사적 상태를 지칭한다고 보았다. 그것은 기술적인 새로움과 사회적 주변성을 통해 특징이 부여되었으며, 확정된 법칙이 없고, 그러한 한에서 아직 지배 이데올로기에 예속되지 않았고 일종의 문화적 실험의 장場을 구현했다. 무엇보다 성모순의 영역, 즉 예나 지금이나 "영화의 핵심적인 정치 문제"에서 말이다 (Schlüpmann 1990: 16). 이러한 모순은 영화가 차별성을 지니는 쪽으로 발전하는 과정에서 상쇄되고 코드 형성과 명료화를 통해 억제되고 부인되었지만, 초기 영화에서는 아직도 담론의 가시적 대상이었다. 초기 영화는 여성들에게 가부장제 질서를 위해 이미 기능화한 오락이 아니라, 그들 자신의 삶의 맥락에 관한 이미지들을 제공하기도 했다. 이때 여성 연기자들이 특별한 역할을 했는데, 당시만 해도 아직은 그들이 여성 관객들과 연합하는 일이 가능했다. 그리고 이 연합은 여성 관객들의 소망, 동경, 문제들과 연관을 맺을 수 있었고 아직은—나중에 고전적 서사영화에서 그랬던 것처럼—무엇보다 남성들의 무의식적인 것을 표명해야만 하지는 않았다. 여성 관람자의 경제적 의미는 다시금 여성 연기자의 위상을 강화하는 데 이바지했다. 연극에서는 그녀들의 연기가 문학 원본에 고정되어 있었고 극작가와 연출가가 미리 구상한 삶의 이미지들을 채워야만 했지만, 초기 영화는 이와 달리 여성 연기자에게 "이러한 이미지들로부터의 해방이라는 의미에서의 자기묘사를 할 기회"를 주었고, 남성 관객들 앞에서가 아니라 우선은 카메라의 눈 앞에서 표현해야 했던 그녀들의 신체성은 그녀들에게 "여성 관객의 새로운 욕구를 대변하는 것을" 가능하게 해 주었다. "여성 관객은 그녀들의 자기묘사를 '여성의 근대 진입' 욕구로서 해석하고 만족한다"(같은 곳: 18).

초기 영화 연구들의 관점에서 보자면, 여성들이 영화로 방향을 돌리는 것에서는 종속과는 아무 상관없는 사랑을 알아챌 수 있다. 영화는 오히려 공식적인 문화로부터 배제된 '여성적인 문화'가 생겨날지도 모르는 장소로서 나타난다. 영화는 아직도 여전히 이러한 유산을 지니고 있으며, 이것은 무엇보다도 이미 1910년대에 시작된, 부르주아화와 표준화를 위한 노력들의 강도에서 두드러진다. 영화사 기술에서 영화의 전체 영역들이 배제되거나 등한시되는 것 또한 이러한 맥락에서 볼 수 있으며, 영화가 점점 더 사회적으로 주변화하는 것도 마찬가지다. 그사이에 이미 텔레비전과 컴퓨터에 이러한 꼬리표가 붙어 있기 때문에, 영화는 이미 오래전부터 더 이상 '주도 매체'로서 간주되지 않는다. 영화에 대한 요즘의 접근은 거의 완전히 정전화나 취미 활동을 통해 유도되며, 그러면서도 서로 다른 시간과 장소들에서 '영화'란 무엇이었던가에 관해 표상하는 것을 가능하게 해 주지도 않는다.

초기 영화 시기에 대량으로 만들어진 영화 제작물은 오늘날 대부분 소실되었으며(독일에서만 해도 주당 500편 이상의 신작 영화가 나왔다), 아카이브의 소장품들은 비록 특별히 관심 있는 관객은 접근할 수 있지만 공적인 의식意識에 미치는 영향력에서는 거의 완전히 배제되어 있다. 영화사를 이렇게 다루는 것은 결코 우연한 성질의 것이 아니라 오히려 명백한 이데올로기적 맥락들 아래 있다. 그래서 예컨대 이탈리아 무성영화의 95퍼센트가 파괴됨으로써 단지 지역적으로 독자적인 문화들의 대표만 사라져 버린 것이 아니라, 일상과 여성의 섹슈얼리티와 밀접한 관계에 있던 영화의 흔적들도 사라져 버렸다(Bruno 1993). 하이데 쉴립만(1990)은 빌헬름 시대의 영화 저널리즘을 분석하면서, 영화를 가부장제 문화에 통합시키기 위해 어떠한 강도 높은 노력들이 이루어졌는지를 분명히 밝히고, 이로써 영화가 그 시작 당시에 이러한 문화에 어떤 강력한 의미를 띠었는지 보여 준다.

현재의 상황

예나 지금이나 미국이 페미니즘 영화이론에서 우세하다. 대학의 풍족한 재정으로 출판이 가능한 여건이 이렇게 되는 데 확실히 본질적으로 기여한다. 페미니즘 영화이론 도서의 거의 4분의 3이 미국에서 출간되며, 대략 4분의 1이 영국에서, 몇몇 소수가 호주에서, 미미한 수가 독일에서 출간된다.

1980년대 말 이래로 페미니즘적인 영화이론의 영역이 점점 강하게 인종, 탈식민주의, 다문화주의 문제들과 섞인다. 그 밖의 연구 영역은 '퀴어 연구' 내지는 레즈비언적 욕망에 대한 논구이다. 두 영역은 '여성적'이라는 개념 아래 이해되어 온 것의 차이들에 대한 이론화와 분석에 관한 관심을 공유하며, 이로써 페미니즘적 접근들을 다수의 다른 사회-심리적 배제 전략 및 차별 전략들과 연관시킨다. 이 접근들은 종종 '고전적' 페미니즘 영화이론의 반대 입장에 선다. 후자가 이성애적 백인 여성성을 위해 표현되었고 처음에는 상대화에 신경을 쓰지 않았기 때문이다. 예를 들어 주디스 메인은 레즈비언적임은 남성/능동적, 여성/수동적이라는 양극적 간주에 의문을 제기하고 여성적 욕망이라는 거부할 수 없는 사실이 페미니즘 영화이론의 구상들과 모순된다는 점을 정당하게 지적하고 있다(Mayne 1990: 117). 테레사 드 로레티스(1994) 역시 여성성이 단순히 남성성에 대한 차이로서 설정될 수 없으며 오히려 여성성의 다양한 형태들을 인정할 필요가 있음을 강조한다. 그녀는 레즈비언적 욕망을 원칙적으로 여성 성심리의 일부에 해당하는 태도로서 받아들이기를 거부하고, 실제로 레즈비언적 시각적 쾌락을 연출하는 영화, 즉 쉴라 맥러플린Sheila McLaughlin의 〈그녀가 사실들을 보고 있음이 틀림없다She Must Be Seeing Things〉(1987)를 예로 삼아 독립적인 레즈비언적 주체성의 초안 마련을 시도한다.

이러한 연구들이 부분적으로 정신분석학적 접근들과 연관을 맺는 반면에, 인종 · 민족성 · 탈식민주의에 관한 논의는 정신분석학으로부터 근본적으로 등을 돌리기를 요구한다. 그래서 벨 훅스bell hooks는 이렇게 쓴다. "페미니즘 영화이론은 비역사적인 정신분석학적 구조물에 뿌리박고 있으며, 그것은 성적인 차이를 특권화하고 인종의 인정을 적극적으로 억누른다. (…) 많은 페미니즘 영화비평가들은 자신들의 담론이 사실은 오직 백인 여성들에 관해서만 말할 때도 마치 '여성들'에 관해 말하는 것처럼 자신들의 담론을 구성하기를 멈추지 않는다"(hooks 1992: 123). 아프리카계 미국 흑인 여성들은 불가시성의 형태와 주체성의 불인정에 내맡겨져 있으며, 이는 백인 여성이나 흑인 남성보다 훨씬 심하다. 이러한 배제는 간주관적이고 상호텍스트적으로 매개된 사적인 탄압이 아니라 공식적이고 사회적인 억압이다. 이는 흑인 여성들의 경험과 역사가 근본적으로 다르며, 이로부터 정신분석학의 어휘로는 기술될 수 없는 영화 인지가 결과한다는 사실을 의미한다. 흑인 여성 관람자에게는 단순히 남성 영웅과 여성 전시 대상 사이의 차이가 아니라, 바로 이 백인 여성성의 이상화된 이미지가 연관성이 있다. 동일시 제안이 없다면, 영화관에서 흑인 여성들의 실존은 그들의 시선이 저항의식의 배경 아래 이루어진 적대적 실천으로서 파악되어야만 하는 방식으로 부정된다(같은 곳: 118f.). 벨 훅스의 이러한 접근은 여러 차례에 걸쳐 논의되었다. 여기서는 단지 지극히 세분화한 담론의 한 예로서 거론되었을 따름이며, 이 담론에는 여성 이론가들 외에도 (가장 유명한 사람을 거명하자면) 트린 T. 민하Trinh T. Minh-ha 같은 여성 영화인들도 참여했다.

독일어권에서는 정신분석학이 더 이상 페미니즘적 영화이론 담론을 지배하지 않는다. 아네테 브라우어호흐Annette Brauerhoch의 모성 구성에 대한 연구(1996)와 레나테 립퍼트Renate Lippert의 정신분석학과 영화에 대한 연구서(2003)는 여러 해에 걸친 연구들의 끝마무리를 의미하며, 다양한 관점에서 정신분석학적 영화이론의 패러다임들을 해체한다. 브라우어호흐는 영화의 재현 구조들에서뿐만 아니라 영화이론에서도 나타나는 오이디푸스적인 것의 우위를 논박한다. 립퍼트는 페미니즘 영화이론이 미결 상태로 두었던 바로 그 빈 곳을 채우고, 여성적 주체성을 위한 구상을—더 정확히 말하자면 정신분석학의 배경 아래 〈바람과 함께 사라지다Gone With the Wind〉(미국 1939)를 예로 삼아—개발하고자 시도한다. 두 연구는 모두, 페미니즘적인 정신분석학적 영화이론이 결코 끊임없이 거듭해서 여성성의 배제를 초래하는 담론이라고 성급하게 평가될 수 없음을 보여 준다.

독일어권에서 장차 발전해 나가는 방향과 관련해서는 현재 두 가지 경향이 두드러지게 나타난다. 하나는 영화사 연구를 초기 영화 시기를 넘어서 이어 나가는 경향이고, 다른 하나는 철학적 전통과의 연관을 강화하는 경향이다. 아네테 브라우어호흐(2006)는 전후 시대에 핵심적인 성 정치적 · 문화사적 의미를 지닌 인물로서의 '아가씨Fräulein'를 다룬 연구에서 새로운, 영화사의 길을 걷는다. 여기에서 영화는 '전거Quelle'의 기능을 맡게 되는데, 전거의 역사적 가치는 복잡한 억압 구조들에 대한 천착을 통해서만 밝혀낼 수 있다. 이때 관심은 부차적인 것들과 주변인물들에게로 유도되며, 이것은 정신분석학에 기대고 있기는 하지만 정신분석학의 이론적 도구들로 작업하지는 않는 방법이다. 이러한 주변적인 것들은 그 자체가 다시금 영화사에서 주변적 지위를 지니는 영화들에서 조사된다. 왜냐하면 잘 알려져 있다시피 서독의 전후영화는 독일 영화사에서 가장 암울하고 영화이론 면에서 미학적으로 그다지 성과가 많지 않은 시기로 간주되기 때문이다. 브라우어호흐는 영화를 '작품'으로서의 가치에 따라 평가하는 통용되는 관행을 급진적으로 파기한다. 그녀에게는 영화적인 것이 갖는 특수한 질이, 즉 물질성과 신체성의 가시화가 관건이다. 그리고 이러한 관점 아래서는 다름 아닌 성적 상황관계

Sexualverhältnis에 전후 영화들에서 나타나는 경련 상태와 경직뿐 아니라 이따금씩 그것들이 돌파되는 것 또한, 예컨대 문서화된 시대 증언과는 완전히 다른 진술력을 지닌다.

현재의 페미니즘 영화이론의 두 번째 경향은 영화의 철학적 연관들을 분석하고자 시도한다. 영화의 근본적 자질들에 대한 질문이 제기되는데, 이 질質들은 '인식가능성들'이라고 일컬어질 수 있을 법하기는 하지만 적절한 명명은 없다. 이때 문제가 되는 것은 문화적으로 영토화되지 않은 교양Bildung이며, 이러한 교양은 감각적 인지, 감정, 상상을 통해 매개되는 인식 형태를, 그러니까 특히나 여성들의 특수한 능력들을 요구한다. 이때 관심의 중심에는 시간을 초월한, 추상적으로 철학적인 구조들이 아니라 영화의 역사적인 자리에 대한 연관 관계가 놓여 있으며, 그것은 개념적인 세계 해명의 붕괴와 이와 연계된 주체 구성들의 붕괴를 통해 특징지어진다. 이러한 맥락에서 영화는 지난 세기 전환기의 기억이론들에 연결될 수 있다. 기억이론은 일종의 신체적으로 매개된 인식의 밑그림을 그리는데, 그러한 인식은 영화를 통해서야 비로소 그 인식의 본래적인 전개를 발견할 수 있다(Klippel 1997). 기억과 영화에 대한 이 같은 숙고들과 연결하면서 철학적 시간이론들을 시간 감각의 영화적 구조화에 맞세움으로써, 영화와 시간의 관계 또한 성찰될 수 있다.

하이데 쉴립만은 철학적 미학에서 출발해 영화에 특수한 인지의 동인과 여성에게 영화가 지닌 특수한 의미의 전사前史를 발전시켰다. 니체와 더불어 그녀는 시선의 대상화하는 지배를 통해 구조화되지 않은 인지가 가능하다고 본다. "그러한 까닭에 나에게는 요즘 인지에 대한 사랑과 더불어 개입적인 영화이론이 시작된다. (…) 돌이켜 보면, 인지에 대한 사랑은 여성과 영화에 관한 해방적 관심들을 연결해 준다. 이 둘이 지배적 서사 영화의 후견으로부터 해방되고자 하는 한에서는 말이다"(Schlüpmann 1998: 15f.). 이때 니체의 '무력無力의 철학Philosophie der Ohnmacht' 이 결정적인 역할을 한다. 19세기의 미학적 철학에서는 인지가 모든 권력관계들로부터 떨어져 나오는 동인이며, 이 점에서 인지는 영화와 연결된다. 가시성은 인지에 대한 사랑과 동일한 징후를 가지고 증명되기 때문이다. 다시 말하자면, 인지가 말에 의한 표현을 벗어남으로써 권력 역시 인지에 접근 불가능하게 남는다.

이렇게 철학 안에 영화를 배치시키는 것은 페미니즘 이론에 두 가지 결과를 낳는다. 한편으로는 철학사의 전통적인 견해를 손상시키고 이로써 또한 여성 학자들에게 지극히 고통스러운 억압 맥락도 깨뜨린다. 두번째로는 영화를 연구의 기관 자체로서 정당화해 준다. 페미니즘적 학문에 영화는 대상이기보다는 그렇지 않으면 접근 불가능하게 남을 맥락들을 인식하는 원천이며, 이는 영화의 모든 형태, 장르, 역사적 발현 방식에서, 극영화, 다큐멘터리 영화, 실험영화 사이의 모든 범위에서 그러하다.

페미니즘 영화이론은 현재 자기성찰과 새로운 방향 설정의 단계에 있다. 가부장제적 억압 맥락들이 예나 지금이나 존재하고 있고 거의 아무것도 변하지 않았기 때문에, 사람들은 늘 똑같은 폐해를 계속 지적하는 데 지쳐 있다. 예전의 활기 대신 완강함과 반어가 들어섰다. 하지만 저항적인 정신은 결코 느슨해지지 않았고, 마찬가지로 영화에 대한 기쁨 역시 흐릿해지지 않았다.

참고문헌

BERGSTROM, Janet 1989: Ohne Titel – Beitrag zur ›Spectatrix‹. Sonderheft *Camera Obscura*, Nr. 20/21, S. 94-100.

BRAUERHOCH, Annette 1996: *Die gute und die böse Mutter. Kino zwischen Melodrama und Horror.* Marburg: Schüren.

_____ 2006: *Fräuleins und GIs: Geschichte und Filmgeschichte.* Frankfurt a.M., Basel: Stroemfeld.

BRUNO, Giuliana 1993: *Streetwalking on a Ruined Map. Cultural Theory and the City Films of Elvira Notari.* Princeton: Princeton University Press.

COPJEC, Joan 1989: Ohne Titel – Beitrag zur ›Spectatrix‹. Sonderheft *Camera Obscura*, Nr. 20/21, S. 121-127.

CREED, Barbara 1993: *The Monstrous-Feminine. Film, Feminism, Psychoanalysis.* London, New York: Routledge.

DE LAURETIS, Teresa 1984: *Alice Doesn't. Feminism, Semiotics, Cinema.* London: Macmillan Press.

_____ 1990: »Ödipus Interruptus«. In: *Frauen und Film*, Nr. 48, S. 5-29.

_____ 1994: *The Practice of Love: Lesbian Sexuality and Perverse Desire.* Bloomington, Indianapolis: Indiana University Press.

DOANE, Mary Ann 1985: »Film und Maskerade: Zur Theorie des weiblichen Zuschauers«. In: *Frauen und Film*, Nr. 38, S. 4-19.

_____ 1987: *The Desire to Desire. The Woman's Film of the 1940s.* Bloomington, Indianapolis: Indiana University Press.

_____ 1989: Ohne Titel – Beitrag zur ›Spectatrix‹. Sonderheft *Camera Obscura*, Nr. 20/21, S. 142-147.

HANSEN, Miriam 1982: »S.M. Rodolfo«. In: *Frauen und Film*, Nr. 33, S. 19-33.

_____ 1991: *Babel and Babylon. Spectatorship in American Silent Film.* Cambridge: Cambridge University Press.

HOOKS, bell 1992: *Black Looks: Race and Representation.* Boston: South end Press.

JOHNSTON, Claire 1973: »Women's Cinema as Counter Cinema«. In: Dies. (Hrsg.): *Notes on Women's Cinema* (=*Screen.* Pamphlet Nr. 2). London 1973, S. 24-31.

_____ 1977: »Frauenfilm als Gegenfilm«. In: *Frauen und Film*, Nr. 11, S. 10-18.

KLIPPEL, Heike 1997: *Gedächtnis und Kino.* Frankfurt a. M., Basel: Stroemfeld.

KLUGE, Alexander 1965: »Die Utopie Film«. In: *Film*, Nr. 2, S. 11-13.

KOCH, Gertrud 1984: »Psychoanalyse des Vorsprachlichen. Das anthropologische Konzept der Psychoanalyse in der Kritischen Theorie«. In: *Frauen und Film*, Nr. 36, S. 5-9.

_____ 1989: *»Was ich erbeute, sind Bilder«. Zum Diskurs der Geschlechter im Film.* Basel, Frankfurt a.M.: Stroemfeld/Roter Stern.

LIPPERT, Renate 2003: *Vom Winde verweht. Film und Psychoanalyse.* Basel, Frankfurt a.M.: Stroemfeld/Roter Stern.

MAYNE, Judith 1986: »Der primitive Erzähler«. In: *Frauen und Film*, Nr. 41, S. 4-16.

_____ 1990: *The Woman at the Keyhole.* Bloomington, Indianapolis: Indiana University Press.

MULVEY, Laura 1975: »Visual Pleasure and Narrative Cinema«. In: *Screen*, Vol. 16, Nr. 3, S. 6-18.

_____ 1980: »Visuelle Lust und narratives Kino«. In: Nabakowski, Gislind/Sander, Helke/ Gorsen, Peter (Hrsg.): *Frauen in der Kunst.* Band 1. Frankfurt a.M.: Suhrkamp, S. 30-46.

_____ 1988: »Afterthoughts on ›Visual Pleasure and Narrative Cinema‹ inspired by DUEL IN THE SUN« [1981]. In: Penley, Constance (Hrsg.): *Feminism and Film Theory.* London, New York: Routledge, S. 69-79.

NICHOLS, Bill (Hrsg.) 1976: *Movies and Methods. Volume I.* Berkeley, Los Angeles: University of California Press.

_____ 1985 (Hrsg.): *Movies and Methods. Volume II.* Berkeley, Los Angeles: University of California Press.

PENLEY, Constance 1989: *The Future of an Illusion. Film, Feminism, and Psychoanalysis.* London, New York: Routledge.

PRIBRAM, Deidre 1988: *Female Spectators.* London: Verso.

RODOWICK, D.N. 1991: *The Difficulty of Difference. Psychoanalysis, Sexual Difference, and Film Theory.* London, New York: Routledge.

SCHLÜPMANN, Heide 1990: *Unheimlichkeit des Blicks. Das Drama des frühen deutschen Kinos.* Frankfurt a.M., Basel: Stroemfeld.

_____ 1998: *Abendröthe der Subjektphilosophie. Eine Ästhetik des Kinos.* Frankfurt a.M., Basel: Stroemfeld.

SILVERMAN, Kaja 1992: *Male Subjectivity at the Margins.* London, New York: Routledge.

STUDLAR, Gaylyn 1985: »Schaulust und masochistische Ästhetik«. In: *Frauen und Film*, Nr. 39, S. 15-39.

_____ 1988: *In the Realm of Pleasure. Von Sternberg, Dietrich, and the Masochistic Aesthetic.* Urbana: University of Illinois Press.

영화 분석

<카도르 암벽의 미스터리Le mystère des roches de Kador>

프랑스 | 1912 | 감독 레옹스 페레Léonce Perret

하이케 클립펠

이 고몽Gaumont사의 제작물은 여성들의 역사에 하나의 장소를 제공하는 영화에 대한 논평으로서 읽힐 수 있다. 흑백과 컬러(조색Toning)로 된 이 37분짜리 영화 단편斷片은, 네덜란드의 영화박물관에 보존된 대로는, 세 부분으로 나뉘어 있으며, 기만적인 간계와 그것이 적발되는 이야기로 응집되어 있다. 첫 번째 부분에서는 음모가 꾸며지고 범죄가 저질러지며, 두 번째 부분에서는 키네마토그래피의 수단들이 동원되어 비밀이 밝혀진다. 그리고 세 번째 부분은 범죄자의 죄를 입증하는 것과 연관해 우리에게 현대적 범죄 기술에 대한 통찰을 제공하고 호사스러운 가면무도회를 보여 준다.

수잔느(수잔느 그랑데Suzanne Grandais)는 사악한 사촌 페르낭Fernand(레옹스 페레)과 함께 재산을 상속받는다. 그녀가 사망할 경우에는 페르낭이 그녀의 몫을 받게 된다. 빚더미에 올라앉은 페르낭은 수잔느의 돈을 손에 넣기 위해 그녀를 아내로 얻으려고 한다. 그러나 이미 오래전부터 장Jean을 사랑하고 있던 수잔느는 거절한다. 이를 알아낸 페르낭은 두 사람을 살해하기로 작정하고, 다소 복잡한 계획을 실행에 옮기는 데 착수한다. 그는 카도르의 암벽이 있는 바닷가에서 자신을 만나 달라고 청하는 수잔느의 편지를 꾸며내 장에게 보낸다. 페르낭은 수잔느의 커피에 독약을 타고, 그녀와 함께 암벽으로 간다. 둘은 총을 들고 있다. 명백하게 사냥을 가는 모양새이다. 그동안 독약이 작용하기 시작해 수잔느는 해변에서 쓰러지고, 페르낭이 위쪽 암벽에 몸을 숨기는 사이에 대위가 배를 타고 다가온다. 수잔느는 아주 곧고 좁게 재단된, 완전히 발목 길이는 아닌 치마와 허리길이의 매끈한 스웨터 운동복을 입고 여기에 작은 목도리, 끈으로 매는 장화, 수수한 사냥모자를 곁들였다. 몸의 윤곽을 그대로 드러내는 이 복장을 하고 해변에 쓰러져 있는 그녀는 마치 해안에 밀려들어와 빠져나가지 못하는 인어처럼 보인다. 발은 나란히 바짝 붙어 있고, 가슴과 엉덩이는 부드러운 곡선을 그리며 도드라지고, 한 팔은 뒤로 비스듬히 뻗어 있으며, 그녀의 옆에는, 유별나면서도 조화롭게, 총이 놓여 있다. 그녀가 그렇게 쓰러져 있는 것을 보고 장은 배에서 뛰어내린다. 그러는 사이에 그는 페르낭이 쏜 총에 맞지만, 부상을 입었음에도 불구하고 수잔느를 보트에 끌어다 넣는 데 성공한다. 그는 의식을 잃고, 배는 어느샌가 해안으로 밀려오고, 어부들이 배에 타고 있는 두 사람을 구출한다. 이렇게 해서 첫 번째 막이 끝난다.

두 번째 막은 다음과 같은 여주인공의 영상으로 시작한다. 수잔느는 풀어헤친 머리에 잠옷을 입고 있고, 그녀의 뒤에는 거무스레하게 의사들이 서 있다. 그녀는 완전히 혼이 빠져 버렸으며, 신경질적인 틱이 있어 왼쪽 눈과 입언저리가 실룩거린다. 그녀는 제정신을 잃었다. 대위는 다시 건강을 되찾고, 그녀의 건강 또한 마침내 회복된다. 키네마토그래피의 수단들로 말이다. 그런 뒤에 페르낭의 가짜 편지가 발견되고, 약간의 우여곡절 끝에 악한은 유죄로 인정된다. 마지막에는 수잔느와 대위가 결혼한다.

조사와 범죄 규명의 모든 작업이 대위 장에 의해 수행되는 반면에, 비밀을 밝혀내고 이로써, 장이 바라듯이, 범죄자 페르낭의 단서를 얻어내는 일은 고스란히 수잔느의 몫이다. 행복과 정의는 그녀가 기억상실에서 벗어나느냐에 달려 있다. 이를 위해 윌리엄 교수는 키네마토그래피를 투입하자고 제안한다. 학문적 정보 텍스트가 의학에서 이 새로운 도구에 창대한 미래가 임박했노라는 사실을 안내하고 이미 성공한 치료 사례들을 언급한다. "영사기의 상영을 통해 뇌의 자극 반응이 다시 일깨워지면, 이것이 많은 경우에 사고 능력의 회복을 유발한다." 교수는 수잔느의 친구 여성의 도움을 받아 해변에서 있었던 사건을 영사기에 쓸 수 있도록 모방해 그려 낸다.

그리하여 맞게 된 중대한 순간, 즉 수잔느에게 이 영화를 상영하는 장면들은 엄청난 강렬성을 띤다. 이 사건은 학문적 권위를 연출하는 것으로 테두리가 둘러진다. 짙은 색 신사복과 긴 흰색 가운을 입어 의미심장하게 보이는 남성들이 영화 필름을 높이 치켜들고 검토하고 있다. 이윽고 스크린이 제자리로 옮겨지고, 커튼이 쳐진다. 수잔느가 거의 캄캄한 방으로 인도된다. 길고 흰 의상을 입은 그녀는 허리까지 오는 머리를 풀어헤친 채 몽유병자처럼 간호사를 뒤따른다. 그리고 유령처럼 계속 조명을 받으며 그곳에 앉아 있는다. 의사는 그녀의 머리를 스크린 방향으로 돌리고, 그녀는 의지 없이 모든 일이 일어나게 내버려 둔다. 이 쇼트에서는 거의 전체 이미지가 어둡다. 오로지 중앙에만 그녀의 얼굴과 어깨가 어둠으로부터 서서히 드러나며, 그녀의 눈에서는 둔감 상태와 정신착란이 드러난다. 이어지는 영상에서는 추가적으로 의사의 옆모습과, 그녀의 머리를 바른 위치로 옮기는 그의 손이 어둠으로부터 두드러져 보인다. 그녀의 얼굴은 살짝 농담의 차이를 주어 불규칙적으로, 거의 와해된 듯이, 통일성 없이 보이게끔 조명된다. 그런 뒤에 우리는 영상의 오른쪽 위 4분의 1에서 영화가 진행되는 것을 보며, 그동안 영상의 왼쪽 가장자리에서는 그녀의 윤곽이 약한 조명 아래 보인다. 그녀는 표정 없는 시선으로 배가 대위와 함께 해변에 다가오는 것을 본다. 그러나 다음 커트에서 '그녀'/그녀의 대역이 의식을 잃고 쓰러진 채 영상에 나타나자, 수잔느는 움직이기 시작한다. 그녀는 스크린에서 장이 '그녀'/그녀의 대역을 배로 끌고 가는 것을 보고는 점점 더 흥분하고, 손으로 얼굴을 감싸고, 머리카락을 뒤로 쓸어 넘기며, 격하게 숨을 쉰다. 장이 의식을 잃고 배로 쓰러지는 순간, 잠깐 일종의 클로즈업이 삽입된다. 이때 그녀의 얼굴은 영상의 대략 5분의 1 정도를 차지하고, 그녀의 주변으로는 영상이 여전히 어둡다. 그녀의 눈이 크게 뜨이고, 입과 눈이 벌어졌다 닫혔다 하고, 그녀의 얼굴 표정은 온통 극도의 동요와 활기와 감정을 띠며 그녀는 완전히 깨달음으로 가득 찼다. 이 장면은 연극적으로 연기되지 않고 설득력 있는 사실주의를 띤다. 우리는 그녀의 앎을 본다. '영화 속 영화'가 계속되자, 이러한 앎에 대한 경악이 관철되고, 여성 연기자는 이를 더욱 표현력 있는 몸짓들을 통해 전달한다. 그녀는 일어나서, 옆으로 가고, 깜짝 놀라 물러섰다가, 흥분해 이리저리 서성인다. 영상이 다시 밝아지자, 우리는 그녀의 뒷모습을 본다. 그녀는 두 팔을 쳐들고 흰 스크린 앞에 서 있고, 그녀의 왼쪽에는 다른 인물들이 있다. 그녀는 거칠게 몸을 흔들며 뒤로 물러나고, 의사가 그녀를 붙잡아 주자, 히스테리컬하게 큰 곡선을 그리면서 몸을 뒤로 젖히고, 소리를 지르고, 안락의자에 앉혀진다. 의자에서 그녀는 이제 등받이에 길게 뻗고 누워 있는다. 다른 사람들이 안락의자로 달려오고, 의사가 그녀에게 각성용 소금을 준다. 그녀는 여전히 누운 채로 눈을 뜨고, 서서히 의식이 돌아온다. 그녀가 자리에 앉는다. 놀라면서, 알아채면서, 그녀의 얼굴이 다시금 더 냉정을 되찾는다. 그녀는 말을 하고, 정신을 차리려 하고, 흥분하고, 힘겹게 숨을 쉬고, 결국에는 장의 팔에 안긴다. 모두들 깊은 감동을 받고, 그녀는 울음을 터뜨린다. 점차 모든 것이 치워지고, 그녀가 안락의자에서 몸을 일으킨다. 그런 뒤에 이렇게 중간자막이 나타난다. "그녀는 자신의 구원자들에게 카도르의 드라마를 이야기한다." 이렇게 해서 이 장면은 종결되고, 우리는 그 이상은 알지 못하게 된다. 다음 커트에서는 다시금 일상이 되돌아왔고, 장은 추가적인 진상 규명과 범죄자 송여 넘기기에 착수한다.

치료 장면의 상세함은 그것이 수잔느가 범죄 규명을 하는 데 필요하다는 데에 근거를 두고 있다. 하지만 그녀가 폭로하는 것의 가치는 매우 미미하다. 그녀의 구원자들은 이미 카도르의 드라마를 알고 있지 않은가. 수잔느가 거기에 기여할 수 있는 바는 자신이 페르낭과 함께 그리로 갔다는 사실을 이야기하는 것이 전부다. 그렇지만 페르낭은 이미 그동안 내내 혐의를 받고 있었고, 그의 죄상 증명은 나중에 발견된 가짜 편지만으로도 충분했을 터이다. 키네마토그래피 장면이 그 미학적인 면에서 영화의 나머지 부분과 그토록 강하게 대조를 이룬다는 데서 이미 이 장면이 다른 기능을 충족시킨다는 점이 분명해진다. 그것은 범죄 규명이 아니라 여성 프로타고니스트의 자기해명에 도움이 된다. 키네마토그래피를 통해 움직임도 없고 의지도 없는 '인어'가 성인 여성이 된다. 그 여성은 스크린 위의 다른 사람에게서 자기 자신의 과거를 알아본다. 그것도 그것에 관해 너무나도 조금밖에 몰라서 그것을 잊어버릴 수조차 없었던 과거를 말이다. 영화는 의식을 잃고 해변에 쓰러져 있었던 까닭에 당시에는 그녀가 전혀 예견할 수 없었던 사건의 일부를 그녀에게 보여 준다. 그녀의 몸이 어슴푸레하게 느꼈던 바가 키네마토그래피 이미지들을 통해 '실재'가 되고, 그녀에게 자기 자신에 관한 표상을 되돌려 준다. 스크린 위의 장면을 (겪어)보게 됨으로써, 그녀는 이 사건을 보고 느끼면서 자기 삶의 일부로서 체험한다. 이때 문제가 되는 것은 전통적인 의미의 회상이 아니라 새로운 형태의 '회상하기'다. 영화 속 자신의 과거와 직면하면서 여성은 내면적 폐쇄성을 극복하고 밖으로 나간다. 여성 연기자의 사실주의적인 연기와 이에 이어지는 드라마적인 것으로의 전환 또한 여성에게 영화가 갖는 의미에 관한 이러한 앎을 반영한다. 영화는 더 이상 왕자가 실현해 주는 것이 아니라 여성 자신이 실현하는, 잠자는 숲 속의 공주의 잠에서 깨어남을 의미한다. 트라우마의 완전한 인식은 그런 다음 그녀를 마지막의 히스테리컬한 곧추서기로 몰아넣는데, 그것은 병을 고착시키는 것이 아니라 그것이 원래 구상된 목적대로 작용한다. 다시 말해, 그것은 자기 자신의 무력함에 대한 고통과 두려움에 표현을 부여한다. 그것은 자유롭게 만드는 망아지경Ekstase이다.

이렇게 자기 자신에 대한 갑작스러운 앎에 충격 받은 상태를 영화관의 여성 관객은 강렬하게 공유한다. 여성 프로타고니스트를 감싸고 영화 영상이 비춰지는 어둠과 여성 연기자의 얼굴에 비추는 능숙한 완전조명[전체 조명]은 여주인공의 감정이 겉보기에는 직접적으로 관람자에게 확산되도록 돌본다. 비록 연출이 여성 연기자에게 집중되기는 하지만, 그럼에도 불구하고 그녀가 영상을 지배하지는 않는다. 그 대신에 다음과 같은 흥미로운 효과가 목표된다. 그녀는 통제하지 않고, 이미지가 원래는 절대로 그럴 수 없을 정도로 현전한다. 그녀는, 우리와 똑같이, 어둠 속에 앉아, 우리와 같은 방향을 바라보고 영화에 몰두한다. 현전은 이 '우리와 같이'를 자양분으로 삼는다. 여기서는 그녀의 시각적 쾌락이 절시증적으로 우리에게 팔아넘겨지지 않고, 그녀가 우리에게 동일시를 위한 우리 시선의 거울로서 제공되지도 않으며, 그녀의 신체적인 격동은 우리를 그녀에게로 초대한다. 융합이 아니라 혼합이 영화라고, 낯선 것과 자기 것을 뒤섞어 흔들기라고, 그렇게 우리는 배운다.

〈카도르 암벽의 미스터리〉에서는 영화가 흡사 자기 자신에 관해 이야기하는 듯하다. 영화는, 만약 학문이 순전히 가부장제적으로 수행되지 않았더라면, 학문에 도움이 될 수 있었을지도 모른다. 그래서 그것은 차라리 여성 관람자에게 도움을 주고, 영화를 그토록 조심스럽게 '중요하다'고 상영하는 권위들을 모종의 방식으로 비웃는다. 샤르코Jean-Martin Charcot의 격언인 "보는 것이 아는 것이다"가 여기서는 비꼬아지는 동시에 실현된다. 히스테리 치료 수단으로서의 키네마토그래피는, 정신분석의 규칙들에 따르자면, 순전한 헛소리여야만 한다. 왜냐하면 바로 그 이미지가 소아적인 것에 사로잡힌 히스테리의 정체 상태를 재현하고 있으며 트라우마는 오로지 말로 표현하는 것으로만 해소될 수 있으므로, 그 여성 환자는 절대로 자신의 강박적 반복의 순환에서 해방될 수 없기 때문이다. 설사 영화가 히스테리를 치료할 수 없다 하더라도, 어떻게 해방적인 영상이 만들어질 수 있는지에 대한 힌트는 존재한다. 어쩌면 '영화 속 영화' 장면은 전혀 트라우마를 보여 주는 것이 아닐지도 모른다. 그 여성에게 가해진 가장 최악의 것, 즉 살해 기도와 독약의 작용은 그녀 자신의 영상에서는 해변의 표류물로서 그저 암시되기나 할 따름이기 때문이다. 그러한 이미지들은 분석적이지 않고, 트라우마의 장소를 관람자의 상상을 위해 풀어놓아 준다. 그것들은 심리화하는 대신에 물질성을 가지고 작업한다. 해방은 금기를 백일하에 왜곡하는 데 있는 게 아니라 금기의 담지자인 몸을 보여 주는 데에, 그리고 이로써 여성 관람자들에게 어쩌면 자기 자신의 것이었을 수도 있는 비밀을 상기시키는 데에 있다.

과거 인지의 행위 속에 놓여 있는 인식력이 세기 전환기 무렵에 어떤 결정적인 역사적 의미를 띠는지가 이 영화 사례에서는 키네마토그래피적인 깨어남의 핵심적 의미에 반영된다. 비록 표면적으로는 논리적인 관점에서 보았을 때 '영화 속 영화' 장면이 중요하지 않았을지도 모르지만, 그럼에도 불구하고 그것은 다른 모든 것이 그것에 달려 있는 사건으로서 증명되었다. 영화는 여기에서 학문적 조사에 앎의 한 종류를 대립시키는데, 영화는 그것의 의미가 불가결하다고 인정한다. 이로써 비밀은 숨겨진 것보다 더 중요해진다. 오직 영화에서만 그것의 실존에 미리 확정할 수 있는 좌표가 없다는 점이 가시화될 수 있다.

6

신형식주의 - 인지주의 - 영화의 역사 시학

브리타 하르트만 / 한스 J. 불프

신형식주의, 인지주의, 영화의 역사 시학. 이미 제법 오래전부터 이목을 끈 동시에 격렬하게 논란을 불러일으킨 한 영화학의 방향을 부르는 명칭들이다. 이 꼬리표로 어떤 영화학 프로그램이 갖추어진 것일까? 어떤 텍스트들이 이 아래에 포함될까? 그 핵심에서 이것은 데이비드 보드웰과 크리스틴 톰슨의 작업이며, 그들의 책《영화 예술: 입문Film Art: An Introduction》(1979)은 신형식주의 프로젝트의 시작을 표시한다.

독일에서는 이러한 접근의 수용이 다소 지체된 뒤에야 비로소 시작되었다. 1992년에 잡지《몽타주/av》에 독일어권에서는 처음으로 보드웰의 한 텍스트(1992)가 번역 출판되었다. 같은 호에서 이 접근에 대한 서술이 영화 수용에 대한 후기구조주의적 · 정신분석학적 모델과의 논쟁의 테두리 안에서 발견된다(Lowry 1992). 불프(1991)는 인지주의적 영화이론에 대한 보드웰의 접근을 논하고, 다시금《몽타주/av》에 이 접근에 대한 추가적인 서술(Hartmann/Wulff 1995)이 크리스틴 톰슨의 한 핵심적인 텍스트(1995)의 독역본에 제공되었다. 지난 몇 년 동안에는 보드웰(1995a, 1995b, 1997b, 1998)과 톰슨(1997)의 몇몇 강연 텍스트가 독일어로 번역되어《영화에 관한 강연Reden über Film》시리즈로 출판되었고, 2001년에는 보드웰이 뮌헨에서 했던 강의들이《영화에서의 시각적 스타일Visual Style in Cinema》이라는 제목으로 출간되었다. 그러나 잡지《매체학Medienwissenschaft》에는 신형식주의 측이 영화가 지닌 정치적 함의들을 약화시킨다는 비판도 표현되었다(Stauff 1999).

보드웰과 톰슨은 둘 다 위스콘신대학교 매디슨 캠퍼스의 커뮤니케이션 예술학과Communication Arts Department에서 가르친다. 데이비드 보드웰은 그곳에서 자크 르두Jacques Ledoux 영화학 교수직을 맡고 있고, 크리스틴 톰슨은 같은 과의 명예 펠로우Honorary Fellow다. 이 두 사람으로 대표되는 신형식주의는 1970년대에 영미권 영화학에서 우세했던 '스크린 이론screen theory'으로부터 급진적으로 등을 돌린다. 영화와 관람자에 관한 후기구조주의적 구상과 정신분석학적 구상에 반하는 그들의 구상은 영화미학적 자료 쪽으로, 폭넓은 경험적 토대 위에서 성립하는 정밀한 역사적 연구 쪽으로 단호하게 방향을 돌리기를 요구할 뿐 아니라, 영화 관람자의 이해 활동에 대한 고려도 요구하며, 따라서 영화이론과 영화 분석, 영화사의 통합을 요구할 필요성을 선언한다. 보드웰과 톰슨은 자신들의 접근을 수많은 작업에서 예증했다. 드레이어와 오즈Ozu Yasujiro의 영화, 유럽의 '예술영화art cinema', 거듭해서 에이젠슈테인, 그리고 재닛 스테이거Janet Staiger와 함께 쓴 기념비적이고 너무나도 영향력이 큰 연구서《고전적 할리우드 영화: 1960년대까지 제작의 영화 스타일과 모드The Classical Hollywood Cinema: Film Style and Mode of Production to 1960》(1985) 등이 그것이다. 그리고 그들은 언쟁을 추구했으며, 다른 방향의 영화학에 대해, 무엇보다 정신분석학적 영화이론에 대해, 신랄하고 때로는 논쟁적인 공격을 개시했고, 그들 자신이 다시금 이에 상응하는 반격의 표적이 되었다. 신형식주의 프로젝트는 이로써 영화학의 분극화에 현저하게 이바지했으며, 이는 비단 영미권 영화학 내부에만 국한되지 않는다.

이러한 학문 내부적 지역화는 보드웰과 톰슨, 그리고 누구보다, 그들의 접근과 유사했던 노엘 캐럴Noël Carroll이 때때로 지극히 논쟁적인 방식으로 영화학 영역과 방법론적 논박을 벌였던 까닭에 강조해야만 한다. 캐럴의《영화의 신비화Mystifying Movies》(1988)는 동시대 영화이론의 인식론적 토대의 혹독한 해체이며, 이에 상응하게 격렬한 비판을 샀다. 그러나 신형식주의적 · 인지주의적 접근과의 대결은 반대 진영에 의해서도 결코 객관적으로 행해지지 않았다. 레이Robert B. Ray(1988)는 영화학 분야의 점령 세력을 일컫듯이 '보드웰 정권'에 관해 말하고, 퍼킨스Victor Francis Perkins(1990)는 보드웰이《의미 만들기Making Meaning》(1989a)에서 공격한 바에 대해 "그것들이 무슨 뜻인지 우리가 생각해야만 하는가?Must we think, what they mean?"라고 강력하게 항의했으며, 배리 킹Barry King(1986, 1987)은《고전적 할리우드 영화》에 대해 더할 나위 없이 논쟁적인 공격을 퍼붓고 잡지《스크린》에서 자칭 '위스콘신 프로젝트'를 수행했다. 그 책의 저자들은 이에 대해 역시나 논쟁적인 답변으로 지극히 상세하게 자신들을 방어했다(Bordwell 1988a, Staiger 1988, Thompson 1988b).

'형식주의'라는 명칭이 원래는 적대적인 마르크스주의 측에서 형식주의적 문학이론을 비방하는 데 사용한 꼬리표였던 것과 유사하게(러시아 형식주의자들은 스스로를 형태론자라고, 더욱 선호하기로는 '상술론자Spezifizierer'라고 불렀다), '신형식주의'라는 명칭 역시 처음에는 경멸적인 의미였다. 한 서평에서 제리 L. 살바지오Jerry L. Salvaggio(1981)는 보드웰과 톰슨의 구상과 노엘 버치Noël Burch의 작업을 '신형식주의Neo-Formalism'라고 지칭했다. 그리고 이후 이 꼬리표가 이 그룹에 의해 받아들여졌다(Thompson 1981, 1988a, Bordwell 1989b). 이 프로젝트를 좁은 의미에서 파악한다면, 그것은 데이비드 보드웰과 크리스틴 톰슨의 작업들로 국한되어야만 할 것이다. 그러나 '신형식주의'를, 혹은 보드웰이 선호한 이름인 '영화의 역사 시학'을 유사한 접근들의 총칭으로서, 혹은 심지어 학문적 패러다임으로서 파악한다면, 넓은 의미에서 영화의 특수하고 의미심장한 잠재력의 기술로서 이해된, 영화의 역사와 기호학에 대한 연구들의 일족이 그 아래 수용될 수 있다. 그러면 예컨대 에드워드 브래니건Edward Branigan, 노엘 캐럴, 릭 알트먼Rick Altman, 레아 제이콥스Lea Jacobs, 밴스 케플리 Jr. Vance Kepley Jr., 리처드 몰트비Richard Maltby의 작업과 예컨대 루퍼트 뉴퍼트Rupert Neupert, 머레이 스미스Murray Smith, 카알 플랜팅거Carl Plantinga, 그렉 스미스Greg Smith 같은 젊은 영화학자들(그중에는 보드웰의 제자가 몇몇 있다)이 쓴 일련의 논문들도 이 프로젝트에 편입될 수 있겠다.

잘 알려진 메츠의 격언인 "이해하려고 노력해야만 하는 것은 영화들이 이해된다는 사실이다"(Metz 1972: 197)에 연결하면서, 이러한 매우 상이한 작업들이 영화의, 내지는 특별한 영화적 형식과 스타일의 형식적 특징이 영화가 이해된다는 사실의, 그리고 어떻게 이해되는가의 조건을 형성한다. 그것도 수용자의 역사적, 문화적으로 특수한 지식 현황과 경험들의 배경 아래서 말이다. 이것은 영화의 구조에 대한 조사를 직접적으로 수용미학적 지평 속에서 자리매김하는, 그리고 경험적이고 역사적인 연구에 개방되어 있는, 아니 이를 강력하게 요구하는 영화 분석의 방향 설정이다. 그렇지만 서술 가능성을 위해 여기서는 다시금 범위를 좁혀 보드웰과 톰슨의 작업으로 국한하고자 한다.

보드웰과 톰슨의 출판 목록은 그사이 무척 광범위해져서(Hartmann/Wulff 1995, 2000), 여기서는 단지 길라잡이를 하면서 가장 중요한 간행물들을 언급할 수 있을 따름이다. 이 간행물에는 앞서 언급한 책《영화 예술》과《고전적 할리우드 영화》 외에도, 데이비드 보드웰의 더할 나위 없이 영향력 큰 저서《허구 영화에서의 서사》(1985)가 손꼽힌다. 보드웰은 이 책에서 서사를 과정으로서 이해하고, 영화적인 서사 구조와 처리 방법을 규정하고, 영화적 서사의 역사적 · 문화적으로 특수한 양태들을 부각시키며, 영화 관람자와 그 수용 실행들에 대한, 텍스트에 기반하고 스키마schema 이론적으로 논증하는 접근의 실마리를 모델화하고, 이로써 영화 서사학의 발전에 결정적인 추진력을 준다. 그러나 보드웰은 개별 감독이나 영화 스타일적 흐름들에 대한 책 분량의 연구물들도 썼다. 프랑스의 인상주의 영화(1974), 드레이어(1981), 오즈의 영화 스타일(1988b), 에이젠슈테인(1993b), 마지막으로 홍콩 영화와 '무술Martial arts' 장르(2000)에 대해 말이다.

1989년에 나온《의미 만들기》에서 보드웰은 학술적 영화 분석 전략들을 조사하고, 이러한 '읽기reading'를 생산하는 해석학적 '학파들'(보드웰은 이들을 '해석주식회사Interpretation, Inc.'라고 혹평한다)에게 '분석analysis'에 대한 요구와 자신의 '영화의 역사 시학' 접근을 맞세운다. 그는 이미 1983년에 프랑스 · 미국의 영화잡지《아이리스Iris》에 게재된 한 논문에서 이 모델을 소개했고, 나중에 다시 한 번 자세하게 설명했다(Bordwell 1989c). 1989년에는 또한 강령적 논문〈인지주의에 대한 옹호A Case for Cognitivism〉(Bordwell 1989b)를 다시《아이리스》를 통해 발표한다. 여기에서 보드웰은 영화학에서의 '인지적 전환kognitive Wende'을 요구하고 그가 '인지적'이라고 이해하는 영화이론적 방향의 접근을 정신분석학적 관람자 모델들과 구분하면서 선전한다. 보드웰의 저서《영화 스타일의 역사On the History of Film Style》(1997a)는 '스타일의 역사'로서 영화사를 서술하는 방법론에 기여했다. 보드웰은 크리스틴 톰슨과 함께 영화의 광범위한 세계사인《영화사: 입문Film History: An Introduction》(1994)을 집필했는데, 이 책은 (전통적 영화사 구상들과 전적으로 일치하게) 영화 스타일의 발전에 중점을 두지만, 그러면서 또한 다양한 제작 시스템의 제도적 측면과 경제적 측면도 포함하며, 이제까지 이런 총괄에서 소홀히 다루어진 영화문화들을 편입시킨다.

크리스틴 톰슨의 주요 저작이라 부를 수 있는 글들은 다음과 같다. 신형식주의적 분석인《에이젠슈테인의〈이반 대제〉Eisenstein's *Ivan the Terrible*》(1981), 시초부터 1930년대까지 미국 영화산업이 해외에서 쏟은 노력들을 다룬 영화경제적 연구 논문, 그리고 그녀가 그때까지 쓴 수많은 '신형식주의적' 영화 분석을 모으고 그러한 접근 자체를 도입부 장章에서 소개하는 책《유리 갑옷 깨기Breaking the Glass Armor》가 그것이다. 《유리 갑옷 깨기》의 독일어 번역은《몽타주/av》(1995)에서, 그리고 알버스마이어의《영화의 이론에 대한 텍스트들》(1998)의 개정판에서 재출판으로서 발견된다. 톰슨은 다양한 전문잡지와 논문 모음집에 매우 많은 영화 분석 논문과 영화사 논문을 발표했고, 최근에는 동시대의, 때로는 '탈고전적'이라고도 칭해지는 할리우드 주류 영화에 대한 분석이 담긴 책을 한 권 냈는데, 여기서 그녀는 '고전적' 할리우드 영화의 서사적 · 스타일적 매개 변수가 존속하고 있음을 증명하고자 한다(1999). 이 밖에도 톰슨은 고대 이집트 학자로서 활동한다.

동시대 영화학에 가한 격렬한 공격 때문에 이미 "영화이론의 프레디 크루거Freddie Kruger"[1](Peterson 1992)라는 칭호를 받기도 한 노엘 캐럴과 함께, 보드웰은 1996년에 이단적으로 '포스트 이론Post Theory'이라고 표제를 단 책을 펴내는데, 그것은 가장 넓은 의미에서 '인지주의적', 시학적 패러다임에 빚진 영화이론 텍스트들을 취합했다. 두 엮은이는 각자의 도입문에서 전반적이고 초역사적인, 그리고 그러한 까닭에 자신들이 '교의적'이라고 꾸짖은 ('거대 이론Grand Theory'이라 지칭되는) 이론적 모델들로부터 등을 돌리기를 요구하고, 그 대신에 경험적 · 역사적으로 방향 설정된, 그들이 '중간 단계 연구middle level research' 또는 '단편적 이론화piecemeal theorizing'라고도 부르는 형태의 영화학 이론 형성을 지지한다. 이러한 목표 설정은 또다시 이의뿐만 아니라 '학계scientific community'의 적지 않은 원한을 불러일으켰다.

이 접근에 대해 어떠한 입장에 서 있든 간에, 그래도 현재 신형식주의 · 인지주의 기획만큼의 응집성과 일관성을 보유한 영화학 기획은 찾아보기 어려우리라는 점에는 이론의 여지가 없다. 이 기획은 수많은 상이한 영화이론적, 문학이론적, 예술이론적 밑그림을 가공한다. 러시아

1 공포영화 〈나이트메어A Nightmare on Elm Street〉 시리즈에 등장하는 연쇄살인마 주인공의 이름이다.

형식주의 외에도 프라하 구조주의, 츠베탕 토도로프Tzvetan Todorov와 제라르 쥬네트, (그의 구조주의 단계에 나온) 롤랑 바르트의 작업, 이스라엘의 시학자Poetologe 메어 스턴버그Meir Sternberg의 작업, 그리고 에른스트 H. 곰브리치Ernst H. Gombrich의 《예술과 환영Art and Illusion》(1960)이 그것이다. 스타일 분석적인 성찰들은 무엇보다 앙드레 바쟁과 소련의 영화인들 및 몽타주 이론가들의 저작과 노엘 버치의 작업에 근거를 두고 있다. 개별적인 부분 연구물들은 폭넓은 틀 안에 정돈되고, 전체 기획이 그 안에서 점점 더 완성되고 예증되는 내부 계획을 따른다. '신형식주의 영화 분석'은 그사이에 영화학에서 대학 교육의 확고한 구성 요소가 되었으며(《영화 예술》은 그동안 6판이 나왔다), 여기서 신형식주의 분석은 영화이론-영화 분석-영화사의 '삼각형'으로 정렬된 전체 연구 프로젝트의 여러 부분 중 하나에 불과하다. 세 부분 분야는 서로 밀접하게 엮여 있고, 부분적으로는 서로 독립적이지만 서로 긴밀히 연관되어 있다고 볼 수 있다. 부연하자면, ① 작품 분석으로서의 영화 분석 시도. 이것은 특히 톰슨에 의해 추구되며, 그녀는 이것을 러시아 형식주의자들(주로 쉬클롭스키Victor Šklovskij, 에이헨바움Boris Michajlovič Ejchenbaum, 티냐노프Jurij Tynjanov, 토마셉스키Boris Viktorovič Tomaševskij)의 영화학적 성찰들에, 하지만 무엇보다 문예학적 성찰들에 기대어 '신형식주의적'이라고 파악한다. ② (서사적) 영화의 인지 이론. 이것은 관람자와 텍스트 구조의 상호작용 관계를 규정하고 영화 텍스트 가공 과정을 스키마 이론적으로 모델화하고자 시도한다. ③ 보드웰의 영화의 역사 시학 구상. 이것은 영화 스타일의 역사에 이론적, 방법론적 토대를 마련해 주며, 영화 가공 모델과 개별 영화에 대한 분석의 연관틀로서 간주되어야만 한다.

개별 구상들은 스타일에 방향을 맞춘 포괄적인 영화의 역사 기술 개발을 목표로 하는 서로 보완하는 작업 과정으로서 묘사될 수 있으며, 이러한 역사 기술은 오인할 나위 없이 공동의 연구 관심의 중심에 있다.

형식

보드웰과 톰슨은 신형식주의를 포괄적 '영화이론'으로 여기거나 영화 분석의 '방법'으로서 또는 심지어 영화 분석을 위한 '요리책'으로서 단순화시키면서 적용하는 데 대해 단호하게 항의한다. 신형식주의는 오히려 그때마다의 영화에, 그리고 분석에 의해 추구된 의문 제기들에 적합한 접근으로서, 특수한 방법들이 도출될 수 있는 출발점이 되는 접근으로서 이해되어야 한다는 것이다. "내가 여기서 이 개념을 사용하듯이, 하나의 미학적 **접근***approach*은 서로 다른 예술작품 사이의 공통성들과 관련해, 관람자가 예술작품을 이해하는 수단이 되는 진행 과정들과 관련해, 그리고 예술과 사회의 관계와 관련해, 일련의 가정들과 연관된다. 이 가정들은 일반화될 수 있고, 그러한 한에서 그것들은 적어도 윤곽으로나마 일반적 예술이론을 약술한다"(Thompson 1995: 23). 톰슨이 표현한, 예술작품으로서의 영화에 대한 방향 설정, 가공 방법 기술에 대한 요구, 그리고 관람자의 이해 과정에 대한 참조와 더불어, 신형식주의는 러시아 형식주의자들의 시학적 성찰에 직접적으로 연결된다. 러시아 형식주의자들에게는 일상 언어에 견주어 시적 언어의 독특성을 규정하고, 더 나아가 순수하고 체계적인 문예학의 기초를 세우는 일이 관건이었다.

러시아 형식주의자들은 예술작품을 정확한 분석들로 만들어지는, "그것의 가공 방법〔Priom〕들의 총합"이라고 여겼다(보드웰과 톰슨은 'priom'을 '장치device'라고 부른다). 특히 티냐노프가 개진한, 시학적 가공 방법의 기능주의는 예술 텍스트의 체계 맥락에서 특수한 가공법들 각각이 거둔 독특한 성과들에 대해 질문을 던진다. '시학Poetik'이라는 개념은 그리스어 *poíesis*에서 유래하며, 의미에 부합하게 '능동적인 만들기aktives Machen'라고 번역될 수 있다. 시학은 이에 상응하게 예술 생산, 즉 창조적 행위의 과정과 관습들을, 그리고 예술작품의 가치 산정과 평가를 목표로 삼는다. 시학적 기술과 평가의 중심에는 주제, 구성 형태(예컨대 서사적, 논증적, 또는 연상적 형태), 스타일(미적 재료와 그것의 사용 표본)이 있다. 가공 방법의 기술記述로서의 시학에 대한 규정의 일부는 저서《의미 만들기》에 들어 있는 보드웰의 강령적 선언에서 다시금 발견된다. "어떤 매체의 시학이든 완성된 작품을 구성 과정의 결과로서 연구한다. 공예적 요소(예컨대 경험 원칙들rules of thumb), 작품 구성의 기준이 되는 더 일반적 원칙들, 그리고 작품의 기능, 효과, 용도들을 포함하는 과정 말이다. 어떤 재현 매체로든 작품이 기본적인 원칙들에 의해 구성되었다면, 그 기본 원칙들에 대한 어떠한 조사도 시학의 영역에 들어갈 수 있다"(Bordwell 1989a: 371). 이로부터 보드웰의 역사 시학의 중심에 있는 큰 질문 두 개가 도출된다. "① 그것들에 의거해 영화가 구성되고 그것들을 수단으로 영화가 특별한 효과를 거두는 원칙들은 무엇인가? ② 이 원칙들은 어떻게 그리고 왜 생겨났으며, 어떻게 그리고 왜 특별한 경험적 상황들에서 변화되었는가?" 그리고 보드웰은 이를 요약하면서 이렇게 적는다. "그러므로 역사 시학은 그것이 연구하는 현상(영화의 구성 원칙과 효과)들과 그것이 그러한 현상들에 관해 제기하는 질문(그것들의 구성, 기능, 결과, 역사적 표현)들에 의해 특징이 부여된다"(같은 곳).

보드웰의 역사 시학은 이에 상응하게 각각의 미학적 작업 방법의 기술, 그것의 체계적 연관 관계의 부각, 각각의 미학적 체계 안에서의 그것의 기능에 대한 분석을 목표로 삼는다(Bordwell 1989c: 382; Jenkins 1995 또한 참조). 간단한 예를 하나 들자면 다음과 같다. 예를 들어 특수한 체계(예컨대 할리우드의 '연속성 체계continuity system') 안에서의 '시선의 일치eyeline match' 같은, 주어진 서술적 혹은 스타일적 작업 방법('장치')이 연구되는데, 작업 방법은 이 체계 안에서 상이한 기능들을 목표로 삼는다(응집성을 지닌 영화적 공간의 구성, 서술에 관람자를 끌어들이기). 그러한 까닭에, 페터 부스의 말로 하자면, 이 같은 접근 방식을 '기능적 구조 분석'이라고 특징지을 수도 있겠다(Wuss 1992: VI). 이러한 의미에서 보드웰과 톰슨은 《영화 예술》에서 영화의 형식 역시 다음과 같이 정의내린다. "우리는 영화의 형식으로, 그것의 가장 넓은 의미에서, 관람자가 영화에서 인지하는 총체적 체계를 의미한다. 형식은 우리가 전체 영화 속 요소들 중에서 인지하는 관계들의 전반적 체계이다"(Bordwell/Thompson 1979: 24). 보드웰과 톰슨은 예를 들어 살바지오의 논쟁적 표현인 "껍질을 먹고 수박은 버린다"(1982)에서 드러나는, 형식주의적 접근을 오해하는, 작품의 외적 '형식'과 어떤 성질이든 간의 '내용'의 구별에 저항한다. 그들은 영화 의미의 그러한 '콘테이너 모델'에 대해 이렇게 논증한다. "만약 형식이 관람자가 영화의 결과라고 보는 전체 체계라면, 거기에는 안이나 밖이 없다. 모든 구성 요소는 인지된 전반적 패턴 **안에서 기능한다**. 그러므로 우리는 몇몇 사람이 내용이라고 간주하는 많은 것을 형식적 요소로서 다루어야 한다. 우리의 관점에서 보자면, 주제subject matter와 추상적 관념들은 모두 예술 세계의 전체 체계에 들어간다. 그것들은 우리에게 특정한 기대의 틀을 만들라는 신호를 주거나 특정한 개입을 유발한다. 수용자는 요소들을 서로 연관시키고 그것들이 역동적으로 상호작용하도록 만든다. 그 결과로서, 주제와 관념들은 그것들이 작품 외부에서 그럴 수도 있는 것과 어느 정도 달라지게 된다"(1979: 25). 작품은 모든 형식적 소여所與의 전체 앙상블로서 받아들여지고, 모든 요소는 형식적 기능을 지니고 있어서, 작품 속의 이러한 형식적 영향력을 '미학적 체계'로서 규정할 수 있게 만드는 기술 방식이 발견되어야만 한다(Wulff 1991: 394).

이러한 접근에 큰 의미를 지니는 것은 러시아 형식주의자들에게서 차용한, 플롯Sujet과 스토리Fabel를 대립시키는 서사학 모델이다. '스토리'(보드웰에게서는 '파불라fabula', 다른 텍스트들에서는 또한 '스토리Story'라고 이해된다)는 시간적으로 선형적이고 시간 순서대로이며 인과적으로 연결된, 사건들과 행동하는 인물들의 연쇄를 지칭한다. 스토리는 추상적 · 형식적 구조이며, 관람자의 '이야기-지식', 즉 줄거리 도식, 줄거리 모티프, 장르에 대한 지식과 조응한다. 이와 반대로 플롯('쉬제트syuzhet', 오늘날에는 대부분 '플롯Plot')은 시간 경과에 따른 스토리 사건들의 제시, 제출된 서사 텍스트에서의 사건들의 선택 · 배열 · 가공이다. 스토리와 플롯의 구별은 예술적 · 창조적 행위의 기술뿐 아니라 관람자의 구성적이고 모방하는 정신적 활동을 위한 핵심 구상이다. 관람자는 이야기 이해의 과정에서 스토리를 생성하고 동일시한다. 플롯과 그 안에 제공된 힌트와 정보('큐cue')로부터, 스타일적 특성들로부터, 그리고 텍스트 자체에는 재현되지 않은 관습화되고 도식화된 축적 지식들로부터 말이다(Bordwell 1985: 29-62; Casetti 1999: 249-253 또한 참조).

가공 방법(priom/device)과 스토리-플롯 구상 외에도, 러시아 형식주의의 또 다른 핵심 구상이 신형식주의적 접근의 필수적 구성 요소가 되었다. 대략 '낯설게 만들기' 내지는 '기이하게 만들기'로 번역될 수 있고, 톰슨은 '낯설게 하기defamiliarization'라고 넘겨받는 '오스트라네니예ostranenie'가 그것이다. 구상 면에서의 상당한 유사성에도 불구하고, 이것은 브레히트의 생소화Verfremdung 개념과 혼동되어서는 안 된다(Polan 1983, Kelssler 1996). 낯설게 하기 개념은 보드웰보다는 톰슨에게 더 큰 의미가 있다. 보드웰은 그저 가끔씩만 이 개념으로 논증한다(Bordwell 1983, 1989c). 쉬클롭스키가 1916년에 집필한 영향력 큰 텍스트 《기법으로서의 예술

Kunst als Verfahren》(1987)에서는 예술작품이 우리의 인지를 탈자동화하고 이를 통해 겉보기에는 친숙한 것에 대한 '낯선' 시선을 가능하게 하는 기법Technik으로서 묘사된다. 미적 형식의 역사는 언제나 새로운 탈자동화의 역사이자, 미적 규범으로부터의 언제나 새로운 탈피, 새로운 예술적 가공 방식을 통한 관습들의 위반 내지 관습들을 원래는 그것들에 '낯선' 콘텍스트에 집어넣기의 역사이다. 이러한 목표 설정에 따르자면, 개별 영화는 일차적으로, 낯설게 하기가 가시화되는 배경을 형성하는 스타일 전통과의 대결로서 토의된다.

이것이 실제 분석에 의미하는 바는 다음과 같다. 개별 작품에서부터 그 영화가 위치한 역사적 계열Reihe까지 뻗어 나가야만 한다(Bordwell 1989c: 382). 역사적 계열들은 개별 영화가 그 아래서 고찰되어야만 하는 "관습들의 배경"을 제공한다. 일상생활의 판에 박힌 일들에 맞서서 효과적이 될 수 있는 미적 구조들을 찾아내는 것이 형식주의 시학에서 관건이었다면, 신형식주의에서도 그 미적 구조들이 미학적 목표 표상들이며, 영화 분석은 선행 작업으로 그것들을 도와야 한다. 관건은 한편으로는 영화의 특수성을, 다른 한편으로는 예술로서의 영화의 특성을 이루는 그러한 요소, 특성, 가공 방법들을 만들어 내는 것이다. '예술로서의 영화' 라는 문제는 미국의 영화학에서는 오랫동안 고작해야 조역이나 맡아 왔을 따름이지만, 신형식주의와 더불어 다시 아주 전면에 나섰다. "신형식주의는 미학이론이며, 그러한 것으로서 그것은 영화의 미적 과정들과, 미적 체계로서의 영화와 관련되어 있다"(Maltby/Craven 1995: 441). 이와 정반대로 영화적 의사소통의 사회적 의미, 이데올로기, 권력의 문제들은 ―정당하게도 끊임없이 거듭 언급되고 비판되었다시피― 뒤로 물러섰다(Nichols 1989, Lowry 1992). 그럼에도 불구하고 캐럴은 저서《대중 예술의 철학A Philosophy of Mass Art》(1998)에서 인지적 패러다임 안에서 이데올로기적 과정을 분석하는 것이 원칙적으로 가능함을 보여 준다.

신형식주의적 분석은 예술작품과 예술 행위의 역사적·사회적 맥락에 관심을 보이지 않고, 예술 형식들의 발전 역학과 잠재 의미에 관심을 둔다. 시학성Poetizität은 형식적 구조들에서 기술記述의 보다 본래적인 대상으로서 표명된다. 일차적 기준값은 영화의 재현 체계 자체(영화의 '형식')이지 재현되는 바(어떤 성질이든 간의 '내용')가 아니다. 적어도 경향적으로는 형식-내용-구분이 지양된다. '내용'은 작품을 통해 형식적으로 형상화된 상태Gestaltetheit의 외부에서는 생각할 수도 파악할 수도 없는 것으로서 나타난다. 그러므로 '의미Meaning'('의미Bedeutung'/'의의Sinn')는 오롯이 형식의 요소로서만 등장한다(이 구상에 대한 비판은 Wulff 1999: 31f. 참조).

신형식주의 프로젝트의 기반에 놓여 있는 작품이론의 개별 요소들을 이러한 구분과 방법론적 대결의 견지에서 읽는 것은 전적으로 해명해 주는 바가 많다. 그래서 보드웰은 무엇보다《의미 만들기》에서 영화 텍스트의 의미론을 제안하는데, 이 의미론에서는 그때마다의 영화에서, 비록 상이한 비중으로라도, 동시에 유효하고 관람자에 의해 이에 상응하게 수용 과정과 해석 과정에서 업데이트되는 다음과 같은 네 개의 상이한 의미 관계가 전제된다. ① '지시적 의미referential meaning'는 영화 이전의 재료적 현실을 가리키는, 영화의 이미지, 음향 등의 모든 측면에 해당한다. ② '명시적 의미explicit meaning'는 영화에서 관습적 상징들을 통해서도 진술되는 모든 것을 지칭한다. ③ '내재적 의미implicit meaning'는 모든 주제적 구조들, 화제가 되는 모든 문제뿐 아니라 반어와 같은 텍스트의 사용역Register도 포괄한다. ④ '징후적 의미symptomatic meaning'는 작품의 외부에 있는 연관 영역들을 지시하는 의미 관계다(작가의 개인적 표현으로서의 작품, 사회적 과정과 역학에 대한 지시로서의 작품, '감추어진 의미'로서의 작품 등)(Bordwell 1989a: 8ff.).

신형식주의 영화 분석은 의미론적 구조의 부분들에 대해 명시적으로 닫혀 있다. 후자는, 영화에서 역사적으로 구체적인 한 소재를 구현하는 것의 특별한 특징들이 질문되지 않을지라도, 형식적 기술에 귀속된다. 그러나 '의미'는, 예컨대《영화 예술》에서, 그럼에도 형식적 기술 속에서 완전히 지양되지 않고 특별한 영화학적 관심에 견주어 상대화된다. 영화가 '무엇인가를' 다룬다는 데는 의문의 여지가 없지만, 영화학적 기술의 과제는 어떠한 방식으로 이 대상들이 화제가 되는지를 규정하는 것이다(Bordwell/Thompson 1979: 32). 문제는 영화적 재현 장치의 '특별한', 그리고 '구체적' 특성들이며, 이것들은 대중매체인 영화의 사회적 · 이데올로기적 · 정치적 기능의 분석보다 선호되어야 한다는 점이다(Nichols 1989: 490). 그러므로 영화의 일상적 이용의 본질적 측면들은 애초부터 배제된 채로 머문다. 혹은, 앞서 언급한, 영화의 다층적 의미 모델과 연관된다. 다시 말하자면, 신형식주의적 분석은 처음의 세 의미 연관에 관련되며, 보드웰이 '분석analysis'이라고 요약하는 통제된 가공 방법을 통해 이것들을 조사하고자 한다. 보드웰의 말로는, 이러한 가공 방법에는 정신분석학, 사회이론 및 그와 유사한 것들로부터 연역된, 해석학적으로 순환적인 가공 방법들이 대립하는데, 후자의 생산물들은 '읽기'라고 혹평된다. 보드웰은 이 방법들에서 단지 간주관성의 결여와 자의성만 비난하는 것이 아니라, 그것들이 영화의 모든 특수한 형식적으로 형상화된 상태를 도외시한다고 질책한다(Bordwell 1989a: 261). 그러나 신형식주의의 관심사는 이중적인 것이다. 한편으로는 작품이 형식적으로 형상화된 상태를 의미 생산의 조건으로서 파악하는 일이 관건이며, 다른 한편으로는 영화 텍스트가 관람자의 인지를 탈자동화하고 이로써 자신의 특수한 미적 가치Valenz를 방출하는 수단인 특수한 낯설게 하기 방법과 규범 위반을 부각시키는 일이 관건이다.

이러한 제안들의 배후에 놓인 핵심 문제는, 예술로서의 영화와 고유의 의사소통 체계로서의 영화가 서로 어떤 관계에 있는가이다. 의사소통적 관계는 의사소통의 '외적' 한정 조건들을 도외시할 수 없기 때문이다. 그러므로 영화는 당연히 의사소통 모델이라는 가정에 대한 강한 반박은 그릇된 것이다. 만약 영화가 텍스트 이해 작업들을 촉진하고 조직하며 그 이후에 해석 과정을 유발시킨다면, 그것은 의심할 나위 없이 영화적 의사소통과 관계가 있다. 비슷한 논거들로 보드웰이 자신의 접근과 기호학적 접근을 단호하게 구분하는 것의 전제 근거를 물어볼 수도 있겠다(Bordwell 1981/82, Bordwell 1992). 이 문제는 이제까지 거의 논의되지 않았다. 확언할 수 있는 바는, 영화적인 것의 의사소통적 측면과 예술적 측면의 관계에 대한 규정이 보드웰과 톰슨이 수행한 작업의 '회색' 지대 중 하나라는 점이다.

신형식주의에 제기된 수많은 비난은 이 구상에서는 예술적 과정들이 자족적이며 사회적 · 경제적 사실 및 의존성을 배제한다는 주장에서 정점에 이른다(예컨대 King 1986: 79, 82 참조). 그러나 실제로는《고전적 할리우드 영화》는 스튜디오 시스템에서의 분업, 경영 구조, 제작의 자금 조달뿐 아니라 할리우드의 영화노동자 조합과 직능 계층 조직에 대한 (재닛 스테이거가 쓴) 여러 장章도 포함하고 있다. 또한 러시아 형식주의, 프라하 구조주의, 보드웰을 중심으로 한 그룹의 입증된 연구 관심의 사전 작업을 참작하더라도 이러한 이의들은 상대화될 수 있으며 적어도 부분적으로는 오해를 드러낸다. 이미 러시아 형식주의자들이 미학적 형식 자산을 명백하게 사회적 과정 안에서 파악하기 때문이다. 티냐노프(1982)의 "문학외적 계열außerliterarische Reihe" 개념과, 무카롭스키(1982)가 문학작품의 지평 구조에 대한 생각에서 이 개념을 계속 발전시킨 것을 환기시켜야겠다. 이에 따르면, 예술은 물론 '자연발생적' 및 '진화적'으로 발전하지 않고 사회적 · 문화적 맥락에 대한 의존성과 상호작용 속에서 발전한다. 게다가 보드웰도 러시아 형식주의를 근본적으로 역사적 접근으로서 이해한다. 그러나 그럼에도 불구하고 역사적 접근에는 분석 작업이 이러한 콘텍스트 요인들이 아니라 작품으로부터 시작되어야만 한다는 주장이 대립한다. 작품이 연구의 초점을 형성하며, 모든 역사적 계열의 물질적 출발점이라는 것이다. 문제는 영화의 특수한 점을 규정하는 일이다. 그것을 매체의, 그 상징적 형식의, 그 가능성들의, 어떤 종류든 내용들의 고유한 성질로서, 그리고 역사적 관람자가 습득한, 영화를 의미 형성 과정의 재료로서 이용하는 능력의 고유한 성질로서 표명하는 일 말이다. 그래서 헨리 젠킨스Henry Jenkins 역시 이렇게 판단한다. "역사 시학은 (…) 이데올로기보다 형식에 특권을 부여하는 것이기보다는 추상적인 이론보다 역사적 특수성을 촉진하는 일과 관련되는 것으로 간주될 수 있다"(Jenkins 1995: 104).

역사 시학

보드웰이 강령적으로 "형식주의는 규범들의 명시적, 세부적, 종합적 분석에 전념한다"(Bordwell 1983: 14)고 요구한다면, 이로부터 이중으로 목표가 설정된 연구 대상 하나가 생겨난다. 한편으로는 하나 또는 여러 편의 영화(개별 작품 분석)가, 다른 한편으로는 문제가 되는 영화들의 배경을 형성하는 규범들(역사적 콘텍스트 분석)이 그것이다. 미적 형식들이 지식에 토대를 두고 있다는 사실을 분석에 통합하고자 한다면, 작품이 생겨나는 배경이 되는 관습들을 부각시키는 것이 중요하다. 관습적 형식들의 규범과 변화들은 미적인 것이 일상성으로 전락한 전통적 형식과 친숙한 형식을 분리하고 혁신하는 것으로서 발전할 수 있는 장場을 펼친다. 미학적 규범과 이탈 사이의 긴장은 관람자의 정동적 경험과 인지적 경험을 이해하고 영화예술을 조절하는 규칙, 코드, 관습들을 이해할 토대를 마련해 준다(Allen/Gomery 1985: 79).

그러한 까닭에 이렇게 토대가 세워진 영화의 역사 시학은 스스로를 작품 분석이 아니라 특수한 형태의 스타일 분석 및 스타일사로서 이해하며, 이는 다음과 같은 것들에 초점을 맞춘다. ① 수용—요컨대 그때마다의 특별한 역사적 상황에서의 관람자에 관한 특수한 구상들 및 영화와 영화 제작에 대한 더욱 포괄적인 인지이론, ② 규범과 관습의 역사적 변화에 대한 기술과 해명—특별한 영화적 수단, 서사 표본과 장르, 그것들의 기술적 · 경제적 의미의 역사로서. 이로써 이 접근은 동시에 비교적 관점을 추구하며, 그럼에도 규범과 관습의 역사적으로 특수한 체계는 지역적, 개인적 차별성을 규정할 '정신적 배경Folie'으로서 역할한다.

영화는 의사소통적, 미적, 사회적 사실이다. 설사 보드웰이 자신의 작업들에서 배급 · 상영 · 수용의 맥락을 거의 건드리지 않는다 하더라도, 그의 접근은 이러한 틀 안으로 들어가도록 완성되기를 요구한다. 이에 상응하게 영화의 역사 시학에서는 예술 생산과 예술 수용의 관계에 대한 세 개의 핵심적 가정이 예술적 과정의 차원들로서 다음과 같이 서로 연결된다. ① '합리적 수행자 모델rational-agent model', 즉 주체의 창조적 · 수용적 활동을 조절하는 원칙적 합리성에 대한 가정. ② '제도적 모델institutional model', 즉 영화라는 사회적 하위 체계에서는 사회적 · 경제적 체계와 관련이 되며, 그 안에서 예술 생산이 해명되어야 한다는 가설. ③ '지각적-인지적 모델perceptual-cognitive model', 즉 영화의 인지와 이해 과정이라는 구성적 활동의 요소로서의 영화 수용에 대한 근본적인 지각적 · 인지적 차원의 모델(Bordwell 1989c: 382).

이때 관람자 개념은 정신분석학적 표상들에 대한 엄격한 반대 입장이자 거부로서 이해되어야만 한다. “두 접근은 모두 영화-관람자 관계를 매우 상이한 방식으로 구상한다. 인지적 이론은 사고하는 자아의 의식적 · 합리적 활동에서 출발하면서 관람자가 영화를 이해하기 위해 영화로 무엇을 하는지 내지는 영화가 이해될 수 있기 위해 어떻게 구성되어 있는지를 질문한다. 이와 반대로 후기구조주의적 이론은 관람하는 주체를 우선적으로 무의식적 요인들을 통해 결정된 것이라고 간주한다. 이에 상응해 영화가 관람자로 무엇을 하는지에 대해 질문이 던져진다. 그래서 영화의 심리적, 이데올로기적, 또는 성적으로 특수한 효과들에 중점이 놓인다”(Lowry 1992: 113).

그러나 실제로 관람자에 대한 구상은 인지적 영화이론의 해명되지 않은 지점이며, 더욱 정확히 보자면 두 개의 상이한 표상 사이를 오간다. 관람자는 한편으로는 수용미학에서 유래하는 함축적인, 이따금씩은 심지어 ‘이상적인’ 독자라는 의미에서 텍스트 구조의 일부로서 파악되고, 다른 한편으로는 경험적 관람자로서 지명되지만(Wulff 1991: 394f.), 그럼에도 불구하고 역사적 · 사회적 존재로서의 관람자의 특수한 주체성은 배제된 채로 남는다(Nichols 1989: 491, Lowry 1992: 116, Staiger 1992: 65ff.). 그리고 비록 보드웰이 영화학의 ‘인지주의자들’ 중 한 명으로 간주되기는 하지만, 영화의 진정한 인지이론을 만들어 내는 것은 본래 의도되지 않았다는 점을 간과해서는 안 된다. 또한 그가 목표로 삼은 영화심리학의 경험적 보정이—올러Peter Ohler(1994)의 인지심리학적 작업에서처럼—계획되어 있다거나 그저 계획되어 있을 수도 있는지도 역시 알 수가 없다(Kaczmarek 1996 참조). 오히려 영화이론적 접근의 경험적 적합성에 대한 학문이론적 요구에 인지이론과 인지심리학의 결과들을, 따라서 ‘견고한’ 학문들을 끌어대는 것을 통해 근거를 마련하는 일이 관건일 것이다.

이러한 학문 프로그램적 숙고들의 지평에서는 역사적 · 서술적 부분에 가장 큰 주의가 기울여지고, 또한 그것이 이 집단의 본래 관심을 이루고 있기도 하다. 무엇보다 할리우드 스튜디오 시스템과 그것이 창조한 '고전적 스타일'에 대한 연구가 철저히 수행되었고, 그래서 지금까지 영화의 역사 시학 프로젝트를 상세한 사례 연구로 옮겨 놓은 것이 5백 쪽이 넘는 저서 《고전적 할리우드 영화》이다. 할리우드의 스타일 체계는 이 책에서 영화 실행 양태('영화 실무의 양태mode of film practice')로서 간주되며, 이것은 영화적 재현의 특수한 형식을 영화적 · 산업적 제작 양태('영화 제작의 양태mode of film production')와 통합한다.

지난 15년 동안의 영화사 기술 논쟁에서 '영화 제작의 양태' 모델은 결정적 전환점을 표시한다. 이것은 초기 영화에 대한 노엘 버치(1984)의 작업들에서 연원한다. 그는 초기 영화를 '재현의 제도적 양태institutional mode of representation'(IMR)로서의 고전적 서사영화와 구분해 '재현의 원시적 양태primitive mode of representatioin'(PMR)라고 규정한다. 보드웰과 스테이거, 톰슨은 이 모델을 받아들여, 그것을 상론하고, 영화 제작의 제도적 · 경제적 · 기술적 조건들과 결합시켰다. "그러니까 영화 실무의 양태는 영화 제작의 필수적 양태를 유지하고 그 양태에 의해 유지되는, 폭넓게 견지된 스타일 규범의 일습set들로 이루어져 있다. 그 규범들은 어떻게 영화가 행동해야 하는지, 그것이 어떤 스토리들에 관해 적절하게 이야기하고 어떻게 그것들을 이야기해야 하는지에 관한 가정들과 영화 기술의 범위와 기능, 관람자의 활동에 관한 가정의 확정적인 일습을 구성한다. 이러한 형식적 · 스타일적 규범들은 영화 제작의 양태 안에서 창조되고, 형태 잡히고, 지원될 것이다. 경제적 목표의 특징적 앙상블, 노동의 특수한 분화, 영화 제작 작업의 구상과 실행의 특정한 방식 안에서 말이다"(Bordwell/Staiger/Thompson 1985: xiv).

고전적 할리우드 영화에 대한 연구의 전면에는 할리우드 양태의 부분 체계를 형성하는 제작, 스타일, 기술이 있다. 이러한 초안에는 스스로를 '수정주의적'이라고 이해하는 새로운 영화사 기술의 핵심적인 숙고들이 받아들여지고 더욱 개발되었다. 이 새로운 영화사 기술은 영화의 정전 형성, 작가 오리엔테이션, 그리고 회사 서류, 계약서, 판결문, 전문 언론에 낸 광고, 결산서 및 온갖 종류의 수용 기록 같은 이제까지 등한시되어 왔던 문서들을 포함시키기 위해, 영화사 기술의 유일한 일차 전거로서의 영화에 대한 거부를 목표로 삼는다. '수정주의적' 접근들의 공동 소실선은, 전통적 영화사 기술의 표준 주장 및 신화에 대한 근본적인 점검과 수정, 그리고 미학적 · 사회학적 · 경제적 · 기술적 접근을 영화의 역사 편찬에 합성시키기다. '새로운 영화사New Film History'(Elsaesser 1986)라고도 불리는 '수정주의적' 영화사 기술은 우선은 일단 영화학이 영화사의 일차 자료 자체에 폭넓게 주의를 기울이는 데에 기초를 두고 있으며, 다음과 같은 것들로 특징지어진다. ① 통용되는 역사 편찬 모델의 배경에 대한 질문. ② 전거 문제에 대한 성찰. ③ 통합적 접근에 대한 탐색(Allen/Gomery 1985, Kusters 1996 또한 참조).

《고전적 할리우드 영화》는 이러한 사전 지침에 의거해 기술적 변화, 스튜디오 시스템의 작업 조직, 할리우드 영화 제작의 권력관계와 경제적 조건이 기술되는 여러 장들로 구성되어 있다. 이때 연구의 중심점에는 특수한 스타일 체계로서의 '고전적' 할리우드 영화가 놓여 있다. 이와 반대로 다른 가능한 접근점들은 뒤로 물러난다. 그렇지만 사회적 · 역사적 테두리는 여기서 완전히 배제되지 않으며, ('공예craftsmanship'라는 의미에서의) '영화장인Filmhandwerker'의 문제 제기와 해결 시도 모델에 초점이 맞춰진다. 이에 따르면 할리우드 시스템에서의 스타일 형성은 기술적, 제작 논리적 조건들과 밀접하게 연관되어 있다. 이 같은 연구 관심에서는 스타일이 키네마토그래피적 수단들의 체계적이고 규칙에 따른 사용으로서 파악된다(Bordwell 1985: 50). 그것은 할리우드의 특수한 제작 맥락 안에서 표준화되고 적용 가능한 규칙 일람표로 격상되어, 엄격하게 분업화한 조직과 이로 인한 제작의 비용효율이 가능해졌다. 그러한 까닭에 할리우드 시스템은 규칙과 규범의 '일습'으로서 기술될 수 있으며, 그것은 제작 결정의 배경에 놓여 있는 동시에 관람자의 함축적인 영화적 · 미학적 지식을 이룬다. 스타일은 이제 역사적으로 특수한 규범을 순수하게 충족시키는 것을 의미하지 않고, 역동적 체계로서, 규범의 충족과 위반의 연속으로서, 자동화와 낯설게 하기 과정으로서 파악된다. 부분적으로 스타일 체계의 변화는 기술적 전제(색채, 음향, 대형 화면의 포맷, 3D 방식 등)의 변화를 통해 유발되며, 또한 본질적으로 경제적인 변화(시장 적응, 매체 경쟁 등)와 예컨대 (할리우드의 '제작 코드production code'를 통해 조절되는) 검열 규정 같은, 산업적으로 변화하는 요구를 통해서도 유발된다.

하지만 아무리 보드웰의 영화의 역사 시학이 간과할 수 없을 정도로 능력이 뛰어나고, 아무리 《고전적 할리우드 영화》가 산업적 제작 조건, 경제적 관심, 국가적 스타일의 관습화를 통합할 수 있는, 할리우드의 역사에 대한 획기적인 연구로서 인정받았을지라도, 그 구상에 대한 격렬한 비판도 이루어졌다. 왜냐하면 보드웰의 구상은 스타일적인 것을 발전의 고유한 차원으로서 정하고 그것을 다른 영향 요인들 아래 종속시키지 않기 때문이다. 빌 니콜스가 보드웰에게서 "형식적 체계의 독립 생활"과 그것의 "유물론적 역사에 대한 면역성", 따라서 비역사성을 확인한다면, 그는 이 비판을 통해 바로 이 스타일적인 것의 자율성에 대한 암묵적인 가정을 강조하는 셈이다(Nichols 1989: 500). 그리고 니콜스는 다음과 같이 두 번째 논거를 댄다. 개별적인 역사적 양태들을 서로 격리시키는 것은 그것들의 사실상의 병존을, 그리고 그때마다의 사용 맥락에서 달라지는 그것들의 정치적 함의를 은폐한다는 것이다(Pye 1989: 50f. 또한 참조). 명확한 영화 스타일 차원들의 포스트모더니즘적, 패러디적 사용에 이르기까지 말이다.

신형식주의자들의 스타일사적 관심이 우선은 전통주의적으로 보일지 몰라도, 이 집단의 사료 편찬적 작업들은 전래된 영화사의 방법, 가정, (취향)판단, 단면, 이분법들, 그리고 무엇보다 영화사 기술의 정전 형성을 검증하고, 더 폭넓은 실증적 토대 위에서 대안적이고 '더욱 지역적인' 영화사 초안('단편적 역사들piecemeal histories')을 이루어 내는 일을 관건으로 삼는 '새로운' 영화 사료 편찬에 대한 뜻깊은 공헌이다. 보드웰의 《영화 스타일의 역사》(1997a) 역시 이러한 배경 아래 파악해야 한다. 역사적 스타일론의 개정된 구상에 대한 강령적인 요구들을 영화사적 실천으로 옮기는 영화사 기술의 방법론에 대한 이바지로서 말이다. 이러한 계획에 따라, 이 연구는 두 부분으로 구성되어 있다. 첫 번째 부분은 '고전적' 영화사들에 관한 비판적 개관을 제공하고 이것을 수정주의적 영화사 구상들과 대비시킨다. 두 번째 부분은 '심도촬영Tiefenschärfe/deep focus'에 대한 통시적인 사례 연구로서, 그것의 문제 제기들을 참작해서 영화의 역사 시학의 방법과 성과들을 예증적으로 제시한다.

보드웰은 변화를 기술하지만, 여기서도 자신의 문제 제기와 창조적 해결 방법의 모델('문제/해결 모델problem/solution model')을 통해 영화 스타일적 가공 방법들의 놀라운 연속성 또한 기술한다. 다시 말하자면, 구체적인 사회 상황들 속에 있는 인간들이 미적 목표를 추구하고 그러면서 난관에 봉착하며, 그것을 해결할 방법을 찾아야만 한다. 혁신적인 '영화장인'으로서의 자기이해를 추진력으로 삼아, 그리고 자기 길드의 집단 규범에 결속되어서 말이다. 보드웰은 영화 제작에서 제도적 · 경제적으로 규정된 표준화 과정과 관습화 과정으로 시선을 향하고, 스타일에 대한 결정들이 내려지는 배경이 되는, 곰브리치(1960)의 의미에서의 구성적 '도식들Schemata'을 만들어 낸다. 그의 역사적 스타일론의 중심에는 규범, 선택 사항, 대안과 종합 등의 발전과 안정화가, 그러니까 미적인 결정 상황과 결정 과정들의 재구성이 놓여 있다.

보드웰은 자신의 접근을 심도촬영(카메라의 변수로서의 '딥포커스')과 심도배치Tiefenstaffelung('미장센'의 변수로서의 '심도 있는 무대배치staging in depth')의 스타일적인 선택 사항들을 예로 들어 예증한다. 이때 그는 자신의 기능주의적 연구의 초점을 영화 이미지의 가해성可解性 계명과 이에 상응하는, 관람자를 안내하기 위한 가공 방법에 맞춘다. 움직임, 시선, 축軸 구성, 전경-후경 관계를 통한 관심의 조절과 조종 등 이미 아주 일찍부터 활용되던 기법들이 그것이다. 전통적인 영화사 기술을 믿는다면 웰스 및 와일러와 더불어 환호를 받으며 영화사에 입성했던 심도촬영이 2차원적 영화 이미지에서 공간적 심도를 형상화하는 끊임없이 새로운 해결 가능성들의 오랜 전통 속에 있다는 사실이 100년의 영화사를 넘어서는 이 상세한 연구의 도움으로 분명해진다. 이렇게 해서 보드웰은 자신의 '단일 기법의 중급 역사middle-level history of a single technique'가 지닌 능력을 일목요연하게 입증해 낸다.

비판과 제한들

보드웰과 톰슨이 자신들의 접근을 설명할 때 보여 주는 날카로움은 학문사적으로 1970년대와 1980년대의 언어학적 · 정신분석학적 · 마르크스주의적으로 정향된 접근들에 대한 공격으로서 이해될 수 있다. 보드웰은 근래에는 그것들을 '거대 이론'으로서 토의하지만(Bordwell 1996), 전에는 논쟁적으로, 후기구조주의적 영화이론의 '소쉬르-라캉-알튀세르-바르트적 패러다임'에 대한 암시로서 '슬랩 이론들SLAB theories'이라고 지칭했다(Bordwell 1989c: 385ff.) 그리고 이는 다시금 반대 비판으로 귀결되었다(Stam 2000: 192f.). '거대 이론'을 반박하는 보드웰의 논증은 종류가 다양하다. 한편으로 그는 영화의 특수한 형상화적 · 스타일적 특성들이 등한시되고 하필이면 그 대신 영화의 특이성과 명료성을 도외시하는 모델들이 영화에 '덮어씌워진다'고 비난한다. 다른 한편으로 그는 학문이론적으로 논증하면서 내적 응집력, 실증적인 폭, 배제력, 역사적 변화에 대한 주목이라는 '견고한' 학문이론적 기준들을 충족시키는 영화이론을 요구한다(Bordwell 1985: xiii).

보드웰과 톰슨의 분석 시도가 '해석'을 근본적으로 배제한다는 비난이 여러 차례 제기되었다. 이러한 이의에 대응하기 위해, 보드웰은 영화의 인지적 이론에 대한 역사 시학의 접합점 하나를 거명한다. 부연하자면, 보드웰이 암묵적으로 제안한 영화이론의 '단계모델'에서는 '이해comprehension' 행위가, 즉 작품의 형식적 특징들을 목표로 하는 필수적인 기저 이해 활동이 ('의미meaning'라는 의미에서의) 모든 의미 형성의 전제다. 말하자면 그 위에 해석('interpretation')이라는 상위 과정이 '얹어지는' 것이다(Bordwell 1989a, 1993a: 95f.) 이는 큰 문제들을 안고 있고 중대한 논의들을 초래한 구상이다(Wulff 1991, Gaut 1995, Wilson 1997). 첫째로 이러한 이론 형성에서는 지각적 · 인지적 · 정동적 · 감정적 과정들 사이의 관계가 해명되지 않은 것으로 보이며, 반면에 최근 몇 년간 바로 이 영화 수용의 인지적 · 정동적 · 감정적 구성 요소에 대해 질문하는 수많은 인지주의적 관점의 논문들이 제출되었다(Smith 1995, Neill 1996, Tan 1996, Grodal 1997, Plantinga/Smith 1999). 둘째로, 이해 활동의 역사적 안정성에 대한 질문이 제기된다. 이해 과정의 사회적 · 징후적 측면이 도외시되기 때문이다. 셋째로, 이해 활동의 계층 구조가 그렇게 견지될 수 있는지, 또는 관람자의 (계급, 인종, 성별, 젠더, 성적 지향 등과 같은 사회적 편성에 대한 소속감을 통해 규정되는) '사전입장Voreinstellung'이 이미 기본적 전유 활동에 영향을 끼치지는 않는지가 불분명하다. 넷째로, 비록 보드웰과 톰슨에 의해 관람자가 능동적이고 합리적인 주체로서 입증되기는 하지만, 그의 특수한 역사적 · 문화적 · 사회적 자리매김이 관람자 역할 내지 실제적 수용의 형성에 어떠한 지위를 지니는지는 답변되지 않은 채로 남는다(Nichols 1989: 502, Lowry 1992: 116f.).

보드웰과 톰슨의 성찰의 핵심에는 한편으로는 미적 과정과 구조들이 사회적 영향들에 대해 지니는 상대적 자율성에서 출발하는 영화의 시학이 놓여 있으며, 다른 한편으로는 역사적으로 상대적인 미학적 지식의 탈자동화가 그 중심을 형성하는 영화의 수용미학이 놓여 있다. 예컨대 고메리Douglas Gomery(1992)가 무엇보다 상영 조건의 견지에서 내놓았던 영화와 관람자의 역사적 사회학에 대한 연구와 영화 배급 및 영화정책에 대한 조사는 공동의 작업에서 오히려 종속된 역할을 맡을 따름이다(그럼에도 불구하고 Thompson 1985 참조). 그 접근 시도가 아무리 수용미학적, 경험적, 역사적 · 사회학적 성찰들을 결합하고 통합하고자 하더라도 말이다. 그러므로 영화의 역사 시학은 영화의 역사적 실용주의라고 번역될 수 없다. 기술적 · 역사적 관심에는 언제나 영화의 미학적 특성과 고유성들에 대한 질문이 동반된다. 이러한 방향 설정은 의사소통적 실천(내지 상이한 역사적인 의사소통적 실천들)으로 이행될 수 없으며, 특히나 담론분석적 영화 이해에 대해 폐쇄적인 태도를 취하는 것으로 보인다. 담론분석적 영화관觀은 영화를 사회적 과정의 요소와 표현 형식으로서, 그리고 이로써 자명하게도 이데올로기적 대결의 견지에서도 본다. 이와 반대로 신형식주의적 접근에서는 한편으로는 예술 발전의 독자적 역동성을 주장하고, 다른 한편으로는 작품의 예술적 형식의 독자성을 주장한다. 그리고 이 점에서 그것은 러시아 형식주의와 무카롭스키 같은 후계자들의 구상에 연결된다.

사실 신형식주의적 접근과 담론분석적 접근은 서로 '적대적'으로 대립하지 않는다. 그러므로 둘을 통합하는 길은 원칙적으로 봉쇄되어 있지 않다. 하지만 그러는 데 필요한 연구의 거대한 복합성과 실증적 증거들의 포함, 그리고 연구 전제에 대한 분명한 규정 요구 때문에 방법론적으로 중재가 쉽지 않으며, 연구 실무적으로는 엄청난 비용을 뜻한다. 마지막으로 무엇보다 형식주의를 지향하는 영화이론의 초기 스케치들은 언제나 영화에 대한 해체주의적, 페미니즘적, 정신분석학적 접근과 이와 유사한 접근들에 맞서는 논쟁이기도 했다는 사실을 간과해서는 안 되겠다. 열거한 접근들은 1970년대 말에 특히나 영미권 영화학을 지배했으며, 그러면서 예술 과정을 거의 완전히 도외시했고, 영화를 형식적 · 미학적 종류가 아니라 사회적 · 담론적 종류의 연관 체계 안에서 파악했다. 이와 반대로 신형식주의자들은 영화적인 것의 특수한 개성과 영화적인 것과 결합된 예술 측면들을 찾아내기를 요구했다. 수많은 비판자들은 이 프로젝트의 내부적 정통주의를 비방했다. 첫째로는 그 집단의 강령적 요구들 안에서 공격에 대항하고, 둘째로는 그러면서 신형식주의자들 자신이 정하고 알린 경계 설정들을 근거로 내세운다고 말이다. 그래서 보드웰은 《허구 영화에서의 서사》에서 이 책이 전개하는 서사의 부분이론은 섹슈얼리티의 구현과 역할에 대한 의문 제기나 문화적 대리자이자 제도인 영화의 문화적, 경제적, 그리고 무엇보다 이데올로기적 차원들로의 진출을 별로 의도하지 않음을 명시적으로 표현한다(Bordwell 1985: 335f.).

여기서 암시되듯이 상대적으로 자립적이지만 서로 결합할 수 있는 부분이론들로 영화이론을 편성하는 것이 그렇게 견지될 수 있고 납득될 수 있는지는 기다려 보아야 한다. 만약 할리우드 영화의 스펙터클함, 오락 기능, 그리고 이를 통해 고무된 관람자의 참여 방식(매우 넓은 의미에서의 '쾌락pleasure')이 연구의 중심으로 옮겨진다면, '영화 실무의 양태' 모델이 예시적으로 전개되는 시금석인 할리우드 영화에 대한 연구가 전혀 다르게 관점화될 수도 있으리라는 점은 생각해 볼 수 있다. 리처드 몰트비와 이안 크레이븐Ian Craven은 저서《할리우드 영화: 개론Hollywood Cinema: An Introduction》(1995)에서 이렇게 첫 질문을 던진 바 있다. 이렇게 획득된 부분이론들이 그 서사이론과 호환될 수 있는지, 또는 그것들이 그 서사이론을 재작성할 필요가 있게 만드는지는 불확실하다. 몰트비와 크레이븐이 쓴 서사 구조에 대한 장章들은 전적으로 보드웰의《허구영화에서의 서사》의 접근과 인식들에 빚지고 있다. 자신의 부분 영역과 부분이론들의 무조건적인 통합을 요구하는 학문 구조인 것이다. 어쩌면 이러한 약속 역시 '영화의 역사 시학' 기획이 거둔 성공의 조건일지도 모른다.

우리는 옌스 에더Jens Eder, 프랑크 케슬러, 스티븐 라우리Stephen Lowry,
파트릭 폰더라우Patrick Vonderau에게 격려와 이의에 대해 감사한다.

참고문헌

ALBERSMEIER, Franz-Josef (Hrsg.) 1998: *Texte zur Theorie des Films*. 3., durchges. u. erw. Aufl. Stuttgart: Reclam.

ALLEN, Robert C./GOMERY, Douglas 1985: *Film History. Theory and Practice*. New York u.a.: McGraw-Hill.

BORDWELL, David 1980: *French Impressionist Cinema: Film Culture, Film Theory, and Film Style.* New York: Arno Press.

_____ 1981: *The Films of Carl-Theodor Dreyer.* Berkeley/Cal. u.a.: University of California Press.

_____ 1981/82: »Textual Analysis Etc«. In: *Enclitic* 5, 2/6, 1, S. 125-136.

_____ 1983: »Lowering the Stakes: Prospects for a Historical Poetics of Cinema«. In: *Iris* 1, 1, S. 5-18.

_____ 1985: *Narration in the Fiction Film.* Madison/Wisc.: University of Wisconsin Press.

_____ 1988a: »Adventures in the Highlands of Theory«. In: *Screen* 29, 1, S. 72-97.

_____ 1988b: *Ozu and the Poetics of Cinema.* Princeton/N.J.: Princeton University Press, London: BFI.

_____ 1989a: *Making Meaning: Inference and Rhetoric in the Interpretation of Cinema.* Cambridge/Mass.: Harvard University Press.

_____ 1989b: »A Case for Cognitivism«. In: *Iris* 5, 2 [= No. 9], S. 11-40.

_____ 1989c: »Historical Poetics of Cinema«. In: Palmer, R. Barton (Hrsg.): *The Cinematic Text: Methods and Approaches.* New York: AMS Press, S. 369-398.

_____ 1992: »Kognition und Verstehen. Sehen und Vergessen in MILDRED PIERCE«. In: *Montage/AV* 1, 1, S. 5-24.

_____ 1993a: »Film Interpretation Revisited«. In: *Film Criticism* 17, 2-3, S. 93-119.

_____ 1993b: *The Cinema of Eisenstein.* Cambridge/Mass., London: Harvard University Press.

_____ 1995a: »CITIZEN KANE und die Künstlichkeit des klassischen Studio-Systems«. In: Adam, Ken u.a.: *Der schöne Schein der Künstlichkeit.* Hrsg. u. eingel. v. Andreas Rost. Frankfurt a.M.: Verlag der Autoren, S. 117-150.

_____ 1995b: »DIE HARD und die Rückkehr des klassischen Hollywood-Kinos«. In: Adam, Ken u.a.: *Der schöne Schein der Künstlichkeit.* Hrsg. u. eingel. v. Andreas Rost. Frankfurt a.M.: Verlag der Autoren, S. 151-202.

_____ 1996: »Contemporary Film Studies and the Vicissitudes of Grand Theory«. In: Ders./ Carroll, Noël (Hrsg.): *Post-Theory. Reconstructing Film Studies.* Madison/Wisc., London: University of Wisconsin Press, S. 3-36.

_____ 1997a: *On the History of Film Style.* Cambridge/Mass., London: Harvard University Press.

_____ 1997b: »Modelle der Rauminszenierung im zeitgenössischen europäischen Kino«. In: Ders. u.a.: *Zeit, Schnitt, Raum.* Hrsg. u. eingel. v. Andreas Rost. Frankfurt a.M.: Verlag der Autoren, S. 17-42.

_____ 1998: »Postmoderne und Filmkritik: Bemerkungen zu einigen endemischen Schwierigkeiten«. In: Ders. u.a.: *Die Filmgespenster der Postmoderne.* Hrsg. v. Andreas Rost u. Mike Sandbothe. München: Verlag der Autoren, S. 29-39.

_____ 2000: *Planet Hong Kong: Popular Cinema and the Art of Entertainment.* Cambridge/Mass., London: Harvard University Press.

_____ 2001: *Visual Style in Cinema. Vier Kapitel Filmgeschichte.* Hrsg. u. eingel. v. Andreas Rost. Frankfurt a.M.: Verlag der Autoren.

BORDWELL, David/CARROLL, Noël (Hrsg.) 1996: *Post-Theory. Reconstructing Film Studies.* Madison/Wisc., London: University of Wisconsin Press.

BORDWELL, David/STAIGER, Janet/THOMPSON, Kristin 1985: *The Classical Hollywood Cinema: Film Style and Mode of Production to 1960.* New York: Columbia University Press.

BORDWELL, David/THOMPSON, Kristin 1979: *Film Art: An Introduction.* Reading/Mass.: Addison-Wesley.

BURCH, Noël 1984: »Un mode de représentation primitif?«. In: *Iris* 2, 1, S. 112-123.

CARROLL, Noël 1988: *Mystifying Movies: Fads and Fallacies in Contemporary Film Theory.* New York: Columbia University Press.

_____ 1998: *A Philosophy of Mass Art.* Oxford: Clarendon Press.

CASETTI, Francesco 1999: *Theories of Cinema, 1945-1995.* Austin: University of Texas Press.

ELSAESSER, Thomas 1986: »The New Film History«. In: *Sight and Sound* 55, 4, S. 246-251.

ERLICH, Victor 1987: *Russischer Formalismus.* Mit einem Geleitwort v. René Wellek. Frankfurt a.M.: Fischer.

GAUT, Berys 1995: »Making Sense of Films: Neoformalism and Its Limits«. In: *Forum for Modern Language Studies* 31, 1, S. 8-23.

GOMBRICH, Ernst H. 1960: *Art and Illusion. A Study in the Psychology of Pictorial Representation.* London: Phaidon.

GOMERY, Douglas 1992: *Shared Pleasures, A History of Movie Presentation in the United States.* Foreword by David Bordwell. London: BFI Publishing.

GRODAL, Torben 1997: *Moving Pictures. A New Theory of Film Genre, Feelings and Cognition.* Oxford: Clarendon Press.

HARTMANN, Britta/WULFF, Hans J. 1995: »Vom Spezifischen des Films. Neoformalismus – Kognitivismus – Historische Poetik« . In: *Montage/AV* 4, 1, S. 5-22.

_____ 2000: »Das Wisconsin Projekt. Zwischen Neoformalismus, Kognitivismus und historischer Poetik. Eine Bibliographie.« In: *Medienwissenschaft/Kiel. Berichte und Papiere,* 28 (http://go.to/medien.kiel).

JENKINS, Henry 1995: »Historical Poetics«. In: Hollows, Joanne/Jancovich, Mark (Hrsg.): *Approaches to Popular Film.* Manchester, New York: Manchester University Press, S. 99-122.

KACZMAREK, Ludger 1996: »›Verstehen Sie Film?‹ Zwei neuere deutschsprachige Arbeiten zur kognitiven Filmpsychologie«. In: *Montage/AV* 5, 2, S. 89-107.

KESSLER, Frank 1996: »*Ostranenie*. Zum Verfremdungsbegriff von Formalismus und Neoformalismus«. In: *Montage/AV* 5, 2, S. 51-65.

KING, Barry 1986: »›The Classical Hollywood Cinema‹ : A Review«. In: *Screen* 27, 6, S. 74-88.

_____ 1987: »The Story Continues...«. In: *Screen* 28, 3, S. 56-82.

KUSTERS, Paul 1996: »New Film History. Grundzüge einer neuen Filmgeschichtsschreibung«. In: *Montage/AV* 5, 1, S. 39-60.

LAGNY, Michèle 1994: »Film History: Or History Expropriated«. In: *Film History* 6, 1, S. 26-44.

LOWRY, Stephen 1992: »Film – Wahrnehmung – Subjekt. Theorien des Filmzuschauers«. In: *Montage/AV* 1, 1, S. 113-128.

MALTBY, Richard/CRAVEN, Ian 1995: *Hollywood Cinema. An Introduction*. Oxford/UK, Cambridge/USA: Blackwell.

METZ, Christian 1972: *Semiologie des Films*. München: Fink.

MUKAŘOVSKÝ, Jan 1982: *Kapitel aus der Ästhetik*. 4. Aufl., Frankfurt a.M.: Suhrkamp.

NEILL, Alex 1996: »Empathy and (Film) Fiction«. In: Bordwell, David/Carroll, Noël (Hrsg.): *Post-Theory. Reconstructing Film Studies*. Madison/Wisc., London: University of Wisconsin Press, S. 175-194.

NICHOLS, Bill 1989: »Form Wars: The Political Unconscious of Formalist Theory«. In: *South Atlantic Quarterly* 88, 2, S. 487-515.

OHLER, Peter 1994: *Kognitive Filmpychologie. Verarbeitung und mentale Repräsentation narrativer Filme*. Münster: MakS Publikationen.

PERKINS, V.F. 1990: »Must We Say What They Mean?«. In: *Movie*, 34/35, S. 1-6.

PETERSON, James 1992: »The Freddie Kruger of Film Theory Strikes Again«. In: *Wide Angle* 14, 1, S. 78-85.

POLAN, Dana B. 1983.: »Terminable and Interminable Analysis: Formalism and Film Theory«. In: *Quarterly Review of Film Studies* 8, 4, S. 69-77.

PLANTINGA, Carl/SMITH, Greg M. (Hrsg.) 1999: *Passionate Views. Film, Cognition, and Emotion*. Baltimore, London: The Johns Hopkins University Press.

PYE, Douglas 1989: »Bordwell & Hollywood«. In: *Movie*, 33, S. 46-52.

RAY, Robert B. 1988: »The Bordwell Regime and the Stakes of Knowledge«. In: *Strategies*, 1, S. 143-181. Reprint in: Ders. 2001: *How a Film Theory Got Lost and Other Mysteries in Cultural Studies*. Bloomington, Indianapolis: Indiana University Press, S. 29-63.

SALVAGGIO, Jerry L. 1981: »The Emergence of a New School of Criticism: Neoformalism«. In: *Journal of the University Film Association* 33, 4, S. 45-52.

_____ 1982: »›Eat the Rind – Throw the Watermelon Away‹: A Neo-Formalist Tenet«. In: *Journal of the University Film and Video Association* 34, 2, S. 29-31.

ŠKLOVSKIJ, Viktor 1987: »Kunst als Verfahren« [1916]. In: Mierau, Fritz (Hrsg.): *Die Erweckung des Wortes. Essays der russischen Formalen Schule*. Leipzig: Reclam, S. 11-32.

SMITH, Murray 1995: *Engaging Characters. Fiction, Emotion, and the Cinema*. Oxford: Clarendon Press.

STAIGER, Janet 1988: »Reading King's Reading«. In: *Screen* 29, 1, S. 54-70.

_____ 1992: *Interpreting Films. Studies in the Historical Reception of American Cinema*. Princeton/N.J.: Princeton University Press.

STAM, Robert 2000: *Film Theory. An Introduction*. Malden/Mass., Oxford: Blackwell.

STAUFF, Markus 1999: »Nach der Theorie? Anmerkungen zum Stellenwert von Theorie und Politik bei Cultural Studies und Neoformalismus«. In: *Medienwissenschaft*, 1, S. 22-34.

TAN, Ed S. 1996: *Emotion and the Structure of Narrative Film. Film as an Emotion Machine*. Mahwah/N.J.: Lawrence Erlbaum Associates.

THOMPSON, Kristin 1981: *Eisenstein's IVAN THE TERRIBLE: A Neo-Formalist Analysis*. Princeton/N.J.: Princeton University Press.

_____ 1985: *Exporting Entertainment: America in the World Film Market, 1907-1934*. London: BFI.

_____ 1988a: *Breaking the Glass Armor: Neoformalist Film Analysis*. Princeton/N.J.: Princeton University Press.

_____ 1988b: »Wisconsin Project or King's Projection?«. In: *Screen* 29, 1, S. 48-53.

_____ 1995: »Neoformalistische Filmanalyse. Ein Ansatz, viele Methoden«. In: *Montage/AV* 4, 1, S. 23-62.

_____ 1997: »Wiederholte Zeit und narrative Motivation in GROUNDHOG DAY/UND TÄGLICH GRÜSST DAS MURMELTIER«. In: Bordwell, David u.a.: *Zeit, Schnitt, Raum*. Hrsg. u. eingel. v. Andreas Rost. Frankfurt a.M.: Verlag der Autoren, S. 59-94.

_____ 1999: *Storytelling in the New Hollywood. Understanding Classical Narrative Technique*. Cambridge/Mass., London: Harvard University Press.

THOMPSON, Kristin/BORDWELL, David 1994: *Film History. An Introduction*. New York u.a.: McGraw-Hill.

TYNJANOW, Juri 1982: »Über die literarische Evolution« [1927]. In: Ders.: *Poetik. Ausgewählte Essays*. Leipzig, Weimar: Kiepenheuer, S. 31-48.

WILSON, George 1997: »On Film Narrative and Narrative Meaning«. In: Allen, Richard/Smith, Murray (Hrsg.): *Film Theory and Philosophy*. Oxford: Oxford University Press, S. 221-238.

WULFF, Hans J. 1991: »Das Wisconsin-Projekt: David Bordwells Entwurf einer kognitiven Theorie des Films«. In: *Rundfunk und Fernsehen* 39, 3, S. 393-405.

_____ 1999: *Darstellen und Mitteilen. Elemente der Pragmasemiotik des Films*. Tübingen: Gunter Narr.

WUSS, Peter 1992: »Filmwahrnehmung. Kognitionspsychologische Modellvorstellungen bei der Filmanalyse«. In: *Medien Praktisch*, 3, S. VI-X.

영화 분석

〈그의 연인 프라이데이His Girl Friday〉 미국 | 1940 | 감독 하워드 혹스

데이비드 보드웰

여기자 힐디 존슨Hildy Johnson은 약혼자 브루스 볼드윈Bruce Baldwin과 결혼하기 전에 마지막 기사를 쓰기로 전남편이자 전편집자인 월터 번즈Walter Burns에게 설득당한다. 기사를 쓰려면 경찰 살해죄로 형 집행을 기다리고 있는 얼 윌리엄스Earl Williams와 인터뷰를 해야 한다. 월터는 그러면서 기습 강도 사건을 꾸며 브루스를 체포당하게 만들어 힐디의 결혼 계획을 좌절시키려고 한다. 힐디가 브루스를 감옥에서 꺼내 주러 가는 사이에, 동료들이 아직 편집실 타자기에 꽂혀 있는 그녀의 기사 앞부분을 읽는다.

루이 마코렐Louis Marcorelles은 〈그의 연인 프라이데이〉를 '대표적인 미국 영화le film américain par exellence'라고 칭하는데, 실제로 이 영화는 고전적 할리우드 영화의 전형적인 사례다. 제한된 서술 시간("데드라인"), 눈에 띄지 않는 서술 방식, 두 개의 서로 엮인 줄거리 가지, 즉 사랑 이야기의 가지와 노동세계 이야기의 가지가 그것들이다. 내가 골라낸 장면은 두 개의 주요 측면, 다시 말해 이 영화의 본보기적 스타일 구조와 노골적으로 드러내어 보여 준 고전적 인과연쇄 원칙 때문에 흥미롭다.

무성영화에서는 한 장면의 모든 부분을 독립적인 쇼트로 촬영한 뒤에 이 쇼트들을 편집에서 함께 몽타주했다. 이후 〈노래로 말해요Say it with Songs〉 같은 최초의 발성영화들에는 동시에 여러 대의 카메라로 찍는 촬영(다중 카메라 촬영multi-camera shooting)이 도입되었으며, 그 카메라 중 하나가 전체 장면을 하나의 롱 쇼트 또는 미디엄 롱 쇼트로 촬영했다. 이 "마스터 쇼트Master Shot"는 온전한 동시녹음을 포함하고 있어, 감독이 언제든 재설정 쇼트Reestablishing Shot로 되돌아갈 수 있다. 1933년부터는 다중 카메라 촬영이 드물어져, 고작해야 (메머드급 뮤지컬 작품 같은) 스펙터클이나 반복 가능한 장면들(화재, 비탈로 돌진해 내려가는 자동차)에나 사용되었다. 그러나 마스터 쇼트는 살아남았다. 그래서 전체 장면을 설정 쇼트(마스터 쇼트)로 한 번 촬영하고, 그런 다음 장면의 개별 부분들을 다시 한 번 미디엄 쇼트나 클로즈업으로 반복하는 것이 통상적이 되었다. 몇몇 스튜디오와 감독, 제작자는 심지어 극도로 완고하게 이 시스템을 고수했다. 대릴 자눅Darryl Zanuck은 한 테이크Take의 여러 변주를 고수하는 것으로 유명했는데, 그렇게 하면 편집 때 그것들을 선택해서 쓸 수 있었다. 한편으로 이러한 마스터 쇼트 도식은 다소 공식적인 영화와 몽타주들을 결과로 낳았다. 그리고 다른 한편으로는 촬영을 하면서 곧바로 더 많은 결정을 내릴 수 있도록 분명하게 그것을 이용하는 하워드 혹스 같은 감독들이 있었다. 리 브래킷Leigh Brackett이 〈명탐정 필립Big Sleep〉의 시나리오를 쓰기 시작했을 때, 사람들은 그녀에게 이렇게 말했다. "그냥 마스터 장면만, 죄다 마스터 장면들로만 해Just master scenes, do it all in master scenes."

〈그의 연인 프라이데이〉는 이러한 마스터 쇼트 촬영들로 가능해진 복합성의 예이다. 영화의 평균적인 쇼트 지속 시간(약 15초)은 그 시대치고는 제법 길며, 이는 심지어 힐디가 월터의 사무실로 찾아가는 첫 장면부터 영화에 정의된 리듬을 부여한다. 쇼트들은 또한 프레임 안에서 등장인물들의 엄격한 구성도 보여 준다. 법원 건물의 프레스룸 장면들은 이러한 견지에서 특별히 언급할 만하다. 〈와일드 앤 울리Wild and Woolly〉나 〈윈더미어 부인의 부채Lady Windermere's Fan〉, 〈노래로 말해요〉

의 쇼트들과 비교했을 때 〈그의 연인 프라이데이〉의 커다란 카드게임 테이블을 중심으로 한 미디엄 쇼트들은 등장인물들을 상이한 차원에서, 그리고 여러 가지 조명으로 보여 준다. 쇼트들은 거의 영상 표면 전체를 이용하며, 심지어 작은 구멍조차 우리에게는 등장인물 중 하나가 이 빈틈을 채우게 될 것이라는 힌트가 된다. 초기 발성영화의 마스터 쇼트를 통해 시작된, 측면으로의 패닝은 하나의 밀도 높은 영상 구성에서 다음 것으로 미끄러지듯 넘어가는 유연한 새 프레이밍이 되었다. 프레임 전체가 시각적으로 활용되는 것과 마찬가지로 음향의 원천들도 이미지 공간 전체에 걸쳐 배분되어 있다. 그래서 예를 들자면 말하는 사람들이 테이블 주변에 사방으로 나뉘어 있고, 대화는 이리저리 오간다. 이것은 다음과 같은 결과를 낳는다. 롱 테이크들은 관람자에게 커트를 수단 삼아 방향을 잡는 것을 허용하지 않으며, 그 대신 음향이 관찰자로 하여금 처음에는 영상의 구석 중 하나에서 말하는 인물에게 주목하도록 이끌고 그 다음에는 관람자의 관심을 다른 지점으로 옮기도록 주재한다. 물론 등장인물의 배치가 몇몇 설득력 있는 가설들을 허용하고, 그래서 예를 들어 가장 두드러지는 인물들(힐디와 맥큐McCue는 서 있고, 이로써 영상의 윗부분에 있으며, 게다가 이에 더해 더 밝게 조명된다)이 아마도 그 대화 또한 가장 중요한 사람들이기도 할 테며, 반면에 테이블에 앉아 있는, 카드게임 중인 사람들이 주절대는 수다는 별로 중요하지 않게 된다. 관심의 이러한 위계질서는 얼 윌리엄스의 여자 친구 몰리 멀로이Molly Malloy가 기자들과 맞설 때 더욱 분명해진다. 우리가 여기서 집중하는 장면에서는 기자들이 힐디의 타자기 주변에 모여들고, 샌더스Sanders가 그녀의 기사를 읽는다.

① 첫 번째 쇼트는 전형적으로 조밀하게 배치된 영상 구성으로 시작되었다가, 카메라가 뒤로 물러나 그룹을 확립한다. 샌더스는 낭독을 끝

마친 뒤에 일어나 이렇게 말한다. “하지만 내가 자네들에게 묻네만, 저 여자가 인터뷰를 쓸 줄 아는 거야?” 환담은 이리저리, 영상 평면 전체에 걸쳐, (오른쪽에 서 있는) 맥큐에서부터 (왼쪽 앞에 앉아 있고, 우리에게 등을 돌리는) 벤싱어Bensinger로, (오른쪽 중간에 앉아 있는) 샌더스로 오간다. 벤싱어가 화가 나 일어나고, 이는 카메라의 움직임에 동인을 부여해, 그것이 영상의 오른쪽에 약간의 빈 공간을 만들어 낸다. 샌더스는 논평을 계속하고, 다음과 같은 말로 끝낸다. “나는 이제 저 결혼에 석달을 주지. 내가 3대 1로 내기를 걸게, 응할 사람 있나?” 힐디의 목소리가 오프로부터 또렷하게 들린다. “내가 그 내기를 받을게요.” 그리고 남자들이 오른쪽을 본다.

② 새로운 각도에서 이제 힐디에게 예약되어 있던 이 공간이 어떻게 그녀의 등장으로 채워지는지를 보여 준다. 힐디는 남자들을 나무라고, 이미 오래전에 영상에 자리잡고 있던 전화기로 모닝포스트에 있는 월터에게 전화를 한다.

③ 벤싱어와 샌더스, 맥큐의 아메리칸 쇼트. 샌더스는 그녀가 그렇게 간단히 사직할 수는 없노라고 말한다. 이 커트와 다음 커트에서는 명백하게 “속임수가 쓰인다”. 샌더스가 맥큐 옆에 바싹 붙어 있어, 그가 2번

쇼트와 4번 쇼트에서 보였어야만 한다. 하지만 이러한 불일치들은 눈에 띄지 않고 넘어가진다. 왜냐하면 (a) 그는 2번과 4번 쇼트에서 영상의 왼쪽 가장자리에 서 있는데, 우리의 관심은 힐디가 움직이고 말하는 오른쪽 부분에 집중되어 있기 때문이다. (b) 비록 거리가 어긋난다 하더라도 맥큐에 대한 샌더스의 연관이 올바로 유지된 채로 남기 때문이다. 더구나 관람자의 공간 도식은 카메라 각도가 바뀔 때 특정한 한계 내에서는 경미한 거리 오차에 대해 관대함을 보인다.

④ (2와 같은 쇼트) 힐디는 퇴직하겠다고 고집하며 월터에게 전화를 건다. 그녀는 그에게 욕을 퍼붓는다. 그녀의 고정된 자세는 다른 모든 움직임을 강조하게 되고, 그래서 기자들이 슬쩍 희죽거리거나 눈썹을 치켜올리는 것이 마치 그녀의 넋두리에 대한 말없는 논평처럼 작용한다. 오른쪽과 왼쪽으로의 일련의 재빠른 재프레이밍이 힐디를 서사적 의미의 핵심적인 담지자로 만든다. 그녀는 작성하던 기사를 휙 낚아채서는, 그것을 전화기 쪽으로 들고 가 갈기갈기 찢어 버리고, 외투를 챙기느라 다시 돌아와서는, 핸드백 쪽으로 뛰어갔다가 재차 테이블 쪽으로 돌아서며, 오프에서 전화가 울리자 다시 오른쪽으로 몸을 돌려 전화기를 뽑아 버리고 영상의 뒷부분에 그것을 내동댕이친다. 짐작하건대 그곳이 영상에서 서사적 정보로 점유되지 않은 유일한 영역일 것이다! 이 쇼트의 약동이 증가하는 것은 이미지 공간의 부분들이 점차—움직임과 대화를 통해 수행되고 강화되어—차지되는 방식에 기인한다.

이때 분명히 해야 할 점이 하나 있다. 〈그의 연인 프라이데이〉는 오손 웰스의, 공간의 심층에 이르는 영상 구성이나 음향 차원의 '선구자'가 아니라는 사실이다. 더구나 이 기법들은 비록 이례적이기는 했지만 1930년대 말의 광범위한 규범들 안에서도 전적으로 허용되었으며, 반면에 웰스의 작품은 (와일러의 작품 역시 마찬가지로) 이후에 이것들을 훗날 영향력을 지니게 된 방식으로 활용하고 확장했다는 사실 또한 언급되어야 하겠다. 여기서는 스타일의 급진적 전환이 아니라 특정한 스타일적 가능성들의 강조가 이루어졌으며, 이를 통해 그러한 가능성들이 큰 주목을 끌었다.

이 장면에서는 또 다른 점이 흥미롭다. 애초부터 얼 윌리엄스의 경찰 살해는 힐디를 다시 차지하려는 월터의 음모를 위한 가능성으로서 기능한다. 하지만 첫 번째 장면에서 벌써 윌리엄스의 범죄에 관한 보고에 허점이 있다. 무엇이 그를 범행을 저지르게 만들었을까? '긍정적' 등장인물 대부분은 얼이 일시적으로 온전한 정신이 아니었다고 추측한다. 월터는 그 "불쌍한 어린 녀석"이 일자리를 잃어 꼭지가 돌았다고 말한다. 기자 중 한 명은 힐디에게 자신들은 윌리엄스가 자기가 무슨 짓을 저질렀는지도 모른다고 생각했노라 이야기한다. 심지어 얼도 자신은 경찰을 죽이려 하지 않았다고 말한다. 힐디로서는 월터에게 기사를 팔려면 살인에 대한 설득력 있는 이유를 제시해야만 한다. 기자들은 얼이 일자리를 잃은 뒤로 공원에서 이리저리 배회하고 선동가들의 연설을 듣기 시작했다고 이야기한다. 인터뷰를 하면서 그녀는 얼에게 그 연설가들이 무슨 말을 했는지 기억할 수 있느냐고 묻는다. 얼은 다음과 같은 문구 하나를 반복한다. "쓰라고 만든 물건Production for use." 힐디는 그 말에 달려든다. "자 봐요, 얼, 당신이 손에 그 총을 들고 있는 자신을 발견하고 그 경찰이 당신한테 다가오고 있을 때, 당신은 무엇에 관해 생각했나요? (…) 그게 '쓰라고 만든 물건'일 수도 있지 않을까요? (…) 총은 뭐에 쓰는 거죠, 얼? (…) 아마도 그게 당신이 왜 그걸 사용했는가에 대한 이유일 거예요. (…) 이치에 맞아 보여요." 얼은 마치 자기가 이미 스스로 그것을 머릿속에 지니고 있기라도 했다는 듯이 이를 감사히 받아들인다. "왜냐고요, 그건 간단해요, 그렇지 않나요?" "아주 간단하죠"라고 힐디는 부드럽게 대답한다. 그녀에게는 모든 것이 분명하다. 한편으로는 얼의 해고, 다른 한편으로는 죽은 경찰, 그사이에는 사건들의 연쇄가 있다. 실직한 남자가 공원에서 어슬렁대다 문구 하나를 듣고, 그 문구를 기억하고, 이 기억에 따라 행동한 것이다.

이러한 요약이 샌더스가 힐디의 인터뷰 기록에서 읽은 것이다.

> 그래서 이 어리고 고통 받은 영혼은 권총이 '쓰라고 만든' 것이라는 생각을 갖게 되었고, 그래서 그는 그것을 사용했다. 그러나 국가도 '쓰라고 만든' 계획이 있다. 국가에게는 교수대가 있다. 그리고 7시에, 기적이 일어나지 않는 한, 이 교수대는 얼 윌리엄스의 영혼을 그의 몸에서 떼어내기 위해 사용될 것이다. 그리고 몰리 멀로이의 삶으로부터 그녀가 이제껏 알았던 유일한 다정한 영혼이 찢겨져 나갈 것이다.

마치 훌륭한 고전적 이야기꾼처럼 힐디는 빈틈을 채웠다. 그 밖에도 그녀는 인과의 연쇄를 다른 것과, 즉 미래를 향한 인과연쇄와 결합시켰다. 그녀는 긴장감을 줄이지 않고도 호기심을 충족시켰다. 얼은 처형될 것인가? 그녀는 시한의 압박, 데드라인, 7시를 강조한다. 게다가 그녀는 몰리를 언급함으로써 사랑 이야기를 함께 더 들여온다. 그리고 어쩌면 해피엔딩으로 이끌어 줄지도 모르는 기적의 가능성을 열어 놓는다. 전체적으로 힐디의 기사는 실제로 그녀가 '스토리Story'라고 부르는 것, 즉 "동화"이다. 그것은, 구조적이고 소우주적인 견지에서, 고전적인 플롯 구성의 관습들을 모방한다.

영화는 당연히 힐디의 동화가 얼 자신과 꼭 마찬가지로 그저 핑계에 불과함을 분명히 한다. 월터는 부패한 행정부를 몰아내고 힐디를 되찾아오려고 얼의 상황을 최대한 이용한다. 힐디는 얼마간 저축을 할 수 있는 돈을 좀 월터에게서 받기 위해 얼과 그의 이야기를 이용한다. "쓰라고 만든 물건"이라는 힐디의 해명은 단순히 그녀의 상상의 산물로서 처리된다. 얼이 털어놓는 다른 어떤 문구도 그의 범행을 해명하기 위해 마찬가지로 곡해될 수 있을 것이다. 그리고 실제로 힐디의 기사는 결코 인쇄되지 않으며, 그녀는 그것을 포기한다. 얼의 어색한 반응은 고작해야 그녀의 기사를 더 사실적이고 더 신빙성 있게 만드는 데 도움이 될 따름이다. 그리고 영화가 이를 강조함으로써, 그 "작위적인" 동기에 전형적인, 영화 자체의 서사는 고전적 영화에서의 인과연쇄가 지니는 일반적 자의성을 폭로한다. 그러한 가공 방법들은, 얼이 말할 법하게도, "쓰라고 만든" 것이다.

작가의 우호적인 허락을 받아, 테오 벤더가 영어본을 번역함.

7

영화철학

로렌츠 엥엘 / 올리버 팔레

I

질 들뢰즈의 영화철학에 담긴 중심 사상은, 그가 두 권의 저서 《운동 이미지Das Bewegungs-Bild》(1989, Kino 1로 인용)와 《시간 이미지Das Zeit-Bild》(1991, Kino 2로 인용)에서 설명했다시피, 우선은 아주 단순한 것이다. 들뢰즈는 영화를 첫째, 철저하게 내재적으로, 둘째, 일관되게 시간적으로 파악한다. 키네마토그래피적 기계 장치(기술 장치, 인지 장치, 사유 장치)가 영화와 더불어 세계가 그 안에서 스스로를 관찰하고 스스로 생각하는 양식을 생산하는 한, 들뢰즈에게 영화는 철저하게 내재적이다. 영화는 세계 안에 있지만, 그것은 세계를 재현하지 않고 생산하며, 그것도 영화적 관찰과 영화적 사유가 관찰되는 것과 사유되는 것 자체의 일부가 되도록 그렇게 한다. 바로 그 때문에 영화는 들뢰즈에게 철학이다. 영화가 일종의 관찰과 조회를 작동시키며, 그것은 동시에 관찰되고 조회되는 세계와 더불어 언제나 스스로에게도 마찬가지로 의문을 제기하기 때문이다.

하지만 들뢰즈 자신의 처리 방식 역시 철저하게 내재적이다. 그것은 영화 외부에 있는 성찰 차원을 요구하려 하지 않는다는 바로 그 점을 통해 이론과 구별된다. 이와 반대로 들뢰즈의 영화 개념은, 그가 세계가 영화적으로 스스로를 관찰하고 사유하는 특수한 키네마토그래피적 양식을 시간의 양식으로서 파악하는 한, 일관되게 시간적이다. 영화에서 파악되는 세계는 극도로 역동적이고, 시간을 기초로 하며, 시간의 영향을 받는다. 그것은 지속적이고 항시적이며 불안정한 변화의 세계이며, 운동과 지속의 세계다. 그리고 그러한 것으로서 세계는 오로지 영화에서만 찾아낼 수 있다.

언어적인 해독으로는 영화에 아주 어렵고 근사치적으로만 접근이 가능하다. 역으로 영화는 개념적 세계 이해가 오직 제한적으로만 이해할 수 있는 바로 그것을 운동과 시간의 동인들로 관찰하고 사유할 수 있다. 운동을 전통적인 의미에서 파악한다는 것은, 들뢰즈가 무엇보다 앙리 베르그손Henri Bergson과 연관해 분명히 하듯이, 운동을 정지 상태의 순간과, 그러니까 바로 운동 자신이 아닌 것과 연관시킨다는 뜻이다. 베르그손의 생산적인 창작은 키네마토그래피의 첫 몇 해와 시간적으로 맞아떨어지는데, 그는 운동과 시간에 대한 자신의 철학으로 흡사 영화의 이론을 쓴 듯하다. 설사 본인은 그것을 알아채지 못했더라도 말이다.

베르그손은 19세기 말엽에 철학이 바야흐로 자연과학적으로 각인된 실증주의적 접근들로 지양되려는 데에 반대했다. 그래서 그에게는 운동과 시간이 오로지 철학적 직관에게만 온전히 해명될 수 있으며, 반면에 정밀학문적 연구에서는 방법적으로나 주제적으로나 축소되어 버리는 현상들이다. 개념적 · 언어적 사유는, 저 유명한 날아가는 화살의 역설에서처럼, 운동과 시간을 단지 정지 상태로만 확인할 수 있다. 들뢰즈는 그래서 첫 번째 베르그손 논평에서 운동은 주파된 공간으로 소급될 수 없고, 개별 지점들로 축소될 수 없으며, 항상 오직 연속적인 것으로서만 인지될 수 있다는 테제를 받아들인다(Kino 1: 13ff.).

베르그손의 예 하나가 이를 이해시킬 수 있다. 어느 교회의 개별 타종을 청각적으로 인지하는 것은 개별 음들이 가산되게끔 이루어지지 않는다. 그것들은 시간 속에 펼쳐지는 계속적인 울림으로서 파악된다. 새로운 타종의 부가는 모두 인지된 인상 전체를 변화시킨다. 그러므로 운동 음향은 동질적인 부분들로 쪼개질 수 없고, 오로지 운동이 이루어진 인상으로서만 이해될 수 있다. 그러므로 새로운 순간의 부가는 모두 언제나 전체 또한 변화시키며, 단지 양적인 전위만이 아니라 질적인 전위다(Bergson 1994: 67f.).

이를 그림에 연관시켜 보자면, 그림은 단순히 운동을 표시하는 게 아니라—그림이 운동을 포착하고자 할 때—이전과 이후, 운동의 전체를 함께 포함하거나 해독할 수 있게 만들고 전체 운동이 파악되게끔 만드는 특수하고 부각된 순간을 운동 연속에서 골라낸다. 그러나 영화의 등장으로 다른, 기술적 또는 수학적인, 들뢰즈가 '기하학적'이라고 한 가공 방법이 가능해진다. 말하자면 운동을 완전히 동형同形의, 부각되지 않은 순간들의 연쇄로서 구현하고 파악하는 것 말이다. 운동은 완전히 균제적인 간격들로 분해된다. 간격들의 접합에서 운동은 다시금 합성할 수 있게, 인지될 수 있게, 표상할 수 있게 된다.

하지만 영화는 바로 이 영사映寫의, 운동 합성의 순간에 개별 순간들의 단순한 접합을 훌쩍 넘어선다. 영화를 그저 초당 24개 이미지의 연속으로서 파악하지 않고 기술적 장치와 생리학적 장치의 공동작용에서 비로소 발생하는 '살아 있는' 스크린 영상으로서 파악한다면, 영화적인 운동은 더 이상 개별 순간들로 소급될 수 없으며, 그것들의 연쇄로도 소급될 수 없다. 오히려 그것은 나뉠 수 없는 것으로서, 응집력 있고 단절되지 않은 것으로서 나타난다. 영화는 이로써 기계적 · 개념적 입장들의 모든 제한성을 훌쩍 넘어선다. 영화는 운동을 통해 다시금 운동을 재현할 수 있으며, 심지어 운동에 대해 자기 쪽에서 운동적으로 대응할 수도 있다. 영화의 이미지는, 회화와 사진의 이미지처럼, 운동의 연속을 가로지르는 멈춰진 단면이 아니라 자기 쪽에서 운동적인 '커트', 즉 쇼트를 내놓는다. 영화의 '이미지'는—항상 이미 시간 속에서 표현된 분할할 수 없는 쇼트로서 이해되었을 때—언제나 이미 스스로 움직여지고 움직이는 형성물이다. 그리고 이는 영화 이미지의 한 측면이다.

그럼에도 불구하고 영화 이미지는 정확하게 규정된 단위로서, 즉 프레이밍을 통해 정확하게 제한된 이미지의 절편으로서, 동시에 시각적 데이터들의 완결된 체계로서 파악될 수도 있다. 이것이 영화 이미지의 두 번째 측면이다. 그러므로 영화 이미지는 한편으로는 규정되어 있는 동시에 다른 한편으로는 열려 있다. 영화는 규정된 것이자 조합된 것, 즉 그것이 촬영한 것의 앙상블을 넘어서서 열려 있고 분할할 수 없는 전체를 가리킨다(Kino 1: 27ff.). 이는 다시금 두 가지 방식으로 행해진다. 한편으로 가시적 이미지는 프레임을 다른 가능한 프레임들과 관련시키는 상대적 구분을 겪을 수 있다. 이미지는 예컨대 제법 큰 주위 공간, 즉 '외화면hors champ'의 부분으로서 나타나는데, 전환커트Umschnitt나 패닝이 그것을 이미지 안으로 불러들일 수 있다. 몽타주나 카메라 움직임은 이미지에서는 비가시적인 것을 언제든지 이미지 속으로 불러올 수 있다. 이 경우에 상이한 이미지 영역들은 그것들의 연속을 통해, 추가가 가능하고 잠재적으로 무한히 더 조립할 수 있는 공간을 형성한다. 그리고 제외된 것은 오로지 상대적으로 제외되었을 따름이며, 가시적인 것은 말하자면 이미지의 경계를 넘어 계속된다. 예를 들어 이것이 장 르누와르의 영화에 특징적이듯이 말이다.

다른 한편으로 영화 이미지는 제 경계 안에 어느 정도 절대적으로 놓아지고 '밀폐될' 수 있다. 즉, 가시적 이미지 표면 너머의 시각적 요소들에 대한 지시를 모두 빼앗길 수 있다. 이 경우에 가시적인 것은 이미지의 테두리 너머로 계속되지 않는다. 그것이 예를 들어 히치콕의 영화에서 특징적이듯이 말이다. 이미지의 경계 너머에서는 이미지로부터 분리된 '프레임 밖hors cadre'이 거론된다. 이것은 이미지 자체와 전혀 다른 성질의 것으로서, 그러니까 자기 쪽에서는 열려 있고, 조직되지 않고, 응집성이 있으며, 모든 가시적 이미지들의 총합보다 많고 다르다. 그렇다면 이미지들은 또한 서로 거의 완전히 폐쇄되어 있다. 그럼에도 불구하고 그것들을 서로 연결하는 것은 제외된, 자기 쪽에서는 열려 있는 주위 공간이다. 그렇다면 모든 카메라 움직임은 이미지 테두리의 전위를 통해 이 필연적으로 추상적인 주위 공간을 그 속에서 영화적 세계 자체가 표현되는 무한한 변화성과 운동성의 차원으로서 강조한다. 첫 번째의 열린 유형의 이미지들이 간접적으로, 자신들의 잠재적으로 무한한 확장 가능성과 합계 가능성을 경유해 이 차원에 도달한다면, 두 번째의 닫혀 있는 유형의 이미지들은 이미지 영역의 움직임 자체를 통해 완전히 직접적으로 이 차원에 도달한다(Kino 1: 31ff.).

들뢰즈는 영화를 철학적 관점에서 고찰한 최초의 저자는 아니지만, 아마도 가장 결정적인 저자일 것이다. 영화이론이 영화철학으로 넘어가는 경계는 어차피 분명히 결정할 수 없다. 거의 모든 매체이론적 접근은 근본적인, 각각의 매체에 해당하는 질문들을 다룬다. 이는 특히나 뮌스터베르크에서 에이젠슈테인을 거쳐 바쟁과 크라카우어에 이르는 고전적 영화이론의 입장들에 유효하다. 그들은 영화적 표현의 본질적 가능성들을 규정하려고 노력한다. 그래서 예컨대 앙드레 바쟁의 논문 〈사진 이미지의 존재론Die Ontologie des fotografischen Bilds〉은 이미 제목에서 영화가 단지 의사소통 매체로서만 파악되는 게 아니라 세계에 대한 시선을 본질적으로 각인하고 이를 전통 매체들에 비해 변화시킨 양식으로서 파악된다는 점을 지적한다(Bazin 1987: 9ff.).

들뢰즈는 독특한 방식으로 끊임없이 거듭해서 전통적인 입장들을 끌어다 쓴다. 왜냐하면 그것들이, 영화를 언어와 유비시켜 체계화하고자 하고 차라리 영화적 진술 방법에 대해 질문했던 현대의, 기호학에 의해 각인된 1960년대와 1970년대의 영화이론들보다, 자기 자신의 접근에, 예컨대 바쟁이 질문했던 "영화란 무엇인가?"에 더 가까웠던 까닭이다. 들뢰즈에게 영화 이미지는 언어로 환원될 수 없다. 영화는 언어 체계가 아니라 "지적 재료"이자 진술 가능한 것의 조건이며 모든 진술에 선행한다(Kino 2: 335). 그러므로 영화의 사유는 동시에 세계의 사유이다. 그러한 까닭에 영화철학은 영화 이미지의 존재론으로서 현존하는 세계의 본질 자체에 대해서도 동시에 질문을 던진다. 하지만 자기 쪽에서는 이미지가 아니라 개념들로 그렇게 한다. 그러나 영화의 이미지가 세계의 외부에 있지 않고 세계를 단순히 그저 '재현하지' 않는 만큼이나, 개념들은 그저 영화 이미지의 외부에만 있지 않고, 말하자면 영화 자체에 의해 유발되며, 따라서 결코 그 대상보다 더 추상적이지 않다(Kino 2: 358). 사유하는 실천으로서 개념들은 영화의 이미지만큼이나 '실제적'이다.

이 글은 영미권에서—들뢰즈의 영화철학에서 고려되지 않고—스탠리 카벨Stanley Cavell(1971)이나 비비안 섭책(1992)에 의해 연구된 영화철학적 접근들의 개요를 내놓는 자리가 아니다. 이러한 영화철학에 대한 일별은 모음집《영화와 철학Philosophy and Film》(Freeland/Wartenberg 1995)이 제공한다. 그러나 적어도 두 개의 입장은 언급돼야 하겠다. 그것들은 비록 이론적 담론에서는 종종 그저 언저리에서만 인지되지만, 들뢰즈에게는 중요한 영화-철학적 참고가 된다.

《운동 이미지. 영화 1》에서는 프랑스의 영화감독이자 이론가인 장 엡스탱Jean Epstein이 결정적인 역할을 한다. 에이젠슈테인과 그 밖의 일련의 1920년대 감독들과 유사하게, 엡스탱에게서는 영화이론 작업이 영화 창작의 실천과 밀접하게 엮여 있다. 이것은 특히 엡스탱이 방대한 작품으로 남겨 놓은 단편斷片적인, '움직이는' 영화 문체Schreibweise에서 드러난다(Epstein 1974, 1975). 엡스탱의 이론적 접근 역시 그러한 한에서 영화철학으로서 파악될 수 있다. 왜냐하면 그가 이미 일찌감치 영화를 단지 새로운 표현 매체로서만이 아니라 완전히 새로운 종류의 인지 양식 및 존재 양식으로서 이해했기 때문이다. 이를 첨예화해 말하자면, 영화는 우리에게 세계를 단순히 그저 다른 수단들과 특별한 관점으로 보여 주기만 하는 게 아니라, 말하자면 다른 세계를 구상한다. 엡스탱은 다른 기술 장치 및 예술 형식들과의 비교를 통해 영화를, 그리고 이로써 모든 매체를 인식론적 시각에서 파악한다. 그러면서 그는 이미 많은 부분에서 들뢰즈에 의해 구상된 운동 이미지의 밑그림을 그려 놓는다. 아마도 엡스탱은 영화에서의 운동의 귀결들을 철학적으로 면밀히 생각해 보고 지속과 형성의 개념이 본질적으로 영화적 구상임을 밝혀낸 최초의 인물이 아닐까 싶다.

운동은 영화에 외부로부터 부가되지 않으며 따라서 영화의 이미지들은 운동 없이 사유될 수 없다는, 들뢰즈에게 그토록 중요한 발상이 엡스탱에게서 여러 지점에서 발견될 수 있다(예컨대 Epstein 1975: 227). 엡스탱은 이 발상을 포토제니Photogénie 개념에서 파악해 보려 한다. "전체적으로 영화는 안정성과 균형의 바깥에 있는 운동이다. 포토제니는, 현실의 다른 인지 기관들〔감각적 대수들logarithmes sensorielles〕과 함께, 운동의 그것이다. (…) 이 새로운 아름다움은 주가처럼 변동이 심하다. 그것은 변수의 함수가 아니라 변수 자체다"(Epstein 1974: 94). 그러므로 운동 이미지에 대한 해명은 많은 부분에서 엡스탱 덕분이다. 설사 이 영화인이 이론가로서는 예컨대 에이젠슈테인보다 덜 알려져 있더라도 말이다(Kino 1: 42).

운동과 시간에서 영화의 토대를 마련할 밑그림을 그린 또 다른—들뢰즈가 《시간 이미지. 영화 2》의 처음에서 진가를 인정했던—입장은 동시대 영화이론가 장 루이 셰페르Jean-Louis Schefer의 글들에서 발견될 수 있다(Scheffer 1980, 1997). 셰페르의 접근은 영화관에서의 특별한 인지 상황에 근거하며, 스크린 위에, 그리고 관람자의 머릿속에, 마치 오로지 인지에서만 유발된 것 같은 세계가 펼쳐질 수 있음을 제시하고자 한다. 이렇게 이해했을 때, 인지는 더 이상 재현에, 이 세계의 대상들에 묶여 있는 게 아니라 그것들로부터 풀려나 흡사 시간 자체 속으로의 여행을 기도하는 듯하다. (이상적으로 생각된) 영화적인 보기는 복잡한 형성물을 생산하며, 그 안에서는 시간의 상이한 조각이나 층위들이 꿰뚫고 들어오고, 따라서 시간이 형상적 세계 안에서 독립적 형식이 된다. 들뢰즈가 분명히 하다시피, 이미 운동 이미지에 이러한 성향이 존재한다. "운동 이미지가 세계를 재생산하지 않고 자율적이고 중심점 없는 세계를 구성하는 까닭에, 그것은 단절과 불균형들을 만들어 내고, 그 자신이 더 이상 자신의 인지의 중심이 아닌 관람자를 목표로 삼는다"(Kino 2: 56). 그러니까 엡스탱이 앞서 생각했던 것처럼, 오로지 운동의 운동으로서만 파악될 수 있는 세계이다.

그러므로 들뢰즈는 단지 체계적인 영화철학을 만들어 내려고만 노력하지 않는다. 그는 또한 이제까지 흩어져 있던 영화이론적 접근들을 발굴해 내서 자신의 이론적 구성물에 포함시킬 줄도 안다. 이는 영화를 외부에서부터 철학적으로 설명할 일이 아니라 영화 자체를 열려 있는 사유 과정으로서 파악하자는 요구에 근거를 마련해 준다.

II

《운동 이미지》의 첫 장에서는 이미지와 몽타주, 앙상블과 전체에 대한 설명으로부터—계속해서 베르그손과 연관해—영화적 운동 이미지의 결정적인 형태들이 해명된다. 영화에서는, 보았다시피, 운동하지 않는 것은 아무것도 없고 오로지 움직이는 커트들만 있을 따름이며, 모든 정의된 전체(쇼트, 프레이밍)는 끊임없는 변화 중에 있는, 열려 있는 전체를 환기시킨다. 이렇게 (분할할 수 없는) 운동이 시간 속으로 펼쳐지는 것을 베르그손은 지속Dauer이라 부르고, 지속하는 능력은 운동을 되기Werden에, 그러니까 새로운 것의 계속적인 산출에 연관시킨다. 그러므로 베르그손은 자신의 존재론적인 방향 갱신으로 영화의 결정적인 매체적 토대들을 입안했으며, 이는 들뢰즈를 엡스탱과 셰페르에 의거해 스케치되었던 테제로 유인한다. 이를테면 세계와 영화 사이에는 실질적인 차이가 없으며, "영화와 더불어 세계는 그 자신의 이미지가 〔되고〕, 세계가 되는 이미지가 되지 않는다"(Kino 1: 85)는 테제로 말이다. 베르그손의 주저《물질과 기억Materie und Gedächtnis》의 첫 줄을 동원해 보면, 베르그손의 설명과 키네마토그래피적 시선의 유사성이 곧바로 눈에 들어온다. "우리가 물질에 관한 이론들에 관해서도, 정신에 관한 이론들에 관해서도, 외부 세계의 실재성이나 관념성에 관한 논쟁에 관해서도 무엇인가를 알고 있지 않은 순간을 우리는 상상해 보고자 한다. 그러면 나는 내가 이미지들에 둘러싸여 있는 것을 본다. 가장 확정되지 않은 의미에서 그 단어를 이해했을 때, 내가 나의 감각들을 열어젖히면 인지하는 이미지들, 내가 감각들을 닫으면 인지하지 못하는 이미지들에 말이다"(Bergson 1991: 1).

베르그손은 우선은—이원론적으로—인식 주체와 인식된 대상을 구분하지 않고, 세계를—일원론적으로—그가 이미지라고 부르는 상이한 동종의 물체들의 상호작용이라고 정의내린다. 그러나 함께 행동하는 운동 이미지들의 그러한 이음매 없는 직조Verflechtung는 들뢰즈에 따르면 영화의 세계를 지칭하기도 한다. 특히 두 번째 베르그손 논평에서, 들뢰즈는 영화의 근본적 메커니즘은 베르그손이 미리 밑그림을 그려 놓은, 이미지들의 이러한 보편적 상호작용에 있음을 분명히 한다. "운동 이미지에는 아직 형체나 명확한 선들이 없으며, 광선이나 빛의 형체들말고는 아무것도 없다." 공간-시간 블록이 그러한 형태다. 그것은 이미지 그 자체이다. 그것이 아무에게도, 다시 말하자면 어떤 눈에도 나타나지 않는다면, 그것은 빛이 아직 굴절되거나 멈춰지지 않았기 때문이며, "점점 더 넓게 퍼지면서, 결코 스스로를 드러내지 않았기 때문이다. 다른 말로 하자면, 눈은 사물 안에, 빛-이미지 자체의 안에 있다." 그리고 베르그손의 표현으로는 "사진은, 만약 그것이 사진이기만 하다면, 사물 속에 있는 공간의 모든 점들에게 이미 촬영되고 현상되어 있는 셈이다"(Kino 1: 89f.). 중심점 없는 세계 속 이미지들의 보편적 상호작용은 말하자면 운동 이미지의 기본 상태를 지칭한다. 베르그손은 동일한 방식으로 키네마토그래피를 믿지는 않았다. 왜냐하면 키네마토그래피는 운동의 인상을 오로지 움직이지 않는 순간 촬영들만 가지고 조성해 낼 수밖에 없기 때문이라고 한다(Kino 1: 14). 하지만 들뢰즈는 베르그손을 말하자면 거슬러 읽고는, 예를 들어 회화나 사진과는 반대로 영화를 이미 촬영 중에 운동을 만들어 내고 그러한 까닭에 애초부터 움직여진 이미지 우주로서 실존하는 매체라고 본다.

그러나 그것은 이제 운동 이미지의 단순한 상호작용에 머물지 않는다. 들뢰즈는 영화 속 이미지가 특정한 배치를 경험한다는 사실을 보여주는데, 그는 이러한 배치를 이미지와 기호의 분류로서 체계화한다. 그는 운동 이미지의 상이한 형태들 사이의 최초의 기초적 구별을 무성영화의 전성기에 발달했던 상이한 '몽타주 유파들'에 연결시킨다. 몽타주의 상이한 형태들은 그것이 세 개의 동인, 즉 앙상블, 전체, 운동을 서로 연관시킨다는 사실로 특징지어진다. 앙상블은 완결된 형태이며, 항상 전체를 향해 열려 있고, 운동은 앙상블들을 서로 보존시키고 그것을 통해 앙상블들이 전체에 연관된다. 이러한 움직임은 몽타주의 영화적 처리에 의해 수행된다. 미국 영화(그리피스David Wark Griffith)에서는 평행 몽타주, 소련 영화(에이젠슈테인)에서는 갈등 몽타주, 프랑스 영화(그레미용Jean Grémillon, 엡스탱)에서는 교대하는 몽타주, 그리고 독일 영화(무르나우, 랑)에서는 표현주의적 몽타주로서 말이다. 그러므로 상이한 동인들이 서로 맞세워지고(단순화해 말하자면, 미국 영화에서는 '영웅'과 '악한', 소련 영화에서는 '프롤레타리아'와 '자본가'), 전체(갈등의 극복)에 연관된다(Kino 1: 49ff.). 이 경우에 몽타주는 운동 이미지의 상이한 배열(상이한 지속)을 서로 연관시키지만 이를 통해 시간의 간접적 이미지 하나가 남는다. 시간은 직접적으로 경험될 수 없고 운동을 거쳐 매개되어야 경험할 수 있게 되기 때문이다.

영화의 이미지를 앙상블, 전체, 지속에 대한 그것의 관계에 따라 정리함으로써 이렇게 첫 번째 근본적 몽타주 유형들을 기술하고 난 다음에, 들뢰즈는—여전히 베르그손을 뒤따라—영화의 이미지들을 서로 배열하고 따라서 인지와 감정과 행동을 방출하거나 만들어 내는 관계들의 추가적인 완성을 발견한다. "이 모든 이미지는, 우리가 자연법칙이라 부르는 항구적 법칙들에 따라, 자신의 모든 기초적 구성 부분과 상호작용하는 중에 있다. (…) 하지만 그중에서, 내가 그것을 단지 외부로부터 인지를 통해 아는 것뿐 아니라 내부로부터 정동들을 통해 알기도 하는 사실로 다른 모든 것들로부터 두드러지는 것이 하나 있다. 나의 몸이 그것이다. 만약 내가 이제 어떠한 조건 아래 이러한 정동들이 나타나는가를 묻는다면, 나는 그것들이 항상 내가 외부로부터 받는 자극과 내가 이에 따라 수행하는 운동 사이에서 작동한다는 사실을 발견하게 된다. 마치 그것들이 최종적인 결정에 대한 모종의, 그 자체로서는 규정되지 않은 영향력을 행사할 사명을 띠고 있기라도 한 것처럼 말이다. (…) 내가 우주라고 부르는 이미지의 세계에서는 모든 것이 마치 진짜 새로운 그 무엇은 오로지 그 유형이 내 몸에 주어져 있는 모종의 고유한 이미지들의 매개를 통해서만 나에게 생겨날 수 있는 것처럼 진행된다."(Bergson 1991: 1f.). 달리 말하자면, 이미지의 우주에는 특권을 지닌 이미지가 하나 있다. 베르그손의 경우에 그것은 몸인데, 다른 이미지들은 그것에 닿아 굴절되고, 이를 통해 새로운 이미지 유형, 즉 인지 이미지, 정동 이미지, 행동 이미지가 생겨난다.

인지 이미지는 이미지 흐름의 특정한 절편의 격리다. 그러므로 인지 이미지는 닫힌 체계 또는 테두리가 둘러진 이미지, 즉 어느 한 '몸'의 인지와 연관을 맺는 운동 이미지다. 정동 이미지는 이미지의 작용이 인지를 넘어 연장됨으로써, 하지만 반응으로 귀결되지는 못함으로써 생겨난다. 이 이미지는 확실히 가장 규정하기 곤란하다. "정동은 간격을 채우거나 심지어 완전히 채우지 않고서 그것을 독점하는 것이다. 정동은 갑자기 비결정성의 중심 Indeterminiertheitszentrum〔몸의 다른 명칭〕에, 즉 주체에, 어찌 보면 혼란스러운 인지와 지연된 행위 사이에, 나타난다. 정동은 주체와 대상의 동시발생이거나 아니면 주체 자체가 스스로를 인지하는 방식을 나타낸다."(Kino 1: 96). 행동 이미지는 인지가 반응으로 연장되는 것이다. 이미지는 작용이나 인지에 머물러 있지 않고 시간적으로 연기된 반응을 불러일으킨다. 이러한 작용actio과 반작용reactio의 관계는 많은 부분에서 무엇보다 할리우드 영화에서 완성된, 행동을 지향하는 액션영화의 토대가 된다. 들뢰즈는 베르그손을 이어받아 이 세 가지 이미지의 공동작용을 감각운동적 도식sensomotorisches Schema이라 부른다. 이것은 영화의 이미지와 기호를 분류할 토대로 사용되며, 계속 더 세분될 수 있다. 정동 이미지에서 행동 이미지로의 이행으로서 욕구 이미지가 생겨나고, 행동 이미지 자체가 큰 형태와 작은 형태로 나뉜다.

"우리 각자는 모두 특수한 이미지 또는 만일의 중심으로서 이 세 이미지의 배치, 즉 인지 이미지, 행동 이미지, 정동 이미지의 융합Fusion에 다름 아니다"(Kino 1: 97). 그러므로 이미지들은 늘 함께 나타난다. 그럼에도 불구하고 이 이미지 중 하나가 특별히 두각을 나타내는 상황관계 Konstellation가 기술될 수 있다. 들뢰즈는 풍부한 예들에 의거해 세 가지 이미지 유형을 영화들 자체로부터 도출하려고 시도하며, 이로써 자신의 분류가 규범적 체계로 굳어져 버리는 위험을 피해 간다. 그래서 지가 베르토프의 영화에서는 무엇보다 키네마토그래피적 인지 이미지의 창조가 관건이다. 다시 말하자면 '영화 눈'(Kino-Glaz)은 비-인간적 눈으로 구성되었는데, 그것은 물질적 세계의 상호작용들을 더욱 정확하게 재구성할 수 있다. 기술 장치의 장점은, 예컨대 사물 자체 속에 있는 그대로의 인지에 근접할 수 있다는 데 있다. 예컨대 인간적인 척도를 넘어서고 그러나 이로써 물질의 인지 이미지로 되돌아가는 연관들과 상호작용들을 몽타주를 통해 탐구하는 인지 말이다. 1920년대의 몇몇 프랑스 영화도 비슷하게 작업한다. 그래서 예를 들어 르누아르와 그레미용, 엡스탱의 영화에서 물에 대한 인지는 오로지 영화의 기술적 · 운동적 시선을 통해서만 보일 수 있게 되는, 말하자면 상이한 상태(운동적 이미지 우주의 절편)들을 겪어 나간다.

인지 이미지가 종종 롱 쇼트를 통해 만들어지는 반면에, 정동 이미지는 얼굴의 클로즈업에서 제일 잘 나타난다. 그럼에도 불구하고 정동의 경우에는 단순히 내면적인 느낌을 표현적인 방식으로 명료하게 표현하는 감정이 문제가 아니다. 정동 이미지는 감각운동 도식의 중단을 표시하며, 비록 인지를 넘어서기는 했지만 행동에는 도달하지 못한 지점을 표시한다. 이로써 정동은 하나의 가능성, 현실화 상태에 있지 않은 잠재력을 표현한다. 들뢰즈는 퍼스를 이어받아 그것을 규정한다. "그 자체이도록 특성이 부여된 그 무엇. 예를 들어 '이것은 빨강이 아니다'라는 문장에도 '그것은 빨강이다'라는 문장에서와 마찬가지로 나타나는 '빨강'"(Kino 1: 97). 특히 영화의 운동 이미지에서는 예컨대 색깔이나 공간들이—들뢰즈는 마르크 오제Marc Augé를 이어받아 '임의의 공간들'에 관해 말한다—귀속을 벗어나고 어느 정도 '개별화'되며 익숙한 인지 맥락과 의미 맥락들로부터 풀려나오는 것을 생각해 볼 수 있다. 드레이어의 〈잔 다르크의 수난La Passion de Jeanne d'Arc〉(1928)의 클로즈업이나 로베르 브레송의 영화에 나오는 무표정한 얼굴들은 이러한 맥락에서 더욱 자세하게 분석된다.

마지막으로 행동 이미지는 고전적 줄거리 영화의 결정적인 형상이다. 왜냐하면 그것이 자신의 작용과 반작용 도식으로 직접 행동 방식에 해당되기 때문이다. 이 모델은 무엇보다 미국 영화에 의해 유지된다. 더욱 정확하게는 상황-행동-영화에 관해 말해야만 할 텐데, 왜냐하면 환경과 행동 방식이 상호 관계에 있는 까닭이다. 서부극에서는 이것이 특히 분명해진다. 다시 말하자면, 주인공이 어떤 상황에 맞닥뜨려 이 상황에 개입하고 다시 배열을 이룬다. 재현의 이러한 큰 형식인 S-A-S(상황-행동-상황)에 들뢰즈는 작은 형식인 A-S-A(행동-상황-행동)을 맞세운다. 이 경우에는 상황이 행동을 통해 비로소 만들어지고 다시금 변화한다(루비치의 코미디를 생각해 보라). 상황들은 여기에서, 끊임없이 거듭 새로 만들어져야만 하는 큰 유기적 형식들(예컨대 고전적 서부극의 서부)을 환기시키지 않고, 줄거리들의 병렬로부터 서서히 생겨난다.

행동 이미지가 규모가 큰 영화 서사의 표현 형식인 까닭에, 대부분의 영화들은 오늘날까지 피상적으로 이러한 도식을 따라 왔다. 그럼에도 불구하고 이 이미지는 1940년대에 위기에 봉착한다. 사회적 차원에서 제2차 세계대전은 여기서 결정적인 한 걸음을 표시한다. 영화사적으로는 무엇보다 이탈리아의 네오리얼리즘이 이러한 위기의 표현이다. 처음에는, 분명 무엇보다 이미지와 기호의 분류를 중시했던 들뢰즈가 이제는 영화사적으로도 논증하는 것이 놀라워 보인다. 들뢰즈에게는 1940년대와 1950년대에 현대영화가 점차적으로, 히치콕, 웰스, 그리고 무엇보다 프랑스의 누벨바그와 더불어 관철된다. 그러므로 《운동 이미지》와 《시간 이미지》 두 권은 모두—분류 이외에도 퍼스를 이어받아 그와 분리할 수 없는 것과 동시에—영화 형식들의 진화를 기술한다. 그럼에도 여기서 영화사를 보아서는 안 된다.

운동 이미지의 구상은 현대영화에서도 유지되며, 마찬가지로 개별 경우에서는 이미 1940년대 이전에 '시간 이미지'가 생겨난다. 예를 들어 엡스탱의 〈삼면 거울La Glace à trois faces〉(1927)과 〈어셔가의 몰락La Chute de la maison Usher〉(1928)을 생각해 보면 된다. 행동 이미지의 위기는 들뢰즈에 따르면 무엇보다 재현의 고전적 형식의 위기이다. 작용과 반작용의 관계는 정형적이고 상투적이 되어 버렸고, '거대 서사들'은, 장 프랑수아 리오타르의 말로 하자면, 더 이상 신빙성이 없으며 개별화하는 작은 상황들로 대체된다. 이미 네오리얼리즘의 영화에서, 특히나 안토니오니와 고다르의 영화에서 분명해지듯, 단편斷片들은 더 이상 포괄적인 전체에 통합되지 못한다. 감각운동의 인대는 파열되었다. 이미지들은 더 이상 줄거리 연속의 믿을 만한 재현이 아니며, 더 이상은 응집력을 띤 서사 맥락들로서 표상되기 어렵다. 그 대신 이제 **시간 이미지**에서 새로운 이미지 연쇄들이 나타난다. 다른 말로 하자면, 현대가 영화에 도래했다.

III

행동 이미지의 위기는 점차 영화 이미지의 새로운 유형 하나를 풀어놓아 준다. 그것에서는 운동 이미지에서 시간의 간접적 재현Repräsentation이 **시간 이미지**에서 시간의 직접적 (자기-)현전Präsentation으로 급변하는 것이 준비된다. 이탈리아 네오리얼리즘에서 로셀리니나 데 시카Vittorio De Sica의 경우에 이미지 속에 영화의 등장인물 중 하나가 보고 있는 무엇인가가 제시된다면, 이 이미지는 더 이상 줄거리 연쇄 속에 저장되지 않고, 그 등장인물의 반응이나 가능한 반응에 연관되지 않는다. 오히려 인지 상황은 순수하게 시각적 · 청각적 상황으로서 존속된다. 고전적 줄거리 영화에서 관람자와 등장인물 사이의 '동일시' 과정이 관람자가 등장인물의 줄거리 관점을 넘겨받는 것에 근거를 두고 있었다면, 이제는 이 관계가 뒤집어져 등장인물이 관람자의 보는 방식을 넘겨받는다. 그리고 등장인물은 반응하지 않고, 기록한다. 바로 이 때문에 네오리얼리즘은 현실의 완전히 새로운 이해를 현실을 인지하는 시각 아래서 출현시킨다. 예를 들자면 비스콘티의 〈강박관념Ossessione〉(1942)에 나오는 주인공의 유명한 도착이 이러한 경우이다. 객관성과 주관성은 줄거리 관계를 통해 미리 주어져 있지 않고, 처음으로 생겨나야만 한다. 그리고 그만큼이나, 예를 들어 펠리니의 경우처럼, 확실히 실재적인 것과 상상적인 것은 구분되지 않는다. 감각운동적 도식이 느슨해지는 곳이면 어디서나 그러한 죽은 시간과 빈 공간들의 순수한 시각적 · 청각적 상황들이 생겨날 수 있다. 그리고 그것들이 처음에는 국지적으로, 그리고 나중에는—안토니오니와 펠리니에게서, 그리고 누벨바그에서는 한층 더—규칙적으로 등장하는 것은 들뢰즈에게 일종의 새로운 영화의 영점 조정을 표시하며, 인상주의자들의 회화에서 더 이상 기하학적이지 않은 시각적 공간의 발견에 비견될 수 있는 변혁을 표시한다.

현대영화의 순수한 시각적 상황들에 이런 높은 위상이 부여되는 까닭은, 그것들이 줄거리와 운동 대신에 시간 쪽으로 녹아들어갈 수 있기 때문이다. 오즈 영화의 '정물들'이 그 한 예이다. 꽃병, 자전거, 빈 공간, 움직이지 않고 줄거리 연관에 끼워 넣어지지도 않은 채, 시간을 모사하지 않으면서 지속하는 이미지들, 순간 포착처럼 찰나를 정지시키지 않고 지속하게끔 하는 이미지들 말이다. 이 이미지들은 시간이 흘러가는 중에도 그럼에도 불구하고 동일하게 머무는 그 무엇인가를 보여 준다. 말하자면 다름 아닌 시간 자체의 형태가 그것인데, 그것으로부터 대상이 자신의 지속성 속에서 비로소 생겨나 대상과 시간의 형태가 동일한 정도로 시간의 흐름이나 지속의 불변하는 무엇으로서 바라보아질 수 있게 된다—순수한 '시간 이미지'인 것이다(Kino 2: 26ff.).

시간의 이미지는 이렇게 처음으로 시간 이미지가 된다. 첫째로, 그것은 더 이상 시간을 운동의 특성으로서 인식될 수 있게 하지 않고 운동을 시간의 실현 가능성으로서 인식될 수 있게 해 준다. 둘째로, 시간 이미지에서는 이미지의 대상들이 더 이상 외부 현실을 지시하는 역할이 아니라 영화적인 가공 자체, 즉 프레이밍과 몽타주 작업을 위한 재료 역할을 한다. 이미지의 대상들은 영화적인 것의 자모字母들로 바뀐다. 그리고 영화는 더 이상 단지 '보여지기'만이 아니라 '읽혀지기'도 원하고 또 그럴 수 있다. 셋째로, 시간 이미지로부터 출발해서, 몽타주 속의, 그리고 움직이는 카메라의 영화적 운동은 더 이상 묘사되는 공간적 연관들의 망에서 우선 완수되는 것이 아니라, 사유적 연관들에서, 예컨대 논리적 관계들이나 정신적인 종류의 다른 연관들에서 완수된다. 이 연관들은 만들어지며, 그런 다음 이 연관들의 실현으로서 영화 이미지의 가시적 운동들이 나타난다.

순수한 시각적 · 청각적 상황은 이러한 연관들 속에서 시간과 정신적 활동 쪽으로 확장되는데, 이 연관 중 하나가 회상이다. 고전적으로 영화 속 회상은 회상을 콘텍스트로부터 떼어 놓는 특수한 오버랩과 표시들을 통해 특징지어진다. 그러면 이렇게 떼어 놓아진 회상 시퀀스는 영화의 모든 행동 이미지와 똑같은 감각운동적 규칙들에 따라 자체 안에서 작동한다. 다시 말하자면, 인지와 줄거리의 연관들은 유지된 채로 머문다. 이와 반대로 현대영화에게는 두 번째 형태가 가능하다. 특별한 인지가 감각운동적 연쇄를 그 현재성 면에서 중단시키고, 과거로 만들어진 다른 이미지에 연결되고, 마지막에는 일종의 순환으로 현재 시퀀스로 되돌아온다. 하나의 동일한 이미지가 현재의 감각운동적 연쇄뿐 아니라 과거의 연쇄에서도 역할을 한다. 그리고 이미지의 한 측면은 다음 줄거리 시퀀스를 가리키지만, 다른 측면은 과거를 가리킨다. '회상'은 바로 이러한 중첩을 의미한다. 이 이미지들을 들뢰즈는 '회상 이미지'라고 부르며, 이것은 예를 들어 〈이브의 모든 것All about Eve〉(1950)에서 맨케비츠Joseph L. Mankiewicz의 플래시백에 특징적이다(Kino 2: 70f.). 이러한 회상 이미지들은 결코 관습적 플래시백처럼 과거를 구현하는 데 이용되지 않는다. 그것들은 과거의 것의 현재를, 두 시간 층위의 이행 또는 중첩을 구성한다. 그러나 회상 이미지는 과거로 되돌아가도록 지시하기만 하는 게 아니라 역으로 작용할 수도 있다. 시각적 상황들로서 이미지들의 흐름으로부터 끄집어내어진 인지들, 가능한 나중의 회상-되기의 견지에서 보자면 더욱 나중의 회상들의 가능한 기점들로서, 즉 미래의 과거들로서 준비되어 있는 인지들 말이다. 들뢰즈는 맨케비츠의 영화에서 보이지 않는 증인들의 눈에 띄는 기능을 그렇게 이해한다. 그리고 그들의 현전은 인지된 것을 회상 이미지로 만들며, 이 회상 이미지는 동시에—가상적으로—그 이미지가 아무런 명시적인 표시도 없이, 말하자면 자발적으로, 마찬가지로 역할을 하는 다른 시간 층위에 자리 잡고 있다.

꿈 이미지 역시 중단으로서 표명되고, 인지 상황을 계기로 촉발되고, 순환적으로 '실재적인' 현재의 갈래로 다시 흘러들어간다. 꿈 이미지는 현실의 인지와 순수하게 가상적인 이미지들의 혼합 속에 존재한다. 그러나 회상과는 달리, 자유롭게 만들어질 수 있고 이전의 인지들과 그 인지들의 맥락에 얽매어 있지 않는 그런 혼합에 말이다. 그러한 까닭에 꿈 이미지는 그 자체의 자유로운 변형 가능성을 통해 두드러지며, 그러한 변형 가능성은 모든 이미지로부터 새로운 이미지가 생겨나게 만들고 모든 이미지를 끊임없이 다른 이미지로 변화하는 데 내맡긴다(Kino 2: 78ff.). 르네 클레어의 〈간주곡Entr'acte〉(1924)이나 부뉴엘과 달리의 〈안달루시아의 개〉(1928), 히치콕의 〈의혹Suspicion〉(1941)에서처럼 말이다. 이러한 변형은 영화에서 오버랩과 가속 등과 같은 특수한 기술적 독특성의 도움을 받아 실현될 수 있다. 그러면 꿈 이미지는 명시적인, 분명히 중단된, '현실'의 '정상적' 감각운동적 이미지와 확연하게 구분되는 경우로서 나타난다. 실재와 상상, 꿈의 주체와 대상은 규정될 수 있다.

반대로 두 번째 경우는 다르다. 그것에는 다시금 부뉴엘이 본보기가 된다. 그가 이러한 표시를 포기하고 꿈꾸어진 환상적 세계를 정상적인 줄거리 이미지나 인지 이미지의 조형적인 수단들로 만들어 낼 때 말이다. 여기에서도 역시 우선은 순수한 인지 상황이 줄거리 연쇄를 중단시킨다. 하지만 줄거리로의 귀환은 등장인물이 인지된 것에 반응하도록 이루어지는 것이 아니라 구현된 세계가 반응하도록 그리고 환상적이 되도록 이루어진다. 실재와 상상, 주체와 대상, 그러니까 꿈을 꾸는 등장인물과 꿈꾸어진 세계는 구분이 불가능해지는 경향이 있다. 꿈은 내포적이 되고 세계는 탈중심화하고, "탈개인화하며, 대명사화한다"(Kino 2: 83). 이는 비단 부뉴엘에게서만 일어나지는 않는다. 뮤지컬영화 장르 역시, 예컨대 스탠리 도넌Stanley Donen과 빈센트 미넬리의 영화들은, 이를 통해 특징지어진다. 그리고 동일한 과정이, 예컨대 제리 루이스Jerry Lewis와 자크 타티의 경우처럼, 슬랩스틱 코미디의 미쳐 버린, 혹은 적어도 괴이한 세계들에서 발견될 수 있다.

두 경우 모두에서, 즉 회상 이미지와 꿈 이미지에서, 시간 이미지는 정신적 기능과 밀접하게 연결된다. 게다가 둘 다 현재적-현실적인 것과 실제적 인지, 과거의 것과 미래의 것과 상상된 것, 즉 가상적 이미지들의 교차의 메커니즘에 기인한다. 베르그손에 따르자면 시간의 설립 사건 그 자체인, 이 실제성과 가상성의 공동작용은 영화에 의해 단지 회상과 꿈으로서만 형성되는 것이 아니라 나름의 이미지 유형에서도 만들어지는데, 들뢰즈는 이것을 '수정 이미지Kristallbild'라고 부른다. 가장 간단한 경우에 이것은 여기서, 예를 들자면 거울 이미지를 통해, 이미지의 이중화로 귀결된다. 실제 이미지와 그것의—가상적인—이중Double, 즉 거울 이미지는, 그것들이 항상 그리고 피할 수 없게 서로를 지시하고 서로에게 부딪혀 굴절되도록, 나란히 연쇄된다. 가상적인 것과 실제적인 것의 이러한 '융합Koaleszenz'은, 오손 웰스의 〈상하이에서 온 여인The Lady from Shanghai〉(1949)의 결말에서처럼, 실제적인 '실재' 이미지와 가상적인 '거울 이미지'가 구분될 수 없게끔 이끌 수 있다. 바로 이 실제적인 것과 가상적인 것, 현재적인 것과 비현재적인 것 사이의 진동이 시간의 생성 원인이다. 시간은 언제나 역설적 단위로서 파악될 수 있다. 그 속에서는 한편으로는 모든 것이 스쳐 지나가는 각각의 현재 형태로 흘러가고, 다른 한편으로는 아무것도, 그것이 지나간 것으로서 간직되기 때문에, 흘러가 버리지 않는다. 현재적인 것과 비현재적인 것의 구분 가능성이 수행될 수 있게 되면, 소여된 것이 실제적인 것과 가상적인 것 안으로 말하자면 쪼개져 들어가서 둘이 서로 상호작용을 하기 시작하면, 시간이 생겨난다. 과거와 현재는 이때 동시에 생겨난다. 그리고 결코 순차적으로 생겨나지 않는다.

베르그손과 더불어 들뢰즈는 이 과정을 프리즘을 통한 광선의 분산이나 다름 아닌 수정에 비유한다. '말 그대로의' 거울 관계 외에도 그러한 이중화와 반영은, 예컨대 장 르누아르의 〈게임의 규칙La Régle du jeu〉(1939)에서처럼 등장인물의 무리가 다른 사람들의 줄거리를 반영하거나 르네의 〈지난해 마리앙바드에서L'Année dernière à Marienbad〉(1961)에 나오는 연극

장면에서처럼 하나의 줄거리가 줄거리 내부의 줄거리 속으로 반영되는 곳에서도 전개될 수 있다. 베르너 헤어초크Werner Herzog와 안드레이 타르콥스키Andrej Tarkowskij의 경우처럼, 물과 유리의 굴절 효과 또한 자주 이러한 의미에서 수정 같은 이미지의 파악에 한몫한다(Kino 2: 103f.).

수정 이미지가 과거와 현재의 (그리고 미래의) 공동의, 그리고 동시적인 기원을 보여 주면, 그것으로부터 두 종류의 시간 이미지가, 즉 현재를 통해 규정된 시간 이미지와 과거를 통해 규정된 시간 이미지가 얻어질 수 있다. 시간 이미지의 한 변형인 과거는 여기서 결코 시간 순서상 이전에 놓여 있는 것을 의미하지 않고, 이미 늘 거기 있던 것을, 즉 현재나 그보다 앞선 것보다 더 멀리 떨어져 있지 않은, 우리가 회상의 도움으로 찾아내는 시간의 한 측면을 의미한다. 과거에 놓여 있는 것은 시간 순서에 따라 정리되지 않고 마치 평면적인 듯이, 층위나 퇴적물을 이루듯이 퍼져 있고, 회상은 그것들을 가로지르며 자유롭게 움직인다. 이는 예컨대 최초의 위대한 '시간-영화'인 〈시민 케인〉(1941)에 담긴 웰스의 구상에 상응한다. 이와 반대로 시간 이미지의 두 번째 변형인 현재는 '강조Akzent'로서, 시간의 시점時點들로의 첨예화로서 실현되며, 그것들 사이에는 동시성이 존재한다. 현재에서는 상이한 시점들이 동시화되어, 과거와 현재, 미래가 그것들의 현재성이라는 하나의 동일한 측면 속에 접합된다. 〈지난해 마리앙바드에서〉에 담긴 르네의 시간-개념에서나 상이한 현재들이 동시에 등장하는 부뉴엘의 수많은 이중화에서 예시적으로 일어나듯이 말이다.

마지막으로 들뢰즈는 시간 이미지의 세 번째 형태를 확인한다. 이것은 특히나 고다르의 영화에서 두드러진다. '시간의 계열Serie der Zeit'이 그것이다. 이것은 시점들, 즉 이전 시점과 나중 시점 사이의 간격으로부터 전개되며, 역설적인 방식으로 이 필연적으로 완전히 불완전하고 유지할 수 없는 사이Dazwischen를 지속시키기를 꾀하며, 변형 자체를, 소여의 되기와 달리-되기를 묘사하고자 시도한다.

운동 이미지에서 시간 이미지로의 급변은 또한 영화가 사유에 대해 유지하는 관계에도 해당된다. 셰페르의 입장을 기억하면서(Kino 2: 6f.), 들뢰즈는 한편으로는 스크린 과정(포괄적 의미에서의 키네마토그래피적 장치)과 다른 한편으로는 정신적 · 심리적 장치 사이의 일종의 결합에서 두 구성 요소를 포괄하는 사유 과정이 생겨난다고 가정한다. "〔영화 이미지의〕 자동적인 운동은 우리 안에 정신적 자동기계가 생기도록 하는데, 이것은 자기 쪽에서 그것〔영화〕에 반응한다"(Kino 2: 205). 결과로서 나타나는 사유 과정은, 에이젠슈테인에게서처럼 비판적인 진행 과정을 취할 수도 있고, 초현실주의자들과 아르토에게서처럼 최면적인 진행 과정을 취하거나, 그리피스 이래로 미국의 유파에서 지배적이듯이 인간과 세계, 자연과 사유 사이의 감각운동적 관계가 관건이 되는 행동-사유의 형태를 띨 수도 있다. 이 정신적 자동기계는 조작 도구로서 파시즘과 스탈린주의에도 이용될 수 있었으며, 마침내는 대중영화의 끝도 없이 많은 상업적인 통속성 속에서 익사하고 말았다.

직접적인 시간 이미지들의 발굴을 가능하게 해 주는 감각운동적 연결의 단절과 더불어, 예전에는 의무적이었던, 키네마토그래피적 세계와 키네마토그래피적 사유의 결합 역시 파기되고, 등장인물들과 중요한 은유와 환유들을 중심에 두는 것이 종말을 맞는다. 연결 대신 어디서나 단절과 단편화, 그리고 이로써, 이미 시간 이미지의 세 번째 형태, 즉 계열과 관련해 요약되었다시피, 틈새Zwischenraum의 독립 또한 대두된다. 잘라 내진 틈새로서의 이미지는 이미 드레이어에게서, 나중에는 브레송에게서, 그리고 끊임없이 거듭해서 고다르에게서 발견된다. 영화 이미지에 본질적인, 이미지 영역(화면champ)과 그 주변 영역(외화면)의 차이는 특히 고다르에게서, 그러나 일반적인 경향으로서는 현대영화 전반에서, 완전히 재정의된다. 이미지의 주변 공간인 '외화면' 자체는 시각적 · 청각적 공간 사이의 차이로서 새로이 파악된다. 그래서 프레이밍과 몽타주에서는 더 이상 모든 개별 이미지의 외부에 있는, 운동의 거대하고 연관된 전체가 경험될 수 있도록 만들어지지 않고, 끊임없이 거듭해서 단절, 차이, 비가측적인 것, 비약이, 다시 말해 시간 자체가 완전히 새로운 급진성의 외부로서 경험될 수 있게 된다. 이에 상응해서 시간 이미지에서의 키네마토그래피적 사유 형태 역시 완전히 달라진 것이어야만 하며, 사이의 이러한 새로운 지위가 참작되어야만 한다.

새로운 영화는 더 이상 정돈된 전체성을 형성하지 않으며, 마르그리트 뒤라스Marguerite Duras, 장 마리 스트라우브Jean Marie Straub, 특히나 한스 위르겐 지버베어크Hans-Jürgen Syberberg의 경우처럼 "균열의 융합"(Kino 2: 343)을 수행한다. 키네마토그래피적 사유는 더 이상, 운동 이미지의 경우처럼, 운동, 즉 움직이는 이미지를 통해 촉진되어 우리의 뇌 속에서 벌어지는 과정으로서 표상될 수 없다. 사유는 오히려 우리 자신의 외부에 있는 장치적인 틈새에서, 하지만 또한 관찰 가능한 세계의 외부에서도 수행된다. 그렇다면 사유란 이 공간을, 시간과 꼭 마찬가지로, 뇌의 도움으로 폭발시키는 것을 뜻한다. 뇌는 "모든 외부 세계 너머의 바깥과 연관된다"(Kino 2: 273). 말하자면 자기 자신의 외부의 추상적 사유-공간과 연관되는 것이다. 영화와 아마도 새로운 전자 이미지들의 정신적 자동기계는 매체적이고, 시간적이며, 분산되어 있고, 모든 개별적인 사유보다 복합적이 된다.

참고문헌

BALKE, Friedrich 1998: *Gilles Deleuze*. Frankfurt a.M.: Campus.

BALKE, Friedrich/VOGL, Joseph (Hrsg) 1996: *Gilles Deleuze – Fluchtlinien der Philosophie*. München: Fink.

BAZIN, André 1987: *Qu'est-ce que le cinéma*. Paris: Les Editions du Cerf.

BERGSON, Henri 1991: *Materie und Gedächtnis*. Hamburg: Meiner.

_____ 1993: *Denken und schöpferisches Werden*. Hamburg: Europäische Verlagsanstalt.

_____ 1994: *Zeit und Freiheit*. Hamburg: Europäische Verlagsanstalt.

CAVELL, Stanley 1971: *The World Viewed*. Cambrigde: Harvard University Press.

DE GAETANO, Roberto (Hrsg.) 1993: *Deleuze, pensare il cinema*. Rom: Bulzoni Editore.

_____ 1996: *Il cinema secondo Gilles Deleuze*. Rom: Bulzoni Editore.

DELEUZE, Gilles 1989: *Das Bemgungs-Bild. Kino 1*, Frankfurt a.M.: Suhrkamp.

_____ 1991: *Das Zeit-Bild. Kino 2*. Frankfurt a.M.: Suhrkamp.

_____ 1992: *Differenz und Wiederholung*. München: Fink.

_____ 1993: *Unterhandlungen*. Frankfurt a.M.: Suhrkamp.

DELEUZE, Gilles/GUATTARI, Felix 1992: *Tausend Plateaus*. Berlin: Merve.

_____ 1996: *Was ist Philosophie?* Frankfurt a.M.: Suhrkamp, 1996.

EPSTEIN, Jean 1974/75: *Ecrits sur le cinéma, Volume 1 & 2*. Paris: Seghers.

FAHLE, Oliver/ENGELL, Lorenz (Hrsg.) 1997: *Das Kino bei Deleuze/Le cinéma selon Deleuze*. Weimar: Verlag der Bauhaus-Universität Weimar.

GUALANDI, Alberto 1998: *Deleuze*. Paris: Les Belles Lettres.

IRIS No. 23, Spring Issue 1997: Gilles Deleuze. Philosopher of Cinema.

JÄGER, Christian 1997: *Gilles Deleuze. Eine Einführung*. München: Fink.

MARTIN, Jean-Clet 1993: *Variations, La philosophie de Gilles Deleuze*. Paris: Edition Payot & Rivages.

PEIRCE, Charles Sanders 1993: *Phänomen und Logik der Zeichen*. Frankfurt a.M.: Suhrkamp.

RAESSENS, Joost 2000: »What do you think it means?‹. Hitchcock – der letzte Klassiker, der erste Moderne.« In: Filmmuseum der Landeshauptstadt Düsseldorf (Red. Sabine Lenk): *Obssessionen. Die Alptraum-Fabrik des Alfred Hitchcock*. Marburg: Schüren.

RAJCHMAN, John 2000: *The Deleuze Connections*. Cambrigde/Mass., London: The MIT Press.

RODOWICK, David 1997: *Gilles Deleuze's Timemachine*. Durham, London: Duke University Press.

SCHEFER, Jean-Louis 1980: *L'homme ordinaire du cinéma*. Paris: Editions Gallimard.

_____ 1997: *Du monde et du mouvement des images*. Paris: Editions de l'Etoile, Cahiers du Cinéma.

SOBCHACK, Vivian 1992: *The Adress of The Eye – A Phenomenology of Film Experience.* Princeton University Press.

STINGELIN, Martin 2000: *Das Netzwerk von Deleuze, Immanenz im Internet und auf Video.* Berlin: Merve.

ZOURABICHVILI, François 1994: *Deleuze – Une philosophie de l'evénement.* Paris: puf.

영화 분석

〈겨울잠 자는 사람들Winterschläfer〉 독일 | 1999 | 감독 톰 틱버Tom Tykwer

로렌츠 엥엘 / 올리버 팔레

눈 덮인 산악 풍경 속의 한 작은 지역, 우연한 만남들, 다섯 사람의 관계들. 〈겨울잠 자는 사람들〉에서는 시간 이미지의 변주 폭 전부가 실행된다. 이는 순수하게 시각적 · 청각적 상황들로 시작된다.

영화 안에서는 영화 영사기사인 르네René(울리히 마테스Ulrich Matthes)가 관람자의 기능을 넘겨받아, 감각적 인상들에 대해 어떤 방식으론가 반응하고, 그것들을 줄거리 연쇄에 편입시키지 않으면서도 기록한다. 부분적으로 이는 그가 완성한, 그리고 이로써 특별히 이미지 속 이미지들로서 표시될 수 있는 로모그래피들을 매개로 삼아 일어난다.

그렇지만 영화의 가장 아름다운 쇼트는 이러한 대상화로부터 분리되어 나오며, 순수한 시각적 상황, 즉 일종의 영화 전체의 영점을 제공한다. 부연하자면, 르네는 어둠 속에서 욕조에 누워 있고, 물의 표면에는 불꽃놀이가 반사되어 비치며, 불꽃놀이의 반영이 쪽창을 통해 쏟아져 들어온다. 여기에서 실제 이미지는 동시에 여러 가지 방식으로, 본보기가 되는 수정 이미지의 형태로, 가상적 이미지들과 연결된다. 한 번은 이미지와 거울 이미지의 기초연관Basisrelation 속에서 수면의 반영이 쪽창을 통한 조망과 연결되고, 다른 한 번은 불꽃놀이의 반영이 불꽃놀이를 보고 있는 르네의 얼굴에 더해진다. 마지막으로 이 실제 상황이 원래 계획된 가상적 상황, 즉 르네와 라우라Laura(마리 루 젤렘Marie-Lou Sellem)의 만남과 연결되며, 그런 다음 나중에 그 만남이 이루어지게 된다.

수정 이미지들은 영화 전체를 관통한다. 안과 밖이 겹쳐지는 창문의 반영, 창밖 풍경, 물의 효과가 그것들이다. 연속적인 흐름의 줄기와 안정적인 머무름의 줄기로 시간이 분열하는 것은, 영화의 처음에, 기차의 이미지들에서 이루어질 수 있다. 이 이미지들에서는 차창 뒤의 라우라의 얼굴은 바라보고 있는 채로 머무는 반면에 차창의 되비치는 유리 표면은 지나가는 풍경을, 그리고 이로써 동시에 라우라가 바라보고 있는 것(새로 또 하나의 시적 상황)을 보여 준다.

뱀 모양의 흉터가 나타나는 농부 테오Theo(요제프 비어비흘러Josef Bierbichler)의 환각에도 그러한 순수하게 시각적인 상황이 들어 있다. 이 연쇄되지 않은 빈 이미지들Leer-Bilder은 감각운동적으로 연결되지 않고 회상의 차원을 환기시킨다. 뱀 모양을 한 선의 환각은 줄거리가 진척되는 것을 중단시키고, 그 이미지를 미래의 회상의 기준값으로서 자기 자신의 미래로 보내며, 그러면 테오 역시 그것을 뒤쫓게 된다. 르네의 기록된 이미지 인상과 음향 인상들은 잃어버린 기억을 되찾으려는 시도에 소용된다. 욕조 쇼트는 마찬가지로 회상의 문제와도 연결된다. 원래는 이 이미지가 절대 존재해서는 안 되기 때문이다. 섣달 그믐밤에 약속이 있었고, 이 약속을 잊어버렸다. 처음으로 우리는 암시적으로 르네의 기이한 거동의 이유, 즉 그가 기억을 상실했음을 어렴풋이 알게 된다.

시각과 청각 외에 촉각 역시 순수한 감각적 이미지를 만들어 낼 수 있다(Kino 2: 25f.). 이는 〈겨울잠 자는 사람들〉에서 심지어 지배적인 유형이다. 레베카Rebecca(플로리아네 다니엘Floriane Daniel)와 로라가 살고 있는 산장의 인테리어는 보라고 펼쳐놓아져 있는 게 아니라 만지라고 있는 것이다. 그 장면을 문자 그대로 채우고 있는 대상들은 집의 내부에 속하지만, 도를 넘는 수량으로 존재한다. 두서너 개의 사슴뿔이 문 위에 걸려 있는 게 아니라 열두 개가 걸려 있다. 그것들은 그래서 시각적으로는 전혀 파악될 수 없다. 그것들은 시각적으로 강조된 것이 아니라 그저 관찰에 주어져 있을 따름인, 그리고 관찰을 통해 정당화된 개별 대상들이자 디자인 오브제들이다. 소도구들은 오히려 '수중에 놓여 있고', 사용에 어울리도록 되어 있다. 그것들은 바라보아지지 않고 사용되며, 물신화되지 않고 다뤄지고 만져진다. 세트 장식은 장면 전체를 우리의 몸에 옮겨놓는다. 그리고 유별나게 높은 밀도의 감각적 현전이 그 결과이다. 이는 특히나 에로틱한 조우의 연출에 해당되는데, 이 조우는 여기서 시각적 사건, 구경-사건으로서 발생하는 것이 아니라 가까움과 느낄 수 있음에 맞추어져 있으며, 감지할 수 있는 힘들이 서로 작용하는, 순수하게 감각적인, 즉 다름 아닌 촉각적 상황들에 녹아든 채로 발견된다.

〈겨울잠 자는 사람들〉은 이러한 영시점이자 기점들을 경유해 더욱 복잡하고 발전된 시간 이미지들을 만들어 낸다. 시간 이미지의 첫 번째 유형은 과거의 측면 아래 표명된다. 시각적 · 청각적 이미지들의 도움을 받아 기억에 도달하려는 르네의 시도는 이때 단순히 과거의 일에 대한 처분권에만 해당되지 않는다. '저장소'나 마찬가지인 그의 장기 기억이 아니라 오히려 과거의 것을 현재의 것에 '합산하고'(Kino 2: 133) 그래서 현재를 그야말로 처음으로 가능케 하는 능력이 파괴되었다. 그의 기억상실은 그를 자신의 과거가 아니라 현재에게 낯설게 만든다. 그가 자신의 영상 기록들을 기록 자료들에 의거해 시간순대로 정리할 수 있는 것으로는 그에게 도움이 되지 않는다. 왜냐하면 그에게는 현재를 자신 앞에 펼쳐져 있는 이 모든 과거의 것의 층위들의 생산물로서, 수축Kontraktion으로서 이해할 수 있게 되는 것이 관건이기 때문이다. 모든 과거의 것은 파악해야만 하는, 현재에서 발견되는 선재Präexixtenz로서 기록된 이미지들 속에 공존한다. 왜냐하면 르네의 기억은 더 이상 작동하지 않으며, 그 또한 더 이상 기억이란 우리 자신의 안에 있는 그 무엇이라는 잘못된 결론에 빠져 있을 수 없다. 반면에 기억은 물론 실제로는 우리의 외부에 있는 세계이며, 우리는 회상하면서 그 속에서 움직인다. 기억은 이중으로 외부화해 등장인물과 이미지 사이에서 생겨나온다. 그러나 회상 이미지의 이러한 구상은 등장인물로부터도 역시 분리되며, 미래 차원을 환기시킨다. 예컨대 이미지의 심층 차원을 유지하면서 딥 포커스를 거부하는 것이 (영화의 처음에 나오는 전화에 대한 멋진 쇼트들과 나중의 수영장 장면에서) 겹쳐지는 층위들에 대한 점유를 이미지에 허용하거나 거부할 때 말이다(Kino 2: 145ff.). 이미지의 원경과 전경의 사건들은 동시에 일어나지만, 그럼에도 불구하고 상이한 층위에 속한다. 한 번은 전화기가 있는—또렷한—전경이, 한 번은 가상적 이미지로서의, 즉 지금 일어나는 가능한 미래의 투사로서의 젊은 여성이 있는—흐릿한—배경이 나타난다.

〈겨울잠 자는 사람들〉에 나타나는 시간 이미지의 두 번째 유형은 현재적인 것, 즉 상이한 현재들의 동시성을 강조한다. 영화는 그것의 역동성과 장력을 거의 완전히 이 상이한 것들의 동시성으로부터, 즉 서로 다른 줄거리권과 시간권이 하나의 이미지에서 조우하는 것으로부터 획득한다. 이때 이 조우가 사건의 성격을 지니고 이로써 동시발생Koinzidenz, 즉 그저 우연히 맞닥뜨리는 것과는 반대로 진정한 현재를 지닌다는 점이 특별히 눈에 띈다. 단순한 동시발생은 시간 순서의 확실한 외적인 틀 속에서, 즉 날짜로서 수행된다. 두 개의 상이한 순간이 동시에 그 날짜의 몫이 되어 상이한 줄거리 가지가 서로 교차하고, 맞닿고, 영향을 끼칠 수 있다. 이는 예컨대 〈숏컷Short Cut〉(1993)에서 알트먼Robert Altman의 구상에 상응한다. 〈겨울잠 자는 사람들〉에서는 이와 반대로 조우가 시간의 동일성의 우연들에 의해 정해지지 않고 역으로 만남이 동시성의 공간을 펼치며, 서로 조우하는 힘들이 그 안에서 서로에게 작용한다. 두 개의 줄거리가 동시에 끼워 넣어지지 않을 줄거리 틀로서의 이미지는 없다. 두 개의 힘의 장의 조우 공간이 하나의 이미지를 구성하고, 그것은 더 이상 두 줄거리권 중 하나에 귀속될 수 없다. 알트먼의 경우에 사고가 두 선의 진정한 교차로서, 극도로 짧은 충돌로서 연출된다면, 틱버의 사고에서는 자동차들이 단 한 번도 접촉하지 않는다. 그리고 사건은 점 형태가 아니라 확장된 동시에 이중화된 현재로, 늦춰지고, 여러 차례 겹쳐지고, 그런데도 또한 여전히 완결되지 않도록 수행된다. 사고 역시, 앞서의 에로틱한 만남과 마찬가지로, 파워게임으로서 연출되며, 거기서는 지연과 가속, 원심력, 방향 전환, 이동이 작용하고 있는 것이 관찰될 수 있다.

이로써 또한 시간 이미지의 세 번째 유형, 즉 계열이, '사이'의 영화가 언급된 셈이다(Kino 2: 233f.). 이미 하나의 동일한 쇼트, 하나의 동일한 운동맥락 안에서의, 이중노출 효과가 담긴 오래 지속시킨 오버랩만으로도 이미지들은 중간 지역으로서 구성된다. 그리고 동일한 형상이 이미지에서 두 번 (말하자면 이전 시점과 이후 시점에 동시에) 나타난다. 이를 통해, 마치 스톱액션에서처럼, 시간의 지연, 즉 정지 효과가 달성되고, 곧 다시 운동의 진행 속에서 지양된다. 흰색 및 검은색으로의 페이드인과 스위시팬, 끊임없는 카메라 움직임들과 결합해서 영화의 이미지들은 서로 차단되지 않는다. 이는 심지어 상이한 두 줄거리권의 사건들의 동시성을 관습적으로 전개하는 거친 병행 편집이 이루어진 곳에서조차 항상 한 쇼트의 무엇인가가—제3의 것, 즉 상상의 '외부 공간'(시작 부분에 나온 사고 장면)을 경유해 매개되어—다른 쇼트에서도 현전하는 것으로 짐작되게끔 만드는 결과를 낳는다. 이러한 외부 공간은 비단 이미지들의 사이로서, 즉 확장된 커트로서, 페이드의 검은 색과 흰색을 통해 시각적으로 주어질 뿐 아니라 이미지들 속에, 눈의 편재하는 흰색과 옷의 진한 검은색에 환수되며, 그 이미지들 속에서 이미지는 해명할 수 없는 것, 결정할 수 없는 것, 생각해 보지 못한 것과 연관을 맺는다(Kino 2: 274).

이러한 사이의 확장은 〈겨울잠 자는 사람들〉에서 일반적인 요소로서 되돌아온다. 마르코Marco가 떨어지는 포도주잔을 잡는다면, 이것이 성공하는 것은 오로지 중력과 이와 더불어 감각운동적 연쇄의 시간이 단기적으로 중단되어 그에게 그렇게 할 시간이 충분하게 주어지는 까닭이다. 이러한 '기적'은 반복될 수 없는 것으로서 입증된다. 스위시팬을 동반하는 금속성의 소리는 이미지들 사이의 공간을 청각적으로 표명할 뿐 아니라 시각적 이미지와 청각적 이미지의 사이를 표명하기도 한다. 그것은 더 나아가 고전적 영화의 전형적인 '프레임 밖', 즉 키네마토그래피 장치 자체를 논의에 부친다.

영화의 결말, 즉 길게 늘여 놓은 마르코의 추락, 다시 말해 일련의 추락과 도약과 출발들 전체의 결말은 단지 다시 한 번 중력과 시간의 연관 관계를 다루지만은 않는다. 그것으로부터 뒤따르는 사건들이 나타나, 그것과 뒤섞이고(레베카는 벌써 그 때문에 우는 걸까 아니면 여전히 죽은 할머니 때문에 우는 걸까?), 서로 뒤섞인다(스키 강습생과 레베카는 기차에서 서로 만난다). 추락이 여전히 지속되는 동안에, 되기와 변형의 이미지가 예시적인 방식으로 실현된다. 비록, 고다르의 경우처럼, 단편화를 통해서가 아니라 확장되고 지속되는 현재의 촉발을 통해서라도 말이다. 죽음은 끊임없이 더욱 확장되는 무한한 사이영역으로서 나타난다. 앞서 이미 아이의 죽음이 그렇듯이 말이다. 추락은 결코 멈추지 않을 것이며, 무한한 사이의 암흑 속으로 이끈다. 떨어져 부딪히기 전에 항상 또 하나의 이미지가 생겨날 것이다. 그렇게 〈겨울잠 자는 사람들〉은 자신의 결말을 넘어서까지 이끈다. 르네는 신생아를 기묘하게 낯설어하며 바라본다. 그는 경이로워하고, 놀란다. 마치 그가 무엇인가를 정확히 모르는 것처럼, 마치 그가 무엇인가를 잊었거나 마치 그가 모든 외부 세계의 명명되지 않은 외부를 바라볼 수 있는 것처럼, 그렇게 말이다.

참고문헌

DELEUZE, Gilles 1989: *Das Bewegungs-Bild. Kino 1*. Frankfurt a.M.: Suhrkamp.

_____ 1991: *Das Zeit-Bild. Kino 2*. Frankfurt a.M.: Suhrkamp.

8

신체 경험과 영화현상학

드렐리 로브닉

이 글에서는 영화 경험에서의 몸을, 영화에 대한 동시대의 철학적 내지 철학적으로 영감을 받은 세 가지 사유 방식에 따라 (그리고 구상 면에서 그 주변에서 나온 접근들을) 다룰 것이다. 셋이 이 텍스트 바깥에서 조우한다면, 이 사유 방식들은 아마 적어도 그것들의 영화 개념이 이미지의 서사적인 것과 무의식적인 것을 규정하는 경로가 되는 인지적 규범과 상징적 질서에 대한 분석보다는 감각적 인지와 지각의 의미에 관한 사변에 더 가깝다는 점에서 일치할 것이다. 세 접근로 간의 더욱 강한 접촉(과 반발들)은 그 후에 결과로서 나타날 것이다. 여기서는 단지 어떻게 이 접근들이 몸에 대한 영화의 작용을 파악하는가와 관련해서만 이들 접근에 관심을 갖는다. 영화에서의 신체 구현의 다양성, 영화 경험의 상호매체성이나 수용사회학, 담론 분석에 대한 성찰과 성과 젠더에 대한 질문은 고려되지 않은 채 남을 것이다. 이는 결코 영화나 몸 '자체'의 자명성을 위해 이 접근들을 배제한다는 뜻이 아니다.

논의의 대상은 첫째로, 몸에 방향을 맞춘 영화의 현상학, 무엇보다 비비안 섭책의 모리스 메를로-퐁티에 대한 재론再論이다. 여기서는 접근들의 긴 행렬을 포괄하는 영화현상학의 역사가 아니라(Sobchack 1997), "실존의 응고된 형체"로서의 몸에서 출발하는, 그것들의 현재적 · 실존적 변형들이 고찰의 대상이 된다(Merleau-Ponty 1966: 273). 이것은 직접적으로 후설Edmund Husserl의 선험적 현상학에 기초한 현재의 영화인지학과는, 즉 예를 들어 본체와 안정적 구조들에 대한 관심(Tomasulo 1988)이나 진실에 입각한 리얼리즘에 대한 관심(Casebier 1991)과는, 예컨대 데이비드 린치의 메를로-퐁티를 섞어 넣은 '잠재의식subconscious'의 자연낭만주의Naturromantik 만큼이나 거리가 멀다(Nochimson 1997). 실제의 육체Körper와 "그 속에서 세계가 그것 자체로서 나타나는 매개체"(Waldenfels 2000: 248f.)로서의, 기능하는 신체Leib의 현상학적 구분에 의거해, '살아낸 신체lived-body'라는 섭책의 개념은 신체를 의미하고, '경험experience'은 그녀에게서 자주 경험Erfahrung 보다는 오히려 체험Erleben을 뜻한다. 이러한 몸Physis의 이중성은 '살덩이 Fleisch'에서 열린다. 그리고 그렇게 메를로-퐁티는 "어떤 철학에서도 이름을" 지니고 있지 않은 그 무엇을 지칭한다(Merleau-Ponty 1986: 193).

이러한 구상은 "사유는 사유하지 않는 육체가 어떤 능력을 지니고 있는가를 파악해야〔한다〕"(Deleuze 1991: 244)는 들뢰즈의 영화 저서들 및 다른 글들과 대조된다. 여기서는 영화의 새로운 바와 다른 바가, 심지어 메를로-퐁티조차도 마지막까지 포기하려 하지 않았던 (신체적) 정체성에 대한 전제 없이 사유된다(Bell 1994). 들뢰즈의 생기론이나 '선험적 경험주의'는 "사물들 자체를, 그러나 '인류학적 빈사들' 너머의 자유롭고 야생의 상태에서"(Deleuze 1992a: 13) 목표로 삼으며 "말 이전의, 어휘 이전의, 사물들의 명명 이전의 육체를"(Deleuze 1991: 225) 목표로 삼는다.

셋째로, 지크프리트 크라카우어가, 내지는 독일과 미국의 저자들이 영화와 역사의 경험에 대한 그의 후기 저작들에 나타나는 비규정성의 유물론을 오늘날 어떻게 해석하는가가 다루어진다. 영화들과 과거의 것 속에서 스스로를 포기하는, 크라카우어의 신체화한 시선은 "이름 없는 흥분들"(Kracauer 1964: 217)과 "이름조차 없고 따라서 간과하게" 되는 "행동 방식들"을 파악하고자 시도한다(Kracauer 1971: 16).

신체적 간주관성으로서의 영화 경험

"순수 이성에 대한 불신", 그것의 "모든 체험을 삼켜 버리려는 달랠 수 없는 갈증"에 대한 불신에서, "현상학은 반드시 진실이 아니더라도 영화와 우리의 영화 경험에 더 가깝기를 요구한다." 이 같은 선명한 이미지로 더들리 앤드류Dudley Andrew는 "영화이론에서 등한시된 현상학의 전통"을 구조주의의 "고상한 논리"에 맞세운다(Andrew 1985: 631f.).

이러한 의미에서 "이해하려고 노력해야만 하는 것은 영화들이 이해된다는 사실이다"라는 크리스티앙 메츠의 기호학적 슬로건은 섭책에게서 이렇게 재표현된다. "영화이론은 여전히 영화의 이해 가능성의 육체적 토대들을 제대로 다루지 못한다. 영화를 이해하고 파악하려면 우선 그것의 감각을 찾아내야만 한다는 점을 말이다"(Sobchack 1996a). 영화의 '유물론'과 동시대 영화이론의 '살벗기기Ausfleischen'로서의 "실존적으로 기초된 급진적 기호학과 해석학"(Sobchack 1992: xvii, xviii) 프로그램은 "몸과 세계의 인지적 조우를 의식적 체험과 기호현상의 연계로서"(Sobchack 1982a: 321) 파악한다. 영화는 "체험을 통한 체험의 표현"이다(Sobchack 1992: 3).

영화가 의미를 만드는 것은 그것이 우리에게 '우리의 세계에의-존재Zur-Welt-Sein의 체화된 지향성'을, 즉 '무엇인가'에 필연적 연관 관계에 놓여 있는, 아니 그 속에서 움직이는, 의식의 생활세계적-신체적 위치구속성을 주지 않고서는 우리에게 세계를 보여 주지 않기 때문이다. 영화는 "단지 세계의 실존을 증언할 뿐 아니라, 또한 세계의 공간 속에 있는 익명의, 움직이고 육체적이며 정신적인 주체를 가리킨다". 이때 실존적 영화-의미는 여기서 무엇보다 카메라가 운동하면서 공간에 "거주하는" 방식에서 생겨난다(Sobchack 1982a). 섭책이 이때 몽타주에 그다지 의미를 두지 않는다는 점이 눈에 띄기는 하지만, 영화미학적 프로그램을 환기시키지는 않는다. "특별한 육체 체험의 인지 구조 및 표현 구조의 **퍼포먼스**"로서 영화는 주체적 보기와 객체적 보여지기의 가역성을 가시화한다(Sobchack 1988: 421ff.). 그래서 영화는 "가시적 대상으로서도 역시 실존하는 **두** 보는 주체의 연결"이라고 이해될 수 있게 된다. "너무나도 자주 객관적인 영화 '텍스트'로서 사물화되는" 신체적 대화인 것이다(Sobchack 1992: 23, 262).

메를로-퐁티 또한 아주 유사하게 영화의 의미 형성을 실존적 철학과 연합한 현상학적 활동이라고 보았다. "의식 세계와의 혼합, 그것의 육체에의 결합, 그것의 다른 의식과의 공존을 기술하는 것은 (…) 전형적인 영화적 주제이다"(Merleau-Ponty 1969: 702).

서사 바깥 편의 영화 경험

영화 경험의 육체성에 대한 구상들은 영화적인 의미 촉발 과정에서 서사의 총체성이나 헤게모니를 승인한 것에 대한, 1990년대 이래로 널리 퍼진 이론적 회의懷疑의 일부이다. 주류 극영화, 즉 예컨대 신형식주의가 서사적 이해의 우위 아래 있다고 보는 저 영화들과의 대중문화적으로 통제된 유희가 문제될 때조차도, 그리고 바로 그럴 때 말이다. 섭책은 미국 장르영화의 문화적 · 역사적으로 맥락이 부여된 이해 가능성에 대한 질문을 영화들의 내적 논리와 문화의 외적 논리를 서로 연관시키는 "물질적 토대"로 이끌어 간다(Sobchack 1998a: 130). 섭책은 1950년대 무렵의 누아르영화와 1950년대 이후의 공상과학 영화를 각각 도시적 경험의 현상학으로서 이해한다. 이 영화들은 서사적 배열들로 넘어가 버리지 않고, 다름 아니라 자기 텍스트의 문제점을 드러냄으로써—그것을 "농축시키고, 체화하고, '방해'하고, 변형시킴으로써"—텍스트를 구성한다(Sobchack 1999a: 124f.). 거주된 공간이 어떻게 기하학적 공간의 근간을 이루며 어떻게 모든 서사화 이전의 분리된 이미지가 "철저히 살아진" 것으로서 우리 안에서 "메아리치는"가에 대한 바슐라르Gaston Bachelard의 재수용과, 스토리와 장르가 기초를 둔 공간과 시간의 체험된 침투와 허구적 침투의 상호작용으로서 바흐친Mikhail Bakhtin의 "크로노토프Chronotopik"의 재수용을 통해, 그녀에게는 도시의 구체적으로 가시적인 것이 의미 촉발의 장으로서 해명된다(Sobchack 1998a: 145, 148ff., Sobchack 1999a: 125).

섭책이 안정된 서사 구조의 관점과 거리를 두는 것은 역사적 이행기의—상례가 되어 버린 예외 상황의—일상 경험의 형상화에 예민해지는 결과를 낳는다. 그녀는 누아르영화의 문화적 의미를 '라운지 타임lounge time'이라는 이름의 크로노토프에서—단기적이고 익명적인 장소들에서, 술집, 식당, 호텔 객실과 로비, 모텔, 기차역에서 '빈둥거리기'의 가시적 기간과 물질성에서—자리매김한다. 내 집이 아닌 곳에서 대기하며 아무것도 하지 않는 것은 고향을 잃고 주택난에 의해 각인된 경험과의 대화에서 영화를 이해될 수 있도록 만들며, 그 경험은 그것대로—1950년대 미국 '공안 정국security state'에서 '국내 전선home front'의 잃어버린 전원생활과 '교외 주거suburban housing' 사이에서—대기 중인 이행에 고착되어 있다(Sobchack 1998a: 156ff.). "내 집만 한 곳은 없다There's no place like home"라고 표제가 붙은, 통과 중의 거주라는 누아르영화의 문제가 이미지 및 매체 공간의 거주 가능성에 대한 섭책의 아직 더 토론해 보아야 할 질문에서 메아리치는 반면에, SF영화에서의 도시의 현상학은 이 장르에 대한 그녀의 폭넓은 논구의 일부이다. 섭책은 제임슨(1986)에 기대어 미국의 SF영화들을 "'세계에의-존재'의 새로운 테크놀로지 방식을 통해 구성되고 변화된 사회적 관계들의 인지적 지도 제작법이자 시학적 형상화"라고 이해한다(Sobchack 1987: 224f., 301). 이 장르는 포스트모던한 삶에 대한 훈련과 환상적인 것을 '현실로 돌아온down-to-earth' 것으로서 경험할 수 있게 해주는 '미메시스적 리얼리즘'의 지평에서 정의된다.

특수효과가 〈스타워즈〉(1977)와 〈미지와의 조우〉(1977)의 결과로서 맡은 새로운 역할에 의거해, 섭책은 SF영화에서 탈고전적 구경거리 영화Kino der Attraktionen의 감각적 '경험experience'의 측면을 다룬다. 탈미래주의적

SF영화에서 효과들이 '전시display'되는 것은 단지 "영화-육체"의 기술적인 몸의 "거품을 내며 넘치는 청춘"만 보여 주는 것이 아니라 우리의 지각하는 신체에도 해당한다. 왜냐하면 특수효과의 감각-목록이, 1950년대의 멋진 하이 테크놀로지의 가능한 한 신빙성 있는 구현들로부터 "테크놀로지화한 '도취high'"의 "특수 정동special affect"에 사로잡힌 매료된 주체성의 객관화로 옮겨 갔기 때문이다(Sobchack 1992: 255, Sobchack 1987: 282). 제임슨에 의해 도출된, '기술적 숭고das technologische Erhabene'에 매혹된 도취감Euphorie의 경험 논리는 스콧 버캣먼Scott Bukatman의 경우에도 관련이 있다. 그가 작성한 숭고의 (대중-)문화사는 새로운 SF영화의 "현상학적 불안정성"과 더글러스 트럼불Douglas Trumbull의 특수효과 시퀀스에서 끝나는데, 그 시퀀스들의 공간과 밝기의 어마어마함은 인지하는 육체를 무한성의 느낌에 빠뜨린다(Bukatman 1995: 287, 270f.)

'육체의 영화'로서의 할리우드 가족 멜로드라마에 사용된 음악에 대한 마이클 팜Michael Palm의 연구는 인지적으로, 특히 언어적·서사적으로 파악할 수 있는 것의 한계를 넘어서는 소리 나는 숭고에서 출발한다. 더글러스 서크나 빈센트 미넬리에게서는 이미지와 음악Music Score이 서술 가능한 의미의 매체 역할을 하는 게 아니라, 음악의 조음들이 청자를 동요된 '진동판Schwingungsmembran'이 되게 만든다. 팜은 '온기 이미지Wärmebild'의 물리학을 위해 서사학적 시각에 대해, 그리고 규범과 무절제의 형식주의적 변증법에 대해 의문을 제기하면서 들뢰즈의 디오니소적 영화음악의 미학과 마르크 리스Marc Ries가 '빛 이미지'를 '온기흐름Wärmefluß'으로서 해석한 것을 차용하는데, 온기 이미지에서는 "영화-몸과 등장인물의 몸과 관람자의 몸 사이의 정동적인 온기 교환"이 이루어진다(Palm 1994: 213). 리스는 존 카사베츠John Cassavetes의 〈영향 아래 있는 여자A Woman Under the Influence〉(1973)에 관해 "나는, 관람자로서, 지나 롤랜즈Gena Rowland의 몸에 들어가고/나오는 열기와 온기 교환을 하고 있다"고 쓴다. "지표적 기입으로서 **시각적 힘**Bildmächtigkeit을 지닌 연기자–몸을 제공하는 것"은 "이미지의 육화Fleischwerden에서 〔자기가〕 (극장 세계에서가 아니라) **자신의** 세계의 품 안에서 예증적으로 가시화하는 것"을 경험하는 인간에게 해당된다(Ries 1993: 104, 100). 리스의 "신체시각화Somatographie"로서의 영화 개념은 실존적 현상학, 바쟁, 들뢰즈에게서 영감을 받았고 전달흐름Übertragungsstrom들에 대한 신체적 연결이라는 그의 매체이론의 맥락에 놓여 있다. 신체시각화에서는 "관찰자가 (…) 몸의 감각적 퍼포먼스를 '보는 사람'으로서 **그리고** 신체적인 것에 대한 자신의 경험, 자신의 이야기를 현재화하는 사람으로서 민감한 이미지–몸의 제공을 받아 〔들이고〕 이를 자기 자신의 주문하는 몸과 〔뒤섞는다〕"(Ries 1992: 17, 20).

〈2001 스페이스 오딧세이2001–A Space Odyssey〉(1968)에 대한 아네트 마이클슨Annette Michelson의 현상학적·생철학적 연구는 여기서 소개된 몇몇 접근의 전형 같은 느낌을 불러일으킨다. 마이클슨은 큐브릭의 영화를 "비판적 활동성Athletizismus"이라는 의미에서 이해한다. 비판적 활동성은 영화를 체험에 대한 모더니즘 미학의 회의와 화해시키며, 다른 무엇으로 이루어진 것이 아니기에 '특수효과' 범주를 폐기한다. 큐브릭의 영화가 인지에 유발하는 "인식쇼크Erkenntnisschock"에서 "사람들은 자신의 몸을 (…) 자신의 공간에서 살고 있는 것으로서 다시 발견한다". 큐브릭의 〈스페이스 오딧세이〉는 '원시적 공간성primordiale Räumlichkeit'을 위해 '객관적' 공간성을 보류하는 것에서 보는 것과 느끼는 것, 서사와 체현 사이의 차이와 '촉각적 방향감각 상실의 잠재력Potenziale haptischer Desorientierung'을 강조한다(Michelson 1969: 57ff.).

촉각적 영화-인지: 정동 속의 몸과 삶

이제까지 상술한 접근들은 감각적 영화 경험을 서사적인 것뿐 아니라 시각적인 것이 요구하는 헤게모니로부터 풀어놓아 준다. 팜과 리스가 영화에 대한 관계의 신체성Somatik이라고 이해하는 것을, 섭책은 메를로-퐁티에 의지해 공감각이라고 부른다. 몸은 "세계에의-존재의 포괄적 운동"이자 "상호감각적 등가와 치환"의 체계이며, 따라서 "소리를 보는 것과 색을 듣는 것"은 "예외적인 현상"이 아니다. "공감각적 인지는 오히려 상례이다"(Merleau-Ponty 1966: 273f., 268). 이러한 사유 방향에서 섭책은 "나는 본다, 고로 육화되어 있다"라는 자신의 데카르트적 코기토 재구성을 "나는 듣는다/냄새 맡는다/맛을 본다/느낀다"를 중심으로 확대한다(Sobchack 1992: 304, 각주 31). 감각의 다양성의 통일은 우리가 지닌 감각의 수보다 더 많이 감각적인 몸에 기반하고 있다. "나의 시각에는 촉각이 침투되어 있다"(같은 곳: 77).

"시선은 〔가시적 사물들을〕 더듬어 찾아 그것들과 하나가 된다. (…) 동일한 몸이 보고 만진다"(Merleau-Ponty 1986: 175, 177). 그러한 한에서—영화의 "신체적 이해 가능성"의 "영화지각학"을 논한 미출간 강연 〈내 손가락이 알던 것What My Fingers Knew〉(1996a)에서 이렇게 말한다—우리가 영화에 의해 '감명받고touched' '감동된다moved'는, 통용되는 은유적 표현이 문자 그대로 적용된다. 우리는 영화에 의해 움직여진다We are moved by movies. 제인 캠피온Jane Campion의 〈피아노The Piano〉(1993)의 오프닝 쇼트에 나오는 모호한 연분홍색에서 논의를 시작하면서, 섭책은 하나의/자신의 온몸의, 그중에서도 촉각적 인지를 다음과 같이 묘사한다. "내 손가락들은 내가 무엇을 보고 있는지 알고 있었다." 리버스 커트가 이 연분홍색을, 눈앞에 댄 자신의 손가락을 통해 보는 여성 프로타고니스트의 시선이라고 보여 주기도 전에 말이다. 이는 섭책의 손가락과 영화 속 손가락이 서로 다시 알아본다는 뜻이 아니라, 이해의 조건으로서의, 손으로 더듬으며 이루어지는 파악을 (내지는 영화의 '분위기들'을 맛보고 냄새 맡으면서 이루어지는 포착을) 의미한다. "주관적 질료가, 즉 우리가, 우리의 몸을 스크린 위 '사물들'에 대한 감각적 관계 속으로 차 넣고, 차후의 더욱 은밀하고 더욱 강하게 장소적으로 국한된 동일시를 공고히 하는, 전前인격적이고 전반적인 방식으로 그것들의 의미를 발견한다"(Sobchack 1996a). 알고 있(기를 원하)는 보기는 몸의 자율적 공감각에 선행한다. 다시 말하자면, 마치 감각들이 "통역" 없이, "관념을 가로지르는 통로" 없이도 서로 번역하듯이(Merleau-Ponty 1966: 274), 그렇게 "영화지각학적 주체는 스크린을 만지고 스크린에 의해 만져진다. 그것은 보기를 만지기로, 그리고 그 역으로 바꿔 놓을 수 있다—생각 없이도 말이다"(Sobchack 1996a).

비록 섭책의 영화지각학과 리스의 신체시각화론Somatographologie이 암묵적으로는 모든 종류의 영화에 대한 유효성을 주장하지만, 그래도 영화적 의미의 체현에 대한 질문이 절박성을 획득하는 영화사적 맥락이 중요하다. 이를 간략하게 도식화하면 다음과 같다. 새로운 영화 아방가르드들의 촉각애호적 유물론과의 조우가, 그러나 무엇보다 탈고전적 극영화의 대중문화적 변신들과의 조우가 위와 같은 개념 형성에 "'눈의 성찬Augenschmaus'을 소화시키지 못하는, 거식증에 걸린 말라빠진 동일시 이론들"로부터 등을 돌리도록 권고한다(같은 곳). 영화 경험의 신체성에 대한 사유는 무엇보다 극영화들의 지구화한 활용의 상호매체적·이벤트적 특성에 대한 성찰과 연관된다. 이 성찰은 극영화 활용의 수행적 차원을 두 가지 견지에서 강조한다. 한편으로는 영화 '텍스트들'을 물질화하고, 변화시키고, 전술적-촉각적 전유 과정을 거치게 만드는 '관람자의 수행performance of the spectator'의 방향에서다. 이는 예컨대 구체적인 영화 소비의 '컬트적' 실행과 비디오레코더의 지원을 받는 실행에서 일어나거나(Corrigan 1991: 80ff.) 블록버스터를 유행-액세서리, 장난감 등으로 변조하는 장기적 부가판권 활용을 따라 일어난다. 다른 한편으로는 스펙터클과 이벤트로서의 영화-퍼포먼스가 문제가 된다. 다시 말하자면, 새로운 음향 기술들의 공감각적 잠재력, 예컨대 음향의 '감지 가능성'이, 진동(Chion 1999)이, 그리고 "'멀티미디어 경험'으로서의 탈고전적 영화의 체화된 연관"이 문제가 된다. 이러한 연관은 '폭로Enthüllung'와 '전염Ansteckung', '의도하지 않은 끌림unfreiwillige Anziehung'을 위해 서사적으로 구조화된 연관들을 시각적으로 거리를 두고 탈중심화한다(Elsaesser 1998: 204f.).

의도하지 않은 '끌림attraction'과 더불어 다른 개념 하나가 개입한다. 이 개념이 현재의 영화 경험에 빈번하게 적용되는 것은, 궁극적으로 대중문화적 상영의 감각적 동요효과Erschütterungseffekt라는 에이젠슈테인의 정치적 미학으로 소급된다. 들뢰즈에 의하면, 에이젠슈테인의 '견인 몽타주Montage der Attraktionen'는 '스펙터클의 의미'에서 이해될 수 있지만, 또한 "끌림", "연상Assoziierung", 그리고 마지막으로 이미지들의 "차원전환Dimensionswechsel"이라고도 이해될 수 있다(Deleuze 1989: 58). 들뢰즈의 3중의 이해를 탈고전적 주류 영화에 대한 이론-도식에 옮겨 놓아 볼 수도 있겠다. 그러므로 '끌림'이라는 개념은 블록버스터의 스펙터클한 '경험'을 이러한 영화들의 (서사적 편입의 바깥에서 대중문화적 실행, 선호, 의미 잠재력과 이벤트 잠재력을 만들어 내는) '흡인력Anziehungskraft'과 연결시키고, 이미지를 상이한 차원 및 응집 상태(영화관, 비디오, 텔레비전, 소프트웨어, 장난감, 테마공원)로 변화시키는 이 영화들의 경향과 연결시킨다.

끌림의 네 번째 측면으로는 '초기 영화early cinema'와 '영화 이전pre-cinema' 시기가 새로운 영화이론들에 행사한 '기이한' 매혹을 덧붙일 수 있을 법하다. 게다가 영화사 서술의 토대 범주로서 고전-서사적인 것의 근거를 묻고(Gunning 1991) 탈고전적 매체사회의 현재성을 고전 이전의 매체사회의 가상성에 반영시키는 상황을 만들어 내는 것(Hansen 1995a)이 문제가 될 때는 더욱 그러하다. 톰 거닝Tom Gunning은 1906년 이전 시기의 영화를 새롭게 평가하고 이 영화를 영화 아방가르드들에게서 나타나는 "관조적 주관성kontemplative Subjektivität"에 맞서는 추진력으로서 생산적으로 만들기 위해 에이젠슈테인으로부터 '구경거리의 영화Kino der Attraktionen'라는 구상을 받아들였는데, 이는 오늘날의 스펙터클 영화에 대한 새로운 관점들을 고무하기 위해 여러 차례 적용되었다. 비록 거닝이 확인한 초기의 구경거리 영화와 "스필버그/루카스/코폴라의 효과의 영화Kino der Effekte" 사이의 유사성이 효과들이란 그저 "길들여진 매혹"에 불과하다는 취지로 상대화되기는 했지만, 그럼에도 불구하고 거닝이 서사적인 것보다 "쇼크의 유발"과 "관람자에 대한 직접적인 공격"에 우위를 부여하는 "노출증적 영화exhibitionistisches Kino"에 의거해 이전의 세기 전환기를 기술할 때면, 우리의 세기 전환기가 거의 불가피하게 함께 뜻해지는 셈이다(Gunning 1996: 27, 29, 34). 적어도 거닝의 논문을 그렇게 바꿔 읽는 독법은 매력적이다.

거닝이 구경거리의 영화를 벤야민과 크라카우어에 의해 관찰된, 경험의 '메마름Austrocknen'과 '산만Zerstreuung의 숭배'를 통해 경험이 대체되는 것에 대한 응답이라고 파악한다면(Gunning 1995: 126), 그는 이 대중문화의 초기 이론가들의 재수용이라는 유행 중인 담론에 참여하는 셈이다. "영화의 쇼크효과Chockwirkung des Films"에 대한 "촉각적 수용"(Benjamin 1979: 164ff.)은 영화적 감각의 신체성에 대한 질문들에서 많은 수확을 거두었으며, 전적으로 오늘날의 구경거리 영화의 컬트 수용 행태와 감각주의Sensualismus의 '선취'로서 읽을 수 있다(Robnik 1999). 오늘날의 시각에서는,

예컨대 미리엄 한센의 경우에는, 크라카우어의《영화의 이론》에서 몹시 비난받은 그 규범적 리얼리즘도, 매체특수성과 관련한 진술 논리도—캐럴(1997)은 이 책을 이것으로 국한하고자 한다—흥미롭지 않다. 오히려 가치가 있는 것은 크라카우어의 "유물론적 시각이" 어떻게 "인간의 몸뿐 아니라 인간이 아닌 것의 몸도 포괄하는", "소외와 붕괴의 역사적 상황을 폭로하는가"(Hansen 1993: 453)이다. "크라카우어의 영화이론을 (…) 질 들뢰즈의 영화이론과 연결시켜 주는, 영화의 비서사적 측면들에 대한 새로운 관심"(같은 곳: 463)은 영화의 인지와 영화의 재료 사이의 '유연성Affinität(類緣性)'에 초점을 맞춘다. 크라카우어는 이것으로 "의식의 경계Bewusstseinsschwelle 하부의 삶", "규정 불가능성Unbestimmbarkeit"의 "날것 상태의 자연", "무한성을 띤 물리적 존재"를 의미한다(Kracauer 1964: 104f., 109). 그리고 영화는 이것을 관람자와 맞닥뜨리게 만드는데, 관람자를 "샅샅이mit Haut und Haar" 포착하는 것도 영화이다. 후자의 표현은《영화의 이론》에 대한 1940년의 미출판 메모들에서 연원한다. 이 관점에서 보았을 때, 크라카우어의 물질적 미학에서는 게어트루트 코흐에 따르자면 "관람자에게서 예증되는 감각주의적 미학"이 두드러진다(Koch 1996: 138).

크라카우어의 메모들에는 "영화에서 구현되는 물질적 요소들은 곧장 인간의 **물질적 층위들**을 자극한다. 그의 신경, 그의 감각, 그의 모든 생리학적 구성 요소를 말이다"라고 적혀 있다(Hansen 1995b: 264 재인용). 이 메모들은 예컨대 그의《영화의 이론》의 "관람자" 장에서 다음과 같이 되울린다. "영화 이미지들은 주로 관람자의 감각들에 〔영향을 미치며〕 관람자가 자신의 지성을 투입할 수 있게 되기 전에 그를 그렇게 일단 생리학적으로 〔이용한다〕"(Kracauer 1964: 216). 크라카우어 다시-읽기로부터 고찰해 보면, 구경거리의 영화는 영화-인지의 잠재성 전체로 확장된다. 다시 말하자면, 감각적 자극의 서사 외적 동인은 '고전적' 영화에서 주변으로 밀려나 버리고, 포르노그래피로 잠적해 들어가며, 슬랩스틱에서 여전히 효력을 지니고, 스필버그의 효과-폭격에서 다시 메아리친다. 영화의 역사 기술을 논외로 한다면, 이때 문제는 일상 문화의 최고 기록으로서의 "의도와 인간중심주의의 침식 작용"(Hansen 1993: 448)이다. "영화에 열중한 인간의 '자아'는 **끊임없는 분해**Auflösung**의 와중에** 있으며, 끊임없이 물질적 현상들에 의해 폭파된다"(Kracauer, Hansen 1995b: 265에서 재인용).

크라카우어의 인지 개념은 "주체-비판을 위한 '마조히즘적 자기파괴'의 전형적인 예"(Hansen 1995b: 263f.)로서—제도적 영화의 관람자 주체성과 '시선-체제Blick-Regime'의 지배적 · 사디즘적 수행의 범주에 반대해—영화에 대한 관계의 마조히즘적 동인을 강조하는 새로운 이론들에 근접해 있다(Hansen 1997a: xl, 각주 37). 그래서 예를 들어 스티븐 샤비로는 《영화적인 몸The Cinematic Body》에서 관람의 수동성을 "다름 아닌 통제권 상실에 대한 열정"(Shaviro 1993: 57)이라고 주장한다. 샤비로는 시선의 정신기호학을 이미지에 대한 원한Ressentiment이자 "우리의 욕망이 일차적으로 소유와 완전성, 안정성, 증명을 향하고 있노라는" "추종주의적 가정"이라고 비난하고, '시각적 매혹'이라는 구상으로 반격한다. 영화 이미지들은 "저항할 수 없는 강제"를 행사하며, 그 아래서는 시선이 "매혹된 동시에 분산되어 있으며, 어쨌든 간에 수동적이고 비소유적"이다(같은 곳: 54, 8). 샤비로는 벤야민에 기대, 그리고 크라카우어와 유사하게 영화-인지를 우리에게 상징적 질서, (재)인식, 혹은 의식하게 되기Bewusstwerdung로 도피할 시간을 허용하지 않는 육체적 접촉의 쇼크 같은 느낌이라고 이해한다. "영화-경험의 정신생리학은 (…) 보는 행위를 촉각적으로 만들고, 성찰을 단락시키고, 신경 체계를 직접 자극한다"(같은 곳: 53).

이에 대해서는 세 가지 의견을 덧붙일 수 있다. 첫째로, 샤비로가 자신의 테제를 어느 정도 정전화된 영화 작가들의 독특성에, 즉 표면에 대한 워홀의 응시, 브레송의 '모델들'의 속이 빈 물질성, 크로넨버그David Cronenberg의 문자 그대로의 신체적 포기, 그리고 로메로George A. Romero의 마비된 매혹 상태에 대한 알레고리로서의 좀비들에 적용한다면, 그들의 미학들은 관람의 비인지적 감각성을 그다지 촉진하지 않는 영화적 실천들에 그야말로 바로 맞닿아 있는 셈이다. 그리고 후자들은 고전적 영화라고, 구경거리의 영화로부터 보자면 서사적 내면성이라고, 그리고 크라카우어의 말을 빌면 '형식주의적'이고 '비영화적'이라고 지칭될 수도 있겠다. 어쨌거나 샤비로는 다른 곳에서는 특수하다고 규정되는 실천들을 신체적 영화-감각의 일반화된 미학으로 총괄해 버린다. 다른 곳에서 이 실천들은 예컨대 슬래셔영화Slasher-Movie 수용에서 '다치기 쉬운 눈'의 마조히즘으로서(Clover 1992: 205ff.), 또는 '몸 장르body genre'들로서 규정된다. 린다 윌리엄스Linda Williams는 후자의 개념을 가지고 포르노그래피와 **최루성** 멜로드라마*Weepie*-Melodrama, 새로운 호러영화의 젠더 특수성을 밝혀내는 것을 목표로 삼는다. 이 영화들의 미미한 문화적 자산은 적절한 심미적 거리의 결여에서 기인한다. 다시 말하자면, 인지하는 몸은 이미지 속 "몸의 감정과 지각에 대해 거의 비자발적 모방Mimikry" 상태에 빠진다(Williams 1995a: 142f.). 윌리엄스는 또 한편 19세기의 원형-영화Proto-Kino에서 포르노그래피 이미지들을 사용하는 것에 의거해 어떻게 크랭크로 작동하는 뮤토스코프Mutoskop나 플립 북Daumenkino의 조작이 이미지의 문자 그대로의 촉각성을 위해 시선의 남성 우월주의Phallokratie를 탈중심화하는지를 상론한다(같은 곳).

둘째로, 로라 U. 마크스Laura U. Marks에 의하면, 촉각적인 것의 권능에 관한 샤비로의 열광에서는 "체현의 남성적 표상"이 백일하에 드러난다. 부연하자면, 애초부터 엄격하다고 생각된 주체성 중에서 단 하나만이 사출적 동요를 필요로 하며, 주체와 영화의 관계에 대한 마조히즘 구상은 그저 누가 누구에게 무엇을 가하는가라는 질문의 극極들이나 바꿔 놓을 따름이라는 것이다(Marks 2000a: 255, 각주 11, 151). 린다 싱어Linda Singer의 경우에는 영화-경험의 수동성이 폭력적 자기굴종으로서보다는 메를로-퐁티의 보기의 의미에서 자기-개방Sich-Öffnen으로서 긍정된다. "눈은 자기 자신의 목적을 포기하고 현상들의 흐름에 전념하도록 고무된다. (…) 우리는 자주, 우리가 다른 것을 하려고 결심할 수 없을 때면, 영화관에 가기로 마음먹는다." 그리고 일단 거기에 가면, "우리는 스크린을 바라보는 일 말고는 거의 할 수 있는 게 없다. 달리 할 것이 별로 없기 때문이다"(Singer 1990: 54). 후자의 테제에 대한 실증적인 이의를 고려하지 않는다면, 싱어는 이로써 두 가지 중요한 점을 알아맞혔다. 한편으로 그녀에게는 시각적 매혹 상태와 수동성이 도착倒錯이 아니라 보기의 잠재력들의 행사이자 육성이다(같은 곳: 65, 57). 다른 한편으로, 싱어 역시 '전염효과'라는 생각을 품고 있다. 그렇지만 후자는 샤비로가 벤야민의 미메시스 개념을 수용한 것에서처럼 이미지와의 은밀한 접촉에 유효한 것이 아니라(Shaviro 1993: 52f.), 사회적 장소로서의 영화관에 유효하다. 다시 말하자면, 우리는 이 '인지신앙의 교회'에서 혼자일 때보다 더 크게 웃거나 소리 지른다. 우리가 서로 전염시키기 때문이며, "관객의 집단적인 신체적 참석이 반응들을 강화하기" 때문이다. 그리고 영화관은 "혼자만의 강박에 대한 〔시각적〕 욕망을 우리의 육체를 새로 다른 육체들과 연결하는 활동으로 바꿔 놓는다"(Singer 1990: 65, 55ff.). 관객이 집단적으로 비명을 지르는 것은 〈싸이코Psycho〉(1960) 개봉 당시의 통제된 수용 상황에 대한 윌리엄스의 연구 논문(1994)에서 이해가 빠른 관객의 생산적 규율화의 결과로서 나타난다.

세 번째로, "영화이론을 그것이 할 수 있는 바의 한계까지 추진한다"는 샤비로의 야심이 자주 "관람자를 박살 내면서 탈사유화하기"나 "영화의 매혹에 우리를 내맡기고 그것을 탐닉하라"는 권유의 즐거움에서 더 나아가지 못하는 채로 머문다는 사실이 드러난다(Shaviro 1993: 64f., 55). 샤비로는 자신의 영화 선택을 "극도로 개인적"이고, "충분히 포스터모던"하고, "특이하다idiosynkratisch"고, "강박"이라고 공표한다. 마치 좀비 충격작이나 "지나치게 통상적인 영화들"에 대한 관심을 정당화할 필요가 있기라도 한 듯이 말이다(같은 곳: vii, 266, 64). 이러한 자기비하의 유미주의는 '영화적인 몸'이라는 구상에 들어 있는, 그리고 샤비로의 글에서 풍부하게 인용된 들뢰즈의 미학=이미지의 논리를 조금 더 자세히 논구해 보면 더 분명해질지도 모르는 잠재력을 거의 탕진해 버린다.

들뢰즈는, 이따금 가타리와 함께, 몸에 작용하는 이미지들의 힘을 '감각 작용Sensation' 내지 '정동'이라고 부른다. 정동은 "자신을 통과해 가는 것의 힘들을 넘어선다"(Deleuze/Guattari 2000: 191). 그리고 그것은 내면성을 경유해 규정된 감정이 아니라 외부에 대한 접속이다. 들뢰즈는 베이컨의 회화에 대한 저서에서 이렇게 적는다. 감각 작용은 "서술 가능한 이야기를 (…) 회피하면서" 전파된다. 그리고 그것은 "육체인 신경 체계에 직접적으로 작용하며", 하나의 이미지-배열에서부터 다른 이미지-배열로 이행한다(Deleuze 1995: 27f.). 이것은 에이젠슈테인의 끌림을 생각나게 만들며, 처음에는 거닝이 1900년 무렵 파리의 그랑기뇰Grand Guignol 극장에 주목하면서 제공한 '전율Sensation'의 해석과 유사하다. '전율연극'은—초기 영화 구경거리의 맹아 형태일 뿐 아니라 근래의 스플래터 영화Splatter-Movie의 맹아 형태로도 보인다—"일차적으로 그리고 직접적으로 육체와 감각들에 방향을 맞추며", "인지적이지 않은 정동 〔및〕 전율Thrill을 목표로" 삼는다. 그리고 "그랑기뇰은 영혼이 아니라 위장을 건드린다"(Gunning 1994: 237ff.). 그러나 베이컨과 그랑기뇰, 스플래터 영화의 신체 변형들 사이의 눈에 띄는 유사점들에도 불구하고, 다음과 같은 사항들을 고려할 필요가 있다. 들뢰즈의 눈앞에 아른거리는 정동 내지 감각 작용은 "'선정적인 것das Sensationelle'의 (…) 정반대이다"(Deleuze 1995: 27). 감각 작용은 전율이나 스펙터클, 압도적인 체험으로 축소될 수 없다. 왜냐하면 그것은, 들뢰즈에 의하면, "현상학자들이 말하듯, 세계 안의 존재Auf-der-Welt-Sein이기 때문이다. 나는 감각 작용 안에 있게 **될** 것이며 (…), 〔그것은〕 감각 작용을 주기도 하고 받기도 하는 동일한 몸이고, 객체인 동시에 주체이다. 관람자로서 나는 오로지 지각하는 자와 지각된 것의 통일에 도달함으로써만 감각 작용을 경험한다". 다시 말하자면, "감각 작용은 진동이자" "감각들의 리듬적인 통일이다"(Deleuze 1995: 27, 30).

현상학자들이 말하듯이, "운동 방식으로서 관찰해 보면, 모든 현상은 리듬이 되며"(Waldenfels 1999: 64), "영화의 의미는 그것의 리듬에 합체되어 있다"(Merleau-Ponty 1969: 701). 그렇다면 들뢰즈는 감각 작용을 무엇인가가 생성되게 만드는 이미지의 힘이라고, 주체와 대상, 인지와 세계의 신체적 '직조'라고 현상학적으로 보는 걸까?

그러한 것 중 하나를 섭책의 영화지각학이 다룬다. '물질과 감각의 역전 가능성', 눈과 영화의 개방과 탈경계화로서의 '교차 배열법Chiasmus'이 그것이다. "우리의 손가락, 우리의 피부와 코와 입술과 혀, 우리의 위장과 다른 모든 부분이 우리가 영화-경험 중에 무엇을 보고 있는가를 알고 있다"(Sobchack 1996a). 이미 표현의 유사성만으로도, 이 문장에는 들뢰즈와 가타리의 장광설Tirade이 대비될 수 있겠다. "입 없음. 혀 없음. 이 없음. 후두 없음. 식도 없음. 위장 없음. 배 없음. 엉덩이 없음"(Deleuze/Guattari 1977: 14). 이렇게 통지되는 것은 '기관 없는 신체organloser Körper'라고 불리며, 현상학적인 몸을 의미하지도 않고 그것을 토막 내는 것을 의미하지도 않는다. 문제는 오히려 영화가 "'미지의 육체'의 생성"을 유발한다는 것이다(Deleuze 1991: 259). 들뢰즈의 영화-논리가 이것으로 암시하는 바는 그의 베이컨 책에 상술되는데, 책의 개념들을 보면 이 책이 그가 쓴 두 영화-저서들 사이에 출간되었음을 알아챌 수 있다. "감각들의 이러한 리듬 있는 통일은 오직 기관을 유기함으로써만 발견될 수 있다. 현상학적 가설은 어쩌면 불충분한지도 모른다. 왜냐하면 그것이 오로지 살아 낸 몸만을 증거로 끌어대기 때문이다. (…) 기관 너머에, 하지만 또한 살아 낸 몸의 경계로서 (…) 기관 없는 신체가 있다". 그리고 후자는 "살덩이와 신경들"이며, "확정되지 않은 기관의 현존 〔및〕 확정된 기관들의 **일시적 · 잠정적 현재**를 통해" 정의된다(Deleuze 1995: 32, 34).

그러므로 영화-경험에서의 끌림이나 감각 작용, 쇼크에 관해 말할 때에는 기관화된 몸의 지향성을 소여로서 받아들이고 그런 다음 그것의 파괴나 과부하를 확인하는 것으로는 충분하지 않다. 이것이 '몸들'이 '멍청하다'고 입증되는 데 대한 샤비로의 허무주의적 환호와 함께 이루어지든(Shaviro 1993: 208), 아니면 프레드릭 제임슨 식의 포스트모던 비판에서 나타나는, 방향 상실과 '정동의 감퇴', '자아의 사멸'에 대한 불쾌감과 함께 이루어지든 상관없이 말이다. 중요한 것은 무엇이 감퇴하거나 끝나거나 멍청한 것이 아니라, 기관 속에 삶을 유폐시키는 것에 맞서 영화가 얼마나 잘 "지각하는 주체의 상태로부터 (…) 정동을 (…) 구해 내고" "순수한 지각조직Empfindungswesen을 추출해 낼" 줄 아는가이다(Deleuze/Guattari 2000: 196). 영화가 운동 중인 신체로부터 순수한 운동을 방출시키는 것과 똑같은 방식의 추출 말이다.

감각 작용으로서의 이미지와 조우할 때 어떤 기능을 지니는지가 정의되지 않은 일시적 기관들의 잠재력으로서 이해된 기관 없는 신체는 들뢰즈의 베이컨 연구서를 '제3의', '촉각적 눈'으로 이끌어 간다. 부연하자면, 시선은 손에 대한 시각적 통제 너머에서 스스로 자기 안의 촉지 기능을 발견한다(Deleuze 1995: 94ff.). 들뢰즈와 마찬가지로 안토니아 란트Antonia Lant(1995) 역시 미술사학자 알로이스 리글Alois Riegl로 되돌아간다. '촉각적 영화'에 대한 그녀의 해석에서는 초기 영화에서의 '근접관찰Nahsicht' 경험이—직물로서의 이미지라는 이집트 미학과 벤야민의 쇼크-비판 사이에서—부르주아적 신체를 질서 잡힌 사회적 · 지각적 거리로부터 빠져나오도록 강제하는 데 이바지한다.

로라 U. 마크스는 리글의 촉각성Haptizität을 섭책의 신체적 간주관성 및 들뢰즈의 '정동 이미지'와 결합시킴으로써 촉각적 인지와 '피부'로서의 영화에 대한 포괄적 구상의 초안을 잡는다. 소수 망명 공동체들의 '상호문화적 영화intercultural cinema'의 에세이적 (비디오) 미학들에 의거해, 그녀는 '감각들의 기억'과 촉각적 시각성으로서의 비지배적 시각성을 구상한다. 관건은 인지된 것과의 미메시스적이고 객체화하지 않는 공동-현전으로서 표면을 미끄러지는 것이다(Marks 2000a: 193, 138, 162ff.). 정동 이미지-기억에 접어넣어진 가상성은 "이미지에서는 말해질 수 없는 것을 우리 몸에 보충해 넣기를 권유한다. 그래서 경험을 새로 생겨나게 할 수 있을 출발점이 될 영점을 발견하기 위해 기록적인 것이 몸으로 되돌아온다"(Marks 2000b: 194ff.). 그렇지만 "인지는 체험의 뷔페에서 끝도 없이 먹고 또 먹는 것이 아니라 체현된 기억의 지뢰밭을 통과해 가는 일이다. (…) 현상학은 어떻게 몸이 권력관계를 신체적으로 코드화하는지 설명해 줄 수 있다"(Marks 2000a: 152). 문제는 힘들의 작용이지 소외되지 않고 온전한 감각성으로의 복귀라는 이데올로기, 느낄 수 있는 것을 포식하는 이데올로기가 아니다. "시각적 이미지의 부족을 완화시키기 위해 촉각적 지각을 제공하는" 대신 촉각학적 이미지 자체가 "피부같이" 된다(같은 곳: 192).

피부-되기, 손가락-되기, 내 손가락을 통한 세계에의-존재Zur-Welt-Sein, 섭책은 이렇게 말한다. 소화시켜야 하는 눈의 성찬, 위장을 휘젓는 센세이션. "손가락은 늘 그저 손가락일 뿐이고, 항상 인식을 일깨우는 손가락이다"가 사실인지가 문제다(Deleuze 1992a: 184). 그러니까 분업적인 신체적 공통감각Gemeinsinn에서 눈에 순종하면서 앞서 나가는 영화지각학적 손가락이 시선이 나중에야 다시 알아채면서 확인하는 것을 안 그래도 그저 이미 항상 알고 있었는지가 말이다. 아니면 영화-경험의 촉각성과 미각성의 강조가 눈에 있는 손을, 그리고 위장을, 지각 속에서 체현된 주체성의 잠재적인 다르게-되기로서 파악하는지가 말이다.

이러한 질문은 현상학과의 단절면을 따라가면서 제기된다. 우리는 "인지에 관해 일반적으로 제시되었던 모든 것을 영화의 인지에 적용할 수 있다"(Merleau-Ponty 1969: 699). '자연적 인지' 모델에서 출발하는 이러한 영화관에 맞서, 들뢰즈는 베르그손과 더불어 영화적 **및** 자연적 인지를 어느 쪽으로든 변할 수 있는 중심화하지 않은 출발 상황으로 복귀시킨다. 순수한 빛과 운동 이미지로서의 물질의 내재성, "영화 그 자체로서의 우주"로 말이다(Deleuze 1989: 84ff., 88). 그곳에서부터 비로소 우리의 의식된 인지와 영화의 이미지 유형학이 도출될 수 있다. 처음에는 목적지향적 중심들(주체성의 물질적 측면으로서의 감각운동성과 정동성)의 생성을 통한 이미지 운동의 조직으로서 말이다. 그렇지만 영화는 "정박 지점, 즉 확고한 영역에의 접속이 결여된" 자신의 운동성 속에서 이 길을 되돌아가서, 중심화하지 않은 운동 이미지를 "보편적 변형, 총체적이고 객관적이며 분산적인 인지"로서 다시 만들어 낼 수 있다(같은 곳: 86, 94).

'물질 속의 눈'이라는 들뢰즈의 사변에 들어맞는 영화 사례들을 발견하는 데 다들 어려움을 겪을 것이다. 들뢰즈는 베르토프의 '영화-눈'이나 스탠 브래키지Stan Brakhage와 마이클 스노우Michael Snow의 영화들을 '운동-이미지의 우주적 미광들'에 대한 접근이라고 거명한다(Deleuze 1989: 63f., 115ff., 99). 또한 구경거리 영화의 불꽃놀이 같은 여러 소모의 순간들을 생각해 볼 수도 있겠다. 어쨌거나 들뢰즈는 영화를 보편주의적이거나 동일성 철학적인 전제들을 필요로 하지 않는, 이미지의 시초의 회귀로서 이해한다. 영화가 우리에게 이따금, 섬광처럼, 되찾도록 허용해 주는 것은 "인간의 등장 이전의, 우리 자신의 여명 이전의 세계"(같은 곳: 99)이지 의식이나 몸의 원천성이 아니다. 들뢰즈와 가타리는 이러한 "인간의 부재"라는 생각의 의미에서—인간 자체가 "모든 체험 너머에 이르는" "지각된 것과 정동들의 복합체"이다—현상학이 '근원적 독사Urdoxa' 또는 '근원적 의견Urmeinung'을 전제로 삼는 것을 비난한다. 다시 말하자면 그들은 체험된 지각의 '물질적 선험Apriori'을 논박하는데, 물질적 선험은 "우리를 젖먹이나 원인(原人)Homonid이 아니라 법에 따른 생물로서 세계로 향하게 하고, 이 생물들의 원생-의견Proto-Meinung들이 이 세계의 토대라고 한다"(Deleuze/Guattari 2000: 192, 210, 175).

'인간의 부재'에 관한 생각은 리스가 영화-경험의 경이로운 점, 획기적인 점을 "일상 경험의 **통설**Orthodoxie을 겨냥한" 자기 현재화라고 규정하는 근거인 저 '키네마토그래피적 신체 영역의 다시 고안해 낸 독사'에 의문을 제기하는데, **자기-현재화**Selbstvergegenwärtigung는 관람자를 "다시 한 번 몸으로"(Ries 1992: 20f.), 그리고 "**그것의** 세계의 품 안에서 가시화되기"로 이끈다(Ries 1993: 100). 그러나 영화는 우리에게 우리 자신과 세계를 우리의 것으로서 되돌려 주려고 있는 게 아니다. "우리는 세계에 있는 것이 아니라 세계와 더불어 된다"(Deleuze/Guattari 2000: 199).

들뢰즈(그리고 가타리)의 견해는 영화를 완전히 우리 몸의 입증으로 축소시키는, 섭책의 현상학에 들어 있는 동인들과 현격하게 대립한다. 다시 말하자면, 섭책이 영화-몸을 카메라, 영사기의 유기체로서 해석하고, 영화의 기술사를 그 '목적지향적 목적론intentionale Teleologie'이라고, 그리고 유아의 성장과의 유비에서 가동성, 의식적인 보기, 말하기의 습득으로서 해석한다면, 영화의 발명은 고작해야 조직된 규범-주체의 양육에 대한 각주에 불과해 보인다(Sobchack 1992: 205-223, 251-256). 섭책의 영화지각학 강연 역시 유아를 끌어들여, 유아의 위계화되지 않은 감각성을 영화의 공감각에 상응하도록 만든다. 그리고 영화의 인지 의도는 몸-이미지-직조 속에서 "나 자신의 몸"으로 되돌아간다. 이 직조는 우리에게 이렇게 약속한다. "나는 나 자신의 감각성을 느끼게 될 것이다. (…) 내 몸은 영화-경험에서 스스로를 느낀다"(Sobchack 1996a). 여기서는 이따금 '자기 스스로를 다시 그렇게 제대로 느끼려는 의지'의, 그리고 손상되지 않은 향유 능력과 신체적 온전성에 대한 확인의 (영화-)문화가 자신의 이론적 축성을 담고 있다는 인상이 들기도 한다.

들뢰즈는 서사의 인지적-언어적 체계와 영화의 관계 역시 현상학과 전혀 다르게 구상한다. 메를로-퐁티에게는 몸의 "말 없는 세계" 속에 "이미 모든 언어의 가능성들이 깔려 있으며"(Merleau-Ponty 1986: 202), 영화는 "어떻게 무엇인가가 의미하기를 시작하는지 보여 줄" 수 있다(Merleau-Ponty 1969: 701). 섭책은 이러한 '야생적 의미'라는 의미에서 영화에 "실존적 존재의 본원적 구조들과 언어의 매개하는 구조들"이 주어져 있는 것을 본다. 다시 말하자면, "영화-'언어'는 체현된 실존의 본원적 실제 언어에 토대하고 있다"(Sobchack 1992: 11, 13). 이와 반대로 들뢰즈에게는 비담론적인 가시적인 것은 "현상학이 아니라 인식론Epistemologie의 대상"이며, 인식론에게 앎의 아래쪽에는 아무것도 없다(Deleuze 1992b: 73, 79f.). 현상학이 "본원적 경험, 세계와의 첫 번째 동의"에서 출발하고, 그래서 "마치 가시적인 사물들이 이미 우리의 언어가 그저 주워 올리기만 하면 되는 의미들을 웅얼거리기라도 하는 듯한" 반면에, 들뢰즈는 푸코와 더불어 보기와 말하기의 본질적인 차이를 고수한다. 따라서 들뢰즈는 원초Uranfang로서가 아니라 권력관계로서 영화 이미지에 대한, 다시 말해 "조형적인 덩어리,

기표가 없고, 비통사론적이며, 언어적으로 형성되지 않은", 하지만 "기호학적 · 미학적 · 화용론적으로 형성된" "질료"에 대한 언어의 관계의 초안을 잡는다. 언어가 이제 "이 질료를 장악하면 (그리고 언어는 필연적으로 그렇게 한다), 언어는 이미지와 기호들을 점차적으로 지배하는 진술들에 기회를 준다"(Deleuze 1991: 46). 미리엄 한센의 《영화의 이론》 해석은 "영화의 물질적 · 감관적 특성들을 엄격하고 담론적인 구조에 선험적으로 종속시키는 것"에 대한 크라카우어의 거부를 다음과 같이 들뢰즈에 근접시킨다. "물질적 응집성의 영역"과 "언어, 서사, 동일시 및 지향성에 의해 구조화된 우리의 '관람 습관들'" 사이에는 "이미지 안에서 불쑥 나타나는 차이"가 놓여 있다(Hansen 1997a: xxxi, xxxii, xxvii).

윤리학으로서의 경험미학: 살덩이와 사물들

"영화가 매개하는 경험은 어떤 가치를 지니고 있는가", 더구나 "우리의 시대에"? 《영화의 이론》의 에필로그 처음에 나오는 크라카우어의 이 질문에 대해, 영화가 우리를 잠재적으로 해체하고 새로이 만든다(들뢰즈), 우리를 파괴하고 약화시킨다(샤비로), 우리를 개방하는 방법으로 갱신시킨다(섭책)는 답변들이 이제 첨예한 경쟁 속에서 해결되어야 한다.

영화-의인화Kino-Antropomorphismus와 영화-인본주의Kino-Humanismus가 경험을 윤리적으로 규정하려는 섭책의 접근을 각인한다. 현상학으로 진입하는 그녀의 개념적 노정은 죽음의 영화 이미지들에 관한 일상 경험에 적응하는 데 대한 연구들로 시작한다. 영화 관람은 사회적인 삶과 1960년대 말의 미국 영화에서 나타나는 폭력의 분출에 직면해 "어떻게 살아남을 수 있는가를 배우려고 시도하는—숙제homework"가 되며, 폭력적인 죽음을 영화로 상영하는 것은 의미 추구가 된다(Sobchack 1982b: 196ff.). 죽음을 보여 주는 다큐멘터리 영화는 우리의 생활세계에 대한 그것들의 실존적 연결의 힘으로 관람에 더욱 강하게 윤리적 책임을 부과한다. 이러한 관람이 바로 다큐멘터리 영화가, 속수무책이거나 개입하거나 전문적인 태도로, 우리에게 보도록 해 주는 바이다(Sobchack 1998b: 203ff.).

섭책은 영화는 "움직임의 제시를 통해 생기를 주고, 생기를 유지하고, 삶을 긍정하도록 작용한다"(같은 곳: 194)고 적고 있으며, 그녀의 생기론 Vitalismus은 근자의 텍스트들에서 영화에 보존하는 역할을 부여하는 것으로 흘러들어 간다. 이 역할은 "예술은 보존한다"라는 모토로 이미지, 신체, 삶이 자본 밑으로 총체적으로 투항해 버리는 것에 저항하는 무엇인가를 표현하려는 바람을 공유한다(Deleuze/Guattari 2000: 191). 우리를 '다시금 우리의 감각들로 인도하는' 영화에 대한 섭책의 열정은 전자 네트워킹을 통해, 그리고 "가시성을 보기의 전신성(全身性)Ganzkörperlichkeit으로부터 기술적으로 절단해 낸 문화"를 통해 이루어지는 '탈신체화'에 대한 때로는 매체사적이기도 하고 때로는 불안을 조장하는 비판의 일부다(Sobchack 1999b: 57). 근본적으로, 그러니까 언어유희로서, 제기된 섭책의 질문인 "누가/몸이 집에 있나요?Is any body home?"는—우리가 비록 바뀌기는 하지만 항상적인 주거지로서 체험하는 몸은 우리에게 집인가 아니면 감옥인가?—영화-몸이 집이라는 그녀의 해석을 점점 더 많이 인류학적으로 적용하게 만든다. 영화는 "거주할 수 있는", "움직임과 접촉의 (…) 보고 있는/볼 수 있는 공간"을 만들어 낸다(같은 곳: 46f.). 이와 반대로 전자적인 '표면-공간'은 관람자-몸의 신체적 특성Physis을 받아들이지 않는다. 그 속에는 '아무(몸)도no-body' 살지 않는다(Sobchack 1988: 423ff.).

섭책은 신체 경험이 "전략적 이유에서 과장적이고 심지어 히스테리적이어도 괜찮은, 개념과 움직임의 수사학으로 자신의 '현재성'을 표현해

냄으로써" "자신의 실존을 자신의 시뮬라시옹에" 맞세운다고 믿는다(같은 곳: 427.). 그렇지만 섭책은 점점 더 의심하게 된다. 그녀는 논문 개정본에서 1988년까지만 해도 자기편으로 보였던 피트니스 문화를 이제는 마찬가지로 '육체의 위기'를 드러내는 증상이라 해석한다(Sobchack 2000a). 디지털화된 영화의 '기술적 환각 상태High'에 대한 그녀의 반-구성주의적 불쾌감이 결국 증가한다. "성형수술과 영화의 '특수효과'"가, "신체를 무한히 형성할 수 있다"고 보는 '형태론적 상상'으로 "수렴된다". 그리고 얼굴 주름제거Face-Lifting와 영화 모핑Film-Morphing의 '빠른 변화quick-change' 문화는 '자수성가한 사람self-made man'의 사회적 기동성의 이상Ideal을 '기술-신화적으로 업데이트하는, '후기자본주의적 리얼리즘'의 의미에서의 '자기-실현'의 노고를 부정한다(Sobchack 1999c: 205, Sobchack 2000b: 153, 144, xi, xii).

만약 영화가 감각의 귀환을 거부한다면, 어쩌면 우리에게 "약간의 고통만큼 우리가 (다시) 정신을 차리게 만들어 줄 수 있는 것은 아무것도 없을지"도 모른다(Sobchack 1991a: 327). "신체를 그 취약성들 때문에 비방하고 그 끔찍한 유한성을 객관화해 없애 버리고자 하는" 시뮬라시옹에 대한, 신기술에 열광하는 저널리즘과 보드리야르의 도취감Euphorie에 반대하는 논박은 그녀의 많은 저술을 가로지르는 숨은 의미Subtext를 위험하게 만든다. 암 발병과 다리 절단, 의족과의 힘겨운 동화同化에 관한 그녀의 자전적인 이야기들은 "육체를 통해 경험을 되찾으라"는 주술적인 의견 표명을 따른다(같은 곳: 212). 몸은 "사유 대상"이 아니라 "고통 받는 육체"다(Merleau-Ponty 1986: 180). 그리고 몸은 형이상학적 고정의 상태를 형태-기술적 접근과 마찬가지로 참고 견뎌야만 한다(Sobchack 2000b: 154). 하지만 살덩이는 단지 고통만 퍼뜨리지는 않는다. "영화는 성형수술"이라는 방정식은 기회 역시 감춰 놓고 있다(Sobchack 1999c: 208). 세계는 우리의 "요소"이자 "육화한 원리", "존재 양식"으로서 "보편적인 살덩이"다. "인지는, 마치 외과 의사가 몸을 절개하듯, 나에게 세계를 열어 준다"(Merleau-Ponty 1986: 181ff., 278). 외과 의사나 마찬가지로, "소여의 조직 깊숙이" 파고드는 영화 카메라도 비슷한 일을 한다(Benjamin 1977: 158). 살덩이는 "실증적인, 그리고 그러한 한에서 상징적인 덩어리"다. 다시 말해, 우리가 영화-경험에서 모호한 방식으로 우리의 몸인 동시에 영화의 몸, 그리고 이미지 속의 몸이게끔 해 주는 물질과 감각의 교차적인 직조의 매체란 말이다(Sobchack 1999b: 57).

살덩이는 샤비로의 "영화적인 몸"에서처럼 수동적 흥분 상태다. 그리고 그것은 기관 없는 신체에서처럼 생성 없이는 고통 받지 않는다. 섭책의 자기-현재화의 현상학은 때때로 육체의 이름으로 선험적 경험주의의 한계에 이르기까지 스스로를 넘어선다. 그것에서는 "노화가 언제나 생성"이며 신체의 행동 양식은 고정된 정체성이 아니라 "나 자신의 해체와 재구성"인, "삶의 밀도"의 생기론으로서 말이다(Sobchack 1999c: 209, Sobchack 1999b: 60). 심지어 모핑마저도 우리에게는 "분자의 차원"에서 "기이하게도 친숙하고", "우리의 인지에서 '자아'로서 놓치게 되며 흐름에, 즉 존재의 끊임없는 생성에 관여하는 우리의 일부분에게 말을 걸고", 그래서 "우리의 몸은 (…) 결코 '우리 자신'이 아니다"(Sobchack 2000b: 132, 136).

들뢰즈는 세상이 "우리에게 저급한 영화로서 나타나기" 때문에 "우리가 더 이상 이 세상을 믿지 못하는 것은 (…) 현대의 본질적인 특징"이라고 간략히 확인하고는, 육체와 사물에 대한 말의 통제를 방지할 수 있는 '육체에 대한 믿음'의 에토스에 찬성표를 던진다. "인간과 세계 사이의 연결 고리가 끊어져 버리고" 그 결과로 "믿음의 대상이 되〔어야만 하〕는 까닭에, 영화는 세계가 아니라 세계에 대한 믿음, 즉 우리의 유일한 연결 고리를 찍을 수밖에 없다"(Deleuze 1991: 224ff.). 그렇지만 들뢰즈와 가타리는 예술에 대한 나중의 논의들에서 메를로-퐁티의 살덩이의 현상학을 그저 "감각성과 종교의 혼합물"로서만, 그리고 육체를 단지 "생성의 온도계"로서만 인정한다(Deleuze/Guattari 2000: 210ff.).

세계에 대한 연결 고리는, 무엇보다도 고전적 영화의 '감각운동적' 연결 고리는 끊어져 버렸다. 이것은 세계-경험과 영화-경험의 현상학에 나타나는 분만환상적 탯줄 수사의 모티프들을 더욱 눈에 띄고 문제적으로 만든다. "일종의 탯줄이 사진의 대상의 몸체와 나의 시선을 연결한다"(Ries 1992: 16). 영화는 "여전히 탯줄로 그러듯, 물질적 현상들과 극도로 긴밀하게 연결되어 있는 삶의 일종"에 대해 유사성을 지니고 있다. "마치 카메라가 그것들을 방금 자연의 품속에서 획득하고 이미지와 현실 사이의 탯줄이 아직 끊어지지 않은 듯이" 말이다(Kracauer 1964: 109, 224). 그리고 어쩌면 영화는 우리에게 심지어 "우리에게는 우리 앎의 탯줄이자 감각의 원천과도 같은 그 무엇인", "날것 그대로의 존재의 경험으로부터 〔세계가〕 발생"하게 해 줄 수 있을지도 모른다(Merleau-Ponty 1986: 206). 혹시라도 이 모든 것이 유효해야 한다면, 그것은 오로지 '세계에의-존재Zur-Welt-Sein'가 '세계와 더불어 되기Mit-der-Welt-Werden'일 때뿐이며, 여기서는 세계가 스스로 다른 무엇이 된다.

"어떤 대상을 바라본다는 것은 거기에서 집처럼 편안함을 느끼게 됨을 뜻한다"(Merleau-Ponty 1966: 92). 바라보면서 "매일의 삶의 편물"을 펼쳐 나감으로써, 영화는 "세계를 가지고 가상적으로 우리의 집을" 만든다(Kracauer 1964: 394). 이를 고향에 대한 퇴행적 동경의 표현이라고 읽고서 다음과 같이 반박할 수도 있다. "우리의 조국(대지)으로서의 세계에 우리를 묶어 놓는", 현상학의 "근원적 의견들의 탐색"은 국제 기준에 대한 "평범한 자본가의 단순한 의견"을 개진할 따름이며 "마케팅이 되어 버린 의사소통 세계에서 그들의 인지는 상투적인 것이고 그들의 정동들은 상표이다"(Deleuze/Guattari 2000: 174f.). 로렌스 그로스버그Lawrence Grossberg와 더불어 세계-집의 문제와 관련해서는, 지구화 중인 '매체기계'가 오늘날 '지역'과 정체성들에의 거주를—투자 장소와 수출 품목으로서—함께 생산해 내고 있다는 점이 강조될 수 있다(Grossberg 2000: 307). 그리고 이미 아도르노가 "아무리 일그러진 경험이더라도 자기 자신이 자기 집이라는 개인적 경험의 제관식帝冠式은 사회적으로 용인될 수 있게 남는다"는 데서 크라카우어의 비판의 모순을 본다(Adorno 1965: 90).

하지만 크라카우어가 정말로 영화가 현재의 서구적 인간에게, 즉 잘 통제되고 살이 오르고 스스로를 느끼고자 하는 자아에게 세계를 살라고 팔러 내놓는다고 생각했을까? 어쨌든 간에, 자각된 것, "관람자의 조직된 자아"는 크라카우어에게 문제가 되지 않는다. 그것은 "퇴위했고", "무대에서 물러났기" 때문이다(Kracauer 1964: 225, 217). "통합된 인성은 의심할 나위 없이 현대 심리학이 제일 좋아하는 미신에 속한다."(Kracauer 1971: 140). 하이디 쉴럽만에 의하면, 크라카우어에게서는 영화가 "경험을 쌓고 성찰을 하는 친숙한 장소에서 다시금 낯선 현상이" 된다. 우리의 생리학적 존속에 대한 자극으로서 영화-경험이 "자기 자신의 비합리적 본성에 대한 관중의 자기확인 가능성"을 시사하는 것과 같은 정도로, 어쩌면 크라카우어에게 영화란 결국 "인간에 의해 발가벗겨진 세계의 거울"일지도 모를 정도로 말이다(Schlüpmann 1998: 41, 53, 120). 적어도 크라카우어에게서는 어떻게 영화가 우리의 세계에의 존재의 자기-확실성을 문제화할 수 있는지가 두드러지게 드러난다. "그것은 우리의 주변 세계를 드러냄으로써 우리에게 그것을 낯설게 만들고", "우리가 자연에 정박하고 있음을" 폭로하며, "우리로 하여금 그것을 우리가 그 안에 살고 우리 자신이기도 한 세계의 일부로서 인정하지 않을 수 없도록" 만든다. "이러한 의미에서 영화는 오로지 인간적이지만은 않다. 그것의 소재는 가시적 현상들의 무한한 흐름이다. 인간적인 통지들을 포함하고 있을지는 몰라도 그것들에서 정점에 오를 필요는 없는, 저 끊임없이 변하는, 신체적 실존 형태들의 흐름 말이다"(Kracauer 1964: 88, 100, 139f.). 이는 들뢰즈의 '인간의 등장 이전의 세계'의 중심 없이 변형하는 내재성에 근접한다(Deleuze 1989ö 97ff.). 어떻게 영화가 신체는 없지만 생명이 없지는 않은 이러한 물질에 다시 접근할 수 있는가라는 질문을 들뢰즈는 다음과 같이 제기하는데, 같은 단어들이 푸코의 신체-훈육 너머의 윤리학과 실존미학에 관한 연구서의 서두 역시 장식한다. "어떻게 우리를 우리에게서 풀어놓아 주는가, 어떻게 우리로부터 벗어나는가?"(Deleuze 1992b: 133).

한센과 더불어 달리 질문하자면 이렇다. 어떻게 "영화의 역할이 경험 빈곤에 대한 관계에서 역사적 과정의 단순한 촉진과 완성을" 넘어설 수 있는가? 어떻게 영화가, 특히나 그것의 신체-작용이, "구제될" 수 있으며, 삶의 자본화로 축소되어 버린 근대성의 체득이 아닌 경험의 매체로서 "되찾아질" 수 있는가(Hansen 1987: 202, 205)? 이에 대해서는 무엇보다 벤야민에 기댄, 경험장애와 체험 강화 사이의 쇼크의 변증법을 보여 주는 영화 이미지가 지닌 촉각성을 놓쳐서는 안 될 것이다. 수전 벅-모스Susan Buck-Morss의 기술혐오적인 벤야민 수용에서는 바로 이 변증법이 영화에 의해 유발된 과잉자극과 폭격당한 감각들의 마비 상태 이미지로 그려진다. 그리고 이에 대해 벅-모스는 "신체 지각 기관의 소외를 **철회시키기를, 인간의 신체 감각의 본능적 힘을 원상 복구시키기를**" 요구한다(Buck-Morss 1992: 18, 5). 한센은 이러한 기상나팔을 보수적이라고 비판하고, 벤야민의 반대 모델, 즉 영화의 '시각적으로 무의식적인 것das Optisch-Unbewußte'으로 응수한다. 이는 '신체 공간'과 '이미지 공간'의 미메시스적 침투를 뜻하며, 이러한 침투는 대중치료적으로 산업에 혹사당한 "몸을 끌어들일" 뿐 아니라 유희하게 만든다(Hansen 1995b: 260ff.).

로라 U. 마크스 역시 영화적 미메시스를 벅-모스보다 더 좋게 보려

한다. 마크스는 문명화되지 않은 것에 대한 벅-모스의 강조를 원초주의적 동경이라고 비난한다. 감각성을 야생적인 존재라고, 이국적이거나 천진하거나 무구하거나 필수적으로 여성적이라고 물신화할 일이 아니라 몸에서 학습된 문화로서 이해해야 한다고 한다(Marks 2000a: 143ff., 208, 152, 170). 미메시스, '촉각적 인식론taktile Epistemologie'은 마크스에게 언어 장벽 뒤로의 회귀가 아니라 소수자적 영화 미학들이 흡수하는 잠재력이다. 그것은 윤리학("인지된 대상들에 대한 신뢰")을 암시하고, 비상징적 논리학("피부로 사유하기")을 암시하며, 비인지적 더듬기가 이미지의 대상들을 "발가벗기기 위해서가 아니라 애무하기 위해" "이미지의 빈틈들을 채우는" '간주관적 에로틱'을 암시한다(같은 곳: 141, 181ff., 190f.).

크라카우어는 영화관 관객의 "독특한 종류의 민감성"에 관해 다음과 같이 쓴다. "영화에서 구현되는 물질적 실재는 영화가 끝없이 그것을 얻으려고 노력하기를 스스로 요구한다"(Kracauer 1964: 224). 이러한 지각윤리학Empfindungsethik은 단순히 쇼크에 익숙해지는 훈련에 헛되이 쓰인 영화-경험의 기회를 손상되지 않게 유지한다.

그의 《영화의 이론》의 부제대로 **외적 현실의 구제**라는 크라카우어의 프로그램에서는 "계몽 이상의 것이 관건이다. 관건은 수용성Rezeptivität의 구제다"(Schlüpmann 1998: 48). 크라카우어의 에필로그에서는 '사물을 그 구체성 속에서 경험하기'가 "학문의 영향 아래 유포되는 저 추상화에 대한 치료제" 역할을 맡는다. 다시 말하자면, 세계와의 연결 고리가 끊겨 버렸고, 그래서 우리는 "오로지 우리가 아직 가용할 수 있는 실재만을 경험할 수 있을 따름"이기 때문에, 크라카우어는 육체에 대한 믿음의 징후에서 치유를 본다. 사물들을 파악하면서 체득하기를 통한 "수혈"로서, "실재를 그저 손가락 끝으로 건드리기만 하는 게 아니라 (…) 그것과 악수를 할" 필요성으로서 말이다. 그리고 우리가 보면서 느끼는 사람이 되게끔 만드는 것이 영화의 일이다. "그것은 우리가 물질 세계를 그것의 심리적-신체적 상응물들을 통해 발견하는 것을 효과적인 방식으로 돕는다. 우리가 카메라를 수단 삼아 이 세계를 경험하려 함으로써, 우리는 이 세계를 문자 그대로 그것의 잠으로부터, 그것의 잠재적 비실존으로부터 일깨운다. 그리고 우리는 그것을 경험할 수 있다. 우리가 단편적이기 때문이다"(Kracauer 1964: 384ff.). 그러므로 문제는 사실적인 세계 재현이 아니라, 스스로를 미메시스적으로 비동일자적 사물에게, '우연적 사건들의 찢어진 조각'과 '폐허'에게 넘겨 버리는 비동일자적 주체의—영화 이미지로부터 고무된—자유롭게 터져 나온 물질성이다. 게어트루트 코흐는《영화의 이론》에 담긴 메시아주의적 역사철학의 여운을 이렇게 해석한다. 그러한 비동일자적 사물들에 관해 우리는 "아무런 표상도 만들지 말아야" 하며, 그것들을 "그것들의 물질성 속에 보존해야" 한다. 다시 말하자면, "시각적인 것, 즉 사물들의 제시와 상영이 시선 접촉을 만들어 냄으로써 사물들을 만지는 것을 대체한다"(Koch 1996: 139, 144).

"무구의 상태"는—아도르노는 크라카우어의 긍정적 사물화의 광학 affirmative Verdinglichungs-Optik에 관해 이렇게 말한다—"남루하고 멸시되고 자신의 목적으로부터 소외된, 빈궁한 사물들의 상태일 터이다. 그리고 오직 그것들만이 크라카우어의 의식을 체현하며, 이는 보편적 기능연관과는 다를 터이다. 그리고 그것들의 식별하기 어려운 삶을 그것들로부터 불러일으키는 것이 철학에 관한 그의 생각일 터이다. (…) 물리적 현실의 구제. 그의 리얼리즘은 이토록 별스럽다"(Adorno 1965: 108). 아도르노에게는 별스럽게 느껴지는, 불명예스러운 사물들의 무생물적 삶에 영화적으로 매달리기가 쉴립만에게는 "개인에 대한 비판"의 근본적인 가능성을 품고 있는데, 이때 "물리적 실재의 우위"는 "자기주장의 부정"에 이바지한다(Schlüpmann 1998: 120, 117). 섭책이 별스럽게도 우리가 그 안에서 "우리 자의식의 큰 부분을" 포기하고 "**우리가 객관적으로 신체적일 때 무엇을 주관적으로 느끼는가**를 인식하는" '간주관성'에 윤리학과 미학의 기초를 세우는 것 역시 비슷한 것을 표현한다. 그리고 주체-신체는 "자신의 객관적 존재에 대한 열렬한 감내와 헌신을 세계에 대한", 그리고 "육체에 대한" "귀속성의 강화로서" 경험한다. 우리 자신의 '객체성'은 우리를 "이 세상의 실존 전체의 '신성성'에 대한 갑작스러운 경외와 경의에 (…) 사로잡히게" 만든다(Sobchack 1994: 197, 203f.).

하지만 크라카우어의 '물리적 실재의 구제'의 의미는 구제할 길 없는 역사로부터 나온다. '우리'가, 아니 파시즘의 대량학살 생존자들이 오직 우연처럼만 아직 세상에 존재하는 그 순간에 말이다. 다시 말하자면, "구세주가 도래하지도 않은 채 '재앙'이 시작되었고", "몸을 돌보아야 한다는 '영화의 문화'의 과제"는 크라카우어의 대중문화에 대한 인지를 "그것의 폐기물에 대한—그럼에도 불구하고 또한 문화 산물, 즉 '영혼 없는 몸'에 대한—집중"으로 몰고 간다(Schlüpmann 1998: 107, 112f.). 그 곁미에 "죽음의 날Death Day"이라는 가제가 붙었던 자신의 에필로그에서, "폐허에 대한 크라카우어의 멜랑콜리한 시선"은 "영화를 더 이상, 스스로 성찰하고 지양하고 파괴하는, 역사적 소실점으로서의 근대 매체가 아니라 (…) 포스트모던하고 포스트-형이상학적이고 포스트-인간중심적인 죽음의 우주에 대한 인식Episteme으로서" 제시한다(Hansen 1995b: 266, Hansen 1997a: xxiv, xvi).

들뢰즈는 영화가 몸을 위로하는 게 아니라 탈진 상태를 "이전과 이후를 포함하는" 일상적 태도로 만들고 "시간의 경과를 몸에서 가시화되게" 만든다고 생각한다. 이는 "인지와 행동에서 몸의 현전을 복구하는 것이 관건이" 아니라 "우리에게 세계와 몸을 그것들의 부재를 지칭하는 것으로부터 돌려줄 수 있는 믿음"이 관건이 되는 영화에 유효하다

(Deleuze 1991: 260, 244f.). 이러한 잠재력을 마크스는 망명 공동체의 '상호문화적 영화'의 소수자적 미학에서 확인한다. "촉각적 시각성은 부재하는 몸에 대한 (…) 애도를 내포하는 반면에, 시각적 시각성은 그것을 소생시키고 완전하게 만들고자 시도한다. (…) 촉각적 시각성은 이미지를 더듬어 보려고 노력하면서 회상의 어려움을 재현해 낼 수 있다"(Marks 2000a: 191, 193). 크라카우어의 〈우리 시대의 영화Film in unserer Zeit〉는 이러한 애도 작업이 그의 몫이 되는 "생존의 주체를 찾고" 있다(Schlüpmann 1998: 105).

몸-기억, 영화, 그리고 역사

만약 파멸적인 '근대의 사건들'이 과거사의 기록들로부터 의미, 특히나 '합의/공감Kon-Sensus'을 얻어 내지 못하게 막는 문젯거리로서 지속적인 영향을 미친다면, 바로 〈포레스트 검프Forrest Gump〉(1994)나 〈타이타닉〉(1997), 〈진주만Pearl Harbor〉(2001) 같은 역사극 블록버스터가 (시대의) 역사를 파악할 수 있다. 그것은 이야기되거나 쓰이거나 논쟁거리가 된 역사에는 지나치게 '진짜가 아닌inauthentisch' 문화적 감수성을 다루고, 그러한 역사의 경험 빈곤이 지닌 체험에 대한 허기를 트라마우마적인 것의 이벤트적 성격과 담론유희를 해서 '치유'하는 문화적 감수성을 다룬다. 〈쥬라기 공원Jurassic Park〉(1993)과 〈쉰들러 리스트Schindler's List〉(1993) 사이에서 "홀로코스트는 아마도 마지막 역사 테마공원이 되어 버린 듯하다"(Elsaesser 1996: 145ff.). 문제는 역사의 죽은 질료들을 정동적 기억 속에서 전유하는 것이다.

앨리슨 랜즈버그Alison Landsberg에 따르면, 문화기술적 '보철 기억Prothesen-Gedächtnis'이라는 의미에서 체험박물관과 무엇보다 영화가 "역사를 개인적이고 심지어 신체적인 방식으로 체험하고자 하는 대중적 동경"에 전념한다. 다시 말하자면, 문화기술적 '보철기억'은 소비자에게 다른 주체와 시대의 경험들을 자신이 "소유하고 있고 자신이 그것들에 사로잡혔다고 느낄" 수 있는, 신체적으로 '설치된' 회상들로서 제공한다(Landsberg 1995: 178, 176). 랜즈버그의 경우에 역사의 보철적 '표면-체험'은 역사의 '소화시킬 수 없는 자료'를 끌어들이며, 차별화된 '공감의 윤리'를 그 맹아에 품고 있다(같은 곳: 187). 로버트 버고인Robert Burgoyne은 이러한 생각에 〈포레스트 검프〉라는 이름의 기억보철에 대한 자신의 회의적인 시각을 맞세운다. 이 블록버스터에서는 1960년대의 '새로 쓰기'가 대중적인 대행자의 '유기적 기억'을 대체하며, 그것을 '국가적 서사의 결합조직'으로서 기여하는 헤게모니적 기억에 '동화시킨다'. 밀착해서 체험된 역사에 대한 성형수술로서의 영화인 셈이다(Burgoyne 1997: 106ff.).

섭책은 '역사는 벌어진다History Happens'라는 제목 아래 〈포레스트 검프〉에 관해 쓴다. 그녀는 그 영화에서 "엿 같은 일이 벌어진다Shit Happens"는 교훈을 끄집어 낸다. 그녀는 이때 현상적 의미의 형성이 문제가 된다는 사실을 '현대적 사건Ereignis'의 서사적 규정 불충분성이라는 화이트Hayden White의 구상을 환기시키면서 다음과 같이 상술한다. "만약 역사가—엿 같은 일과 마찬가지로—'벌어진다'면, 그것은 오롯이 현재에서만 벌어진다." 그것은 "이 현재의 형체를 이루지 못한 재료로" "깊이 문제가 되는that deeply matters" 무엇인가를 만들라고 우리의 의식을 호명한다(Sobchack 1996b: 2f., 14). 역사 영화의 이미지들, 악명 높은 '로마인 곱슬머리'나 〈브레이브하트Braveheart〉에 나오는 원시적인 몸은, 역사의식의 '복기지Palimpsest' 속에 끈질기게 접혀 들어가 오랫동안 영향을 미치면서 역사의식의 살이 되어 버렸다. 섭책은 이 이미지들을 경유해 다음과 같이 생각한다. "이따금 우리에게는 그저 먼지와 머리카락 같은 현상적인

'사물들'의 재현들만 "시간성"을 잠재적 역사이자 과거의 "실존적 현존"으로서 파악할 근거로 남아 있다"(Sobchack 1999d). 역사적 지반의 먼지들에 대한 영화적 파악으로서의 피부와 머리카락을 지닌 역사. 그 지반 위에서 수염이 난 포레스트 검프나 봉발을 한 브레이브하트, 곱슬거리는 앞머리를 한 〈글래디에이터Gladiator〉(2000)의 주인공이 이미지를 가로지르며 뛰어다닌다. "역사는 머리로 걷지 않는다는 마르크스의 말은 옳다. 하지만 역사가 발로 생각하지 않는다는 사실이 덜 옳지도 않다. 아니면 오히려, 역사의 '머리'도 아니고 '발'도 아니라 역사의 몸 전체가 우리에게 문제가 된다"(Merleau-Ponty 1966: 16).

역사의식에 대한 섭책의 자유주의에는 모든 의미 형성이 역사의식에 임의로 맡겨져 있는 듯이 보인다. 그것은 정동적 신체-기억에 대한 그녀의 유물론과 혼종적인 연결 상태에 있다. 영화의 역사감각 Geschichtssinn[1]은 우리를 그러한 기억 속에 가라앉힌다. '침잠submersion'으로서의, '역사 속으로 내려가기going down in history'로서의 가라앉기는 〈타이타닉〉을 통해 우리에게 공간적-사물적 차원들의 도움으로 역사의 크기를 체험할 수 있게 해 준다. 박물관으로서의 바다와 군중과 배의 크기, 그리고 마찬가지로 기념품으로서의 소소한 개인 물품들의 노스탤지어적 가치에 의거해 말이다(Sobchack 1999e: 192ff.). 그러나 또한 역사 서사의 화려함 속으로 가라앉기도 있다. 그것이 디테일과 사건들을 소비미학적으로 의미를 담아 축적하는 것은 우리에게 역사(그것의 '실존적 무게', 순수한 '역사 만들기')를 몸으로 느낄 수 있게 해 준다. 막대한 이미지의 폭과 끝나기를 고대해야 할 정도의 영화 길이는 '잘 깨우치는 몸'에 역사적 경험을 기입한

1 Geschichtssinn은 또한 어떤 물건에 접촉하거나 접근해서 그 소유자의 사정을 통찰하는 능력, 즉 정신측정Psychometry을 뜻하기도 한다.

다. 후세를 위해〔posterity〕, 우리의 엉덩이로〔posteriors〕 말이다.

"나의 세계가 집단적 역사의 척도에 비례해 확대될 수 있도록" "과거를 향해 열려 있는" "현재를 내가 지니고 있기에 시간은 나를 위해 존재한다"—"내가 나의 시대를 살아냄/체험함er-leben으로써 나는 다른 시대들을 이해할 수 있다." "그것이 언제나 살아낸 역사인 바로 그 까닭에" 역사는 절대로 의미가 없을 수 없다(Merleau-Ponty 1966: 482, 492, 517, 510).

섭책의 영화적으로 체험한 세계와 역사의 현상학은 시간을 공간 속에서 확장된 현재로 환원하는 것을 내포하고 있다. 기억은 그녀에게 본질적으로 신체적 '재-구성원화/회상re-membering', 즉 '다시-조합하기/재구성Wieder-Zusammensetzen'이며, 그것은 예컨대 SF영화에 대한 그녀의 미학을 각인한다. 시간의 공간으로의 수축과 공간의 평면으로의 수축으로 인한 역사와 깊이의 상실에 대한 제임슨의 한탄에 상응해, 섭책은 포스트모던한 SF영화의, 디테일로 과적된 도시 공간을 시간의 물질화와 사물화라고 본다. 또는 메를로-퐁티의 말로 하자면, "자신의 시간에 있을 수 있는 것보다 지나치게 가득 차 있는" 까닭에 "어디서나 그 속에서 오로지 '지금들'만 발견되는" "객관적 세계"라고 말이다(Merleau-Ponty 1966: 468). 〈블레이드 러너Blade Runner〉(1982)의 결과로 영화들은 그때마다의 다음 공간에 대한 호기심에서 나온 운동 대신 '현재의 공간'에 대한 매혹과 몰두를 연출한다. 그리고 이 현재의 공간은 "마치 자기가 박물관인 동시에 쓰레기 하치장이기라도 한 듯이, 서사와 역사의 시간적 흐름을 수집하고 둑을 쌓아 가둔다"(Sobchack 1987: 279, 263). 공간은 재활용되는 쓰레기더미-기억의 폐기물로서 나타난다.

"모든 의미는 공간관계들 속에서 생산된다"(Sobchack 1987: 269). 이는 비단 전자 이미지의 '절대적, 표면적, 도취경陶醉境적 현재성'이 확산되는 SF영화에만 유효한 것이 아니다. 그것은 결국에는 모든 영화-경험에 대한 섭책의 이해에 유효하다. 그녀에게 문제는 "과거와 미래와의 연결로 채워져 있는 현재 속에서의 '현재성'이다. 영화는 회상과 욕망과 분위기의 주관적 시간성을 (…) 볼 수 있게 (그리고 들을 수 있게) 만들기 때문에, 그것의 특수한 역동성은 **보존**Retention와 **예측**Protention으로 〔시간 체험을〕 만들어 낸다"(Sobchack 2000a: 77). 섭책이 시간을 그저 경험된 지속이라고 이해하고 과거의 것의 보존 내지 미래의 것에 대한 예측을 단순한 '현재를 농밀하게 만들기thickening of present'로서 이해한다면, 그리고 제임슨이 현재에 대한 과거와 미래의 작용을 "시간구조물 속에서 능동적으로 앞과 뒤로 방향을 잡을"(Jameson 1986: 70f.) 줄 아는 주체의 능력으로서 공간화한다면, 시간은 애초부터 더 이상 직접 파악할 수 없다. 이에 더해 '응집력을 지닌 경험의 기표연쇄의 파손'에 관한 묵시록적 언급까지 필요로 하지 않고서 말이다.

어쨌거나 들뢰즈의 관점에서는 이렇게 보인다. 섭책은 다시금 들뢰즈의 영화책들을 자기 스스로를 부정하는 현상학이라고 비꼬면서 오해하고, 들뢰즈가 '자연적' 인지와 영화-인지의 차이를 강조하는 것을 영화의 환영장치에 대한 정신분석학적 비판과 싸잡아 취급하며 혼동한다. 그리고 그녀는 다음과 같이 확언한다. 주체성과 영화가 "기초를 두고 있는" 것은 "시간이 아니라 공간이다—객관적인 몸-주체로서 체험한, 그리고 그것을 통해 체험한 의미공간, 상황의 역사적 공간 말이다"(Sobchack 1997a: 230f., Sobchack 1992: 30f.). 이러한 결정적인 논점에서 현상학적인 몸의 세계에의-존재와 기관 없는 신체의 세계와 함께 되기 사이의 거리가—섭책의 영화적으로 체험된 역사의 현재와 들뢰즈의 현재들로 분열하는 '외부의 기억'의 도움을 받아—펼쳐진다.

"이 영화들에서는 아무-것no-thing도 소실되지 않는다. 모든-것everything이 남는다." '포스트미래주의적' SF영화 속 공간은 물질문화를 가치 '자체'로서 '수집하고', 자신의 축적하고 보존하고 변형하고 재활용하는 능력의 힘으로 문화적 인공물들을 그것들이 시간과 기능을 통해 과잉 규정되는 것으로부터 구제한다(Sobchack 1987: 262f.). 보존하는 기억으로서의 공간, 이것은 또한 섭책의 누아르영화의 '라운지' 시공간들에도 유효하다. 집의 옛 응집성이 "파열되고, 흩어지고, 구체적으로 기억/재가입되는" 바로 그 다른 어떤 곳에도 말이다(Sobchack 1998a: 146). '어슬렁대기 Abhängen'로 통과 시간이 끝나기를 기다리는 것의 역사감각에 대한 질문에서는 누아르영화의 나이트클럽, 술집, 호텔, 기차역에 관해 오늘날의 여가 문화에서 라운징Lounging뿐 아니라 레트로-미학적 재활용을 선호하는 데 대한 링크를 생각해 볼 수 있다. 혹은 "시공간이 말하자면 우리 눈앞에서 무너져 내리는" 그곳에 대한 링크를 생각해 볼 수도 있겠다. "그것은 의미로 채워진 시공간적 단위에서 우연한 만남을 위한 일종의 집결지로 바뀐다—예컨대 기차역의 대기실처럼 말이다"(Kracauer 1971: 142).

크라카우어에게 경험으로서의 역사 연구의 공간은 '대기실Vorraum'이며, 그곳에서 역사는—마지막 사물들에 대한 예술과 철학의 시선과는 달리—'끝에서 두 번째' 것들에 전념한다. 그리고 관건은 일반성을 목표로 하는 담론과 실천의 사이공간에서 "이름 없는 가능성들을 이론적으로 증명"해 내는 일이다(Kracauer 1971: 179, 199). 데이비드 로도윅David Rodowick이 보기에 크라카우어에게서 역사적인 앎은 바로 그것의 '혼종적 특성'에 자신의 '구제'의 토대를 지니고 있다. 정동과 개념 사이의, 그것의 '비동질적 구조'는 체계적 사유에 적합한, 살아 낸 경험의 망각을 그것이 피할 수 있게 해 준다(Rodowick 1987: 132, 139).

"만약 역사가 학문이라면, 그것은 다른 학문이다." 크라카우어는 《영화의 이론》에 (자구까지 자주 동일하게 표현되도록) 상응해 역사를 하나의 다른 예술로서 묘사한다. 영화와 사진은 "우리의 추상성 (…) 극복을 도

우며 (…) 사물들에 관해 사유하는 대신 사물들을 **통해** 사유하도록 우리를 돕는다. 〔그것들은〕 우리에게 외적 세계의 일시적 현상들을 체득하고 그러한 방식으로 그것들을 망각으로부터 구해 내기 쉽게 해 준다. 역사에 관해서도 비슷한 말을 할 수 있을 법하다"(Kracauer 1971: 38, 180). 영화의 '사진적 접근'에서는 형성하는 주체성이 물리적 실재의 비규정성에 부딪혀 부서진다. 그리고 "실질적으로 무한하고 우연하며 규정되지 않은 **생활세계**"(Kracauer 1971: 182)를 이해하기 위한 '역사적 접근'에서는 "역사적 글쓰기와 해석하기의 형성적 · 구상적 활동"에 "역사의 자료에 대한 (…) 몰입을 통한 역사가의 주체성의 변형"이 맞세워진다(Rodowick 1987: 124).

영화와 역사의 유물론들의 상호 인접성은 또한 쉴립만의 크라카우어 해석에서 제기된 문제의 가능성도 품고 있다. "만약 영화가 역사를 내면성으로부터 구출해 낸다면, 그것은 오로지 역사를 부정하는 현재 속으로만", 즉 물리적 실재 속으로만 그럴 수 있다(Schlüpmann 1998: 116). 하지만 어쩌면 크라카우어야말로 역사를 여기 이곳에의 정박에서 풀어놓아 주는 것이라고 생각할 수 있게, 더 나아가 시간을 현재의 쪼개짐으로서, 주체의 자기변용Selbstaffektion과 달리-되기로서 생각할 수 있게 만드는지도 모른다. 크라카우어는 역사기록적인 '현재-관심'의 진술, '자기 시대의 자식'으로서의 역사가의 진술을 다음과 같이 거부한다. "원래 그는 적어도 두 시대의 자식이다—자기 자신의, 그리고 그가 탐구하는 시대의. 그의 정신은 (…) 고정된 거처 없이 이리저리 떠돈다." 그 이유는 "역사가 그 밖에도 소외의 수단이라는 점에서 사진과 〔같기〕" 때문이다. 다시 말하자면 역사는 과거를 향한 발견하는 시선에 영화가 우리의 감응된 인지에 요구하는 것과 동일한, '육감Gespür'으로서의 '능동적 수동성'과 '모든 감각들을 곤두세운' 수용을 요구한다. 게다가 역사가는 "오로지 자기말살과 실향의 상태에서만 자기와 관련된 자료들과 소통할 수 있다. (…) 전거들에 의해 환기된 세계 속의 이방인으로서 그는 그것들의 표면현상들을 파고들어 가라는 임무를—망명의 의무를—부여받았음을 깨닫는다." 이러한 (영화 이미지–몸에 주체를 넘겨줘 버리는 것을 모방한) '자기말소'에서는 비단 탈영토성으로서 시간 전환을 공간화하는 것뿐 아니라 과거의 자료들 속으로 향하는, 그리고 되돌아오는, '여행' 중의 '정체성 전환'도 문제가 된다(Kracauer 1971: 67f., 93, 16, 85f, 91f.).

더들리 앤드류스Dudley Andrews의 영화의 역사해석학도 유사한 방향을 목표로 삼는다. 역사는 "나르시시즘에서 시작하지만, 자기–부정에 열려 있다". 역사기록적 이해는 "옛날 영화들"과의, 다른 세계와 인지 방식들과의 "우연한 만남"에서 출발한다. 그리고 그것들의 "차이들이 우리에게 우리의 현존재와는 다르게 될 가능성을 약속해 준다"(Andrews 1986: 22ff., 38).

"역사 철학의 문제는 오로지 인지 문제가 해결된 다음에만 해결될 것이다"(Merleau-Ponty 1986: 252). 역사에 대한 인지하는 이해는 "개별적인 것들의 구성 속으로의 침잠"(Kracauer 1971: 199)이며, 단편적인 낯섦과 물리적인 실재로서의 역사적 실재의 외형적인 면에 대한 미메시스다(Rodowick 1987: 117ff.). 말년의 크라카우어는 1927년에 발표된 자신의 사진 논문에 나오는 생각을 다음과 같이 영화에 대한 역사 경험의 유사성으로부터 끌어다 이용한다. "사진으로의 전환은 역사의 **바방크**Vabanque 게임[2]이다"(Kracauer 1963: 37).

코흐는 이렇게 말한다. 역사는 모든 것을 이미지에 걸고, 그 속에서는 "자연토대 자체가, 겹쳐진 의미 없이, 발현한다". 그리고 "이미지 속 사물 세계의 구제가 곧 역사가가 형성하고 작성하는 수집품과 역사 속 사

2 18세기에서 19세기에 유행했던 카드 행운게임인 파로Pharo에서 쓰이는 개념으로, 한 참가자가 현 시점에 자기가 지닌 액수를 전부 거는 것을 뜻한다.

물들의 지양Aufhebung[3]이다"(Koch 1996: 131, 149). 사진의 능력은 "인간으로부터 독립성을 지닌 저승 세계"의 "수집품 목록"에서 드러나고, 영화의 구제의 미학은 이미지-사물에 대한 신체 접촉에서 드러나며, 그래서 스스로를 "최소의 사실들의 완벽한 수집"으로서 이해하는 역사 연구는 "망자에 대한 연민Mitleid"을 특징으로 한다(Kracauer 1963: 37f., 1971: 130). 니체가 '보존하는 역사'에서 문제 삼았던 '수집광'과 '곰팡내'에서는, 신역사주의New Historicism와 제임스 카메론이나 스티븐 스필버그에게 친숙한, "망자들을 말하게", 심지어 "다시 소생시키려는" 소망이 눈을 뜬다(Kracauer 1971: 72, 81).

참고문헌

ADORNO, Theodor W. 1965: »Der wunderliche Realist. Über Siegfried Kracauer«. In: Ders.: *Noten zur Literatur III*. Frankfurt a.M.: Suhrkamp, S. 83-108.

ANDERSON, Benedict 1996: *Die Erfindung der Nation: Zur Karriere eines folgenreichen Konzepts* [1983]. Frankfurt a.M., New York: Campus.

ANDREW, Dudley 1985: »The Neglected Tradition of Phenomenology in Film Theory« [1978]. In: Bill Nichols(Hrsg.): *Movies and Methods. Volume II*. Berkeley, Los Angeles, London: University of California Press, S. 626-632.

_____ 1986: »Hermeneutics and Cinema: The Issue of History«. In: *Studies in the Literary Imagination* XIX, 1, S. 21-38.

BENJAMIN, Walter: »Das Kunswerk im Zeitalter seiner technischen Reproduzierbarkeit« [1936]. In: Ders.: *Illuminationen. Ausgewählte Schriften 1*. Frankfurt a.M.: Suhrkamp 1977, S. 136-169.

BELL, Jeffrey A. 1994: »Phenomenology, Poststructuralism, and the Cinema of Time«. In: *Film and Philosophy* 2, Website: www.hanover.edu/philos/film/vol_02

BUCK-MORSS, Susan 1992: »Aesthetics and Anaesthetics: Walter Benjamin's Artwork Essay Reconsidered«. In: *October* 62, S. 3-41.

3 여기서 지양은 변증법의 개념으로, 소멸과 보존을 동시에 뜻한다.

BUKATMAN, Scott 1995: »The Artificial Infinite: On Special Effects and the Sublime«. In: Lynne Cooke, Peter Wollen (Hrsg.): *Visual Display: Culture Beyond Appearances*. Seattle: Bay Press, S. 255-289.

BURGOYNE, Robert 1997: *Film Nation: Hollywood Looks at U.S. History*. Minneapolis, London: University of Minnesota Press.

CARROLL, Noël 1997: »Kracauer's *Theory of Film*«. In: Peter Lehmann (Hrsg.): *Defining Cinema*. New Brunswick: Rutgers University Press, S. 111-131.

CASEBIER, Allan 1991: *Film and Phenomenology. Toward a Realist Theory of Cinematic Representation*. Cambridge, New York, Melbourne: Cambridge University Press.

CHION, Michel 1999: »Sanfte Revolution... und rigider Stillstand« [1987]. In: *Meteor* 15, S. 35-46.

CLOVER, Carol J. 1992: *Men, Women, and Chain Saws. Gender in the Modern Horror Film*. Princeton University Press.

CORRIGAN, Timonthy 1991: *A Cinema Without Walls: Movies and Culture After Vietnam*. London.

DELEUZE, Gilles 1989: *Das Bewegungs-Bild. Kino 1*. [1983] Frankfurt a.M.: Suhrkamp.

_____ 1991: *Das Zeit-Bild. Kino 2*. [1985] Frankfurt a.M.: Suhrkamp.

_____ 1992a: *Differenz und Wiederholung*. [1968] München: Fink.

_____ 1992b: *Foucault*. [1986] Frankfurt a.M.: Suhrkamp.

_____ 1995: *Francis Bacon – Logik der Sensation*. [1984] München: Fink.

DELEUZE, Gilles/GUATTARI, Félix 1977: *Anti-Ödipus. Kapitalismus und Schizophrenie 1*. [1972] Frankfurt a.M.: Suhrkamp.

_____ 2000: *Was ist Philosophie?* [1991] Frankfurt a.M.: Suhrkamp.

ELSAESSER, Thomas 1996: »Subject Positions, Speaking Positions: From HOLOCAUST, OUR HITLER, and HEIMAT to SHOAH and SCHINDLER'S LIST«. In: Vivian Sobchack (Hrsg.): *The Persistence of History. Cinema, Television, and the Modern Event*. New York, London: Routledge, S. 145-183.

_____ 1998: »Specularity and engulfment. Francis Ford Coppola and BRAM STOKER'S DRACULA«. In: Steve Neale, Murray Smith (Hrsg.): *Contemporary Hollywood Cinema*. London, New York, S. 191-208.

FOUCAULT, Michel 1987: »Nietzsche, die Genealogie, die Historie« [1971]. In: Ders.: *Von der Subversion des Wissens*. Frankfurt a.M.: Fischer, S. 69-90.

GROSSBERG, Lawrence 2000: »Globalisierung, Medien und Agency«. In: Ders.: *What's Going on? Cultural Studies und Popularkultur*. Wien: Turia + Kant, S. 287-315.

GUNNING, Tom 1991: »Enigmas, Understanding, and Further Questions: Early Cinema Research in Its Second Decade Since Brighton«. In: *Persistence of Vision* 9, S. 4-9.

_____ 1994: »Horror Vacui. André de Lorde und das Melodram der Sensationen«. In: Christian Cargnelli, Michael Palm (Hrsg.): *Und immer wieder geht die Sonne auf. Texte zum Melodramatischen im Film.* Wien: PVS, S. 235-252.

_____ 1995: »An Aesthetic of Astonishment: Early Film and the (In)Credulous Spectator« [1989]. In: Linda Williams (Hrsg.): *Viewing Positions: Ways of Seeing Film.* New Brunswick: Rutgers University Press, S. 114-133.

_____ 1996: »Das Kino der Attraktionen. Der frühe Film, seine Zuschauer und die Avantgarde« [1986]. In: *Meteor* 4, S. 25-34.

HANSEN, Miriam 1987: »Benjamin, Cinema and Experience: ›The Blue Flower in the Land of Technology‹«. In: *New German Critique* 40, S. 179-224.

_____ 1993: »›With Skin and Hair‹: Kracauer's Theory of Film, Marseille 1940«. In: *Critical Inquiry* 19, S. 437-469.

_____ 1995a: »Early Cinema, Late Cinema: Transformations of the Public Sphere« [1993]. In: Linda Williams (Hrsg.): *Viewing Positions: Ways of Seeing Film.* New Brunswick: Rutgers University Press, S. 134-152.

_____ 1995b [Miriam Bratu Hansen]: »Dinosaurier sehen und nicht gefressen werden: Kino als Ort der Gewalt-Wahrnehmung bei Benjamin, Kracauer und Spielberg«. In: Gertrud Koch (Hrsg.): *Auge und Affekt. Wahrnehmung und Interaktion.* Frankfurt a.M.: Fischer, S. 249-271.

_____ 1997a [Miriam Bratu Hansen]: »Introduction«. In: Siegfried Kracauer: *Theory of Film. The Redemption of Physical Reality.* [1960] Princeton University Press, S. vii-xlv.

_____ 1997b [Miriam Bratu Hansen]: »SCHINDLER'S LIST Is Not SHOAH: The Second Commandment, Popular Modernism, and Public Memory« [1996]. In: Yosefa Loshitzky (Hrsg.): *Spielberg's Holocaust. Critical Perspectives on SCHINDLER'S LIST.* Bloomington: Indiana University Press, S. 77-103.

JAMESON, Fredric 1986: »Postmoderne – zur Logik der Kultur im Spätkapitalismus« [1984]. In: Andreas Huyssen, Klaus R. Scherpe (Hrsg.): *Postmoderne: Zeichen eines kulturellen Wandels.* Reinbek bei Hamburg: Rowohlt, S. 45-102.

KOCH, Gertrud 1996: *Kracauer zur Einführung.* Hamburg: Junius.

KRACAUER, Siegfried 1963: »Die Photographie« [1927]. In: Ders.: *Das Ornament der Masse.* Essays. Frankfurt a.M.: Suhrkamp, S. 21-39.

_____ 1964: *Theorie des Films. Die Errettung der äußeren Wirklichkeit.* [1960] Frankfurt a.M.: Suhrkamp.

_____ 1971: *Geschichte – Vor den letzten Dingen.* [1969] Frankfurt a.M.: Suhrkamp.

_____ 1974a: »Der historische Film« [1940]. In: Ders.: *Kino. Essays, Studien, Glossen zum Film.* Frankfurt a.M.: Suhrkamp, S. 43-45.

_____ 1974b: »Das Grauen im Film« [1940]. In: Ders.: *Kino. Essays, Studien, Glossen zum Film.* Frankfurt a.M.: Suhrkamp, S. 25-27.

LANDSBERG, Alison 1995: »Prosthetic Memory: TOTAL RECALL and BLADE RUNNER«. In: Mike Featherstone, Roger Burrows (Hrsg.): *Cyberspace/Cyberbodies/Cyberpunk: Cultures of Technological Embodiment.* London, Thousand Oaks, New Delhi: Sage, S. 175-189.

LANT, Antonia 1995: »Haptical Cinema«. In: *October* 74, 1995, S. 45-73.

MARKS, Laura U. 2000a: *The Skin of the Film. Intercultural Cinema, Embodiment, and the Senses.* Durham, London: Duke University Press.

_____ 2000b: »Signs of the Time. Deleuze, Peirce and the Documentary Image«. In: Gregory Flaxman (Hrsg.): *The Brain Is the Screen. Deleuze and the Philosophy of Cinema.* Minneapolis, London: University of Minnesota Press 2000, S. 193-214.

MERLEAU-PONTY, Maurice 1966: *Phänomenologie der Wahrnehmung.* [1945] Berlin: de Gruyter.

_____ 1969: »Das Kino und die neue Psychologie« [1965]. In: *filmkritik* 11, S. 695-702.

_____ 1986: *Das Sichtbare und das Unsichtbare.* [1964] München: Fink.

METZ, Christian 1972: *Semiologie des Films.* München: Fink.

MICHELSON, Annette 1969: »Bodies in Space: Film as ›Carnal Knowledge‹ «. In: *Artforum* 8, 6, S. 54-63.

NOCHIMSON, Martha P. 1997: *The Passion of David Lynch. Wild at Heart in Hollywood.* Austin: University of Texas Press.

PALM, Michael 1994: »Was das Melos mit dem Drama macht. Ein musikalisches Kino«. In: Christian Cargnelli, Michael Palm (Hrsg.): *Und immer wieder geht die Sonne auf. Texte zum Melodramatischen im Film.* Wien: PVS, S. 211-232.

RIES, Marc 1992: »Encore. En corps. Die wiedererfundene Doxa im Feld der kinematographischen Körper«. In: Karl Sierek, Gernot Heiß (Hrsg.): *und²*. *Texte zu Film und Kino.* Wien: PVS, S. 13-21.

_____ 1993: »Myosis. Gena Rowlands ist Gena Rowlands. Zum filmischen Körperspiel am Beispiel von A WOMAN UNDER THE INFLUENCE«. In: Andrea Lang, Bernhard Seiter (Hrsg.): *John Cassavetes. DirActor.* Wien: PVS, S. 91-106.

ROBNIK, Drehli 1999: »Der Würgeengel der Geschichte. Walter Benjamin über GODZILLA und HALLOWEEN«. In: *Meteor* 14, S. 48-58 .

RODOWICK, D.N. 1987: »The Last Things Before the Last: Kracauer and History«. In: *New German Critique* 41, S. 109-139.

SCHLÜPMANN, Heide 1998: *Ein Detektiv des Kinos: Studien zu Siegfried Kracauers Filmtheorie.* Basel, Frankfurt a.M.: Stroemfeld.

SINGER, Linda 1990: »Eye/Mind/Screen: Toward a Phenomenology of Cinematic Scopophilia«. In: *Quarterly Review of Film and Video* 12, 3, S. 51-67.

SOBCHACK, Vivian 1982a: »Toward Inhabited Space: The Semiotic Structure of Camera Movement in the Cinema«. In: *Semiotica* 41–1/4, S. 317-335.

_____ 1982b: »The Violent Dance: A Personal Memoir of Death in the Movies« [1974]. In: Michael T. Marsden, John G. Nachbar, Sam L. Grogg jr. (Hrsg.): *Movies as Artifacts: Cultural Criticism of Popular Film*. Chicago: Nelson-Hall, S. 189-198.

_____ 1987: *Screening Space. The American Science Fiction Film*. New York: Ungar.

_____ 1988: »The Scene of the Screen: Beitrag zu einer Phänomenologie der ›Gegenwärtigkeit‹ im Film und in den elektronischen Medien«. In: Hans Ulrich Gumbrecht, K. Ludwig Pfeiffer (Hrsg.): *Materialität der Kommunikation*. Frankfurt a.M.: Suhrkamp, S. 416-428.

_____ 1990: »›Surge and Splendor‹: A Phenomenology of the Hollywood Historical Epic«. In: *Representations* 29, S. 24-49.

_____ 1991a: »Baudrillard's Obscenity«. In: *Science-Fiction Studies* 18, S. 327-329.

_____ 1991b: »Child/Alien/Father: Patriarchal Crisis and Generic Exchange« [1987]. In: Constance Penley, Elisabeth Lyon, Lynn Spiegel, Janet Bergstrom (Hrsg.): *Close Encounters: Film, Feminism, and Science Fiction*. Minneapolis, Oxford: University of Minnesota Press, S. 3-30.

_____ 1992: *The Address of the Eye. A Phenomenology of Film Experience*. Princeton, Newjersey: Princeton University Press.

_____ 1994: »Die Materie und ihre Passion. Prolegomena zu einer Phänomenologie der Interobjektivität«. In: Christoph Wulf, Dietmar Kamper, Hans Ulrich Gumbrecht (Hrsg.): *Ethik der Ästhetik*. Berlin: Akademie, S. 195-205.

_____ 1995: »Beating the Meat/Surviving the Text, or How to Get Out of this Century Alive«. In: Mike Featherstone, Roger Burrows (Hrsg.): *Cyberspace/Cyberbodies/Cyberpunk: Cultures of Technological Embodiment*. London, Thousand Oaks, New Delhi: Sage, S. 205-214.

_____ 1996a: »What My Fingers Knew: The Cinesthetic Subject, or Vision in the Flesh«. Vortragsmanuskript, Symposion »film [SUBJECT] theory«, Wien.

_____ 1996b: »Introduction: History Happens«. In: dies. (Hrsg.): *The Persistence of History. Cinema, Television, and the Modern Event*. New York, London: Routledge, S. 1-14.

_____ 1997: »Film«. In: Lester Embree u.a. (Hrsg.): *Encyclopedia of Phenomenology*. Dordrecht: Kluwer, S. 226-232.

_____ 1998a: »Lounge Time: Postwar Crises and the Chronotope of Film Noir«. In: Nick Browne (Hrsg.): *Refiguring American Film Genres: History and Theory*. Berkeley, Los Angeles,

London: University of California Press, S. 129-170.
_____ 1998b: »Die Einschreibung ethischen Raums – Zehn Thesen über Tod, Repräsentation und Dokumentarfilm« [1984]. In: Eva Hohenberger (Hrsg.): *Bilder des Wirklichen: Texte zur Theorie des Dokumentarfilms.* Berlin: Vorwerk 8, S. 183-215.
_____ 1999a: »Cities on the Edge of Time: The Urban Science Fiction Film«. In: Annette Kuhn (Hrsg.): *Alien Zone II: The Spaces of Science Fiction Cinema.* London, New York: Verso, S. 123-143.
_____ 1999b: »›Is any body home?‹ embodied imagination and visible evictions«. In: Hamid Naficy (Hrsg.): *home, exile, homeland, film, media, and the politics of place.* New York, London: Routledge, S. 45-61.
_____ 1999c: »Scary Women. Cinema, Surgery, and Special Effects«. In: Kathleen Woodward (Hrsg.): *Figuring Age: Women, Bodies, Generations.* Bloomington: Indiana University Press, S. 200-211.
_____ 1999d: »The Insistent Fringe: Moving Images and the Palimpsest of Historical Consciousness« [1997]. *Screening the Past* 6, 1999. Website: http://www.latrobe.edu.au/screeningthepast/
_____ 1999e: »Bathos and the Bathysphere: On Submersion, Longing, and History in TITANIC«. In: Kevin S. Sandler, Gaylyn Studlar (Hrsg.): *Titanic: Anatomy of a Blockbuster.* New Brunswick, London: Rutgers University Press, S. 189-204.
_____ 2000a: »The Scene of the Screen: Envisioning Cinematic and Electronic ›Presence‹ «. In: Robert Stam, Toby Miller (Hrsg.): *Film and Theory. An Anthology.* Maiden, Oxford: Blackwell, S. 67-84.
_____ 2000b: »Introduction« und »›At the Still Point of the Turning World‹: Meta-Morphing and Meta-Stasis«. In: dies (Hrsg.): *Meta-Morphing: Visual Transformation and the Culture of Quick-Change.* Minneapolis, London: University of Minnesota Press, S. xi-xxiii, 131-158.
TOMASULO, Frank P 1998: »The Text-in-the-Spectator: The Role of Phenomenology in an Eclectic Theoretical Methodology«. In: *Journal of Film and Video* 40, 2, S. 20-32
WALDENFELS, Bernhard 1999: *Sinnesschwellen. Studien zur Phänomenologie des Fremden* 3. Frankfurt a.M.: Suhrkamp.
_____ 2000: *Das leibliche Selbst. Vorlesungen zur Phänomenologie des Leibes.* Frankfurt a.M.: Suhrkamp.
WHITE, Hayden 1996: »The Modernist Event«. In: Vivian Sobchack (Hrsg.): *The Persistence of History. Cinema, Television, and the Modern Event.* New York, London: Routledge, S. 17-38.
WILLIAMS, Linda 1994: »Learning to Scream«. In: *Sight and Sound* 12, S. 14-17.
_____ 1995a: »Film Bodies: Gender, Genre, and Excess« [1991]. In: Barry Keith Grant (Hrsg.): *Film Genre Reader II.* Austin: University of Texas Press, S. 140-158.

_____ 1995b: »Corporealized Observers: Visual Pornographies and the ›Carnal Density of Vision‹ «. In: Patrice Petro (Hrsg.): *Fugitive Images: From Photography to Video*. University of Wisconsin, S. 3-41.

영화 분석

〈라이언 일병 구하기Saving Private Ryan〉

미국 | 1998 | 감독 스티븐 스필버그

드렐리 로브닉

미국영화연구소American Film Institue '이사회Board of Trustees'에는 비비안 섭책 바로 밑에 스티븐 스필버그가 등록되어 있다. 이따금씩 그녀는 그에 관해서도 글을 쓴다. 그래서 예컨대 스필버그와 조지 루카스의 영화에 나타난 남성 주체성의 '소아증적' 재설정에 대한 섭책의 이데올로기 비판은 미국이 베트남에서 한 경험, 특히 "아이들과 아이 같은 사람들"에 대한 공격의 반동적인 가공과 해석 변경을 기술한다(Sobchack 1991b: 14, 17). 서구의 우리는 〈스타워즈〉(1977)에서처럼 평범한 사람들과 무구한 사람들과의 연맹 이미지에서, 그리고 〈미지와의 조우〉(1977)와 〈이티E.T. The Extra-Terrestrial〉(1982)에서처럼 놀라워하고 아이 같은 순진함이라는 특성에서 우리 자신을 역행적으로 새로이 상상한다. 섭책은 SF영화 논문에서 스필버그의 '놀라워하기의 도상학'을 '외계인'이 '우리'에게는 사라져 버린 인간성을 체현하는, 앞서 언급한 영화들의 메타-휴머니즘과 연결시킨다(Sobchack 1987: 284, 294). 이러한 생각의 조명 아래서는 〈라이언 일병 구하기〉의 침공이 외계인의 침공으로 나타난다. 크라카우어가 역사극 영화에 관해 "현재의 피조물, 영화는 이방인으로서 과거로 침투한다"(Kracauer 1974a: 44)고 말했던 것과 마찬가지로 말이다.

〈라이언 일병 구하기〉는 놀라워하는 낯섦과 되찾은 무구함의 입장에서 역사 자료에 침투하는 것을 다룬다. 이 영화는 대중치료적 기억보철로서 과거의 감각 자원들에 대한 새로운 정동적 결속을 만들어 내고자 한다. 그런데 과거는 다름 아니라 자신의 다큐멘터리적 재현과 허구적 재현이 넘쳐나는 통에 역사의 진짜가 아닌 것과 추상적인 것 속에서 사멸할 위기에 처해 있다. 그러한 까닭에 과거의 것의 (재)전유는 바로 그것의, 의미가 비워지고 파괴적인 낯섦과의 대질에서 시작된다. 전쟁영화와 반전영화의 쓸데없는 구분 너머에서 톰 행크스Tom Hanks와 그의 전우들이 노르망디 모래밭에서 역사의 미지의 땅에―(섭책과 크라카우어와 더불어) 선명하게 표현하자면 역사의 원료로서의 먼지와 오물 속에서, 죽음의 날로서의 D-데이를 고스란히 사후체험하면서―가혹하게 상륙하는 것의 '리얼리즘'이 수행된다.

15분 동안의 상륙 시퀀스는 대상적인 신체와 그 신체 세계의 황폐화를 보여 줄 뿐 아니라, 체현된 세계에의 존재를 우리에게 역사적 질료의 우연성과 격동 속으로의 몰입으로서 제공하기도 한다. 핸드카메라

의 흔들림, 다급한 패닝과 편집, 수많은 격렬한 음향을 통한 사운드트랙의 천공이 자신의 신체성의 거리 없는 현장-한가운데-있음으로 환원되는 영화적 주체성을 신체적 직조의 매개체로 만든다. 등장인물들의 지각은 촉각적 정동과 전율로서 우리의 인지에 전해진다. 주체가 이렇게 '자연토대'로, 즉 이미지 속의 고통스러워하는 몸과 이미지 앞의 괴롭힘을 당한 몸의 사물성으로 전향하는 것은 섭책의 고통윤리학과 "역사는 아프게 하는 것이다History is what hurts"라는, 그 안에서 즐겨 인용된 제임슨의 격언을 예증한다. 사건이 행동하는 자아의 서사적-역사적 목적인Telos으로부터 풀려남으로써—이는 D-데이 스펙터클인 〈지상 최대의 작전The Longest Day〉(1962)의 시간의식을 지닌 영웅주의와 비교해 볼 만하다—영화-경험의 신체적 대화로부터 육체 체험의 살덩이 속의 '열정적 간객관성'이 나타난다.

비목적론적 역사는 "어떻게 역사가 몸을 갉아먹는가"를 보여 줄 수 있다. "몸에는 사건들이 각인된다. (…) 몸에서 자아가 소멸된다"(Foucault 1987: 75). 〈라이언 일병 구하기〉에 나타난 역사의 세력물리학에서 시각적 (자)의식이 해체되는 것은, 타인의 고통을 '자신의 몸에서' 추체험하는 섭책의 연민의 윤리학적 관점에서 보자면 인지하고 참여하는, 과거에 대한 이해의 현상학적 수립 행위로서 파악될 수 있다. 유사한 방식으로 여기서는 (흙과 피와 비가 렌즈에 튀기면서) 카메라-시각성의 촉각적 굴절과 무엇보다 톰 행크스의 청각과 시각이 중지되는 저 줄거리 시점이 크라카우어가 말하는 영화를 인지하는 자아의 파괴에 상응한다. 다시 말하자면, 속수무책에다 떠돌면서, 유혈 낭자한 바닷물에서 뭍으로 떠밀려 간, 행동 능력을 상실한 등장인물에 대한 진동하는 고속촬영에 담긴 인지는 주체의 시각적·청각적 '시점point of view'을 가리키기보다는—"영화에서는 하나의 **시점**이 있을 수 없다"(Sobchack 1988: 423)—주체가 세계에

서 난감한 상황에 처해 있음을, 낯설고 트라우마적인 과거의 자식으로서의 진정한 '세계에의 도래/탄생Zur-Welt-Kommen'을 환기시킨다.

그렇지만 〈라이언 일병 구하기〉의 이 '경험의 영점'에서는 단지 (들뢰즈의 '시각적-청각적 상황'의 의미에서의) 민감성의 새로운 형성뿐 아니라 역사의 재서사화로서의, 행동 능력을 지닌 주체성의 복구 또한 시작된다. "의식"은—막 "순간들에 의해 먼지가 되도록 으깨어져"—"모든 안정과 모든 움직임의 '토대'로서 인지"를 재발견한다(Merleau-Ponty 1966: 497, 488). 먼지는 응집력 있는 정체성의 토대로서 영토화된다. 톰 시즈모어Tom Sizemore가 연기한 병장이 상륙에 성공한 뒤에 "아프리카"와 "이탈리아"라고 이름 붙여진 모래-깡통과 나란히 보관하려고 "프랑스"라고 라벨이 붙은 깡통에 담는 모래처럼 말이다. 〈글래디에이터〉의 주인공Titelheld은 역사의 모래밭을 느끼는 것에서의 그러한 자기현재화를 차라리 싸움 전에 처리한다.

영화가 "고대 아레나에서의 유혈 낭자한 검투사 싸움이나 **그랑기뇰**의 전율극들"에 첨가하는 것은 "그렇지 않았더라면 내면의 흥분 속에 가라앉았을 것의 (…) 가시성이다. (…) 그러니까 영화는 내면적으로 휘저어진 목격자를 의식적 관찰자로 바꿔 놓기를 목표로 삼으며", "현실에서는 표상할 수 없는 것을 볼거리Schauobjekt로 만든다. 끔찍한 것의 급작스러운 폭로가 처음에는 센세이션으로 작용하는 것은 불가피하다"(Kracauer 1964: 92, 1974b: 26f.). 스필버그의 영화에서 감각적 방향 잡기를 회복하는 명확한 순간은, 크라카우어의 교육적인 공포의 미학이 신화로 해석했던 바를 다음과 같이 행동으로서의-인지로 옮겨 놓는다. "영화 스크린은 아테네의 반짝이는 방패다." 그 속에서 페르세우스는 메두사를 볼 수 있었고, 그런 다음 그것의 머리를 베어 버렸다. 크라카우어가 다음과 같이 쓸 때, 그는 전쟁영화 및 "나치 집단수용소에 관한 영화"와 연관을 맺는다. "공포의 거울 이미지들은 자기목적이다." 그것을 "바라봄으로써—그리고 그것은 경험을 뜻한다—우리는 끔찍한 것을 경악과 환상의 베일 뒤에서 그것이 지니는 불가시성으로부터 풀어놓는다"(Kracauer 1964: 395f.). 스필버그의 경우에, 공포에 굳어 버린 미군들은 그들이 적군의 포화 발원지를 알아챌 때에만 그것을 극복할 수 있다. 행크스가 엄폐지에서 총알이 날아오는 쪽으로 손거울을 꺼내듦으로써 포착하는 간접 이미지는 은폐된 독일의 기관총 진지를 처음으로 볼거리로 만들고, 그래서 그것을 능동적으로 극복할 수 있게 해 준다.

"만약 '경험하다'가 '응시하다'를 뜻한다면, 집단학살은 오로지 그것이 시각화될 수 있는 한에서만 경험될 수 있을 것이다. 시각화될 수 있는 것은 오직 (…) 물리적인 사물의 세계에 속하는 것뿐이다"(Koch 1996: 145).

행크스의 거울이 다수의 스필버그 영화에서 우리를 뒤쫓고 있는 것을 보여 주는 저 '후면경'으로서 기능하듯이, 〈라이언 일병 구하기〉는 오로지 추념의 회고로부터만 구원을 허용한다. 그의 구조자 여섯 명의 목숨을 대가로 치른 한 병사의 부조리한 구출은 파시즘으로부터 유럽을 해방하는 것을 대신해 나타났는데, 그러한 구출은 오로지 회고를 선취해야만 의미 있게 된다. "언젠가 우리는 이 일을 되돌아보고, 라이언 일병을 구하는 일이 우리가 이 모든 지독하고 형편없는 엉망진창에서 건져낼 수 있었던 유일한 온당한 것이었노라고 판결할지도 모르지." 폐허 속에서 톰 시즈모어가 선취하는 자기성찰이 "기적"이라 부르는 바를 영화는 물리적 고통의 경험에도 역시 실천에 옮긴다. 이 경험은 현재가 그것을 역사의 의미에 추가해 넣음으로써 감각 상실의 쇼크 체험으로부터 자유로워진다. 해변은 기억의 장소, 역사의 땅Historyland이 되었다. 틀이야기에서 군인묘지에서 전쟁세대 앞에 무릎을 꿇는 일은 "우연을 운명으로 변화시키는 민족사회주의의 기적"과 유사하게 소급적인 변화를 완성한다(Anderson 1996: 20). 미쳐 날뛰듯 말살당한 몸들은 라이언의 한데 모인 가족들의 몸에서 환생하고, 후자는 색이 바래기는 했지만 자신감 있게 바람에 휘날리는 '성조기'의 상징-몸에서 환생한다. 스필버그의 다른 공동묘지 에필로그, 즉 구조자들의 후손들이 쉰들러의 묘에 헌사하는 것은 "회상을 통한 구제", "망자들과의 추억의 연대"(Koch 1996: 141)를 '가족사family history'의 '세대적 실용주의'로 바꿔 놓는다(Elsaesser 1996: 178).

〈라이언 일병 구하기〉의 기적, 즉 무의미한 것을 의미로, 쇼크를 자부심으로, 사물-몸을 국가-몸Volkskörper으로, 폐허 세계를 조국으로, 대량 사망을 국가적 가족의 재탄생으로 변화시키는 것은 문제를 제기한다. 예컨대 크라카우어의 다음과 같은 의구심의 의미에서 말이다. 역사극 영화는, 그것이 역사를 현재의 관심에서, 특히나 '성공 스토리'의 닫힌 체계로 형성할 때, "무한한 것에 대한 이 매체의 친화성에 위배된다". 달리 말하자면, 역사의 우연적인 미립자물리학은 간단히 그렇게 '아래'에서 '위'로, 세부역사기록적 '클로즈업'에서 단일화하는 역사의식의 거대 원근법적 '롱 쇼트'로 옮겨질 수 없다. "더 고차원의 영역으로 승급될 때 (…) 〔미시-사건들은〕 손상된 상태에서 도착한다." 그리고 "단절과 기각들로 특징지어진 비연속적 세계"의 연대기 저자는 "오로지 생존자일" 수밖에 없노라는 코흐의 테제는 〈라이언 일병 구하기〉의 (혹은 또한 〈타이타닉〉의) 구원과 생존, 추념의 격정Pathos에 오로지 조롱조로만 적용될 수 있다(Koch 1996: 151). 블록버스터, 고백 토크쇼, 레트로-미학, 수용소 텔레비전Internierungsfernsehen의 일상적인 매체문화적 생존주의Survivalismus에서는 트라우마적인 사건들로부터 살아남은 것의 경험 범주가 용해되고 개조된다. 역사적 정의 세력의 연속성을 자기-희생자화의 수사를 통해 유지하기를 꾀하는 헤게모니적인 그룹들의 담론들을 통해서 말이다. 〈포레스트 검프〉와 〈아폴로 13Apollo 13〉(1995)에서부터 〈라이언 일병 구하기〉에 이르기까지 톰 행크스는 전형적인 미국 생존자All-American Survivor이자 역사의 해안의 〈캐스트 어웨이Cast Away〉(2000)다. 다시 말해, 한 국가와 그 국가의 앵글로색슨 주류의 기억보철적 화신이며, 그 주류는 '역사의 희생자'이고자 한다(오스트리아라는 국가가—지금에서야 처음으로가 아니다—기꺼이 맡고자 하는 역할이며, 이때 영화들을 끌어다 이용하지도 않는다).

미리엄 한센의 한 논문은 〈쥬라기 공원〉에서 쇼크-센세이션의 결과와 가능성들을 소아증적으로 머릿속에 그려 보는 것을 묘사하며 시작하고는 다음과 같은 언급으로 끝난다. "도박의 관점과, 말살의 규모를 부정하지 않는, 동화 같은 구원의 관점 아래서 크라카우어는 어쩌면 심지어 〈쉰들러 리스트〉 같은 영화에서도 긍정적 가능성들을 얻었을지도 모른다"(Hansen 1995b: 271, 각주 42). 그래서 〈라이언 일병 구하기〉 역시 '살덩이의 위기' 속에서 고통스러운 회고를 전달하려는 시도가 거둔 의문스러운 세계적 성공으로 보인다. 그것도 "간접적으로 유희, 즉 영화적으로 표명된 폭력과 관람자의 유희적 · 허구적 대질을 거쳐서" 말이다(같은 곳: 266). 그러므로 쉰들러의 대담한 도박과 D-데이의 전쟁놀이는 "근대화로 인해 인간이 겪은 쇼크와 찰과상을 일반적으로 접근 가능한 공중의 지평에서 성찰할 수 있는" '대중적 모더니즘popular modernism'의 맥락에서 구원의 사명으로서 의미를 지니고 있는지도 모른다(Hansen 1997b: 97). 스필버그가 영화사의 재고들을 재활용하는 것은 어쩌면 이미 오래전에 잃어버렸는지도 모르는 이러한 대중문화적 잠재력의 재수용을 시도한다. 〈쥬라기 공원 2: 잃어버린 세계The Lost World: Jurassic Park〉(1997)의 광고 문구는 인간애와 영화애호Cinephile를 직조하려는 스필버그의 기획에 담긴 대강령을 제공한다. "무엇인가가 살아남았다"라는 슬로건은 비단 이미지-지각에 신체-경험을 보존하려는 격정뿐 아니라, 자기 자신에 대한 영화의 멜랑콜리한 관계도 암시한다.

참고문헌

ANDERSON, Benedict 1996: *Die Erfindung der Nation: Zur Karriere eines folgenreichen Konzepts* [1983]. Frankfurt a.M., New York: Campus.

ELSAESSER, Thomas 1996: »Subject Positions, Speaking Positions: From HOLOCAUST, OUR HITLER, and HEIMAT to SHOAH and SCHINDER'S LIST«. In: Vivian Sobchack (Hrsg.): *The Persistence of History. Cinema, Television, and the Modern Event*. New York, London: Routledge, S. 145-183.

FOUCAULT, Michel 1987: »Nietzsche, die Genealogie, die Historie« [1971]. In: Ders.: *Von der Subversion des Wissens*. Frankfurt a.M.: Fischer, S. 69-90.

HANSEN, Miriam 1995: »Dinosaurier sehen und nicht gefressen werden: Kino als Ort der Gewalt-Wahrnehmung bei Benjamin, Kracauer und Spielberg«. In: Gertrud Koch (Hrsg.):

Auge und Affekt. Wahrnehmung und Interaktion. Frankfurt a.M.: Fischer, S. 249-271.

_____ 1997: »SCHINDLER'S LIST Is Not SHOAH: The Second Commandment, Popular Modernism, and Public Memory« [1996]. In: Yosefa Loshitzky (Hrsg.): *Spielberg's Holocaust, Critical Perspectives on SCHINDLER'S LIST*. Bloomington: Indiana University Press, S. 77-103.

KOCH, Gertrud 1996: *Kracauer zur Einführung*. Hamburg: Junius.

KRACAUER, Siegfried 1964: *Theorie des Films. Die Errettung der äußeren Wirklichkeit*. [1960] Frankfurt a.M.: Suhrkamp.

_____ 1971: *Geschichte – Vor den letzten Dingen*. [1969] Frankfurt a.M.: Suhrkamp.

_____ 1974a: »Der historische Film« [1940]. In: Ders.: *Kino. Essays, Studien, Glossen zum Film*. Frankfurt a.M.: Suhrkamp, S. 43-45.

_____ 1974b: »Das Grauen im Film« [1940]. In: Ders.: *Kino. Essays, Studien, Glossen zum Film*. Frankfurt a.M.: Suhrkamp, S. 25-27.

MERLEAU-PONTY, Maurice 1966: *Phänomenologie der Wahrnehmung*. [1945] Berlin: de Gruyter.

SOBCHACK, Vivian 1987: *Screening Space. The American Science Fiction Film*. New York: Ungar.

_____ 1988: »The Scene of the Screen: Beitrag zu einer Phänomenologie der ›Gegenwärtigkeit‹ im Film und in den elektronischen Medien«. In: Hans Ulrich Gumbrecht, K. Ludwig Pfeiffer (Hrsg.): *Materialität der Kommunikation*. Frankfurt a. M.: Suhrkamp. S. 416-428.

_____ 1991: »Child/Alien/Father: Patriarchal Crisis and Generic Exchange« [1987]. In: Constance Penley, Elisabeth Lyon, Lynn Spiegel, Janet Bergstrom (Hrsg.): *Close Encounters: Film, Feminism, and Science Fiction*. Minneapolis, Oxford: University of Minnesota Press, S. 3-30.

9

영화의 상호매체성

요아힘 페히

영화의 틀

처음에 영화는 기술적 발명이었다. 예술도 아니고, 텍스트도 아니고, 매체도 아니고, 장치였다. 동시대 사람들은 최초의 영화 상영들에서 영화의 운동 이미지를 아직 종합적으로 보기 어려웠고, 분석적으로, 사진적인 순간포착의 기술적으로 조건지워진 연속이라고 보았다(Bergson 1921). 사람들은 키네마토그래피 기술은 학문의 기록적 필요에 쓰이는 게 제일 좋겠다고 믿었으며, 뤼미에르 형제는 자신들의 발명의 미래에 대해 처음에는 바로 이러한 제한적인 목적밖에는 표상할 수 없었다. 하지만 영화는—아직은 영화관도 없이—그 성공의 역사를 대중적 오락산업의 틀 안에서 시작했고, 얼마 뒤에는 다른 예술들과 어깨를 나란히 할 수 있을지 고려되었다. 후기 무성영화 시대는 영화의 예술시대가 되었다. 발성영화와 더불어 영화는 청각적 · 시각적 인지 현상과 현실효과가 되었고, 1960년대에는 다중코드화된 기호과정이자 '텍스트적 체계'가 되었다. 1980년대에는 영화가 다른 수많은 매체 사이의 '매체'로서 상호매체적으로 텔레비전, 비디오, DVD와 기술적 · 미학적 · '프로그램적으로' 연계되었다.

이러한 종류의 (담론과 매체의) 역사는 영화를 기술과 학문, 제도(오락, 예술) 또는 구상적 해석(해석학, 기호이론, 매체이론)의 다양한 차원에서 정의한다. 그러한 해석들은 그때마다 '영화'의 특정한 측면을 강조하고, 그런다고 의미를 상실하지 않는 다른 측면들은 등한시함으로써, 영화의 지배적 기술記述들로서 서로를 대체한다. 장치적 기술로서 영화의 매력이 이미 오래전에 약화되고 거대한 변화들(발성영화, 컬러영화)이나 간신히 인지되었을 때에도, 기술적 변화들은 여전히 계속해서 영화에 영향을 미쳤다(Salt 1983). 영화는 매우 상이한 미학적 형식과 매체적 형태를 지닌 전지구적 오락산업의—그리고 그 지역적 동의어인 할리우드의— 상품이 되었고, 영화가 거둔 놀라운 성공뿐 아니라 위험도 영화의 현실 효과가 넓은 의미에서 우리의 꿈이나 실재 경험을 대신해 들어설 수 있다는 데서 기인한다. 그리고 영화를 '매체'로서 취급하는 견해가 지배적이 된다 해도, 영화는 여전히 (텍스트적, 서사적 등의) 기호복합체이다. 영화의 역사는 스스로 잠정적인 역사가 될 것이다. 영화는 여러 가지 (다중적) 매체 현상 속으로 녹아들고 있다. 아마도 바로 그 때문에 영화의 매체이론과 그 상호매체적 구성이 다른 매체들 가운데 한 매체로서 영화의 현재성을 논구하기에 적합한 방식일지도 모른다.

상호매체성에 대한 나의 생각은 영화의 복수성에서 출발한다. 영화는 언제나 이것인 **동시에** 다른 것이다. 영화와 기술, 영화와 경제, 영화와 예술, 영화와 매체처럼 말이다. 영화가 매체로서, 즉 기술적 의사소통 매체로서, 의식산업 매체로서, 예술이나 멀티미디어 네트워킹 매체로서 정의된다면, 영화의 상호매체성은 이 모든 연결과 관련이 있다. 나는 유관한 매체 정의 중에서 영화를 자기 매체의 미학적·이데올로기적·문화적 형식으로서, 그리고 상호매체성을 다른 매체의 다른 형식들과 자신의 결합의 형태화로서 기술할 수 있도록 해 주는 정의들을 선호한다. 나는 우선 담론사적으로 '영화der Film'를 학문, 오락(산업), 제도로서의 예술의 '틀' 안에서, 그리고 영화가 텍스트와 매체로서 정의되는 틀 안에서 분류할 것이다. 일차적으로 예술과 매체의 틀에서의 구성/형태화(Kon-)Figuration로서의 상호매체성이 문제가 될 때, 여러 가지 상호매체적 연합의 선택권을 열어 놓기 위해서이다. 만약 영화가 다른 '틀' 안에서 기술된다면, 상호매체성에 관한 다른 정의들이 가능하다. 그리고 만약 영화가 문학(Zima 1995)이나 조형예술, 뉴미디어의 상호매체성의 관점에서 다루어진다면, 영화는 그때마다 다르게 상호매체적으로 구조화되어 나타난다. 여기에서 비단 매체학적 연구만의 것이 아닌 광범위한 학제간의 영역이 열린다.

영화의 복수성

학문의 틀

영화는 19세기 말에 사진에 시선의 자율성을 빼앗긴 데 대한 상상적 보상으로서 비로소 '필연적'이 된 뒤늦은 발명이라고 한다(Buckland 1997). 영화의 운동 이미지는 앞에 묘사된 시선을 가속된 인지의 급박한 양태와 다시 연결시킬 수 있었는데, 현대적 교통수단과 기계적으로 유발된 그 속도가 이 양태를 규정했다. 자신의 도시적 · 산업적 · 역동적 현실 속 인간에게 필수품이 되어 버린 영화는 구성 요소, 모사, 증상, 매체로서 이러한 현실에 직접적인 몫을 지니고 있었다. 그 시대의 학문 담론은 영화를 이러한 역할 안에서 인지하고 그것을 징후적으로 활용한다.

기술로서 영화는 근대의 산업적 복합체에 속하며, 이 세계의 움직이는 모사로서 영화는 지금까지 보이지 않던 것을 볼 수 있게 만들고, 자신이 관찰하는 것을 시간적 경과 속에서 측정할 수 있게 만든다. 망원경과 현미경은 무한히 먼 것과 무한히 가까운 것을 볼 수 있게 만들었고, 사진은 그것을 모사했으며, 영화는 가시성의 표면의 '사이'나 아래서 벌어지는 것을 보여 주어야 했다. 영화의 움직임은 기계와 삶을 화해시킬 수 있었다. 새로운 불가시성은 정신분석학의 무의식이었고, 영화는 증상들에 대한 외부 관찰자로서 또는 꿈작업 자체와 연계해 그것에 접근할 수 있노라고 약속했다. 영화는 19세기 말에 동시대적 수요들에 따라 인간을 새로이 정의하는 데 기여했다. 이러한 인류학적 효과는 20세기

인간상에 대한 영화의 본래적 의미를 이루며, 인간은 자신의 영화적 모상 속에서 새로이 '구성'된다.

베버 형제Wilhelm Weber/Eduard Weber는 이미 1836년에 화가에게뿐만 아니라 군사적 병참 업무에 정확한 자료를 제공하기 위해 "인간이 걷고 뛰면서 수행하는 운동들"을 그 근본적 "보행 메커니즘"을 목표 삼아 연구한다는 임무를 스스로에게 부과했다(Weber/Weber 1836: IIIff.). 마이브리지Eadweard Muybridge와 마레Étienne-Jules Marey는 사람을 운동 진행 단계별로 촬영해, 사람의 동작을 학문적 실험에서 역학과 유사하게 측정 가능하게 만들었다. 그리고 인체공학자 프랭크 B. 길브레스Frank B. Gilbreth는 운동 과정의 영화적 관찰로 이루어진 이 방법을 산업노동의 최적화를 위해 더욱 발전시켰다(Giedion 1982: 126ff.). 이러한 학문적 노력들의 (이론적) 골자는 이론적 운동학Kinematik이다(Reuleaux 1875). 그것의 근본 원칙들은 (영화 카메라의 메커니즘을 통한) 녹화/측정 장치뿐 아니라 구현된 움직임을 규정하며, 이로써 둘은 동일한 '키네마토그래피적 알고리즘'을 거쳐 매개된다(Frizot 1999). 이 알고리즘은 동시에 인간이 운동을 인지하기 위한 새로운 공식을 요구하는데, 이 공식은 영화의 녹화에서 가시화되고 거기에서 그것의 '자연스러운 조건들'로 다시 옮겨진다. 의심할 나위 없이 '움직임 보기Bewegungssehen의 이론'은 영화의 움직임 환영의 효과를 시각적 '보기도구Sehwerkzeug', 즉 눈의 생리학적 굼뜸이라는 잘못된 추정에서 도출해 내는 메커니즘의 표상을 따른다(Marbe 1910, Wertheimer 1912). 영화는 정신분석학에 꿈작업을 묘사할 장치적 모델을 제공했는데, 프로이트 자신은 이를 분명히 하지 않았다. 역으로 영화에는 심리적인 것의 병리학에 대한 책임이 지워졌다(Lorenz 1984, 1990, Podoll/Ebel 1998). '키네마토그래피적 알고리즘'은 정신기법Psychotechnik(Münsterberg 1916, Kittler 1987: 237)과 의학적 신경학Nervenheilkunde에 다시금 정신적 병증들을 규정하는 측정 단위가 되었고, 이것은 환자의 태도와 의약품에 대한 영화적 관찰로 드러나고 진단될 수 있어야 했다(Podoll/Lüning 1998). 사진과 영화는 오늘날에도 여전히 측정 기술과 진단, 기록의 도구이며, 예컨대 범죄수사학에서 신원 확인용 묘사 도구로 쓰인다.

영화는 명확하게 매체, 즉 여기서는 다른 매체들과 연계되어 있는, 학문적 목적을 위한 도구이자 수단이며, 그래서 또한 담론적으로 정의된다. 다시 말하자면, 영화는 매체로서, 즉 구현이나 징후, 모델 등의 수단으로서, 그 시대의 자연과학 · 심리학 · 철학 담론들과 직결되어 있다. 관심의 중점은 예를 들어 측정 가능한 현실의 척도이자 매체로서의 영화로부터, 다큐멘터리 영화의 시사성에 담긴 현실의 영화적 모사와 재현의 사건적인 면으로 매우 빠르게 옮겨진다. "사진 이미지의 존재론"(Bazin 1975)은 철학적 현상학의 테두리 안에서 영화의 현실효과, 즉 이른바 '실재의 효과effet de réalité'를 기술할 토대가 되는데, 이 효과는 또한, 그리고 특히나 영화가 우세하게 오락적 및 이데올로기적으로 사용되는 것의 근간을 이룬다.

오락의 틀

오락산업은 영화를 거대하게 만들었다. 영화가 현대적 오락산업의 기초를 놓은 것이 아니라 오락산업이 영화가 관철되기 위해 전제된 제도적 · 매체적 맥락이었다. 대중언론과 오락문학, 움직이는 이미지를 지닌 시각적 장난감, 파노라마, 대목 시장의 구경거리, 대중적 극장, 바리에테, 뮤직홀은, 세기 전환기를 향해 가는 모두에게 공통된 사회문화적 상황의 토대 위에서, 산업화와 도시화, 그리고 그 효과들의 맥락 속에서, 영화의 제도적 · 매체적 조건들이다. 오락이 영화로 판매될 수 있는 가장 중요한 상품이 된 뒤로, 영화는 카메라와 영사기를 통과하는 모든 것을 오락으로 만든다. 제1차 세계대전 이전의 문화비판은 대중오락 매체로서의 영화를 끝까지 물고 늘어지기는 했지만, 영화가 부르주아적 '고급' 문화에, 무엇보다 연극에 위험할 정도로 근접할 우려가 발생했을 때에야 비로소 그렇게 했다. 전쟁 동안의 프로파간다는 영화를 재미있는 허위 정보 매체로서 발견했다. '예술로서의 영화'는 인기 있는 대중매체인 영화를 비판하는 데 대한 전적으로 전술적인 응답이다. 영화의 상호매체성의 역사는 단지 영화만을 기술하는 것을 넘어, 다른 오락, 정보, 의사소통 매체들과의, 그리고 그것들의 문화적 · 사회적 · 경제적 토대와의 상호적 영향의 맥락 안에 놓여 있는, 제도이자 매체로서의 영화 또한 기술해야만 한다.

예술의 틀

영화는 예술에, 그리고 예술은 영화에 주의를 기울이게 되었다. 앙리 라브당Henri Lavedan의 '필름 다르'인 〈기즈 공작의 암살〉(1908)과 더불어 '영화'는 명시적으로 예술을, 이 경우에는 코메디 프랑세즈Comédie française의 연극 예술을 신봉했다. 그리고 제도와 담론으로서의 '예술'은 20세기 초에 영화에 상이하게 반응했다. 이탈리아, 프랑스, 러시아의 입체적 미래주의Kubofuturismus의 아방가르드들은 영화를 '제7의 예술'로서 열광적으로 환영했던 반면에, 문학 · 회화 · 연극의 한편으로는 상징주의, 다른 한편으로는 사실주의 내지 자연주의는 영화를 무시하거나 대중적 경쟁 상대로서 맞서 싸웠다. 리쵸토 까뉴도가 1911년에 프랑스의 문학 아방가르드들에게 영화를 '움직이는 조형예술'로서 소개했듯이(Abel 1988, Bd. 1, Canudo 1995), 그리고 1916년에 미래파 영화의 선언에서 낡아빠진 연극에 맞서 논쟁적으로 영화에 요구되었듯이(Ashot/Fähnders 1995: 123-126), 예술로서의 영화는 특수성과 총체예술Gesamtkunstwerk 경향 사이의 양가성을 공유하고 있었다(Szeemann 1983, Uhlenbruch 1994). 이러한 양가성은 당시의 예술적 흐름들을 통틀어 독특한 점이다. 효과들의 총체예술이라는 리하르트 바그너의 이념은 오페라에서 음악을 연극적 무대 구현 및 회화적/건축예술적 장식과 연결시키며, 이것들의 종합에서 관람자/청중에게서의 효과를 목표로 삼는데, 이는 에이젠슈테인의 영화의 영향미학과 전적으로 견주어 볼 만하다. 개별 예술의, 그리고 개별 예술들 사이의 공감각적 효과들(Hadermann 1992)은 새로운 예술 형식들을 가능하게 한다. 이 형식들은 영화에 의한 가장 중요한 도전, 즉 움직임의 모사에 골몰한다. 예를 들어 미래파의 그림에서 그리고 뒤샹에게서 마레의 연속사진술Chronophotographie이 회귀하는 것을 생각해 보거나, 들로네Robert Delaunay의 색채원형Farbkreis에서 움직임의 인상이 회귀하는 것을 생각해 보면 되겠다(Paech 1991).

영화는 이미지적-회화적 매체인 동시에 음악적-리듬적 매체, 문학적-서사적 매체라는 그 자체의 내재적 복수성에 근거해 새로운 공감각적 예술을 위해 점지되었다고 여겨졌다. 빛의 회화Lichtmalerei, 색채음악Farbenmusik 등으로서 말이다. 하지만 이런 생각은 영화의 예술적 수단이 가진 특수성, 즉 기술의 물질성이라는 의미에서 그러했고, 이는 영화를 다른 모든 예술들과 경계 짓고 '순수 영화cinéma pur'로서 구분한다. 그래서 예를 들어 러시아의 형식주의자 티냐노프는 모든 잘못된 혼합주의Synkretismus를 다음과 같이 거부한다. "영화를 인접한 예술에 따라 명명하는 것은 이 예술을 영화에 의거해 정의하려는 짓이나 똑같이 성과가 없다. 회화를 '움직임 없는 영화'라고, 음악을 '음향의 영화'라고, 문학을 '언어의 영화'라고 말이다."(Tynjanow 1974: 44). 한스 리히터 같은 이의 그림이 그려진 영화나 발터 루트만Walter Rutmann 같은 이의 영화적으로 생명이 불어넣어진 회화는 그 형태들의 리듬이 음악적으로 영감을 받았고 오스카 피싱어Oskar Fischinger 같은 이의 시각적 음악으로 귀결되었으며, 무엇보다 영화를 오락으로서 문학적-서사적으로, 즉 상업적으로 활용하는 것과 구분되어야 했다. 이는 그것들이 상업적 광고에 사용되는 것을 막지 못했다.

예술로서의 영화는 '작품'이다. 이때 우선은—특히나 아방가르드들의—개성 있는 예술작품으로서의 개별 영화와 그 작가-감독보다는 어떠한 조건 아래서 '영화'가 예술작품이며 이로써 예술이라는 제도에 귀속될 수 있는가라는 근본적 질문이 문제가 된다. 작품으로서의 예술에 적용되는 전통적 준거들은 영화에 적용하기 어렵다. 특이성Singularität이나 작가-주체의 자율성과 권위/저자성Au(c)tor/ität, 즉 그의 이름의 필체나 명명 내지 혼동할 여지 없는 양식적 특성은 하나의 오브제나 문학 텍스트를 작가의 작품이자 물질적 또는 적어도 정신적 재산으로 만들고, 그는 이로써 자신의 생산물에 대한 작품 지배권을 행사한다. 이와 반대로 영화는—비록 위계적으로 조직되기는 했지만—집단의 산물이며, 얼마든지 복제할 수 있고 반복시킬 수 있다. 생산물에 대한 작가의 '작품 지배권'을 언급할 여지가 없고, 영화의 생산자는 기껏해야 영화 제작에서 규정하는 역할을 할 따름이다—영화 판권은 말할 나위도 없다.

작가영화에 관한 진술은 오로지 작가가 동시에 자기 영화의 생산자였으며 제작 과정에서 자신의 표상들을 관철시키고 배급사에 영화를 판매할 때 자신의 권리를 지킬 수 있었을 경우에만 자격이 있다(Benjamin 1966, Paech 1997). 다른 것들은 모두 그저 '작가-**정치**'에 불과했다(Bazin in Caughie 1981: 44-46). 그럼에도 불구하고 영화가 얼마나 예술 제도의 규칙들에 따라 작동하는가는 자율적인 작가-감독들의 작품사로서 전해진 영화사가 보여준다. 미국 대학의 영화학이—예술 제도의 축성이 영화를 문화학에게 존중받을 만하게 만든 뒤에—1960년대 영화의 작가-이론과 더불어 시작되는 것은 놀라운 일이 아니다. 예술 목록에서 영화를 그 물질적 조건들에 의거해 다른 예술 장르로부터 구분짓는 장르 특수성이 예술의 스펙트럼에서 영화에 인정되었다면, 이로써 영화의 예술사를 단초적으로 그것의 매체사로서 읽는 것도 가능하게 해 주는 매체적 차이가 그 기준이 된 셈이다. 어쨌거나 이렇게 이해된 장르 개념이 매체의 장르 개념의 (예술적) 형식들의 차이의 체계를 대신한다. 그렇지만 만약 19세기에 유래한 총체예술의 이념이 현대의 전자 매체들로, 그것도 모든 예술 장르(!)와 전문가 문화를 결합해야 하는 '매체적 총체예술'(Klotz 1989, Rötzer/Weibel 1993)이라는 의미에서 옮겨진다면, 이는 오로지 그것들을 일반적 · 자의적으로 구현하는 디지털 코드 속에서 모든 특수성이 용해되어 버릴 때만 가능하다. 그러므로 여기서 굳이 '효과'로서의 '총체예술작품'이나 그것의 매체성의 출현을 다룰 필요는 없을 듯하다.

고전적-서사적 할리우드 영화가 우세한 가운데 형식적으로 혁신적인 모든 '예술적' 영화는 특히 유럽, 그중에서도 프랑스에서 '예술 영화 Art Film'가 되었고(Bordwell 1979), 그것의 상업적 실패는 공적 예술진흥 재원들로 보상되어야만 했다. 담론사적으로 예술은 전형적인 상호매체적 현상이며, 이는 근대 초기 이래 예술들의 공존과 경쟁에서뿐만 아니라(Mitchell 1987), 20세기 초의 '예술들의 상호 해명 wechselseitige Erhellung der Künste'[1] 프로그램에서도 표출된다(Walzel 1917, Zima 1995). 특히나 근대의 영향 아래, 그리고 예술도 그 기술적 혁신에 이르기까지 분리 독립하는 근대의 경향들 아래서는 제도로서의 예술에서 매체적 · 미학적 특수성을 지양해야 한다. 예술로서의 영화는 예술의 매체적 스펙트럼을 확장할 수

1 오스카 발첼은 기존 문학 연구가 문학의 특수성에 시야가 고착된 것을 비판하며 거시적으로 다른 예술들과의 비교를 통해 문학의 고유성을 밝히려고 시도했다.

있었고, '예술들의 소통Correspondance des Arts'(Souriau 1947)은—이 경우에는—에티엔 수리오Étienne Souriau가 파리의 영화학, 즉 최초로 학제간 작업으로 영화를 연구한 연구소와 관련해 함께 작업했던 의미에서 영화를 연관시킨다(Kling 1998). 예술의 틀에서는 항상 비교학적으로 매체의 '특수성'이 질문되어 왔다. 예술들과 영화에 대한 구조주의적 (기호학적 내지 텍스트적) 분석은 이 질문을 특수하지 않은 차이-계산으로 축소시켜 버렸고, 이로써 매체성을 구분과 비교의 요인으로서 (우선은) 자신의 담론들에서 제거해 버렸다.

텍스트의 틀

1960년대 말에 영화기호학으로 '언어학적 전환'이 이루어진 뒤로 텍스트 개념(Knobloch 1990)이 영화에도 구속력을 지니게 되자, '발성영화'는 언어적인 동시에 언어와 유사한 문학적-서사적 현상으로 자리 잡았다. 예술의 틀 안에서의 영화는 우세한 고전적-서사적 할리우드 영화를 패러다임으로 삼는 '텍스트로서의 영화'와는 다르다. 영화는 그것을 영화로서 정의내리는 자신의 코드 체계를 통해 비로소 자신의 '특수성'을 획득하는데, 이때 문학 텍스트가 영화를 텍스트적으로 기술하기 위한 전례이고, 본보기가 되는 경우도 충분히 자주 있다. 영화의 텍스트 층위(Metz 1973)는 영화의 물질적 토대이기는 하지만, 이 토대는 우선 영화의 키네마토그래피적 코드의 복수성이라는 의미에서 특수한 영화적 특성들에 의거한 독특한 실제적, 즉 서사적 체계로서 관람자에 의해 (재)구성됨으로써 현실화되어야만 한다. 텍스트 모델은 이상적인 방식으로 문학 텍스트와 그에 상응하는 영화 텍스트 사이의 변형 과정을—'문학의 영화화Literaturverfilmung'로서—기술되게 만들 수 있었다(Schneider 1981). 가상적으로 이 두 동등한 텍스트 실현 사이를 매개하는, 그것들의 교환의 공통적 변형 차원 내지 코드화되지 않은 '무형식Nullform'(Renner 1983)이나 '초형식Transform'으로 두 텍스트들이 환원됨으로써 말이다. 다른 한편으로, 텍스트들의 무제한적 (그리고 바로 오직 매체적으로만 제한된) 연결 능력은 텍스트적으로 정의될 수 있는 모든 것을 상호텍스트적으로 관련지을 수 있다. 아니면 그것들의 상호텍스트성이 모든 개별 텍스트를 이미 보편적 텍스트 과정의 요소로서 기술한다.

영화의 텍스트 이론은 영화를 기호학의 보편화 과정에 포함시켰고, 보편적 의미 체계 속에서 교환될 수 있게 만들었다. 그렇지만 이는 그것의 (매체)특수한 특성들을 포기하고서 이루어졌으며, 그것들은 추후에야 비로소 텍스트적 의미의 '특수한' 코드화로서 추가된다. 한 편의 영화에서는 언어와 이미지, 음악, 회화, 문학이 이 독특한 체계의 총체성을 이루도록 텍스트 층위에서 교차되고 연결되며, 이러한 체계로부터 "(그것의) 텍스트적 조직(기호학적 실천)의 지시 연관이 다른 텍스트의 진술 형식들(시퀀스들)과" 그것을 다시 연결시킨다(Kristeva 1971: 151). 줄리아 크리스테바는 '상호텍스트적 공간'이나 '사회적 좌표 체계'에 관해 말하는데, 텍스트는 그것을 경유해 다른 텍스트들과 서로 교류한다. 텍스트 틀 안에서의 영화는 텍스트적 직조물의 그물망 속에서 작업하며, 그 안에서 영화는 다중으로 코드화되어 조직되어 있다. 상호텍스트성의 층위 뒤로 원상 복귀하는 것이 의미가 없어 보이는 반면에,—게다가 상호텍스트성은 디지털 데이터 처리로 예술들이 네트워킹되어 구현되고 관계 맺는 것을 예견한다—매체적 차이에 대한 질문이 또다시 제기된다. 그런데 이러한 차이는 텍스트적으로는 예술들의 코드화 차이로서 매체적인 것의 중요한 물질성 차원을 놓치고 만다. 물론, 디지털 데이터 처리에서는 매체적인 것의 물질적 의미가 오로지 구현 층위의 코드화 형식에서만 역할을 하는데, 이 디지털 데이터 처리의 전혀 특수성 없는 이진법적 코드화로 가는 과정에서 상호매체성 구상에서 말하는 매체적 전환이 우회로로 보이지는 않는지 질문해 보아야 한다. 그럼에도 불구하고 상호매체성으로 향하는 발걸음은 예술의, 그 형식과 매체의, 최근 상황에 대한 적절한 답변을 의미할지도 모른다. 영화의 텍스트 이론에 대한 최근의 비판(Bordwell 1983, Bordwell/Carroll 1996)은 '텍스트 속 주체'를 이데올로기비판적으로 구성하는 것에 대한 비판을 목표로 하고, '텍스트 속 주체'에 정신적 · 텍스트적 스키마의 균등화를 통해 영화를 이해하는 인지주의적 방법을, 즉 어떤 의미에서는 '주체 속 텍스트'를 이 '텍스트 속 주체'에 대립시킨다(Bordwell 1989). 이와 반대로 상호매체성 구상은 미학적, 소통적, 그리고 또한 텍스트구성적 과정들의 층위에서 매체 형식의 상호작용에 대해 질문하며, 그 과정들의 수용은 전적으로 인지주의적 의미에서 '스키마의 영향 아래' 해석될 수 있다.

상호/매체성Inter/Medialität

매체/형식

우선은 일상어적인 의미에서 매체 개념에 접근해 볼 수 있다. 매체는 첫째로 무엇과 그 무엇을 위한 수단 사이의 중간일 수 있다. 하지만 중간(매체)은 그것을 사이에 두고 있는 것과 동일한 것이 아닌가? 그리고 수단(매체)은 그것의 목적이 되는 것과 동일한 것이 아닌가? 둘째, 언어나 문자나 이미지는 매체일 수 있다. 그러나 그것들의 양태는, 매체일 필요 없이, 언어나 문자나 이미지의 한 측면만을, 예컨대 기능만을 지칭하지 않는가? 이 매체 개념은 그 개념 없이도 마찬가지로 잘 지칭될 수 있는 것을 대체한다. 셋째, 매체는 저편Jenseits에 대한 물리적 중개자이거나 이편Diesseits에서의 사회적 의사소통의 장치적 형태일 수 있으며, 심지어 그것이 대중매체에서 제도적으로 구성된 것일 수도 있다. 첫 번째의 경우에는 매체가 동의어적이 되고, 두 번째 경우에는 대체적이 되며, 세 번째의 경우에는 평범하게 목적의 제도화에 대한 명칭으로서 활용된다. 이 문제는 그것을 그것이 아닌 것, 즉 '그것'이 매개하는 목적이 되는 것과 구분하는 대신, 그것을 목적(수단)에서, 장소(중간)에서, 대체물로서, 신체나 장치 또는 단체나 제도라고 확인하기 위해 존재론적으로 매체의 존재에 대해 질문하기를 그만두어야만 피할 수 있다. 바로 이 지점에서 매체와 형식에 관한 니클라스 루만Niklas Luhmann의 체계이론적 구분(Luhmann 1995, 1998)을 상호매체성 개념에도 영향을 끼치는 그 논리적 귀결까지 포함해 받아들이는 것이 의미 있다고 입증된다(Krämer 1998).

매체와 형식의 구분은 신체적, 정신적 등 어떠한 종류의 본질성도 지칭하지 않고, 요소 간 연결의 상이한 정도를 지칭한다. 이 요소들은 매체의 측면보다는 형식의 측면에서 더 치밀하게 사유되기 때문에 매체는 형식의 측면에서 일시적으로 확정된 것처럼 보이는 형식 형성의 가능성들(의 조건들)을 마련해 놓고 있다. 변화 가능한 것은 형식이고, 항상적인 것은 형식의 가능성들의 조건으로서의 형식의 매체이다. 관찰할 수 있는 것은 오로지 형식의 측면, 즉 "매체들이 단지 자신들을 가능하게 해 주는 형식 형성들의 우연성에서만 인식될 수 있다는 사실"이다(Luhmann 1995: 168). 모든 형식은 단 하나의 매체에 의거해서만 형식이며, 그 매체는 그것을 가능하게 해 준 형식에서만 관찰될 수 있다. 역으로 매체는 언제나 형식 측면에서만 관찰될 수 있고, 무엇이든 "매체로서 활용되는 것은, 그것이 차이를 만들어 내는 즉시, 형식이 된다"(같은 곳: 176). 모든 형식은 자기 쪽에서 새로운 형식 형성의 매체가 될 수 있다. 관건은 "매체와 형식의 구분이 중요하다는, 그러므로 서로 분리되지 않고 서로 독립적으로 생각될 수 없는 두 측면이 문제라는 통찰이다. 그리고 이것은 매체와 형식의 구분 자체가 하나의 형식이라는—한 측면에서는, 즉 형식-측면에서는 스스로를 포함하는 두 측면을 지닌 형식이라는—통찰로 귀결된다"(같은 곳: 169). 매체 측면은 자기 관찰의 두 번째 단계에서야 비로소 도달될 수 있는데, 이를 통해 매체와 형식의 경계가 매체가 (형식으로서) 재도입되는 과정에서 형식으로 넘어가고 관찰 가능해진다. 그러고 나면 예술가는 형식으로서의 매체를 구현된 형식에 나타나도록 의식적으로 겨냥하고, 관찰자는 구현된 형식에서 형식으로서—형식 속에서—표명되는 구현의 매체를 찾는다. "그러면 찾는 과정에서 매체가 형식으로 바뀐다"(같은 곳: 191).

그러므로 상호매체성이라는 구상은 구현된 형식 속에 매체를 재기입시키는 데서 기인하며, 이때 매체의 형식에 대한 관찰은 구성적인 매체 자체뿐만 아니라 어떻게든 매체적 형식 구성 과정에 관여한 다른 매체 형식들에 연관을 맺을 수 있다.

강조는 그때마다의 매체적 형식 구성에 연관된, 매체의 형식들에 놓인다. 그러므로 오페라 상연에 대한 문학적 묘사에서 오페라와 음악이 그 매체들의 형식들로서 문학 텍스트의 구성에 (다른 한편으로는 문자나 텍스트가 인쇄된 종이처럼) 관여되어 있노라고 말하는 것은 말이 되지 않는다. 영화에서 사진 촬영을 연기하는 행위는 애초부터 영화의 매체로서의 사진을 환기시키지 않는다. 녹화 매체는 자기磁氣테이프일 수도 있다. 맥루언의 진술 역시 상호매체성에게는 이렇게 이해될 수 있다. 이에 따르자면 "모든 매체의 '내용'은 언제나 다른 매체이다"(McLuhan 1968: 14). 매체는 (그것의) 매체성을 형식화/표명하고form/ulieren, 한 매체의 인용된 형식을 단순히 운반하지 않기 때문이다.

그러므로 상호매체적으로는, 어떻게 여러 매체가 형식 과정의 형성에 관여되어 있는지가 흥미로운데, 이는 더구나 (연속)사진, 음악 등으로 이루어진 다중코드화된 매체 행사로서의 영화Film에, 그리고 영화Kino에서는 극장디스포지티프Theaterdispositiv에 해당된다. 회화 역시 여러 가지 재료로 이루어진 콜라주로서 상호매체적으로 구성되어 있으며, 심지어 문학도 텍스트의 사진/그래픽 삽화들을 통해 이렇게 이해된 상호매체성의 조건을 실현한다. 이 차원에서는 코드 개념이—코드 전환(Hess-Lüttich 1990)이—기호학의 테두리 안에서 그저 구분의 표시로서만 매체 개념에 대한 유비를 환기시키고, 반면에 상호매체적 방법은 작품의 자율성이라는 표상에 직접 상치되지는 않더라도 위배되기는 한다는 점이 분명해진다.

매체적인 것이 '형식 속의' 형식으로서 회귀하는 것이라는 의미의 상호매체성을 넘어서서, 이제는 상호/매체성을 매체/형식 실현의 구성적 과정 자체로서 루만의 의미에서 형태적으로 파악하는 것이 관건이 된다. 이에 따르면 "매체와 형식의 구분 자체가 하나의 형식"(Luhmann 1995: 169)이며, 형식의 형태화 과정으로서 관찰될 수 있다. 루만은 이러한 상황을 매체-가능성의 '표시되지 않은 공간unmarked space'에서 출발해서 매체 형식 차이를 경유해 실현된 형식으로 향하는 이행으로 기술한다. 이때 매체/형식 차이는 "경계 지어지고, 특별히 준비되고, 표시된 공간이며, 그 속에서는 예술작품이 스스로 확정한 구분의 소용돌이에 따르고 나름의 형식들을 규정한다"(같은 곳: 189). 이것이 두 형식이 매체와 형식의 이행 동안에 과정상 진동하거나, 예컨대 영화를 갑자기 재현된 행위 대신 매체로서 나타나게 만드는 필름의 끊김으로서 형식 과정이 중단될 때, 그것들의 차이 속으로 파열해 들어가는 '공간'이다. 정말로 '강한' 상호매체성 개념은 문학과 회화, 영화 등의 상호매체적 구성 형식들의 연결의, 혹은 해체 · 파괴의 형태화에서 출발할 것이다. 그리고 '약한' 상호매체성 개념은 문학, 회화, 영화 등의 형식들에 나타난—형식화/표명된—상호매체성의 미학으로 만족할 것이다.

이러한 구분과 함께 상호매체성에 관한 최근의 논의들에 잠깐 시선을 던져 볼 수 있다(Paech 1998). 우선 '강한' 상호매체성 개념은 작품 개념뿐 아니라 텍스트 개념과도 더 이상 합치될 수 없다는 점이 분명해진다. 왜냐하면 상호매체적으로는 작품뿐 아니라 텍스트 역시 해체/구성적으로—생산 혹은 수용 과정으로서의—상호매체성이 매체적으로 구성되어 발생하거나 붕괴하는 과정에서 관찰되는데, 이는 상호매체성을 더 이상 그것의 작품 개념뿐 아니라 텍스트 개념 또한 전제로 삼는 통일체로서 생각하지 못하게 하기 때문이다. 이로써 상호매체성은 포스트모던 미학의 구상임이 입증된다. 다매체적 혼종화, 그리고 동형 구조들을 무엇보다 자신들의 이질적 매체 조건들을 성찰하는 이형적 과정들로 해체하고 소멸시키는 것이 그것이다.

옌스 쉬뢰터Jens Schröter는 이제까지 통용되던 상호텍스트성 개념이 상호매체성 개념으로 교체되었다는 확신에서 상호매체성 개념을 활용하는 네 가지 가능성을 다음과 같이 구분한 바 있다. "서로 다른 이론적 모델에서 기인하는 네 개의 상이한 유형들: ① 종합적 상호매체성Synthetische Intermedialtät, ② 형식적 또는 초매체적 상호매체성Formale oder trans-mediale Intermedialität, ③ 변형적 상호매체성Transformationale Intermedialität, ④ 존재론적 상호매체성Ontologische Intermedialität. 이때 세 번째와 네 번째 유형은 차라리 같은 동전의 다른 면들로 파악되어야 한다"(Schröter 1998: 129).

종합적 상호매체성은 오래된 매체적 실행들의 융합으로 이루어진 새로운 예술적 실행을 지칭한다. 이것은 형식주의와 그것의 낯설게하기 방법 등의 전통(Sklovski 1960)에서 나온 혼합매체Mixed Media나 플럭서스

Fluxus 같은 현상(Frank 1987)을 의미한다. 이본느 슈필만Yvonne Spielmann의 상호매체성 구상이 그것에 근접해 있는데, 그녀는 아방가르드 이론을 물려받으면서 마찬가지로 상호매체성을 뉴미디어에 나타나는 오래된, 예를 들어 회화나 음악적 가공 방법들의 융합 형식 및 영화적 신형식주의와 연결시킨다(Spielmann 1998).

형식적 또는 초매체적 상호매체성은 (인공물이라는 의미에서) 예술이나 매체 사이의 결합 종류를 의미한다. 그것은 예컨대 특수한 시선 배치나 '관찰 체제skopisches Regime', (인지주의적으로는 '스키마'라고 불리는) 특정한 인지 구조 같은 공동의 제3의 것이나 외부에 대한 그것의 관계를 통해 특징지어지며, 매체존재론의 의미에서의 특수한 매체성은 이 방법에서는 역할을 할 수 없다. 다시 말하자면, '책'이 아니라 문학적으로 이야기된 것 내지는 읽혀진 것이 영화화된다는 말이다.

변형적 상호매체성은 매체적인 것의 물질성은 고려하지 않고 다른 매체 속의 매체를 기술한다. 이는 당연히 오로지 형식으로서의 상징적 기입이나 모사, 주제화로서만 가능하다. 이 차원에서는 전위와 압축이라는 정신분석학적 모델 또한 (수사학적으로 환유와 은유로서) 변형 과정에 연관성을 지닌다.

존재론적 상호매체성은 데리다의 기호학적 존재론과의 연관 아래 상호매체적 과정에서의 기호의 물질성을 재고하는 것을 의미한다(Hörisch 1979). 여기서는 형식들의 현상학을 가로질러 모든 것에 미리 전제된 원-매체성의 한 흔적 내지 바로 그 흔적이 지나간다고 가정되는데, 이 원-매체성에 매체 변화의 공동 단위가 연관될 수 있다. 그러므로 존재론적 상호매체성은 주어진, 이미 규정된 매체들의 특수성을 그것의 종합으로서 따르는 것이 아니라, 역으로 이것에 선행하는 상호매체성이다. 그리고 데리다가 이러한 유형의 상호매체성을 위해 동원된다면, (원-)문자 (혹은 언어가) 모든 것에 선행하는 매체로서 미리 전제되는 것은 피할 길이 없다.

상호매체적인 것의 개념에 대한 이 영리하고 유용한 유형학은 이 개념의 통상적인 활용을 폭넓게 진정시킨다. 통상 변형적 상호매체성은 다른 매체 속의 매체를 주제화하는 것을 뜻하거나, 아니면 예를 들어 문학의 영화화에 관한 변형적 분석의 단초가 기호학으로부터 상호매체성의 구상으로 넘겨진다. 가장 흥미로운 것은 매체의 형식들이, 예컨대 무리Cluster 형성을 통해, 포스트모던한 미학적 혼합주의가 다양하게 마련해 놓고 있는 새로운 상호매체적 형식들로 융합되는 것에 관한 이론들이다. 하지만 그런 종류의 방법이 새로운 디지털 매체의 차원에서 기술된다면, 매체 형식이 어차피 매체적으로 중요한 물질성도 단지 형식으로서만 인용하고 알고리즘적으로 변주하는 이진법적 프로그래밍의 몹시 자의적인 구현인 마당에, 거기서 무엇이 어디서 '융합'되느냐고 자문하게 된다. 실제로 컴퓨터의 수학적 실행들은 매체로서 상호매체적 형식들의 시뮬레이션을 통해 그것들의 종합에 완전히 새로운 차원을 열어 준다.

상호매체성의 형태화: 방법론적인 것

상호매체성은 어떻게 표명되는가, '매체의 형식들'은 어떻게 매체에 의해 매개된 형식들 속에서 구현되는가, 그것들은 어떻게 구분될 수 있는가? 이러한 질문들에 대한 방법론적인 답변은 매체/형식 관계의 두 차원에서 수행되어야만 한다는 난점을 내포하고 있다. 왜냐하면 이 관계는 그것을 관찰할 때 각각 여전히 한 번은 회귀적으로 스스로를 포함하기 때문이다. 상호매체적 관계가 형식으로서 관찰되고 구분될 수 있을 전제 조건으로서 말이다. 하나의 매체를 형식으로서 다른 형식 속에 다시 편입시키는 것은 자기 쪽에서 형식 또는 형태로서 (과정적으로는 형태화로서) 구분될 수 있어야만 하거나, 그것의 구분 자체를 이러한 매체/형식 관계 속에 형태화해야만 (나는 '개입한다'고도 말할 것이다) 한다.

언어와 이미지의 관계는 이제까지 논의된 모든 틀에서 상이하게 해석될 수 있다. 예를 들어 그것은 하나의 이미지(회화나 사진)와 그 표제 사이의 관계로 표상될 수 있다. 이미지의 도상성과 표제의 언어성을 통해 두 측면은 매체적으로 서로 다르게 정의된다. 이미지는 스스로를 형태적으로 표명하고, 표제는 문자의 형식으로 표명한다. 이미지의 형태적인 것은 이미지의 외부에 (아마도 테두리에) 있는 표제 및 그것의 문자와 읽으면서/보면서 비로소 연관이 맺어진다. 그러나 그 다음에는 제목이 이미지의 도상성을 해석하는 데 전적으로 개입하며, 매체적으로는 양측이 자신들의 (상대적) 자율성을 유지한다. 마그리트René Magritte는 이러한 해석하는 개입의 외견적 자명성에서 이미지의 이해를 빼앗고, 양측을 의미론적으로 분리시켰다. 표제에 유보되었던 문자가 형태로서 이미지 안으로 밀고 들어온다. 거기서는 문자가 형태적 이미지 차원 안에 있는 다른 매체의 형식으로서 형태화한다. (전적으로 형식주의자들의 의미에서) 의미론적 거부를 통해 강화되고 읽기/보기를 어렵게 만드는 낯설게하기의 인상은 상호매체적 형태화, 다시 말해 다른 매체의 형식, 즉 이미지 속의 한 매체의 형식, 그러니까 문자 덕분이다. 이러한 새로운 상호매체적 조응관계Konstellation는 자기 쪽에서 다시금 형식이나 형태로서 읽히고/보아지고 이해되고자 한다(Foucault 1983, Rodowick 1990: 19-23). 서예 작품과 구체시konkrete Poesie는 역으로 문자 텍스트의 이미지되기를 가지고 작업하는데, 여기서는 '문자의 장면'에 형태적인 것이 개입하고 구성을 형성한다. 이 구성은 더 이상 선형적으로 읽히지도 않고, 형태처럼 파악되지도 않으며, 상호매체적 형태화로서 양측 사이에서의 진동

속에서 항상 새롭게 관계가 맺어져야만 한다(Bohn 1990, Block 1977).

상호매체성 형식의 '가독성'은 새로운 매체 형식들로의 융합으로서 그 형태화가 수행되지 않고, 개입을 통해, 그 매체성의 형식 측면에서(예를 들어 필름의 끊김에서) 형식화/표명되는 단절로 귀결된다. 그러므로 (장편 극)영화(Feature-)Film를 다중코드화된 서사적 담론으로서 기술할 공산이 크다. 하지만 그 영화들의 담론성은 그것이 중단되는 순간에야 비로소 형태적인 것의 '개입 형태'를 통해 인식될 수 있으며, 그 중단은 동시에 '실재 효과'로서의 이미지의 환영 및 투명성과 단절하는 것을 의미하기도 한다. 영화에서의 '사실주의적' 서사 모델로서 고전적 할리우드 영화는 매체의 특성들이, 예를 들어 몽타주에서 매체 표현의 물질성과 형식들이 눈에 띄지 않게 영화의 연속성 뒤에 담론으로서 숨겨진 채로 남도록 하는 데 전력을 다한다. 이와 반대로 영화적 은유는 청각적-시각적 담론의 눈에 띄지 않는 흐름을 거부한다. 그것은 형태로서 읽히고 이해되고자 하는데, 이는 오로지 담론적 구현 논리와 줄거리 논리를 거슬러서만 가능하다. 하지만 매체적인 것이 그 속에서 형태화하는 그런 종류의 개입 형식들은, 새로운 수준에서 고유의 스타일을 형성하도록 작용함으로써, 자기 쪽에서 다시금 형식들로서 담론화될 수 있다. 예를 들어 '점프 컷'은 고다르의 몇몇 영화에서 이미 오래전부터 이러한 방식으로 기능한다. 영화의 포스트모던한 자기반영성도 사정이 비슷해서, 매체는—스튜디오나 영화관은—이를 통해 자주 혼란스러운 방식으로나마 형식으로서 반복된다. 하지만 그것은 서사적 인용(형식)으로서 애초부터 다시금 담론에 통합되어 있고, 이는 궁극적으로 새로운 자기반영적 '스타일'이나 심지어는 장르로도 귀결될 수 있다. 스코트 래쉬 Scott Lash는 포스트모던한 형태적인 것이 근대 담론에 개입하는 것을 포스트모던 미학과 그 가시성의 문화의 특징이라고 일반화한 바 있다(Lash

1989). 그것은 단절의 미학이자 자기반영적 매체성, 즉 상호매체성이다.

개입 자체를—융합이나 엔트로피의(Paech 1999)—형태로서 읽을 수도 있다. 그것은—매체에 의해 매개된 형식들의—구현 차원이 묘사와 주해, 분석의 차원과 조우하는 지점에서도 역시 상호매체성의 본래적 형태화이다. 한 편의 영화를 분석한다는 것은 모두 그 영화가 텍스트적 체계로서, 매체적 특수성으로서, 형태적 조응관계로서 기능하는 것을 발견해 내기 위해 담론으로서의 그것을 파괴하는 일이다. 시청각적 해독기로서의 비디오레코더는 영화를 멈추고, 앞뒤로 돌려볼 수 있게 만들었다. 영화적 구성에서의 '정지 화면freeze frame'은 그것의 매체적이 아니라 형식적인 등가물인 '정지 화상l'arreêt sur l'image'과 같은 특수한 형태들을 만들어 내고 담론에 개입하는 작업이다.

상호매체성의 형태화는 자기반영적 실행으로서, 즉 여기서는 영화적 방법 자체나 혹은 다른—형식의—매체들과의 조우에서 매체적인 것의 형식들을 그것들의 미학적 및 의미론적 생산성 면에서 관찰 또는 활용하는 하나의 다층적 실행으로서 이해된다. 상호매체성은 형식들의 협업이나 조합, 융합뿐 아니라 중단이나 파괴, 해체도 의미할 수 있는 매체적 개입의 지점에서 형태화되며, 거기서는 형식들의 조우 형태에서 그 매체들의 형식들을 인식하고 '읽을 수' 있게 된다.

영화의 상호매체성의 형태화: 예들

영화의 복수성은 또한 양면적 구성을 가리키기도 한다. 다시 말하자면, 한편으로 '영화/필름Film'은 운동 이미지를 (예컨대 영화관에서) 스크린이나 모니터에 투사하는 것이다. 다른 한편으로 (그런데 영화관에서는 이 두 편을 문자 그대로, 더 정확히 말하자면 '공간적으로' 받아들일 필요가 있다) 영화/필름은 셀룰로이드 띠이다. 그 위에서 운동 단계의 연속사진이 카메라 촬영과 몽타주를 통해 쇼트와 시퀀스, 그리고 더 큰 서사적 단위가 되도록 조직되고, 영사기를 통해 낚아채듯이 광원을 지나가게 된다. 아날로그적인 자성 녹화와 그 디지털 '프로그램'은 그저 그 사진적 근원을 시뮬레이션할 따름이다. 영화에서는 본디부터 오래된 매체(사진)와 새로운 매체가 (완벽하게 맥루언의 의미에서) 조우하며, 그것들의 조합이 ('음향'이 추가된다) '영화'를 기술적-장치적으로 구성한다. 하지만 상호매체적 기술記述은 기술적-장치적 측면으로는 만족하지 않는다. '영화'는 스크린이나 모니터의 다른 쪽에서 발휘되는 그것의 미학적, 예컨대 서사적 효과로야 비로소 운동 이미지에서 실현되어 나타나기 때문이다. 사진에 비해 영화의 새로운 점은 운동 이미지이며, 이것은 결코 필름이 영사기 속에서 기계적으로 이동하는 것에서만 결과하지 않고, 필름의 기계적 움직임을 통해 실현되는 연속 중인 개별 단계 이미지들 사이의 차이의 형태로서 만들어진다. 만일 이미지들 사이의 차이의 형태가 없어지면, 즉 동일한 이미지가 반복되면, 필름이 여전히 영사기를 통해 운반되더라도, 운동 이미지는 '정지 화면'이나 정지 화상으로 멈춰진다.

그러므로 운동의 이미지는 그 자체로 상호매체적 형태화이며, 거기서는 사진 매체의 형식이 영화/필름 매체의 형식과 구성적으로 조직되고 운동 이미지에서 융합된다. 만약 '영화'의 매체적 형식과 특성으로서의 운동이 결여되었으나 그것의 기술적-장치적 물질성 면에서는 그렇지 않다면, 영사된 사진 혹은 디스포지티프는, 내지는 그것의 인상은 잔존한다. 또한 만약 비디오 영화에서 어떤 종류의 요소도 더 이상 어떤 '영화/필름'에 조직되지 않고 오로지 그것들의 매체적 형식의 시뮬레이션만 운동의 형태화에서 나타난다면, 영화적 운동 이미지는 형식이자 상호매체적 형태화로서 자신의—본래는 사진적인—물질적인 매체적 전제들과 무관하게 반복될 수 있다. 그러므로 사진과 영화의 상호매체성은 스크린이나 모니터 위의 운동 이미지에서 형태화된다. 그렇다면 사진이나 사진 촬영이 영화에서 주제Thema나 서사적 주제Sujet로서 반복될 때도 상호매체성에 관해 이야기할 수 있을까? 분명히 영화나 영화 촬영이 사진에서 구현될 때만큼이나 그렇지 못하다. 하지만 두 경우 모두 경계가 불분명한 경우가 있다. 로만 폴란스키Roman Polanski의 〈차이나타운Chinatown〉(1974)의 도입부처럼 (주제적인) 사진이 '이미지를 채우면서' 운동 이미지를 대신할 때, 혹은 어떤 사진이 한 영화에서 나온 격리된 프레임, 즉 이른바 포토그램Fotogramm이고 그 무운동성으로 그럼에도 불구하고 운동 이미지를 대변할 때 말이다(Barthes 1990).

연극이 더 오래된 행사 형식으로서 영화에서 속행되었다는 사실은 명백하다. 연극과 영화의 관계는 제도로서의 예술의 의미에서 쇠퇴의 역사로 비판되거나 기계적-장치적 대중화로서 환영받았다. 연극과 영화의 매체 형식을 기술하는 데 있어서 구조적 상동관계들은 본질적이며, 양측에 공통적인, 무대 위나 스크린 위의 심미적 사건에 대한 관찰자 배치를 뜻한다. 그렇지 않으면 양면적 디스포지티프인 영화의 영사 배치를 통해 연극에 대한 구조적 차이가 문제가 되는데, 그러나 이는 현대 연극의 조명 배치와 빛의 연출을 통해 상대화된다. (관람자) 시선 배치의 디스포지티프적 구조는 연극과 영화의 상호매체적 형태화를 형성한다. 그리고 그것은, 초기 영화에서 거의 철저하게 그랬듯이 영화에서의 보기의 배열이 무대와 유사하게 구성될 때, 영화 자체에서 반복된다. 만약 시선의 상응하는 디스포지티프 배열이 미학적으로도 동시에 실현된다면, 연극의, 그리고 마찬가지로 영화의—주제적—반복은 영화에서 상호매체적으로 형태화한다. 그러면, 영화에서 스크린 위의 영화로 구현된 공간 속에 재현된 관람 공간의 허구적인 가로지르기가 연기演技될 때, 영화의 디스포지티프에서 영화가 자기반영적으로 형태화하는 것이, 즉 영화 줄거리의 한 부분이 영화관에서 연출되는 것이(Paech/Paech 2000), 전적으로 연극이라는 매체의 더 오래된 형식을 허구적으로 상대화할 수 있다는 점이 드러난다. 다시 말하자면, 우디 앨런의 영화 〈카이로의 붉은 장미Purple Rose of Cairo〉(1985)에서 한 등장인물이 영화 속에서 상영된 같은 제목의 영화를 떠나 버리고 나자, 줄거리 속 등장인물들은 연극에서처럼 자신의 (영화–)연극 관람자들과 함께 그가 돌아오고 줄거리가 이어져 나가기를 기다린다.

영화 속 회화의 상호매체적 형태화는 다시금 두 차원에서, 즉 영화의 차원과 회화의 차원에서, 연관성을 띤다. 20세기 전환기 무렵에 회화는 영화를 회화적 수단 역시 역동화함으로써 근대의 역동성에 부응할 수 있기 위한 도전이라고 느꼈다. 영화와 유사하게, 그리고 시기적으로 선행하는 마레의 연속사진술을 재수용하면서 발라Giacomo Balla의 미래파에서, 뒤샹과 쿠프카François(František) Kupka, 들로네 등의 입체파에서, 대도시의 역동성과 그 현상들의 경험을 재현했던 '움직임의 이미지들'이 구상되거나(Paech 1991), 아니면 회화가 직접적으로 영화를 자신의 목적을 위해 활용하고, 그래서 리히터나 레제Fernand Leger의 영화들이나 '순수 영화'에서처럼 회화를 움직이게 만들었다. 첫 번째 경우에는 회화에서 형태화하는 것이 영화라기보다는 움직임의 분석과 구현 자체다. 즉, 발라나 뒤샹의 운동 단계들의 이미지에서 형태화하는 것은 바로 '형태'로서의 움직임이다. 영화 자체에서 회화는 상호매체적으로 (사진적 처리 방법 대신에) 필름의 표면을 채색하는 것으로서 형태화한다. '빛으로 그리기Malen mit Licht'로서 말이다. 만 레이Man Ray가 자신의 영화적 레이요그램Rayogramm을 그렇게 이해했듯이, 아니면 피싱어의 영화에서처럼, 그려진 구체적 또는 추상적 형태들의 애니메이션이라는 의미에서 말이다. 후자는 결국 독자적인 영화 장르의 기초를 세웠다.

회화와 영화 사이의 상호매체성을 받아들인 형식들은 두 매체의 미학적 · 매체적 발전에 크게 의존한다. 이때 영화에서는 달리 반복되는 회화의 구성적 형태 하나가 결정적인 역할을 한다. 회화 이미지의 테두리는 내부 공간을 이미지가 아닌 모든 외부로부터 경계지음으로써 이미지의 정체성을 보장하는 반면에, 영화의 운동 이미지는 가상적으로 자신의 외부 속으로 계속되며, 경계를 끊임없이 희미하게 만들고, 자신의 움직임과 서사를 통해 경계를 극복한다. 앙드레 바쟁은 테두리가 둘러진 회화의 이미지는 구심적으로 안을 향하고 테두리가 그저 은폐되기만 한 영화의 운동 이미지는 원심적으로 밖을 향한다고 말하면서(Bazin 1981: 188), 알랭 레네의 〈반 고흐Van Gogh〉(1948)에 나타나는 회화의 재현 방법을 환기시킨다. 레네는 자신의 영화에서 고흐의 그림들을 테두리 없이 영상을 가득 채우면서 서로 연결시켰다. 카메라는 반 고흐가 살았던 집의 이미지에서 외부로부터 창문을 통해 '침투'되었으며, 방의 내부 공간에 있는 다른 그림으로 커트된 다음에도 동일한 움직임을 계속한다. 그 틀 면에서 서로 무관한 반 고흐의 두 그림은 이를 통해 영화적으로—그리고 서사적으로—연속된 관계 속에서 연결되며, 그 관계는 두 그림 사이의 움직임의 형태로서 영화적으로 형태화하고, 그려진—움직이지 않는—그림들의 매체적 특성을 자기 안에서 지양해 버린다. 여기서는 구현된 회화 이미지에는 테두리가 있고 운동 이미지의 구현에는 테두리가 없는, 테두리 설정의 차이가 회화와 영화 사이에서 상호매체적으로 형태화한다.

회화와 영화 사이의 상호매체적 형태화의 더욱 복잡한 차원은 회화가 무대 구현을 거쳐 영화적으로 실현될 때 나타난다. 고다르는 영화 〈열정Passion〉(1982)에서 렘브란트의 〈야간순찰〉을 '타블로 비방tableau vivant'[2]으로 무대에 올린다. 보기의 배열은 처음에는 연극의 디스포지티프와 그것의 시선 배열의 상호매체적 형태에 상동적으로 실현된다. 게다가 '그림'은 분명하게, 무대의 틀 안에서, 테두리지어진다. 즉, 그 본보기와 잘 동일시될 수 있다. 그러나 그러고 나서는 카메라의 시점이 전환된다. 카메라가 구현된 '장면' 안으로 침투하며, 그 장면은 장면대로 '움직이는' 형태 중 하나를 보여 준다. 즉, 움직임을 '형태로서' 장면에 도입한다. 틀은 영화 스크린의 테두리를 형성하는 암막Kasch에서 소멸되고, 시선 배열은 완전히 영화적이, 그러니까 역동적이 되었다. 상호매체성은 여기서 한편으로는 회화와 (연극-)무대, 다른 한편으로는 영화 사이에서 이미지의 틀과 무대 입구의 경계에서 형태화하며, 이 경계는 회화의 장면에서 출발해 '영화' 쪽으로 넘어간다. 이 시퀀스에서 상호매체성과 그 형태화들은 영화의 주제이자 서사다(이어지는 사례 분석 참조).

가장 많이 다루어진 상호매체적 관계는 문학과 영화의 관계이다. 아마도 그것이 영화의 통상적인 경우, 즉 고전적으로 서술하는 영화를—명시적인 문학의 영화화나 그렇지 않은 것으로서—규제하기 때문일 터이다. 물론 이 글에서는 문학의 영화화에 관한 이론들의 문제 있는 역사에 몰두할 수도 없고, 영화와 문학의 실제적 상호매체성을 서술할 수도 없다. 나는 문학적 서사와 영화적 서사의 구조는 그 구조가 문학적 사실과 영화적 사실에 공통적인 지점에서 근본적으로 그 구조의 상호매체성의 형태화로서 간주될 수 있다는 데서 출발한다. 하지만 텍스트적으로 이해한 '변형'으로서가 아니라 하나의 구조/형식이 다른 구조/형식 안에서 실현되는 것으로서 말이다. 마찬가지로 트뤼포의 〈화씨 451도

2 회화나 조각 작품을 사람들이 직접 재현해 보이는 것으로, 18세기 후반에 유럽에서 유행했다.

Fahrenheit 451〉(1966)에서처럼 문학이나 책, 독서를 주제로 삼는 것은 아직 상호매체적 형태화가 아님을 확인해 두어야만 한다. 하지만 더 나아가서 문학은 대단히 다양하게 영화 속에서 형태화한다. 이미 문자로 영화에서의 문학적 매체성의 본질적 형식이 직접 그 매체의 형식으로서 대변될 수 있다는 이유만으로도 말이다. 문제는 단지 그것이 어떤 차원에서 일어나는가이다. 영화화된 문학적 서사가 중간 자막의 '문학적 인용에서' 혹은 운동 이미지의 표제로서 속행되는 것은 명백히 상호매체적 형태화다. 그리고 동일한 텍스트가 낭독되었든 아니면 펼쳐져 있는 책에서 촬영되었든 디에게시스적이라면, 그것은 더더욱 문학에 대한 영화적 암시일 따름이며, 명백하게 '영화'이다.

마지막으로 어떻게 현대의 대중매체들이 영화에서 형태화하는가라는 의문에 대해 몇가지를 더 언급할 필요가 있다. (대중-)매체로서의 언론은 그 서사적 구조들과 (사진을 통해 확장되는) 문자의 우선적 사용으로 '문학'에 대한 유사성을 보인다. 제도로서의 영화는 영화사에서 여러 차례 주제가 되어 왔지만, 이 차원에서는 상호매체적으로 관계가 없다. 영화가 스스로 '말할' 수 있기까지 1920년대에 이미지 없이 무성영화를 동반했던 라디오는 영화에서 필름의 사운드트랙에서 상호매체적으로 작업을 수행한다. 여기서 라디오는 전적으로 '들을 수 있게' 라디오로서 형태화한다. 그것이 우디 앨런의 〈라디오 데이즈Radio Days〉(1987)에서처럼 장치로서 시각적으로 재현되어 있든 그렇지 않든 간에 말이다. 유사한 것이 라디오에서의 영화 사운드트랙에도 적용되는데, 그것은 마찬가지로 상호매체적 형태이다.

흥미로운 점은 '영화'가 텔레비전으로 다른 매체에서 자기반영적으로 반복될 수 있는 가능성이다. 점점 더 빈번하게 영화에서 텔레비전 모니터를 볼 수 있다. 텔레비전 모니터에서는 "영화 속" 영화를 볼 수 있는

데, 그것은 인용이나 암시로서 재인식되어야 한다. 이 경우에 한 영화 속의 다른 영화로 이루어지는 텔레비전의 상호매체적 형태화와 매체 인용 사이의 이행은 영화 자체 속에서 영화 제작이나 영화 영사를 구현하는 자기반영적 방법들의 경우처럼 애매하다. 더 나아가 텔레비전에서 극장 영화를 방영하는 것은 모두 상호매체적 프로그램이다. 영화는 오늘날까지 텔레비전의 매체 형식으로서는 이물질로 남았다. 영화의 포맷들은 텔레비전에 맞지 않고, 화면 크기와 이미지 해상도의 감소는 손실로 느껴질 수밖에 없다. 영화의 미학은 그 미학의 매체적 형식을 통해 구분되며, 그것은 (텔레비전–)매체에 적합하지 않고, 그러므로 텔레비전은 독자적이고 '적합한' 텔레비전 영화를 제작하기 시작했다. 반면에 영화와 텔레비전이 공동제작한 영화는 매체 전환에 적합해야만 한다. 영화와 텔레비전의 명백한 차이는 예컨대 시네마스코프 영화를 텔레비전 모니터로 볼 때 '레터박스 포맷'에서 양 측면에 손실이 발생함으로써 가시화되며, 이러한 차이는 두 매체 사이의 상호매체성의 형태화이자 텔레비전 영화에서 영화가 적응하는 형식들임이 분명하다.

비디오는 비록 역사적으로는 아날로그 매체지만, 그것의 미래는 디지털화와 디지털 매체로서 컴퓨터와 결합하는 데 있으며, 거기서는 결국 모든 의사소통 매체들이 '다매체적'으로 용해되고, 그때마다 자신의 특성들을 '형태화'하게 될 따름이다.

참고문헌

ABEL, Richard 1988: *French Film. Theory and Criticism 1907-1939*, Vol 1. Princeton, N.J.: Princeton University Press.

ASHOLT, Wolfgang/FÄHNDERS. Walter (Hrsg.) 1995: *Manifeste und Proklamationen der europäischen Avantgarde (1909-1938)*. Stuttgart, Weimar: Metzler.

BARTHES, Roland 1990: »Der dritte Sinn« [1970]. In: Ders.: *Der entgegenkommende und der stumpfe Sinn*. Frankfurt a.M.: Suhrkamp, S. 47-66.

BAZIN, André 1975: »Ontologie des fotografischen Bildes«. In: Ders.: *Was ist Kino? Bausteine zur Theorie des Films*. Köln: Dumont, S. 21-27.

_____ 1981: »Peinture et cinéma«. In: Ders.: *Qu'est-ce que le cinéma?* Edition définitive. Paris: Ed. du Cerf, S. 187-193.

BELLOUR, Raymond 1990: »L'Entre-images«. In: Ders.: *L'Entre-images*. Paris: La d'Hérence, S. 9-15.

BENJAMIN, Walter 1966: »Der Autor als Produzent« [1934]. In: Ders.: *Versuche über Brecht*. Frankfurt a.M.: Suhrkamp, S. 95-116.

BERGSON, Henri 1921: *Schöpferische Entwicklung*. Jena: Eugen Diederichs.

BLOCK, Friedrich W. 1997: »The Intermediality of Visual Poetry«. In: Nöth, Winfried (Hrsg.): *Semiotics of the Media. State of the Art, Projects, and Perspectives*. Berlin, New York: De Gruyter, S. 713-730.

BOHN, Willard 1990: »Apollinaires plastische Imagination«. In: Bohn, Volker (Hrsg.): *Bildlichkeit*. Frankfurt a.M.: Suhrkamp, S. 162-191.

BONITZER, Pascal 1985: *Décadrages. Peinture et cinéma*. Paris: Cahiers du Cinéma, Ed. de l'Etoile.

BORDWELL, David 1979: »The Art Cinema as a Mode of Film Practice«. In: *Film Criticism*, Vol 4, 1979, No 1, S. 56-64.

_____ 1983: »Textual Analysis Revisited«. In: *Enclitic,* Vol 7, Spring, No 1, S. 92f.

_____ 1989: »A Case for Cognitivism«. In: *IRIS*, No 9, S. 11-40.

BORDWELL, David/CARROLL, Noël (Hrsg.) 1996: *Post-Theory. Reconstructing Film Studies*. Madison-London: University of Wisconsin Press.

BUCKLAND, Warren 1997: »The delay of the cinema age«. In: Nöth, Winfried (Hrsg.): *Semiotics of the Media. State of the Art, Projects, and Perspectives*. Berlin, New York: De Gruyter, S. 219-238.

CANUDO, Ricciotto 1995: *L'usine aux images*. Reprint Paris: Siguier.

CARROLL, Noël 1979: »Film History and Film Theory: An Outline for an Institutional Theory of Film«. In: *Film Reader 4*, Film Devision, Northwestern University, Evenston, III., S. 81-96.

CAUGHIE, John (Hrsg. 1981) *Theories of Authorship: A Reader*, London: Routledge.

EISENSTEIN, S.M. 1980: »El Greco y el cine«. In: Ders.: *Cinématisme, peinture et cinéma*. Bruxelles: Ed. Complexe, S. 15-104.

FOUCAULT, Michel 1983: *Dies ist keine Pfeife*. Berlin, Wien: Hanser.

FRANK, Peter 1987: *Intermedia. Die Verschmelzung der Künste*. Bern: Beuteli.

FRIZOT, Michel 1999: »Comment ça marche. L'algorithme cinématographique«. In: *Revue Cinémathèque*, No 15, S. 15-27.

GIEDION, Sigfried 1982: *Die Herrschaft der Mechanisierung*. Frankfurt a.M.: EVA.

HADERMANN, Paul 1992: »Synästhesie: Stand der Forschung und Begriffsbestimmung«. In: Weisstein, Ulrich (Hrsg.) *Literatur und Bildende Kunst. Ein Handbuch zur Theorie und Praxis eines komparatistischen Grenzgebietes*. Berlin: E. Schmidt Verlag.

HESS-LÜTTICH, Ernst W.-B. 1990: »Code-Wechsel und Code-Wandel«. In: Ders./Posner, Roland (Hrsg.): *Code-Wechsel. Texte im Medienvergleich*. Opladen: Westdeutscher Verlag, S. 9-23.

HÖRISCH, Jochen 1979: »Das Sein der Zeichen und die Zeichen des Seins. Marginalien zu Derridas Ontosemiologie«. In: Jacques Derrida: *Die Stimme und das Phänomen*. Frankfurt a.M.: Suhrkamp, S. 7-50.

KITTLER, Friedrich A. 1987: *Aufschreibsysteme 1800-1900*. München: Fink.

KLING, Silvia 1998: *Intermedialität als Forschungsgegenstand der Filmologie gegen Ende der 40er bis Anfang der 60er Jahre in Frankreich*. Magisterarbeit Universität Konstanz.

KLOTZ, Heinrich 1989: »Die Idee des Gesamtkunstwerks im Pluralismus der Medien«. In: *Kunstforum international*, Nr. 101, S. 295-303.

KNOBLOCH, Clemens 1990: »Zum Status und zur Geschichte des Textbegriffs. Eine Skizze«. In: *LiLi* 20, Heft 77, S. 66-97.

KRÄMER, Sybille 1998: »Form als Vollzug oder: Was gewinnen wir mit Niklas Luhmanns Unterscheidung von Medium und Form?«. In: *Rechtshistorisches Journal*, Frankfurt, Nr. 17, S. 558-573.

KRISTEVA, Julia 1971: »Probleme der Text – Strukturierung«. In: Baudry, Jean-Louis u.a. (Hrsg.) *Tel Quel. Die Demaskierung der bürgerlichen Kulturideologie*. München: Kindle Pb, S. 135-154.

LASH, Scott 1989: »Discourse or Figure? Postmodernism as a ›regime of Signification‹«. In: *Ästhetik und Kommunikation*, Vol 18, Heft 70/71, S. 140-151.

LORENZ, Thorsten 1984: *Wissen ist Medium, Die deutsche Stummfilmdebatte 1917-1929*. München: Fink.

_____ 1990: »Die Psyche zählt statt erzählt. Zur Entdeckung einer kinematographischen Mathematik der Seele«. In: Hörisch, J./Wetzel, M. (Hrsg.): *Amaturen der Sinne*. München: Fink, S. 247-265.

LUHMANN, Niklas 1995: *Die Kunst der Gesellschaft*. Frankfurt a.M.: Suhrkamp.

_____ 1998: *Die Gesellschaft der Gesellschaft*. Frankfurt a.M.: Suhrkamp.

MARBE, Karl 1910: *Theorie der kinematographischen Projektionen*. Leipzig: Johann Ambrosius Barth.

MCLUHAN, Marshall 1968: *Die magischen Kanäle*. Düsseldorf: Econ.

METZ, Christian 1973: *Sprache und Film*. Frankfurt a.M.: Athenäum.

MITCHELL, W.J.T. 1987: »Going too far with the sister arts«. In: Heffernan, Jamt A.W. (Hrsg.): *Space, Time, Image, Sign. Essays on Literatur and the Visual Arts*. New York, Bern: Peter Laus, S. 1-11.

MÜLLER, Jürgen E. 1996: *Intermedialität. Formen moderner kultureller Kommunikation*. Münster: Nodus (=Film und Medien in der Diskussion 8).

_____ 1998: »Intermedialität als poetologisches und medientheoretisches Konzept. Einige Reflexionen zu dessen Geschichte«. In: Helbig, Jörg (Hrsg.): *Intermedialität. Theorie und Praxis eines interdisziplinären Forschungsgebiets*. Berlin: Schmidt, S. 31-40.

MÜNSTERBERG, Hugo 1996: *Das Lichtspiel. Eine psychologische Studie [1916] und andere Schriften zum Kino*. Hrsg. v. Jörg Schweinitz. Wien: Synema.

PAECH, Anne/PAECH, Joachim 2000: *Menschen im Kino. Film und Literatur erzählen*. Stuttgart, Weimar: Metzler.

PAECH, Joachim 1991: »Bilder von Bewegung–bewegte Bilder. Film, Fotografie und Malerei«. In: Wagner, Monika (Hrsg.) *Moderne Kunst 1. Das Funkkolleg zum Verständnis der Gegenwartskunst*. Reinbek b. Hamburg: Rowohlt, S. 237-264.

_____ 1997: »Autorenfilm«. In: Glaser, Horst Albert (Hrsg.): *Deutsche Literatur zwischen 1945 und 1995. Eine Sozialgeschichte*. Bern, Stuttgart, Wien: Haupt UTB, S. 693-712.

_____ 1998: »Intermedialität. Mediales Differenzial und transformative Figurationen«. In: Helbig, Jörg (Hrsg.) *Intermedialität. Theorie und Praxis eines interdisziplinären Forschungsgebiets*. Berlin: Schmidt, S. 14-30.

_____ 1999: »Figurationen ikonischer n...Tropie. Vom Erscheinen des Verschwindens im Film«. In: Schade, Sigrid/Tholen, Christoph (Hrsg.): *Konfigurationen. Zwischen Kunst und Medien*. München: Fink, S. 122-136.

PODOLL, K./EBEL, H. 1998: »Psychiatrische Beiträge zur Kinodebatte der Stummfilmära in Deutschland«. In: *Fortschritte der Neurologie, Psychiatrie*. Stuttgart, New York, 66. Jg. Heft 9, September, S. 402-406.

PODOLL, K./LÜNING, J. 1998: »Geschichte des wissenschaftlichen Films in der Nervenheilkunde in Deutschland 1895-1929«. In: *Fortschritte der Neurologie, Psychiatrie*. Stuttgart, New York, 66. Jg. Heft 3, März, S. 122-132.

RENNER, Karl Nikolaus 1983: *Der Findling. Eine Erzählung von Heinrich von Kleist und ein Film von George Moorse. Prinzipien einer adäquaten Wiedergabe narrativer Strukturen*. München: Fink.

REULEAUX, Franz 1875: *Theoretische Kinematik. Grundzüge einer Theorie des Maschinenwesens*. Braunschweig: Vieweg.

RODOWICK, David N. 1990: »Reading the Figural«. In: *Camera Qbsura*, No 24, 11-45.

RÖTZER, Florian/WEIBEL, Peter (Hrsg.) 1993: *Zum medialen Gesamtkunstwerk*. München: Klaus Böhr.

SALT, Barry 1983: *Film Style and Technology: History and Analysis*. London: Starbord.

SCHNEIDER, Irmela 1981: *Der verwandelte Text. Wege zu einer Theorie der Literaturverfilmung*. Tübingen: Niemeyer.

SCHRÖTER, Jens 1998: »Intermedialität. Facetten und Probleme eines aktuellen medienwissenschaftlichen Begriffs«. In: *Montage/AV*, Vol 7, No 2, S. 129-154.

SKLOVSKIJ, Viktor 1969: »Die Kunst als Verfahren«. In: Striedter, J. (Hrsg.): Russischer Formalismus. München: Fink UTB, S. 3-35.

SOURIAU, Etienne 1947: *La correspondance des arts. Eléments d'esthétique comparée*. Paris: Flammarion.

SPIELMANN, Yvonne 1998: *Intermedialität. Das System Peter Greenaway*. München: Fink.

SZEEMANN, Harald (Red.) 1983: *Der Hang zum Gesamtkunstwerk*. Aarau, Frankfurt a.M.: Sauerländer.

TYNJANOV, Jurij N. 1974: »Über die Grundlagen des Films«. In: Beilenhoff, Wolfgang (Hrsg.): *Poetik des Films. Deutsche Erstausgabe der filmtheoretischen Texte der russischen Formalisten mit einem Nachwort und Anmerkungen*. München: Fink, S. 40-63.

UHLENBRUCH, Bernd 1994: »Film als Gesamtkunstwerk?« In: Günther, Hans (Hrsg.): *Gesamtkunstwerk. Zwischen Synästhesie und Mythos*. Bielefeld: Aisthesis, S. 185-199.

WEBER, Wilhelm/WEBER, Eduard 1836: *Mechanik der menschlichen Gehwerkzeuge. Eine anatomisch-physiologische Untersuchung*. Göttingen: Dieteriche Buchhandlung.

WERTHEIMER, MAX 1912: »Experimentelle Studien über das Sehen von Bewegung« In: *Zeitschrift für Psychologie*, 61, S. 161-265.

ZIMA, Peter V. 1995: »Ästhetik, Wissenschaft und ›wechselseitige Erhellung der Künste‹«. In: Ders. (Hrsg.): *Literatur intermedial. Musik, Malerei, Photographie, Film*. Darmstadt: Wissenschaftliche Buchgesellschaft, S. 1-28.

영화 분석

〈열정Passion〉 프랑스 | 1982 | 감독 장 뤽 고다르

요아힘 페히

장 뤽 고다르의 영화 〈열정〉은 17세기에서 19세기까지의 위대한 화가들의 작품 열 점의 재현을 담고 있다. 고다르는 이 작품들을 '타블로 비방' 형태로 카메라 앞에 연출함으로써 그것들을 영화에 삽입한다. 더 나아가 고다르는 자신이 근본적으로는 영화를 '화가가 그림을 그리듯이 만들고자 한다'는 사실을 확인하는 데 가치를 둔다. 그러므로 회화는 이 영화에서 이중으로 상호매체적으로, 즉 '매체적 형식'으로서, 그리고 실행으로서, 재현된다고 하겠다.

고다르는 열 개의 그림을 하나씩 차례차례 '타블로 비방'으로서 상연한다. 처음에는 렘브란트의 〈야간순찰〉, 그 다음에는 하나의 예외를 제외하고는 하나의 '타블로'로 통합된 고야Francisco José de Goya y Lucientes의 네 그림, 앵그르Jean-Auguste-Dominique Ingres의 〈소욕녀Die kleine Badende〉, 그리고는 들라크루아Eugène Delacroix의 〈십자군의 콘스탄티노플 함락Die Einnahme von Konstantinopel durch die Kreuzritter〉, 그 뒤를 따라 마찬가지로 들라크루아의 〈천사와 싸우는 야곱Jakobs Kampf mit dem Engel〉, 그리고 마지막으로 엘 그레코El Greco의 〈성모 승천Himmelfahrt Mariä〉과 와토Jean-Antoine Watteau의 〈키테라 섬의 순례Die Einschiffung nach Kythera〉가 그것들이다. 그림들은 도상적 · 주제적으로 서로 다르게 현존한다. 예를 들어 렘브란트의 〈야간순찰〉은 처음에는 가능한 한 '온전하게' 장면적으로 만들어졌다가 나중에 '타블로'가 부분적으로 해체된다. 고야의 그림들은 처음부터 모티프들만 마련되고, 이것들이 장면적으로 배치된다. 들라크루아의 〈천사와 싸우는 야곱〉은 단지 주제적인 암시로서만 한 장면에서 인식될 수 있을 따름이며, 이 장면은 그림들 사이에서 생겨나고 그 그림을 위한 독립적인 장소를 갖추지 않는다. 와토의 〈키테라 섬의 순례〉는 고작해야 별 상관없는 소품들이나 의상을 입은 인물들의 순간적인 포즈나 그 그림을 환기시킬 정도로 이미 심하게 해체되어 있다. 모든 그림에 공통적인 점은, 그것들의 장면적 구현이 '타블로 비방'이며 그 도상적 정체성이 해체된 정도가 서로 다르다는 사실이다. 회화 작품을 '세트 속' 무대 위에서 체현하려는 고다르의 결정은 우선은 서사에 근거를 두고 있다. 다시 말하자면, 〈열정〉은 위대한 대가들의 작품을 촬영하기 위해 연출해야 하는 텔레비전 제작물에 관해 이야기하고 있는데, 그 감독인 예르지Jerzy는 이 그림들에 '알맞은 빛'을 발견하는 데 점점 더 어려움을 겪는다. 구현된 회화와 연관시켜 보자면, 주제는 정적인 그림을 카메라의 운동 이미지로 녹여내기 위해 가져다 놓는 데/만들어 내는 데Her/Stellung 실패하는 것이다. 적어도 두 가지 방식의 회화의 재/구성이 가능

했을 법하다. 전자 블루박스 방식은 동일한 표면에 움직임의 구현이 삽입될 수 있었을 장면에 회화 이미지를 마련해 주었을 것이다. 구로자와 아키라가 〈꿈Dreams〉(1990)에서 그렇게 처리했다. 고다르는 그림을 '타블로 비방'이 되도록 장면적으로 상연하는, 다른 가능성을 택했다. 비록 여기서는 '매체 형식'으로서의 회화가 연극으로의 매체 전환에서 더 이상 재현되지 않고 그저 인용되기만 했지만 말이다. '타블로 비방'은 예를 들어 괴테 시대에 매우 애호되었던 연극의 특수 형식이다. 사교 게임에서 신화나 드라마, 회화의 인물 구도가 재연되고 그 원작을 알아맞혀야 했다. 그것은 '체현된 모순어법oxymoron incarné'을 통한 '움직임 없는 움직임'의 주제적 구현이다. 주제와 인물들을 마련해 놓는 움직임 없는 회화와 영화의 운동 이미지 사이에서 '타블로 비방'은 이행의 매체적 형태화이며, 회화의 이후와 영화의 이전에 회화적 구현의 운동성 부재와 영화의 운동 이미지 사이의 모순을 재현한다. 이러한 의미에서 '타블로 비방' 자체가 상호매체적 형태화이며, 여기서 하나의 매체 형식(회화)으로부터 다른 형식(영화)으로 변형할 때의 움직임의 차이-형태가 예시적으로 표상되고 관찰될 수 있다. 매체적 차이들을 매개해 줄 수 있는 또 하나의 변형 형태가 영화의 도입부에서 거부된다. 즉, 어떠한 전제된 서사도 그림들 사이에 관계를 만들어 내서는 안 되며, 영화에서 주제적으로 노동, 욕망, 갈등으로서 구조화되어 있는 움직임의 형태가 그렇게 해야 한다. 이 형태는 처음에는 회화와 영화의 차이-형태로서 렘브란트의 〈야간순찰〉을 따른 '타블로 비방'의 멈추지 않는 내적 운동성에서 관찰될 수 있다. 그런 다음에는 변화하는 빛의 리듬 속에서 '타블로'를 떠나 그림 속으로 되돌아오는 한 작은 여성 인물이 그러하다. 그리고 마지막으로는 카메라가 그림의 장면, 즉 구현된 그림 공간 속으로 밀고 들어오고, 이로써 회화의 원근법을 완전히 해체한다. 그러므로 '타블로 비방'을 거쳐서 회화의 이미지와 영화의 운동 이미지 사이의 차이의 형태로서 움직임을 도입하는 것은 움직임의 세 형식이다. 장면 속의 살아 있는 몸의 움직임(영화의 본원적 경험), 이미지 속에서 '형태화하는' (그리고 영사기에서 이미지가 교체되는 '깜박임 효과Flickereffekt'로서, 매우 억제하기 어려웠던) 맥동하는 빛의 리드미컬한 움직임, 그리고 정적인 이미지의 정체성을 가장 심하게 약화시키고 그것을 영화의 운동 이미지 속에 녹여내는 시선의 (카메라의) 움직임이 그것들이다.

회화의 이미지를 '타블로 비방'으로서 재현하는 '매체 속에서' 그 이미지에 차이-형태로서 움직임을 도입하는 것은 영화의 운동 이미지 속에서 그 이미지가 해체되는 것으로 귀결되었다. 반면에 고다르는 엘 그레코의 〈성모 승천〉의 예에서 회화의 이미지 속에서 배열된 움직임과 장면적 반복, 영화적 구현이 공생할 가능성을 보여 준다. 이미 에이젠슈테인이 엘 그레코의 그림들에서 그림의 형태들을 스스로를 넘어서까지 추동하는 것처럼 보이게 만들고 그림의 가장자리를 위쪽으로 폭파되도록 만드는 저 종교적 황홀경/정지Ek/Stase를 감지한 바 있다. 그림의 형태적 구성을 '타블로 비방'의 장면 속에서 모사하는 듯이 보이는 카메라의 움직임은, 음악(포레Gabriel Fauré의 〈하느님의 어린 양Agnus Dei〉)의 뒷받침을 받아, 그림의 아랫부분에 있는 천사의 날개 뒤에서 시작해 천사의 머리를 넘어 계속되다가, 붉은 옷을 입은 천사 인물을 향해 왼쪽으로 돌아서, 마침내 그 위에 있는 클라리넷을 연주하는 천사에게 다다른다. 두 번째 도움닫기는 카메라의 틸트업Hochschwenk으로 개시한다. 이번에는 아주 아래쪽, 하부의 천사의 발치에 놓인 꽃들에서 시작해, 천사의 몸의 비스듬하게 위로 이끄는 선을 따라 왼쪽 위로 틸팅하고, 천사의 날개와 머리 위로 성모 마리아의 중심적 형태와 나란히 그녀 위의 천사들 무리까지 간다. 카메라는 첼로를 든 천사를 향해 오른쪽으로 패닝panning하고 다시 성모 마리아의 머리 쪽을 향한다. 이 '타블로 비방'에서 카메라의 마지막 움직임은 벌거벗은 천사에게 옷이 입혀지고 마리아가 옷매무새를 가다듬는 위쪽 끝에서 시작한다. 카메라는 그림의 왼쪽에 자리를 잡고, 거기서 곧장 아래쪽으로 어린 천사를 향해 틸팅하며, 그 천사는 하단의 큰 천사 인물과 장난하듯이 그림에서 예정된 손가락 자세를 연습한다. 여러 차례 시도하면서 관찰자의 시선을 그림에서 재현하는 동시에 움직임을 보여 주는 그림을 '그리는' 것은 카메라의 움직임이다. 카메라의 시선은 그림의 공간을 넘어서고, 자신의 움직임 속에서 공간을 시간화하고, 그림의 이차원성을 장면적으로 구현된 천사의 몸들을 지나쳐 역동적으로 위로 향하는 그림의 꼭대기까지 이르는, 돌아 올라가는 움직임을 통해 공간화한다. 카메라가 밀고 들어오는 것은 비록 처음에는 엘 그레코의 그림을 부분그림들의 연속으로 해체하지만, 동시에 이 부분그림들은—그림을 그 요소들의 연결 면에서 단지 '묘사'하기만 하는 것이 아니라 새로이 구성하거나 '그림'으로써—움직임을 통해 다시금 새로이 관계 맺어진다. 이 지점에서 고다르는 자신이 '마치 화가가 그림을 그리듯이' 영화를 만들고자 할 때 무엇을 의중에 두고 있는지에 관한 표상을 준다. 그림 속에서 선을 그리는 붓이 제 움직임에 대한 기억으로서 그림 속에 현존하는 자신의 흔적을 남기듯, 카메라는 자신의 움직임을 통해 가시성을 구성해 내는데, 카메라는 그것이 무엇인지를 보여 줌으로써 이러한 가시성을 동시에 가져다 놓는다/만들어 낸다. 고다르는 문학적인 영화의 '카메라 만년필caméra stylo' 대신에, 자신의 구현의 움직임을 구현된 움직임에서 다시 가져오는/반복하는 형태적인 영화의 '카메라 붓caméra pinceau'을 고집한다. 이러한 자기반영성의 장소는 영화에서 하나의 움직임을 통해 대변되는데, 그 움직임의 형식 자체가 그것의 매체 쪽에서 반복된다. 고다르는 영화 〈열정〉에서—선행하는 영화 〈할 수 있는 자가 구하라(인생)Sauve qui peut(la vie)〉(1979)에서도 마찬가지로—이 움직임에 대해 특별한 상징Sinnbild 또는 이미지 은유Bildmetapher를 발견했다. 부연하자면, 영화의 첫 번째 이미지는

통틀어서 하얀 줄이 선으로 펼쳐지는 하늘을 보여 준다. 이때 어떤 비행기의 항적운이 문제일 수도 있겠지만, 그것은 영화에서 어떤 종류의 서사적 기능도 지니지 않는다. 이 영화의 그 누구도 도착하거나 이륙하지 않는다. 남는 것은 보이지 않는 붓을 하늘에 그리는 하얀 줄의 이미지다. '마치 화가가 그림을 그리듯이' 만들어지고자 하는 영화를 각인하는 회화적 움직임의 원형이다.

현대 영화이론의 모든 것

2018년 2월 28일 초판 1쇄 발행

지은이 | 위르겐 펠릭스 · 크누트 히케티어 · 프랑크 E. 케슬러 · 헤어만 카펠호프 · 하이케 클립펠
브리타 하르트만 · 한스 J. 불프 · 로렌츠 엥엘 · 올리버 팔레 · 드렐리 로브닉 · 요아힘 패히
옮긴이 | 이준서
펴낸이 | 노경인 · 김주영

펴낸곳 | 도서출판 앨피
출판등록 | 2004년 11월 23일 제2011-000087호
주소 | 우)07275 서울시 영등포구 영등포로 5길 19(37-1 동아프라임밸리) 1202-1호
전화 | 02-336-2776 팩스 | 0505-115-0525
전자우편 | lpbook12@naver.com
블로그 | blog.naver.com/lpbook12

ISBN 978-89-92151-22-3